Betriebliche Anwendungssysteme

Rainer Weber

Betriebliche Anwendungssysteme

Modelle, Integration und Betrieb

2., überarbeitete und erweiterte Auflage

Rainer Weber
Technische Hochschule Nürnberg
Nürnberg, Deutschland

ISBN 978-3-662-63184-3   ISBN 978-3-662-63185-0   (eBook)
https://doi.org/10.1007/978-3-662-63185-0

Die Deutsche Nationalbibliothek verzeichnet diese Publikation in der Deutschen Nationalbibliografie; detaillierte bibliografische Daten sind im Internet über http://dnb.d-nb.de abrufbar.

Die erste Auflage erschien unter dem Titel „Technologie von Unternehmenssoftware".

1. Aufl.: © Springer-Verlag Berlin Heidelberg 2012
2. Aufl.: © Springer-Verlag GmbH Deutschland, ein Teil von Springer Nature 2021

Planung: Petra Steinmüller
Springer Vieweg ist ein Imprint der eingetragenen Gesellschaft Springer-Verlag GmbH, DE und ist ein Teil von Springer Nature.
Die Anschrift der Gesellschaft ist: Heidelberger Platz 3, 14197 Berlin, Germany

Vorwort[1]

Hören Sie, ich habe reiche Erfahrungen –
auf allen Gebieten des Lebens, des Denkens … ich bin kein Egoist.
Die Menschheit soll dessen teilhaftig werden.
Die Stühle
Eugène Ionesco

Es ist schon alles gesagt, nur noch nicht von allen.
Karl Valentin

Thema

Das Buch behandelt betriebliche Anwendungssysteme, ihre Integration in einer Systemlandschaft sowie ihren Betrieb. Ein besonderes Anliegen ist es, eine engere Verbindung mit Informatikthemen einzugehen als es bei vielen Lehrbüchern der Wirtschaftsinformatik üblich ist. So werden Methoden der Informatik etwa bei der Modellierung von Geschäftsobjekten und Geschäftsdaten oder bei der Integration von Anwendungssystemen eingesetzt. Es wird dagegen zwar ein Überblick über die Funktionalität von Anwendungssystemen gegeben und in Beispielen vertieft, die Funktionen verschiedener Typen von Anwendungssystemen vollständig aufzulisten und umfassend zu beschreiben, ist jedoch nicht der Fokus des Buchs (vgl. dazu die ergänzende Literatur am Ende von Kap. 1).

Das Buch ist die erheblich überarbeitete zweite Auflage von „Technologie von Unternehmenssoftware" (Weber 2012) unter einem angepassten Titel. Es ist nun noch stärker als Lehrbuch konzipiert, enthält an vielen Stellen konzeptionelle und didaktische Ergänzungen. Der Inhalt wurde aktualisiert und insbesondere um die Themen maschinelles Lernen, Big-Data-Verarbeitung sowie das Internet der Dinge erweitert.

---

[1] Die Quellen zum Kapitelmotto lauten: Ionesco E (1962) Die Stühle. Der neue Mieter. Reclam Universal-Bibliothek Nr. 8656, Stuttgart, S. 47 und http://www.karl-valentin.de/zitate (abgerufen am 19.05.2011).

Andere, bereits vorhandene Themen wie Cloud-Computing, (Micro-)Services und In-Memory-Computing wurden weiterentwickelt. Bei der Illustration von Konzepten in Softwareprodukten wurde einerseits die Menge reduziert, andererseits eine stärkere Ausgewogenheit angestrebt: Kauf- und Open-Source-Software, Software für kleinere, mittelgroße und Großunternehmen. Bei der Auswahl spielte auch eine Rolle, dass Literatur zur weiteren Vertiefung für die Leser verfügbar ist. Im Buch finden sich neben Beispielen zu Software des Marktführers SAP auch einige zum ERP-System Microsoft Dynamics 365 Business Central, dem System Vtiger CRM, dem Business-Intelligence-System Pentaho und der Big-Data-Software Hadoop und Spark.

Zielgruppe

Das Buch richtet sich in erster Linie an Studierende des Bachelorstudiengangs Wirtschaftsinformatik, die sich mit der Architektur betrieblicher Anwendungssysteme auseinandersetzen. Daneben können es Studierende der Informatik und Praktiker in der Wirtschaft nutzen, um einen Einblick in die Wirtschaftsinformatik im Allgemeinen und in die Konzepte betrieblicher Anwendungssysteme im Speziellen zu bekommen.

Voraussetzungen

Das Buch setzt ein Grundwissen an Informatikkenntnissen voraus, wie es üblicherweise in einem Studium der Wirtschaftsinformatik vermittelt wird. Elementare Programmierkenntnisse sind nützlich, Begriffe wie Datenbanktabellen oder Klassen in der Objektorientierung sollten vertraut sein, Kommunikationsprotokolle wie TCP/IP und HTTP sollten zumindest eingeordnet werden können. Motivierend und hilfreich mag es sein, durch praktische Übungen bereits ein wenig mit den Funktionen und der Bedienung eines ERP-Systems vertraut zu sein.

Dank

Einige Fachkundige aus der Wirtschaft (Softwareanbieter, Beratungsunternehmen, Anwender) und aus der Hochschule haben Kapitelentwürfe gelesen, insbesondere für die erste Auflage, nützliche Anregungen gegeben und Verbesserungsvorschläge gemacht. Ich danke diesen Probelesern, namentlich Jens Albrecht, Oliver Fischer, Peter Rausch, Korbinian Riedhammer, Joachim Scheja, Christian Schiedermeier, Klemens Schmid und Arnulf Zitzelsberger. In gleicher Weise danke ich meiner Lektorin Frau Sybille Thelen.

Nürnberg   Rainer Weber
2. Januar 2021

Inhaltsübersicht

Inhaltsverzeichnis

Abkürzungsverzeichnis

ABAP	Advanced Business Application Programming (früher: Allgemeiner Berichtsaufbereitungsprozessor)
ACID	Atomicity, Consistency, Isolation, Durability
ANSI	American National Standards Institute
API	Application Programming Interface
APO	Advanced Planner and Optimizer
AS	Applikationsserver
ASP	Application Service Providing
A2A	Application to Application
Banf	Bestellanforderung
BDE	Betriebsdatenerfassung
BEx	Business Explorer
BI	Business Intelligence
BPEL	Business Process Execution Language
BPM	Business Process Management
BPMN	Business Process Model and Notation (früher: Business Process Modelling Notation)
BW	Business Warehouse
B2B	Business to Business
CAD	Computer Aided Design
CDR	Common Data Representation
CICS	Customer Information Control System
CO	Controlling
CORBA	Common Object Request Broker Architecture
CPU	Central Processing Unit
CRM	Customer Relationship Management
CRUD	create, read, update, delete
CSV	Comma (oder: Character) Separated Value
DB	Datenbank
DCE	Distributed Computing Environment
DIM-ID	Dimensionsidentifikator

DLL	Dynamic Link Library
DSS	Decision Support System
DWHS	Data-Warehouse-System
Dynpro	Dynamisches Programm
EAI	Enterprise Application Integration
EDI	Electronic Data Interchange
EDIFACT	Electronic Data Interchange Format for Administration, Commerce and Transport
EIS	Executive Information System
EJB	Enterprise Java Bean
EPK	Ereignisgesteuerte Prozesskette
ERP	Enterprise Resource Planning
ETL	Extraktion, Transformation, Laden
FI	Financials (Finanzwesen)
GB	Gigabyte (2^{30} Byte)
GUI	Graphical User Interface
HR	Human Resources (Personalwesen)
HTML	Hypertext Markup Language
HTTP	Hypertext Transfer Protocol
IBM	Industrial Business Machines
ID	Identification, Identifier
IDL	Interface Definition Language
IEEE	Institute of Electrical and Electronics Engineers
IOT	Internet of Things
ISO	International Organization for Standardization
IT	Informationstechnik
JAAS	Java Authentication and Authorization Services
Java EE	Java Enterprise Edition
JAXP	Java API for XML Processing
JCA	Java Connector Architecture
JDBC	Java Database Connectivity
JEE	Java Enterprise Edition
JMS	Java Messaging Service
JNDI	Java Naming and Directory Interface
JSON	JavaScript Object Notation
JSP	Java Server Page
JTA	Java Transaction API
J2EE	Java 2 Enterprise Edition
KB	Kilobyte
MB	Megabyte (2^{20} Byte)
MIS	Management Information System
MM	Materials Management (Materialwirtschaft)

MOLAP	Multidimensional OLAP
MOM	Message-oriented Middleware
MTE	Monitoring Tree Element
OASIS	Organization for the Advancement of Structured Information Standards
ODS	Operational Data Store
OLAP	Online Analytical Processing
OLTP	Online Transaction Processing
OMG	Object Management Group
OSI	Open Systems Interconnection
PB	Petabyte (2^{50} Byte)
PC	Personal Computer
PDF	Portable Document Format
PLM	Product Lifecycle Management
POP3	Post Office Protocol 3
PP	Production Planning (Produktionsplanung)
REST	Representational State Transfer
RFID	Radio-frequency Identification
RMI	Remote Method Invocation
ROLAP	Relational OLAP
RPC	Remote Procedure Call
RTF	Rich Text Format
R/2	Real-time System Version 2 (eigentlich keine Abkürzung)
R/3	Real-time System Version 3 (eigentlich keine Abkürzung)
SaaS	Software as a Service
SAP	Systeme, Anwendungen und Produkte in der Datenverarbeitung
SAX	Simple API for XML
SCM	Supply Chain Management
SD	Sales and Distribution (Vertrieb)
SID	Stammdaten-Identifikationsnummer
SMTP	Simple Mail Transfer Protocol
SOA	Serviceorientierte Architektur
SOAP	Früher eine Abkürzung für „Simple Object Access Protocol"
SPOF	Single Point of Failure
SQL	Structured Query Language
SSD	Solid-state Drive
SSO	Single Sign-on
TB	Terabyte (2^{40} Byte)
TCO	Total Cost of Ownership
TCP/IP	Transmission Control Protocol und Internet Protocol
TP-Monitor	Transaction Processing Monitor
UDDI	Universal Description, Discovery and Integration

UML	Unified Modeling Language
URI	Universal Resource Identifier
URL	Universal Resource Locator
WS	Web Service
WSDL	Web Service Description Language
WS-I	Web Service Interoperability Organization
W3C	World Wide Web Consortium
WORM	Write Once, Read Multiple
XDR	eXternal Data Representation
XML	eXtended Markup Language
XSL	Extensible Stylesheet Language
XSLT	XSL Transformations

Einleitung

1

„Ganz recht", sprach der Igel, sprang auf den Baum und flog davon.

Zusammenfassung

Der Begriff des betrieblichen Anwendungssystems wird eingeführt, dessen Funktionalität sich in operative und analytische gliedern lässt. Der Aufbau des Buchs wird dargelegt – Systemmodelle, die Integration von Systemen und ihr Betrieb – und es wird auf weiterführende Literatur verwiesen.

Lernziel
Überblick!

Mit dem Begriff *„Betriebliches Anwendungssystem"* werden viele ein *ERP-System* verbinden. Ein ERP-System bildet die Standardprozesse von Unternehmen ab – Einkauf, Lagerhaltung, Verkauf, Rechnungswesen, oft auch Personalwesen und Produktion. „Standard" wird hier im Sinne von „üblich" verwendet, englisch oft als „Best Practices" bezeichnet; der „Standard" wurde dagegen nicht von einer Standardisierungsorganisation wie ISO, DIN oder ANSI festgelegt. Entsprechend wird in Groß- bis Kleinunternehmen für die Standardprozesse meist eine Standardsoftware im Einsatz sein, keine Individualsoftware. Nur Kleinstunternehmen wie Handwerker, Rechtsanwälte oder Ärzte, damit

---

Die Originalquelle zum Kapitelmotto ist mir unbekannt.

© Springer-Verlag GmbH Deutschland, ein Teil von Springer Nature 2021
R. Weber, *Betriebliche Anwendungssysteme,*
https://doi.org/10.1007/978-3-662-63185-0_1

zahlenmäßig sogar die Mehrheit aller Unternehmen in Deutschland, lassen oft die rechtlich notwendigen Standardprozesse (Buchhaltung, Jahresabschluss und Steuererklärung, Gehaltsabrechnung – also nicht die gesamte ERP-Breite) von Steuerberatern abwickeln. Da diese überwiegend Genossen des Unternehmens Datev sind, wird für diesen Zweck üblicherweise das Datev-Rechenzentrum genutzt (Grammer 2018, S. 99).

Für viele Unternehmen, gerade kleinere und mittelständige, ist ein ERP-System bereits ausreichend, sie benötigen kein weiteres betriebliches Anwendungssystem. Besonders in Großunternehmen kommen dagegen weitere zum Einsatz, da sie häufig Anforderungen haben, die über das Leistungsspektrum am Markt angeboteter ERP-Systeme hinausgehen: Customer-Relationship-Management-Systeme mit spezialisierten Funktionen für Marketing, Vertrieb und Service, Supply-Chain-Management-Systeme für die Planung der Lieferkette oder Data-Warehouse-Systeme für fortgeschrittene Datenauswertungen. Von manchen Systemtypen (z. B. ERP) können es sogar mehrere sein, z. B. in verschiedenen Konzernteilen. So kann sich die Anzahl auf Hunderte von größeren und kleineren Systemen und darüber hinaus belaufen. Dafür verwenden wir den Begriff *Systemlandschaft*. Die Systeme arbeiten nicht getrennt voneinander, sondern übermitteln einander Daten oder helfen sich mit Funktionen aus. Allgemeiner gesprochen: Es werden verschiedene Techniken zur Integration der Systeme eingesetzt.

Ein betriebliches Anwendungssystem kann entweder im Unternehmen installiert sein („on-premises") oder von einer anderen Organisation, oftmals dem Anbieter der Standardsoftware, betrieben werden, wobei die Software dann meist lediglich gemietet ist („Cloud"). Der Zugang erfolgt bei Cloud-Software über einen webbasierten Zugang. Auch eine Mischung von On-Premises- und Cloud-Systemen ist möglich.

Wir können Systeme, wie oben geschehen, anhand ihres Zwecks bzw. Anwendungsinhalts unterscheiden, z. B. ein ERP-System oder ein SCM-System, wobei Überschneidungen bestehen können. Eine andere Einteilungsmöglichkeit – und diese werden wir in diesem Buch verwenden – ist nach der Art, wie die Daten verarbeitet werden: Wir gebrauchen dafür die Begriffe *operative* Funktionalität und *analytische* Funktionalität. Bei operativer Funktionalität wird im Tagesgeschäft jeweils ein einzelner Datensatz bearbeitet. Z.B. legt ein Sachbearbeiter eine Rechnung an oder er aktualisiert einen Lieferantenstammsatz. Bei analytischer Funktionalität wird dagegen eine Vielzahl von Datensätzen zugleich bearbeitet, zumindest gelesen. Beispiele sind:

- eine Umsatzanalyse für einen Monat,
- die Berechnung des optimalen Produktionsplanes für einen Zeitraum mithilfe der linearen Optimierung,
- der Vorschlag von Wartungsarbeiten an einer Maschine, ermittelt mit Verfahren des maschinellen Lernens, basierend auf Daten, welche über das Internet der Dinge geliefert wurden.

Wir sehen, dass ein großes Spektrum für analytische Funktionalität besteht. Tatsächlich finden sich in heute üblichen Anwendungssystemen meist beide Formen von Funktionalität – operative und analytische – in unterschiedlichem Umfang. So ist ein ERP-System überwiegend für das Tagesgeschäft gedacht, aber es enthält in der Regel auch Standardauswertungen („Reports").

Standardsoftware muss an die Unternehmensbedürfnisse angepasst werden, was von Systemeinstellungen bis zur Programmierung reichen kann. Und bei jeglicher Anwendungssoftware muss beim Betrieb u. a. darauf geachtet werden, dass Mitarbeiter gerade die nötigen Rechte haben, um ihre Aufgaben zu erfüllen, und dass die Software leistungsfähig und möglichst fehlerfrei läuft.

Aufbau

Damit ist der Inhalt des Buches umrissen: Analytische und operative Systeme werden über diverse Integrationstechniken in einer Systemlandschaft verbunden, angepasst und betrieben. Die Details werden in drei Teilen präsentiert (Abb. 1.1):

Teil I: Systemmodelle

Teil I befasst sich mit den beiden Typen betrieblicher Anwendungssysteme, operative und analytische Systeme.

Kap. 2 gibt einen Überblick über Teil I und stellt ein Schichtenmodell vor, mit dem sich die Systeme beschreiben lassen: Geschäftsdaten, Geschäftsobjekte, Geschäftsprozesse und Geschäftsschnittstellen. Kap. 3 wendet das Modell auf operative Systeme an, Kap. 4 behandelt analytische Systeme. Es stellt verschiedene Ausprägungen von Analytik dar: vom „klassischen" Data-Warehouse-System bis zum maschinellen Lernen und Big-Data-Techniken.

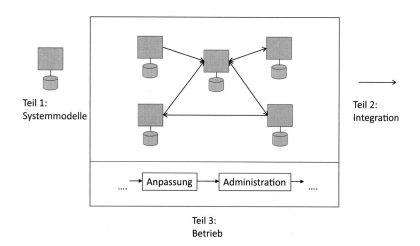

Abb. 1.1 Übersicht

Die folgenden beiden Kapitel sind orthogonal zu den vorigen. Kap. 5 handelt von der Plattform, auf der ein betriebliches Anwendungssystem läuft: Sowohl die „klassische" dreistufige Client-Server-Architektur wird angesprochen, als auch der neuere Aspekt des In-Memory-Computing mit seinen Auswirkungen auf die Anwendungsgestaltung. Kap. 6 diskutiert Bereitstellungsmöglichkeiten für betriebliche Anwendungssoftware: Es ist gegliedert in die Paare on-premises und Cloud einerseits sowie monolithische Systeme und Microservices andererseits.

Teil II: Integration

Das Thema von Teil II ist die Integration, also die Verbindung von Anwendungssystemen zu einer Systemlandschaft. Wir lernen verschiedene Verfahren kennen, die in Systemlandschaften eingesetzt werden, oft in Kombination miteinander. Zwar spielt bei Integrationstechniken auch Konfiguration eine Rolle, oftmals wird aber Softwareentwicklung anfallen, sodass die Themen in diesem Teil technischer, informatiknäher sind.

Kap. 7 gibt einen Überblick über Teil II. Kap. 8 führt den Begriff der Systemlandschaft ein, der Zusammenschluss mehrerer Anwendungssysteme. Kap. 9 stellt die erste Integrationstechnik vor: die Integration über die Benutzeroberfläche, dargestellt anhand von Portalsystemen. Kap. 10 behandelt die Integration mittels Datenaustausch. XML steht stellvertretend für Techniken zum Austausch strukturierter Geschäftsdaten, daneben wird kürzer JSON angesprochen. Außerdem wird die Rolle von Nachrichtenbrokern beleuchtet, samt damit verbundener Verfahren wie publish and subscribe. Kap. 11 hat die Integration mittels Funktionsaufruf zum Thema, dargestellt anhand von Webservices. Kap. 12 erläutert die Integration mittels Workflow-Systemen, einschließlich systemübergreifender Geschäftsprozesse.

Teil III: Betrieb

In Teil III geht es nicht mehr um Systemstrukturen, sondern um Methoden, welche bei der Einführung und beim Betrieb von Anwendungssystemen eingesetzt werden.

Kap. 13 gibt einen Überblick über den Teil und zeigt ein Phasenmodell für den Lebenszyklus eines Anwendungssystems auf. In den Folgekapiteln werden zwei wichtige Phasen herausgegriffen: Kap. 14 behandelt die Anpassung und Erweiterung von Standardsoftware mit unterschiedlichen Mitteln: Konfiguration und Programmierung. Kap. 15 zeigt Aufgaben der Systemadministration und Organisation, insbesondere Berechtigungen für den Zugriffsschutz in betrieblicher Software.

Kap. 16 gibt eine Zusammenfassung und einen Denkanstoß, wie Anwendungssysteme heute sind und wie sie wünschenswert wären. Im Kapitel findet sich auch eine Übersicht über abstrakte Konzepte, welche in den verschiedenen Kapiteln des Buchs am Beispiel angesprochen wurden. Damit versucht es, das „Denken in Strukturen", ein oft angesprochener Nutzen abstrakter Wissenschaften wie der Informatik und der Mathematik, explizit zu machen.

Mit Kap. 17 geht es dann heiter dem Ende zu.

Das Buch enthält Übungsaufgaben und Lösungsvorschläge dazu. Viele Übungen sind konzeptueller Natur und können mit „Papier und Bleistift", oftmals aber besser mit Textverarbeitungs- und Grafikprogrammen bewältigt werden, gerade bei der Modellierung von Geschäftsprozessen, Geschäftsobjekten und Geschäftsdaten. Andere Übungen beschäftigen sich praktisch mit betrieblichen Anwendungssystemen und Integrationssoftware. Gemäß der Verbreitung an deutschsprachigen Hochschulen wurde dafür SAP-Software gewählt; so gibt es Übungen mit SAP S/4HANA oder alternativ SAP ERP sowie SAP BW.

Zudem sind in den Text Fragen in der Weise von Kemper und Eickler (Kemper und Eickler 2015) eingestreut, die zum Nachdenken über das gerade Gelesene anregen sollen.

Literatur

Weiterführende Literatur

Hier sind zwei Richtungen zu nennen: ergänzende Literatur und vertiefende.

Ergänzende Literatur ist solche, die eher den Teil „Wirtschaft" von Wirtschaftsinformatik anspricht und die betrieblichen Anwendungen von Systemen auflistet. Dies wären zum Beispiel:

Gronau, N.: Enterprise Resource Planning: Architektur, Funktionen und Management von ERP-Systemen, 3. Aufl. De Gruyter Oldenbourg, München (2014)

Mertens, P.: Integrierte Informationsverarbeitung 1: Operative Systeme in der Industrie, 18. Aufl. Springer Gabler, Wiesbaden (2013)

Mertens, P., Meier, M.: Integrierte Informationsverarbeitung 2: Planungs- und Kontrollsysteme in der Industrie, 10. Aufl. Gabler, Wiesbaden (2008)

Die vertiefende Literatur behandelt einige Themen dieses Buchs ausführlicher, vor allem in technischer Hinsicht, sie ist näher an der Technologie verteilter Systeme angesiedelt, d. h. *informatisch*. Sie betrifft vor allem Teil II und Plattformen für betriebliche Anwendungssysteme:

An erster Stelle sei erwähnt:

Ferreira, D.R.: Enterprise Systems Integration. Springer, Berlin (2013)

Und dann allgemeinere Literatur zu verteilten Systemen:

Coulouris, G., Dollimore, J., Kindberg, T.: Verteilte Systeme, 3. Aufl. Pearson Studium, München (2002)

Mandl, P.: Master-Kurs Verteilte betriebliche Informationssysteme. Vieweg+Teubner, Wiesbaden (2009)

Tanenbaum, A., van Steen, M.: Verteilte Systeme, 2. Aufl. Pearson Studium, München (2007)

In den einzelnen Kapiteln des Buchs befinden sich weitere Literaturverweise, bezogen jeweils auf das Thema des Kapitels.

Weitere zitierte Literatur

Grammer, P.A.: Der ERP-Kompass. Erfolgreiche Projekte im Mittelstand, 2. Aufl. mitp, Frechen (2018)
Kemper, A., Eickler, A.: Datenbanksysteme, 10. Aufl. De Gruyter Oldenbourg, Berlin (2015)

Teil I
Systemmodelle

Gibt es Sektoren, die dich besonders interessieren. *Pause.*
Oder bloß alles?
Endspiel
Samuel Becket

Zusammenfassung

Dieses Kapitel dient als Rahmen für die Folgekapitel, welche sich alle mit den unterschiedlichen Typen von Anwendungssystemen, den zugrunde liegenden Plattformen und Bereitstellungsformen befassen. Ein Schichtenmodell für Anwendungssysteme wird zur Einordnung vorgestellt.

Lernziel

Ein Schichtenmodell für Anwendungssysteme als Rahmen für das Folgende kennenlernen.

Vereinfacht gesprochen ist ein betriebliches Anwendungssystem ein Softwaresystem, welches betriebliche Anwendungsprogramme beinhaltet und eine eigene Datenhaltung in Form einer Datenbank hat. Im Verlauf des Buches werden wir dies konkretisieren.

Ein erster Ansatz dazu ist das folgende Schichtenmodell (Abb. 2.1). Schichtenmodelle dieser Art gibt es in leicht unterschiedlicher Form häufig in der Literatur, so etwa die

---

Die Quelle zum Kapitelmotto lautet: Beckett S (1974) Endspiel. Suhrkamp Taschenbuch 171, 1. Auflage 1974, Frankfurt a. M., S. 103.

© Springer-Verlag GmbH Deutschland, ein Teil von Springer Nature 2021
R. Weber, *Betriebliche Anwendungssysteme,*
https://doi.org/10.1007/978-3-662-63185-0_2

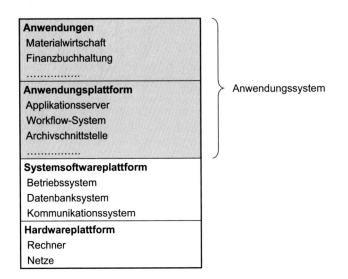

Abb. 2.1 Schichtenmodell von Anwendungssystemen

Architektur-Modellpyramide in Keller (2007, S. 22). Auf der untersten Schicht unseres Modells befindet sich die *Hardwareplattform,* also Rechner inklusive aller Peripheriegeräte und Kommunikationsnetze, welche die Rechner verbinden. Eine Schicht darüber ist die *Systemsoftwareplattform.* Sie umfasst das Betriebssystem, die Kommunikationssoftware (meist TCP/IP-basiert) zur Nutzung von Rechnernetzen und das Datenbanksystem, welches so gut wie immer in einem betrieblichen Anwendungssystem verwendet wird.

Prinzipiell wäre es möglich, ein Anwendungssystem bereits auf der Systemsoftwareplattform aufbauend zu entwickeln. Es zeigt sich jedoch, dass für Anwendungssysteme typische Basisfunktionalität identifizierbar ist, welche von jeglicher betriebswirtschaftlichen Anwendung genutzt werden kann. Diese in einer Schicht bereitzustellen, vereinfacht die Anwendungsentwicklung erheblich. Daher gibt es als Brücke zwischen Anwendungen und Systemsoftwareplattform eine Software, die wir in diesem Buch *Anwendungsplattform* oder kurz *Plattform* nennen. Sie kann eine Vielzahl anwendungsunabhängiger Funktionen umfassen, etwa ein Laufzeitsystem, Programmierschnittstellen zur Transaktionsverwaltung, zur Kommunikation über HTTP, zum Archivieren von Altdaten und ein Workflow-System zur Steuerung von Geschäftsprozessen. (Etwas inkonsequent an den Bezeichnungen ist vielleicht, dass Hardware- und Systemsoftwareplattform das *beinhalten,* wofür der Name steht, dagegen die Anwendungsplattform bezeichnet, *wofür* sie etwas anbietet).

Fügt man zur Anwendungsplattform den „betriebswirtschaftlichen Inhalt" hinzu, also die *Anwendungen* (Anwendungsprogramme), erhält man ein *Anwendungssystem.* Allerdings kann das Anwendungssystem nicht sofort nach der Installation eingesetzt werden, die unternehmensspezifischen Einstellungen müssen zuvor konfiguriert werden (Customizing).

In diesem Buch beschäftigen wir uns kaum mit jenen Schichten, welche bereits umfangreich in der Informatik behandelt werden (Hardware, Systemsoftware). Wir konzentrieren uns vielmehr auf das Anwendungssystem; daneben werden wir in einem Kapitel auf die Anwendungsplattform eingehen.

In heute verfügbaren Anwendungssystemen zeigt sich, dass zwischen verschiedenen Realisierungen der unteren Schichten M:N-Verwendungsbeziehungen bestehen, was man *Plattformunabhängigkeit* nennt (Warum ist die Bezeichnung nicht ganz treffend?):

- Eine Systemsoftwareplattform kann auf unterschiedlichen Hardwareplattformen lauffähig sein, z. B. läuft das Betriebssystem Linux auf unterschiedlichen Rechnern. Umgekehrt lassen sich für eine Hardwareplattform unterschiedliche Systemsoftwareplattformen nutzen.
- Gleiches gilt für die Beziehung zwischen Anwendungsplattform und Systemsoftwareplattform. Dies ist insbesondere deswegen vorteilhaft, weil die Nutzungsdauer einer Version eines Anwendungssystems meist wesentlich länger als die einer Systemsoftwareversion ist (Buck-Emden 1999, S. 119).

Lediglich die Anwendungsplattform und das Anwendungssystem sind nicht immer derart entkoppelt. Mit dem Standard Java Enterprise Edition schafft man dies zumindest für Java-Anwendungsprogramme (Kap. 5). Es sind aber auch proprietäre, nicht standardisierte Anwendungsplattformen im Einsatz, sogar weit verbreitet.

Eine Schicht kann intern aus mehreren gleich aufgebauten Komponenten bestehen, für die übergeordnete Schicht aber weitgehend homogen erscheinen.

- So kann die Anwendungsplattform mehrere gleich aufgebaute Applikationsserver enthalten. Für die Anwendungen ist es dagegen aus der Funktionssicht egal, ob es einen oder mehrere Applikationsserver gibt. (Welche anderen Gründe könnte es dann für mehrere Applikationsserver geben?)
- In der Systemsoftwareplattform kann ein Datenbanksystem zur Leistungssteigerung und Ausfallsicherheit als Mehrprozessorsystem ausgelegt sein, mit gespiegelten Festplatten; für die Anwendungsplattform ist es dagegen nur *eine* Datenbank.
- In der Hardwareplattform werden, vor allem zur Leistungssteigerung, Rechner mit mehreren Rechnerkernen eingesetzt.

Insofern handelt es sich um *verteilte Systeme* (Coulouris et al. 2002; Tanenbaum und Steen 2007). Wie bei verteilten Systemen bekannt, gibt es jedoch Grenzen, an denen dann doch durchscheint, dass mehrere Komponenten im Einsatz sind, etwa in manchen Fehlerfällen.

Nur auf der Anwendungsschicht ist der Aufbau aus mehreren gleich aufgebauten Komponenten, transparent für den Verwender, schwierig und nicht in der Form verbreitet. Die Idee wäre, eine Systemlandschaft wie ein großes Anwendungssystem erscheinen zu lassen, die Schicht regelt intern, wie Daten und Funktionalität verteilt werden. Ein Ansatz in diese Richtung sind Microservices (Kap. 6).

In unserem Modell wird die Anwendungsschicht wiederum untergliedert in die (Teil-) Schichten (Abb. 2.2):

- *Geschäftsdaten:* Sie werden im Datenbanksystem persistent, d. h. dauerhaft, gespeichert.
- *Geschäftsobjekte:* Im Sinne einer objektorientierten Modellierung werden damit neben den Daten auch die betrieblichen Funktionen abgebildet.
- *Geschäftsprozesse:* Darin geschieht die Verkettung der betrieblichen Funktionen.

Daneben gibt es *Geschäftsschnittstellen,* die auf allen Teilschichten möglich sind.

Diese Begriffe werden ausführlich in Kap. 3 behandelt.

Nun haben viele Unternehmen nicht nur ein betriebliches Anwendungssystem im Einsatz, sondern mehrere, welche zusammenwirken und funktional spezialisiert sind: Neben operativen Systemen für das Tagesgeschäft gibt es analytische Systeme, u. a. für die Auswertung von Daten, behandelt in Kap. 4. Sie werden in einer *Systemlandschaft* integriert (Abb. 2.3). Vereinfachend sind nur zwei Systeme dargestellt, darin nur die Schicht „Anwendungen", weil sie vorrangig für diese Betrachtung wichtig ist. Jedes Anwendungssystem hat seine eigenen Geschäftsdaten, Geschäftsobjekte und Geschäftsprozesse.

Darüber hinaus gibt es systemübergreifende Geschäftsprozesse, deren Schritte Funktionalität verschiedener Systeme verwenden. Solche Prozesse können unter einer systemübergreifenden Geschäftsprozesssteuerung stehen. Dies lässt sich durch ein übergeordnetes System realisieren, welches für die Steuerung der Teilsysteme zuständig ist. Ein systemübergreifender Geschäftsprozess kann aber auch, zumindest virtuell, dadurch entstehen, dass interne Geschäftsprozesse der Systeme 1 und 2 miteinander kommunizieren, meist durch Nachrichtenaustausch. Beides, systemübergreifende Geschäftsprozesssteuerung und Nachrichtenaustausch, sind Formen von Integrationstechnologie, die Systeme über ihre Geschäftsschnittstellen verbindet. Insgesamt ergibt

Abb. 2.2 Schichten der Anwendungen

	P – Geschäftsprozesse
S – Geschäftsschnittstellen	**O** – Geschäftsobjekte
	D – Geschäftsdaten

Abb. 2.3 Integration zweier Systeme

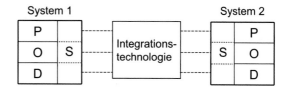

die Gesamtheit der Geschäftsprozesse eine *Prozesslandschaft* neben der Systemlandschaft.

Oftmals bestehen zwischen Systemen einer Systemlandschaft nicht nur Integrationsbeziehungen auf der Schicht der Geschäftsprozesse, sondern auch auf den Schichten der Geschäftsobjekte und Geschäftsdaten. So können Geschäftsdaten von einem System an ein anderes gesendet werden oder Geschäftsobjekte eines Systems Methoden eines Geschäftsobjektes eines anderen Systems aufrufen. Natürlich lassen sich solche Interaktionen ebenso als Teil eines systemübergreifenden Geschäftsprozesses sehen.

Integrationstechnologie ist das Thema des zweiten Teils des Buches.

Im ersten Teil des Buchs sehen wir uns die beiden Grundtypen von Anwendungssystemen an, operative und analytische Systeme. Getrennt davon behandeln wir die Anwendungsplattform, hierbei insbesondere die Client-Server-Architektur, die allen Systemtypen zugrunde liegt. Und wir sehen uns an, wie Systeme bereitgestellt werden können. Dies betrifft zum einen den Ort und die Organisation des Betriebs: Kauf von Softwarelizenzen (alternativ: Nutzung von Open-Source-Software) und Installation beim Unternehmen („on-premises") oder als Mietsoftware, betrieben von einer anderen Organisation und im Zugriff über Webbrowser (Cloud-Computing). Zum anderen betrifft es die Bereitstellung der Struktur der Anwendungssoftware: ein monolithisches System oder ein vernetzter Verbund von Microservices.

Literatur

Buck-Emden, R.: Die Technologie des SAP-Systems R/3, 4. Aufl. Addison-Wesley, München (1999)

Coulouris, G., Dollimore, J., Kindberg, T.: Verteilte Systeme, 3. Aufl. Pearson Studium, München (2002)

Keller, W.: IT-Unternehmensarchitektur. dpunkt, Heidelberg (2007)

Tanenbaum, A., van Steen, M.: Verteilte Systeme, 2. Aufl. Pearson Studium, München (2007)

Operative Systeme

3

HAMM *trübsinnig:* Es ist ein Tag wie jeder andere.
CLOV Solange er dauert. *Pause.*
Das ganze Leben die gleichen Albernheiten.
Endspiel
Samuel Beckett

Zusammenfassung

Operative Systeme werden hier nach dem Drei-Schichten-Modell des vorigen Kapitels, bestehend aus Geschäftsdatum, Geschäftsobjekt und Geschäftsprozess, beschrieben. Zur Integration von Systemen dienen Geschäftsschnittstellen.

Lernziele

- Operative Systeme anhand eines Modells verstehen lernen.
- Geschäftsobjektklassen in UML modellieren können.
- Einen Geschäftsprozess in BPMN nach dem Drei-Schichten-Modell des Kapitels abbilden können.

Die Quelle zum Kapitelmotto lautet: Beckett S (1974) Endspiel. Suhrkamp Taschenbuch 171, 1. Auflage 1974, Frankfurt a. M., S. 65.

© Springer-Verlag GmbH Deutschland, ein Teil von Springer Nature 2021
R. Weber, *Betriebliche Anwendungssysteme,*
https://doi.org/10.1007/978-3-662-63185-0_3

3.1   ERP-Systeme

a) Begriff
Als ersten Systemtyp sehen wir uns *operative Systeme* an, im Englischen *Transactional Systems* genannt. „Transaktion" ist hier betriebswirtschaftlich als ein Geschäftsvorfall zu verstehen. Üblicherweise wird sie auch technisch als eine Datenbanktransaktion abgebildet. Die bekanntesten operativen Systeme sind *Enterprise-Resource-Planning-Systeme (ERP-Systeme),* und diese verwenden wir im Folgenden zur Erläuterung. Der Begriff „Enterprise Resource Planning" ist etwas unglücklich gewählt, da es sich nicht vorrangig um die *Planung* im Sinne von Planungssystemen (Abschn. 4.5) handelt. Die Funktionen von ERP-Systemen sind heute, gerade bei Software für kleinere und mittelgroße Unternehmen, sehr ähnlich, weitgehend standardisiert. Die Standardisierung betrifft natürlich nur den Inhalt der Funktionen, nicht die Begrifflichkeit oder gar die Benutzeroberflächen oder Datenstrukturen der Systeme. Die Standardisierung ergibt sich daraus, dass vieles durch Gesetze und Vorschriften geregelt ist (Buchhaltung, Arbeitsrecht) und die grundlegenden Geschäftsprozesse in Unternehmen sehr ähnlich sind, wodurch sich Musterprozesse („Best Practices") gebildet haben (Grammer 2018, S. 27).

b) Funktionsbereiche im Überblick
Wir verwenden die folgenden Begriffe: Die *Funktionalität* eines Systems ist die Menge aller *Funktionen.* Die Funktionen lassen sich in *Funktionsbereiche* einteilen, welche hierarchisch organisiert sein können. Zum Beispiel wird der Funktionsbereich „Rechnungswesen" die (Unter-)Funktionsbereiche „Finanzbuchhaltung" und „Kostenrechnung" enthalten. Ein Beispiel, wie die ERP-Funktionalität für ein Industrieunternehmen gegliedert sein kann, zeigt Abb. 3.1.

In jedem Funktionsbereich bearbeiten und speichern die Funktionen bestimmte Daten, z. B. im Funktionsbereich „Einkauf" unter anderen die Daten „Lieferant" und „Bestellung". Das Bearbeiten oder, in einer üblichen Sprechweise, „Pflegen" von Daten

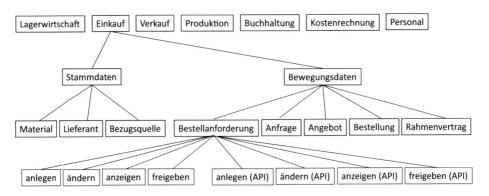

Abb. 3.1 ERP: Funktionsbereiche und Funktionen

beinhaltet zumindest das Anlegen, Ändern, Anzeigen und oftmals auch das Löschen. (Das Löschen ist eine kritische Funktion. In welchen Fällen ist es problemlos möglich, in welchen nicht? Warum werden Daten teilweise lediglich „logisch gelöscht", d. h. nur aus der Datenbank entfernt und archiviert?) Später werden wir beides, Daten und Funktionen, vertiefen. Insbesondere gehen wir darauf ein, was es mit dem „API" in Abb. 3.1 auf sich hat.

Auf der Übersichtsebene sieht man die einzelnen Funktionen noch nicht. Dafür müssen wir einen tieferen Blick in die Funktionalität werfen. Wir tun dies exemplarisch für den Bereich „Einkauf", den wir im ganzen Buch immer wieder in Beispielen aufgreifen.

c) Ein Bereich in Detail: der Einkauf

Es finden sich darin die Funktionen des Einkaufs, gegliedert danach, welche Daten bearbeitet werden (Abb. 3.1). Zum einen die Stammdaten (Genaueres zu diesem Begriff und zu Bewegungsdaten etwas später): Lieferant, Material und die Verbindung zwischen beiden, die Bezugsquellen. Eine Bezugsquelle enthält die Information, welches Material bei welchem Lieferanten zu welchen Konditionen bezogen werden kann. Wir erwähnen das Material hier; weil es aber auch für weitere Funktionsbereiche wichtig ist, ist es oftmals an anderer, zentraler Stelle angesiedelt. Zum anderen gibt es die Bewegungsdaten: Bestellanforderung (ein Bedarf wird ermittelt, entweder im Rahmen der Materialbedarfsplanung oder unmittelbar von einem Benutzer angelegt), Anfrage (an den Lieferanten), Angebot (vom Lieferanten), Bestellung (an den Lieferanten). Bestellungen können auch nach Rahmenverträgen, einem weiteren Geschäftsdatum, organisiert sein, wenn solche ausgehandelt wurden, um vorteilhafte Konditionen bei einer gewissen Bindung zu erhalten.

Auf den ersten Blick enthält damit ein ERP-System „alles, was ein Unternehmen braucht". Wir werden in Kap. 4 sehen, weshalb es weitere Systeme gibt.

d) Merkmale von ERP-Systemen

Lösen wir uns nun von der Funktionalität und werfen einen Blick auf die wesentlichen Merkmale von ERP-Systemen (Abb. 3.2, wo nur einige der Funktionsbereiche gezeigt sind):

- Vor allem Abdeckung der *innerbetrieblichen* Datenverarbeitung. „Inner-", d. h. die Interaktion mit Geschäftspartnern (Kunde, Lieferant) wird nicht besonders intensiv unterstützt. „-betrieblich", d. h. nicht unmittelbar betriebliche Funktionen, z. B. CAD-Software oder Bürosoftware, sind meist nur über Schnittstellen gekoppelt (Abschn. 3.6).
- Konzentration auf *operative* Funktionen, also das Tagesgeschäft. Analysen und Planungen sind zwar vorhanden, aber nicht ausgeprägt wie in spezielleren Systemen (Kap. 4).
- *Dialog- und Hintergrundfunktionen:* Sachbearbeiter arbeiten mit Dialogprogrammen, wobei Bildschirmmasken als grafische Benutzeroberfläche dienen, z. B. bei der

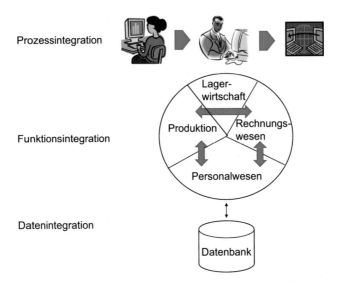

Abb. 3.2   Ein ERP-System

Erfassung einer Bestellung. Eine Hintergrundfunktion erfordert dagegen keine menschliche Intervention; ein Beispiel ist die Gehaltsabrechnung.

- *Datenintegration:* Alle Anwendungen greifen auf eine gemeinsame Datenbank zu. Zum Beispiel verwenden sowohl der Einkauf als auch die Produktionsplanung unterschiedliche Teile des Materialstamms.
- *Funktionsintegration:* Die Funktionen sind aufeinander abgestimmt, sodass das Ergebnis einer Funktion von einer Folgefunktion verwendet werden kann. Aus meiner Sicht spielen dafür auch die Querbezüge zwischen Funktionen eine Rolle, nämlich dass mit einer Funktion automatisch eine Folgefunktion angestoßen wird. Manche könnten dies bereits als eine Form der Prozessintegration sehen – die Abgrenzung ist m. E. nicht einfach. Zum Beispiel wird bei einem Wareneingang (Funktion der Lagerwirtschaft) zugleich automatisch ein Buchungssatz (Funktion der Finanzbuchhaltung) erstellt.
- *Prozessintegration:* Die Funktionen sind in der Reihenfolge aufeinander abgestimmt und in einem (Geschäfts-)Prozess integriert. Zum Beispiel wird im Einkaufsprozess festgelegt sein, dass eine Bestellanforderung einer ein- oder mehrstufigen Freigabe unterliegt, bevor sie in eine Bestellung umgesetzt werden kann.
- *Standardsoftware:* Üblicherweise wird heute für operative Systeme, insbesondere ERP, Standardsoftware verwendet, kaum mehr Individualsoftware. Es gibt Open-Source-ERP-Systeme, deren Verbreitung aber heute nicht hoch ist (Gronau 2014, S. 22); s. hierzu auch Abschn. 6.4. Dies mag insbesondere daran liegen, dass die Lizenzkosten nur einen kleinen Teil der Gesamtkosten des Softwareeinsatzes ausmachen (Kap. 13).

3.2   Das dreischichtige Modell für operative Funktionalität

Wir benutzen das in Kap. 2 eingeführte Modell, um die Funktionalität operativer Systeme zu beschreiben. Nach der Systemtheorie – den Begriff „Theorie" verwenden wir hier in einer entspannten Weise – bildet ein „künstliches" Modell ein „reales" System ab. Ein Beispiel zur Veranschaulichung aus einem anderen Bereich: Ein kleines Flugzeugmodell kann die aerodynamischen Eigenschaften eines später zu bauenden Flugzeuges erproben. Unterschiedliche Modelle werden für unterschiedliche Zwecke verwendet. Unser Zweck: Wir wollen die Funktionalität betrieblicher Anwendungssysteme gut verstehen. (Was ist in unserem Fall das „System"? Der Quellcode des Anwendungssystems? Oder ist dies auch bereits ein „Modell"? Und wie steht es mit den gespeicherten Daten?)

In der untersten Schicht befinden sich die Geschäftsdaten. Wie bereits bei der Funktionalität erwähnt, sind die betrieblichen Funktionen in Anwendungssystemen bereits meist nach den Geschäftsdaten gruppiert. Dieses Hand-in-Hand-Behandeln von Daten und Funktionen ist in der Informatik üblich, heute am vertrautesten in der objektorientierten Programmierung: Klassen mit Attributen (Daten) und Methoden (Funktionen). Dieses Prinzip des Zusammenfassens übernehmen wir in unserem Modell. Daten lassen sich dann z. B. in UML-Klassendiagrammen durch die Attribute von Klassen und die Assoziationen zwischen den Klassen beschreiben. Der Übergang zu Objekten besteht einfach darin, die Methoden zu ergänzen – aus dem (semantischen) Datenmodell wird ein Objektmodell. In ähnlicher Weise könnten wir zur Datenmodellierung ein Entity-Relationship-Modell verwenden. Aber wozu die Modellierungssprache ohne weiteren Nutzen wechseln? Möchten wir es konkreter haben, können wir als logisches Datenmodell die Datenbanktabellen ansehen. Wir vertiefen Geschäftsdaten in Abschn. 3.3.

In der mittleren Schicht werden dann neben Daten Methoden, und wie wir später sehen werden, auch Ereignisse einbezogen, weil alle drei Komponenten in der höchsten Schicht benötigt werden. Es sei nochmals betont: Es handelt sich um ein Modell von Anwendungsfunktionalität, nicht um objektorientierte Klassen in einer konkreten Programmiersprache. Unser Modell ist also objektorientiert, aber eine Funktion muss im System (!) nicht unbedingt durch eine Methode implementiert sein, sondern könnte z. B. als eine Webanwendung bereitgestellt werden. Oder das System verwendet zwar Klassen, aber auf einer anderen Granularitätsstufe. Wir verwenden also die objektorientierte Sicht hauptsächlich zur Zusammenfassung von Daten und Funktionen, und um bei Daten die Beziehungen zu anderen Daten auszudrücken (über Assoziationen bzw. Attribute vom Typ Objektreferenz). Eine objektorientierte Umsetzung ist zwar nicht ausgeschlossen, aber aus Modellsicht nicht zwingend. Von weiteren objektorientierten Konzepten werden wir wenig Gebrauch machen. Zum Beispiel gehen wir nicht auf Vererbung ein. Wir vertiefen Geschäftsobjekte in Abschn. 3.4.

Geschäftsprozesse beschreiben wir unter Verwendung der Klassen der Geschäftsobjekte. Wir werden Prozesse mit der Notation BPMN abbilden. In unserem Kontext wären auch UML-Aktivitätsdiagramme in einer speziellen Verwendungsweise möglich.

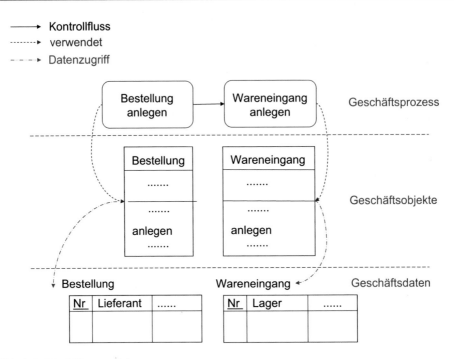

Abb. 3.3 Modellierungssicht

Aus pragmatischen Gründen, weil BPMN für den Zweck üblicher ist, entscheiden wir uns aber dafür. Wir vertiefen Geschäftsprozesse in Abschn. 3.5.

Nun zu unserem kleinen Beispiel (Abb. 3.3), das die bisher eher abstrakten Gedanken konkreter veranschaulichen soll. Die Funktionen sind hier in den Klassen „Bestellung" und „Wareneingang" als Methoden gruppiert. Die Methoden der Klassen bearbeiten Geschäftsdaten (Attribute), welche persistent, d. h. dauerhaft, in Datenbanktabellen gespeichert sind. Vereinfachend ist jeweils nur eine Datenbanktabelle in der Abbildung gezeigt, und die Datenbanktabellen der Positionen werden zunächst weggelassen. Die Methoden der Geschäftsobjekte werden in einer logischen Reihenfolge aufgerufen, was einem Geschäftsprozess entspricht. In Abb. 3.3 verwendet die erste Aktivität die Methode *Bestellung.anlegen*. Für die leichtere Zuordnung wurde die Aktivität entsprechend benannt. Ähnlich ist es mit der zweiten Aktivität.

Weil die Begriffe „Geschäftsdaten", „Geschäftsobjekte" und „Geschäftsprozesse" etwas lang und unhandlich sind, sprechen wir häufig einfach von Daten, Objekten und Prozessen, wenn das „Geschäft" aus dem Zusammenhang klar ist.

Wir vertiefen nun dies alles, indem wir mehr Überlegungen zu Daten, Objekten und Prozessen und ihrem Zusammenhang anstellen. Dazukommen werden noch Geschäftsschnittstellen, die für die Integration von Systemen in ihre Umgebung – Menschen, andere Systeme und „Dinge" – nötig sind.

3.3 Geschäftsdaten

Geschäftsdaten oder *Daten* sind inhaltlich, „betriebswirtschaftlich", digitale Repräsentationen bzw. Belege von Geschäftsvorfällen (dies führt zum Begriff der Bewegungsdaten) und den beteiligten Personen und Dingen (dies führt zum Begriff der Stammdaten). Manche der Dinge sind konkreter, andere sind Artefakte (z. B. eine Stückliste). (Was ist in diesem Zusammenhang das System, was das Modell?)

Technisch gesehen handelt es sich bei Geschäftsdaten um komplexe Datenstrukturen, welche persistent in einer Datenbank gespeichert werden. Dabei wird ein Geschäftsdatum in der Regel in Teile zerlegt, die in getrennten, aufeinander bezogenen Tabellen gespeichert werden. (Warum reicht eine nicht aus? Beispiel?) Etwa das Geschäftsdatum (die Einzahl von „Geschäftsdaten") Material, welches neben einer eindeutigen Identifikation bzw. einem Identifikator Attribute wie die Basismengeneinheit, die Bestellmengeneinheit, den Bewertungspreis hat – und eine Vielzahl mehr. In unserem Modell betrachten wir den Identifikator und die Basismengeneinheit nicht als eigenständige Geschäftsdaten, sondern lediglich als Attribute des Geschäftsdatums Material. Ein Attribut kann elementar sein, z. B. die Basismengeneinheit, oder zusammengesetzt, z. B. eine Adresse. Wir sehen also nicht jedes einzelne Datenfeld als Geschäftsdatum an, sondern fassen größere Mengen zu einem Geschäftsdatum zusammen.

In der Datenmodellierung wird festgelegt, welche Daten Geschäftsdaten in einem System sein sollen und wie sie auf Tabellen eines Datenbanksystems abgebildet werden.

Bei operativen Systemen werden wir oftmals gleich die nächsthöhere Ebene verwenden, die Geschäftsobjekte, vor allem zur Beschreibung der Funktionalität und zum Einsatz in Geschäftsprozessen, wenngleich natürlich auch Geschäftsdaten eine Rolle spielen. Bei analytischen Systemen treten Geschäftsdaten dagegen in den Vordergrund.

3.3.1 Ausprägungen

Um Geschäftsdaten besser zu verstehen, sehen wir uns verschiedene Einteilungsmöglichkeiten an, oft Dichotomien (Einteilungen in zwei Bereiche), die jeweils den Fokus auf einen Aspekt von Geschäftsdaten richten. Zunächst einige zu den Attributen von Geschäftsdaten, dann solche zu kompletten Geschäftsdaten. Auf diese Weise lernen wir die verschiedenen Ausprägungen von Geschäftsdaten kennen.

A. Einteilungen von Attributen
Beginnen wollen wir mit einer Einteilung nach dem Datentyp, noch weitgehend unabhängig davon, wie das Attribut in einem Geschäftsdatum bzw. einer Datenbanktabelle verwendet wird (Abb. 3.4).

a) einfach	ID	b) ID/Wert	ID	Wert	
		c) Schlüssel	Schlüsselfeld	Nicht-Schlüsselfeld	
		d) Schlüsselart	Primärschlüssel	Fremdschlüssel	
		e) Bezug	Referenz auf Geschäftsdaten	fest	
		f) Vergabe	intern	extern	
		g) Name	ID	Bezeichnung	
a) zusammengesetzt		h) Speicherung	gespeichert	berechnet	
	Bezug	i) Breite/Tiefe	Spalten	Zeilen	
		j) Maße	Zahl	Einheit	
		k) Texte	ohne Sprach-ID	mit Original-Sprach-ID	mit Original-Sprach-ID und Sprach-ID

Abb. 3.4 Attribute: Einteilungsmöglichkeiten

a) Einfache und zusammengesetzte Attribute

Ein Attribut kann „einfach" sein, also nicht aus mehreren Teilen bestehen. Z.B. eine Bezeichnung für ein Material. Zusammengesetzte (strukturierte, „komplexe") Attribute bestehen dagegen aus mehreren Teilen, z. B. eine Adresse, bestehend aus Postleitzahl, Ort, Straße, Hausnummer. Die einfachen Attribute betrachten wir unmittelbar anschließend, die zusammengesetzten etwas später (s. i)).

b) Identifikator oder Wert

Die einfachen Attribute können wir danach einteilen, ob sie einen *Identifikator* (Identifikation) oder einen Wert darstellen. Das Wort „Identifikator" wird gerne zu *„ID"* abgekürzt („die ID"), und oft auch als *Nummer* oder *Kennung* bezeichnet. Der Identifikator ist häufig numerisch, aber alphanumerische IDs sind ebenso üblich, wobei in der Regel pragmatischerweise nicht zwischen Groß- und Kleinschreibung unterschieden wird. (Wieso?) Identifikatoren werden mit anderen Daten verbunden, z. B. der Identifikator Materialnummer mit abhängigen Attributen wie der Materialart, oder ein Status-Identifikator (Status „1") mit einem Text („genehmigt"; vgl. g)). Die Werte stehen dagegen weitgehend für sich (s. jedoch j)).

Wir sehen uns Identifikatoren recht umfangreich an (d–g), und bei Werten Texte (g, k), Zahlen (j) und berechnete Werte (h). Doch zuvor eine Unterscheidung, die sich bei Datenbanktabellen ergibt.

c) Schlüsselattribut und Nichtschlüsselattribut

Ein Geschäftsdatum wird durch ein oder mehrere Schlüsselattribute zusammen (im letzteren Fall ein zusammengesetzter Schlüssel) identifiziert. Wir kennen diese Unterscheidung aus Datenbanktabellen (Primärschlüssel), hier ist es nicht anders. Für Schlüsselattribute werden Identifikatoren verwendet.

d) Identifikator: Primär- oder Fremdschlüssel (Referenz)

Ein Identifikator kann als Primärschlüssel verwendet werden und damit das Datum selbst identifizieren. Es kann aber auch als (Fremdschlüssel-)Attribut in einem Geschäftsdatum auf ein anderes Datum verweisen, z. B. in einer Bestellung die Referenz auf den Lieferanten. Dadurch ergeben sich Beziehungen zwischen den Geschäftsdaten. Eine Referenz könnte aber z. B. auch auf einen Status-Identifikator verweisen. Das sehen wir uns im Folgenden an.

e) Identifikator: Referenz auf Geschäftsdaten, feste oder Customizing-Daten

Eine Referenz kann statt auf ein anderes Geschäftsdatum z. B. auch auf einen Status-Identifikator verweisen. Z. B. kann eine Bestellanforderung ein Attribut „Zustand" enthalten, für das u. a. die Werte 1 (für „neu") und 2 (für „freigegeben") möglich sind. (Welcher Art sind übrigens „neu" und „freigegeben"?) Die Werte 1 und 2 können „hartcodiert" sein – das ist in der Überschrift mit „fest" gemeint. Oder sie können in einer Customizing-Einstellung festgelegt sein.

f) Identifikator: Interne oder externe Nummernvergabe

Benötigen wir einen neuen Wert für einen Identifikator, kann er auf zwei Weisen erzeugt werden (im folgenden Kontext ist der Identifikator die „Nummer"):

- *Interne Nummernvergabe:* Die ID, in dem Falle meist numerisch, wird beim Anlegen automatisch vom System vergeben. In der Regel wird von der letzten vergebenen Nummer einfach hochgezählt.
- *Externe Nummernvergabe:* Der Benutzer vergibt eine ID. In dem Falle, gerade bei alphanumerischen ID, wäre der Begriff „ID-Vergabe" angemessener. Das System prüft natürlich, ob die vorgeschlagene ID noch frei ist.

g) Identifikator oder Bezeichnung

Für Benutzer können Identifikatoren schwer zu merken sein. Daher gibt es meist zusätzlich eine Bezeichnung. Diese ist allein für die Benutzer gedacht, um einen mnemotechnisch einfacheren Umgang mit den Geschäftsdaten zu bieten. Es kommen also in der Regel beide vor: der Identifikator für das System, der Text für den Benutzer.

Gerade bei intern vergebenen IDs, aber auch bei mnemotechnisch vergebenen externen IDs, wählt der Benutzer beim Anlegen daher eine meist längere *Bezeichnung,* manchmal sogar mehrere in verschiedener Länge, vielleicht auch einen *Suchbegriff* für Suchfunktionen. Die Bezeichnung wird in der Anmeldesprache des Benutzers vergeben und kann in der Regel übersetzt werden. Legt zum Beispiel der Benutzer das Material 1400 mit der Bezeichnung „Stahlrohr SL" in der Anmeldesprache „Deutsch" an, so könnte die Bezeichnung für die Anmeldesprache Englisch in „Steel tube SL" übersetzt werden. Während die IDs für das ordnungsgemäße Funktionieren eindeutig sein muss, ist dies für eine Bezeichnung technisch gesehen nicht erforderlich, aus pragmatischen

Gründen aber sinnvoll. Daher wird dies oftmals bei der Dateneingabe geprüft, wenngleich ein Verstoß gegen die Eindeutigkeit wohl höchstens mit einer Warnung und keiner Fehlermeldung geahndet wird.

h) Gespeicherte und berechnete Attribute

In erster Linie wird man an eingegebene, gespeicherte Attribute denken. Es könnte aber auch sein, dass z. B. in einer Bildschirmmaske ein Attribut angezeigt wird, dessen Wert aus Werten anderer Attribute berechnet ist. Z.B. könnte es sich um eine Währungsumrechnung von der Währung eines Geschäftsvorfalls in die Konzernwährung handeln.

Kommen wir nun zurück zu unserer Gliederung nach Datentypen. Offen ist noch die Behandlung von zusammengesetzten Datentypen. Kurz gesagt: Es kann in die Breite oder in die Tiefe gehen – oder in beide Richtungen:

i) Strukturierte Attribute: Mehrere Spalten oder Zeilen

Ein Attribut kann mehrere Spalten haben. Eine Adresse innerhalb eines Geschäftsdatums wäre ein Beispiel dafür. Es können aber auch mehrere Zeilen sein. Z. B. könnte ein Lieferant mehrere Bankverbindungen haben. Wir sehen, dass wir die beiden Arten auch kombinieren können.

Bei relationalen Datenbanktabellen sind beide Fälle für ein einzelnes Tabellenfeld tabu. Bei Geschäftsdaten wählen wir dagegen auf der Modellierungsebene einen freieren Ansatz. Wollen wir die Daten dann in einer späteren Konkretisierung in Datenbanktabellen speichern, müssen wir uns natürlich über den Tabellenentwurf Gedanken machen.

Übliche mehrzeilige Daten in Programmiersprachen sind Listen und Felder (Arrays). Der Selektor ist dort eine Zahl (erste Zeile, zweite Zeile …). In Geschäftsdaten können aber auch komplexere Selektoren vorkommen. Ein typisches Beispiel sind organisationsabhängige Daten. So könnte ein Material in verschiedenen Organisationen unterschiedliche buchhalterische Bewertungspreise haben. Der Selektor wäre dann die Organisation: Für potenziell jede Organisation können wir einen Wert haben.

Ein anderer häufig vorkommender Fall sind historisierte Daten: Es kann mehrere Zeilen geben, die für unterschiedliche Zeiträume gültig sind. Diese Form ist natürlich auch auf höchster Ebene möglich, d. h. des Geschäftsdatums selbst, nicht nur als Schachtelung eines Attributs als Tabelle in einem Geschäftsdatum. Das ist der Fall, wenn für ein Datum nicht nur der aktuelle Wert gespeichert werden soll, sondern der für einen Zeitpunkt jeweils gültige Wert *(Historisierung)*. Bei Historisierung wird bei einer Abspeicherung in Datenbanktabellen der Schlüssel eines Geschäftsdatums um einen Gültigkeitszeitraum ergänzt: Die Werte der abhängigen Attribute des Geschäftsdatums gelten dann nur in diesem Gültigkeitszeitraum. (Analog kann man mit historisierten Attributen umgehen.) Sollen die Daten „bis auf Weiteres" gelten, kann z. B. ein unrealistisches größtes Datum (31.12.9999) verwendet werden, was die Datenbankselektion vereinfacht. Ändert sich zu einem späteren Zeitpunkt der Wert, wird der „bis-Wert" des bisherigen Intervalls geändert und ein weiteres Intervall mit dem neuen

Datenwert hinzugefügt. Tatsächlich gibt es auch diffizilere Formen der Zeitsteuerung, auf die wir hier nicht eingehen.

Im Folgenden sehen wir uns noch einen Aspekt in strukturierten Attributen an, nämlich dass zwei Attribute einen besonders engen Bezug zueinander haben können (j und k).

j) Zahlen und Einheiten

Ist ein Wert eine Zahl, betrifft dies in betrieblichen Anwendungssystemen meist Geldbeträge oder Mengenangaben. Solche Zahlen sind für sich allein nicht verständlich, wir benötigen die Währungs- und Mengeneinheiten dazu. Insofern wird es in diesen Fällen immer eine Beziehung der Zahl zu einem anderen Attribut geben.

k) Texte und Sprachen

Als Text verstehen wir hier eine Zeichenkette (String), die Wörter einer natürlichen Sprache enthält. (Gibt es hier auch Grenzfälle? Wie sieht es z. B. mit einem Familiennamen aus, z. B. Rösner? Oder externe Nummern in f)?) Ein Text kann im einfachsten Fall in nur einer Sprache abgelegt werden, und im System ist nicht formal hinterlegt, welche dies ist. Es könnte ja ein in nur einem Land eingesetztes System sein, und die Sprache kann in dem Kontext klar sein. Die nächste Ausbaustufe wäre, dass zwar ebenfalls nur ein Text in einer Sprache gespeichert wird, aber die Sprache hinterlegt wird, z. B. in einem weiteren Attribut die Sprach-ID DE gesetzt ist, d. h. der Text ist auf Deutsch geschrieben. Schließlich – der größte Komfort – der Text kann in vielen Sprachen vorhanden sein. Er kann in einer Sprache angelegt worden sein, in der „Originalsprache", und dann in eine oder mehrere andere Sprachen übersetzt worden sein, was bei internationalen Unternehmen Verwendung findet.

Texte haben verschiedene Verwendungszwecke, hauptsächlich Bezeichnung oder informierender Text, wie in einem Kommentar.

Abb. 3.4 stellt zusammenfassend die genannten Einteilungsmöglichkeiten der Attribute dar.

B. Einteilungen von vollständigen Geschäftsdaten

Kommen wir nun zu den Einteilungen von Geschäftsdaten als ganze. Die meisten der Einteilungen finden sich z. B. in Heilig et al. (2006, S. 23). Die wichtigste Unterscheidung ist die nach Stamm- und Bewegungsdaten (Abb. 3.5).

a) Stamm- und Bewegungsdaten

Stammdaten (Master Data) bilden inhaltlich, „betriebswirtschaftlich", Personen, Organisationen und „Dinge" unterschiedlicher Art aus der Sicht eines Unternehmens ab. Alle können immer wieder am Geschäftsleben teilnehmen und damit in Geschäftsvorfällen vorkommen. Die „Dinge" können unterschiedlich konkret oder artifiziell sein. So gehört ein Material hinzu, aber auch eine Stückliste. Technisch gesehen sind Geschäftsdaten solche mit einer zeitlich langen Relevanz, die immer wieder in Bewegungsdaten referenziert werden, ja die Voraussetzung dafür sind, dass Bewegungsdaten überhaupt entstehen können.

a) Dauer	Stammdaten	Bewegungsdaten
b) Zahlen	Bestandsdaten	Flussdaten
c) Zustandsübergänge	Zustandsdaten	Ereignisdaten
d) Zweck	Nutzdaten	Änderungsdaten
e) zeitliche Relevanz	aktive Daten	passive Daten
f) Struktur	strukturierte Daten	unstrukturierte Daten
g) Wiederholstruktur	Kopfdaten	Positionsdaten

Abb. 3.5 Datenarten: Einteilungsmöglichkeiten

Ein Beispiel ist das Material: Das Material 1400 zum Beispiel kann über viele Jahre hinweg angefordert und bestellt werden. Erhalten bleibt die Materialnummer (ID) 1400, einige Attribute von Stammdaten können sich dagegen mehr oder weniger häufig ändern, zum Beispiel der Bewertungspreis als gleitender Durchschnittspreis (häufig) oder die Bestellmengeneinheit, wenn ab einem Zeitpunkt nicht mehr Kisten, sondern gleich ganze Paletten bestellt werden (selten). Selbst die Bezeichnung (im Gegensatz zur Materialnummer!) kann sich ändern („Raider heißt jetzt Twix"). Daher etwas verkürzend und m. E. nicht ganz korrekt liest man oft „Stammdaten sind Daten, welche sich selten ändern". Andere Stammdaten sind:

- Kunde,
- Lieferant,
- Stückliste,
- Arbeitsplan,
- Personal (Stammsatz eines Mitarbeiters),
- Kostenstelle.

Gebräuchlich und synonym sind die Wörter: „Materialstammdaten", „Materialstamm" und „Materialstammsatz".

Bewegungsdaten (Transactional Data) spiegeln die alltäglichen Geschäftsvorfälle wider. Ein Beispiel ist die Bestellanforderung (kurz Banf genannt). Ein Mitarbeiter benötigt für die Produktion 10 Stück des Materials mit der Nummer 1400. Er erstellt dafür eine Banf. Die Banf hat Attribute wie den Ersteller und das Erstellungsdatum. Andere Bewegungsdaten sind:

- Bestellung,
- Rechnung,
- Materialbeleg zu einem Materialzugang,
- Buchhaltungsbeleg.

Bewegungsdaten sind nur in einem begrenzten Zeitraum relevant[1]: Bei einer Bestellanforderung reicht dieser vom Zeitpunkt, an welchem sie angelegt wurde, in der Regel bis zum Zeitpunkt, an dem das angeforderte Material eintrifft. Danach verschwinden die Bewegungsdaten nicht aus dem System, sie sind weiterhin zur Nachvollziehbarkeit und zur Auswertung vorhanden. Tatsächlich bleiben betriebswirtschaftliche Daten meist „für immer" erhalten, wechseln aber sicherlich irgendwann zur Entlastung der Datenbank in ein Archivsystem (Abschn. 15.4).

b) Bestands- und Flussdaten

Bestands- wie Flussdaten betreffen Zahlen. *Flussdaten* sind Bewegungsdaten, die Zu- oder Abgänge wiedergeben, z. B. Materialbewegungen. Sie werden auch *Stromgrößen,* im Gegensatz zu *Bestandsgrößen,* genannt. *Bestandsdaten* akkumulieren solche Flussdaten, ein Beispiel ist der Materialbestand. Er könnte als ein Attribut der Materialstammdaten abrufbar sein. Diese Datenarten werden neben Stammdaten in Kap. 4 zentral sein. (Gibt es andere Bewegungsdaten als Flussdaten?)

c) Zustands- und Ereignisdaten

Zustands- und Ereignisdaten liegt das Modell von Zustandsübergangssystemen zugrunde, in der Informatik auch „Automaten" genannt. *Zustandsdaten* im engeren Sinne geben einen Zustand von Stamm- oder Bewegungsdaten wieder, sind also eigentlich kein vollständiges Geschäftsdatum, sondern lediglich ein Attribut davon. Z. B. könnte sich eine Bestellanforderung im Zustand „freigegeben" befinden, ein Material im Zustand „gesperrt für Bestellungen". Der Zustand ist dann ein Attribut jener Daten. *Ereignisdaten* geben Zustandsänderungen wieder, z. B. „Bestellung wurde geändert". Wir werden Ereignisse weiter unten in Abschn. 3.4 behandeln. Zudem stehen sie in Beziehung zu den nun folgenden Änderungsdaten.

d) Änderungsdaten

Änderungsdaten protokollieren Änderungen an Geschäftsdaten. Im einfachsten Fall verzeichnen sie nur, dass und wann eine Änderung stattfand, was z. B. bei unstrukturierten Daten (f) genügen mag. Bei strukturierten Daten lässt sich dagegen die konkrete Änderung aufzeichnen. Zum Beispiel könnte protokolliert werden, wie sich der Bewertungspreis eines Materials von einem alten auf einen neuen Wert geändert hat. Änderungsdaten können sowohl für Stamm- als auch für Bewegungsdaten geschrieben werden. In vielen Ländern ist es für Finanzanwendungen gesetzlich verpflichtend, die Änderungshistorie von Datensätzen zu speichern (Plattner und Zeier 2011, S. 109).

---

[1] Nach Plattner und Zeier (2011, S. 92) speichern Unternehmen Daten typischerweise für zehn Jahre, benutzen aber nur 20 % davon, nämlich die der letzten zwei Jahre. So werden weniger als ein Prozent der Aufträge im Jahr nach der Erzeugung geändert (Plattner und Zeier 2011, S. 97).

e) Aktive und passive Daten

Aktive Daten werden in gerade laufenden Geschäftsprozessen verwendet, *passive* Daten nicht – sie dienen nur noch für analytische, statistische Zwecke (Plattner und Zeier 2011, S. 93).

f) Strukturierte und unstrukturierte Daten

Bisher haben wir uns alleine *strukturierte* Daten angesehen, d. h. solche, die als Datenstruktur existieren, man kann auf jeden Teil per Selektor zugreifen. Daneben gibt es im Sinne der betriebswirtschaftlichen Datenverarbeitung *unstrukturierte,* vor allem verschiedene Arten von Dokumenten wie:

- eingescannte Rechnungen,
- PDF-Dokumentschablonen zur vereinfachten Dateneingabe,
- Textverarbeitungsdateien zur Dokumentation.

Diese Dokumente sind teilweise speicherintensiv, und weil die Selektion über deren Attribute nicht möglich ist, werden sie üblicherweise nicht in Datenbanken abgelegt, sondern in *Dokumentenverwaltungssystemen* und ähnlichen Systemen (Content-Management-Systeme, Archivsysteme). Logisch gesehen sind sie meist Bewegungsdaten, aber teilweise können sie zu Stammdaten gehören, z. B. das Bild eines Mitarbeiters oder eines Materials für einen Produktkatalog.

Im Fall von gescannten Dokumenten wird üblicherweise zu diesem unstrukturierten Datum ein entsprechendes strukturiertes erfasst, oft „abgetippt", sodass die Daten zusätzlich in verarbeitbarer Form zur Verfügung stehen. Beispiel: Eine eingehende Rechnung in Papierform wird eingescannt, um sie im Unternehmen den Sachbearbeitern als Originalbeleg bequem elektronisch zur Verfügung zu stellen. Eine Verbindung (Link) besteht vom strukturierten Datum zur Anzeige des Originalbelegs. (Sind solche Daten eigenständige Geschäftsdaten oder lediglich Attribute von anderen Geschäftsdaten?)

Tatsächlich ist die Grenze zwischen strukturierten und unstrukturierten Daten nicht scharf. Etwa lassen sich aus Formularen eines bekannten, festen Aufbaus, z. B. Evaluationsbögen, per Texterkennung vorhandene Eintragungen maschinell ermitteln. Oder bei einem Textverarbeitungsdokument ist mittels Volltextsuche auch ein Zugriff auf die darin enthaltenen Informationen möglich, wenngleich sich die Auswertung schwieriger gestaltet als bei Datenbanktabellen. Am schwierigsten ist die maschinelle Auswertung bei einem eingescannten handgeschriebenen Dokument (Handschrifterkennung?). Dagegen stehen XML-Dokumente näher an der Grenze zur komfortablen Auswertung (Kap. 10). Technisch gesehen, im Sinne einer Ablage in relationalen Datenbanksystemen, zählt man sie allerdings zu den unstrukturierten Daten, da zumindest Zusatzaufwand für die Suche anfällt, z. B. für eine Attributierung.

Abb. 3.6 Kopf- und Positionsdaten

g) Kopf- und Positionsdaten

Vielen Geschäftsdaten, insbesondere Bewegungsdaten, ist die Struktur „Kopf- und Positionsdaten" gemein (Abb. 3.6). (Haben Sie ein Beispiel für Positionen bei Stammdaten?)

Im Kopf befinden sich die Daten, welche alle Positionen gleichermaßen betreffen, in den Positionen die positionsspezifischen. Im Kopf sind die folgenden Daten fast immer vorhanden:

- Ersteller (Benutzer)
- Erstellungsdatum
- Status

Die Daten auf Positionsebene variieren dagegen stark. (Würden Sie Positionsdaten als eigenständige Geschäftsdaten sehen oder als Teil eines Geschäftsdatums, welches Kopf und Positionen hat?)

3.3.2   Beziehungen zwischen Geschäftsdaten

Zwischen Geschäftsdaten lassen sich Beziehungen aufzeigen („Relationship" im Begriff „Entity-Relationship-Modell"). In UML-Klassendiagrammen, welche wir für solche Zwecke auch für Geschäftsdaten verwenden können, lassen sie sich durch Assoziationen wiedergeben, die durch Multiplizitäten ergänzt werden (Abb. 3.7). Später, wenn wir von Geschäftsdaten zu Geschäftsobjekten übergehen und sie in einer objektorientierten Sprache implementieren, müssen wir uns über die Umsetzung einer solchen Beziehung Gedanken machen, denn dort gibt es nur Attribute und Methoden, keine Assoziationen. (Welche Möglichkeiten der Umsetzung fallen Ihnen ein? Wäre es

Abb. 3.7 Assoziation

möglich, für eine Assoziation mehrere zu wählen? Warum?) Bildet man die Geschäftsdaten auf Datenbanktabellen ab, werden die Beziehungen durch Primär-, Fremdschlüssel
und Zuordnungstabellen umgesetzt. Auf der Modellierungsebene belassen wir es bei den
Assoziationen.

Dass zwischen zwei Geschäftsdaten eine Beziehung bestehen soll, ist meist recht offen-
kundig. Interessanter wird es bei den Multiplizitäten, und da insbesondere bei den Unter-
grenzen. Denn bei einer M-zu-N-Beziehung (bei UML würden wir statt „M" und „N"
eher „*" schreiben) ist nur die Obergrenze offensichtlich, bei der Untergrenze kommen am
häufigsten 0 oder 1 vor. Wichtig ist es zu betonen, dass diese Grenzen zu jedem Zeitpunkt
für die Geschäftsdaten gelten müssen. Nach meiner Erfahrung kommt leicht ein Denk-
fehler zustande, wenn man unbewusst annimmt, dass „irgendwann" ein Wert erreicht wird.
Beispiel (Abb. 3.7): Ein Lieferant wird wohl irgendwann eine Bestellung erhalten, aber
anfangs, beim Anlegen eines neuen Lieferanten, ist eben noch keine Bestellung vorhanden.
Darüber hinaus wäre zu überlegen, wie sicher dies wirklich ist. (Solche Beziehungen
ließen sich mit einer temporalen Logik ausdrücken, s. z. B. Lamport 1980).

Die Grenzen setzen also Bedingungen (Konsistenzbedingungen, bei Datenbanksystemen auch Integritätsbedingungen genannt). Ein Datenbanksystem wechselt von
einem konsistenten Zustand zu einem anderen konsistenten Zustand. Man kann sich
dies wie einen Seerosenteich vorstellen, auf dem ein Frosch zwischen den Seerosen
hin- und herspringt[2]. (Hier hinkt die Analogie ein wenig: Im Vergleich zu einem Datenbanksystem hat ein Seerosenteich wenige Zustände oder Seerosen. Wie viele Zustände
gibt es in einem Datenbanksystem?) Dazwischen ist Wasser: kein konsistenter Zustand!
Setzen wir also Multiplizitäten, machen wir Einschränkungen in das Verhalten der
Anwendungssoftware, und dies auf der Programmebene, nicht auf der Konfigurations-
ebene (Customizing). (Wir könnten auch mehreren Lieferanten eine Anfrage zu einem
Material schicken. Warum ist die Multiplizität beim Lieferanten dann nicht „1..*"?)

Haben wir zwei Assoziationen zwischen denselben Geschäftsdaten, sollten wir sie mit
einem Rollennamen versehen. Bei einer einzelnen Assoziation ist die Rolle meist aus dem
Kontext klar. Bei zweien stellt sich dagegen zumindest die Frage: Welche ist welche?

Bisher sprachen wir immer von Geschäftsdaten auf der Typebene. Auf der Instanzebene kann es z. B. die Materialien 1400 (kurz für „das Material mit der ID bzw.
Nummer 1400") und 1401 geben, mit unterschiedlichen Attributausprägungen.

3.3.3 Mandantenfähigkeit

Die bisherigen Betrachtungen orientierten sich am Inhalt der Geschäftsdaten.
Mandantenfähigkeit ist ein dazu orthogonales Konzept: Ein mandantenfähiges System
hat mehrere zugriffstechnisch abgegrenzte Datenbereiche *(Mandanten)* für Stamm-,

---

[2] Nach H. Wedekind in einer Lehrveranstaltung über Datenbanksysteme.

Bewegungs- und Customizing-Daten: Benutzer melden sich in einem Mandanten an, sie sehen und bearbeiten nur die Daten jenes Mandanten. Mandanten könnten betriebswirtschaftlich in einem Konzern für die unterschiedlichen Tochterunternehmen verwendet werden. Sie können aber auch für Test- und Schulungszwecke eingerichtet werden.

Für die verschiedenen Mandanten können, je nach Systemarchitektur, dieselben Datenbanktabellen oder verschiedene Datenbanktabellen verwendet werden. Im Fall derselben Datenbanktabellen ist der Mandant ein Schlüsselfeld in allen Stamm-, Bewegungs- und Customizing-Datenbanktabellen. Bei verschiedenen Datenbanktabellen kann die Mandantenidentifikation in den Identifikatoren der Datenbanktabellen erscheinen (sinngemäß: „Kunde_M1", „Kunde_M2").

3.4   Geschäftsobjekte

Wir verwenden unsere objektorientierte Modellierungssicht, um die betrieblichen Funktionen als Methoden zu Klassen von Geschäftsobjekten zu gruppieren. Sehen wir uns ein Beispiel an (Abb. 3.8).

Darin ist eine Klasse für eine Bestellung in der Notation eines UML-Klassendiagramms abgebildet. Sie zeigt, welche Attribute (ID, Ersteller, Erstellungsdatum) eine Bestellung hat und welche Methoden (mit anderen Worten: Funktionen, Operationen, Dienste) sie den Verwendern bietet. Zusätzlich sind im Fach unter den Methoden Ereignisse aufgelistet; wir werden bald auf sie zu sprechen kommen.

Auf der Instanzebene zeigt eine *Objektreferenz* auf ein *Objekt* (anders formuliert: eine *Objektinstanz*) einer Klasse. Häufig wird das Wort „Geschäftsobjekt" ebenfalls

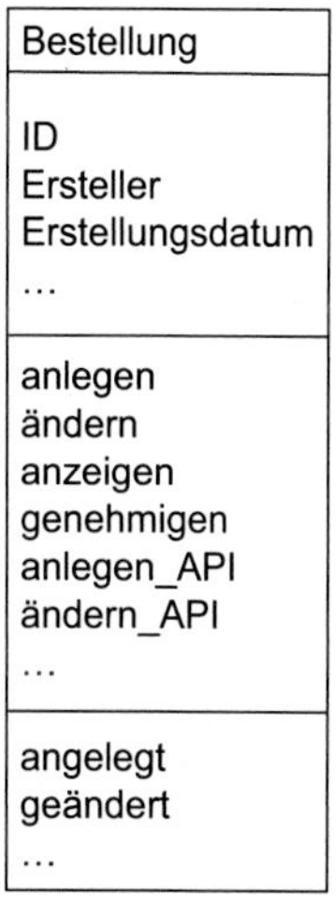

Abb. 3.8 Geschäftsobjekte

Bestellung
ID Ersteller Erstellungsdatum …
anlegen ändern anzeigen genehmigen anlegen_API ändern_API …
angelegt geändert …

für den Typ, d. h. die Klasse, verwendet („das Geschäftsobjekt Bestellung"). Aus dem Zusammenhang wird jedoch meist klar, was gemeint ist.

Objekte und Klassen mit Methoden und Attributen sind aus der objektorientierten Programmierung vertraut, und wir können einiges, was wir aus diesem Bereich kennen, übernehmen. Drei Besonderheiten sind aber zu nennen:

- (Zur Erinnerung:) Es sind Objekte der *Modellierungssicht,* nicht notwendigerweise hinsichtlich der softwaretechnischen Realisierung.
- Es sind *persistente* Objekte.
- Die Objekte können *Ereignisse* neben Methoden und Attributen haben.

In den Folgeabschnitten gehen wir auf diese Unterschiede ein.

Geschäftsobjekte geben die Geschäftsdaten wieder, also z. B. Lieferanten, Bestellungen, Rechnungen (Abschn. 3.3; die Granularität ist die gleiche), angereichert um die Funktionen (Methoden), welche mit ihnen möglich sind. Vereinfacht gesprochen gehört eine Methode zu einer Klasse, wenn sie hauptsächlich deren Objekte, also Geschäftsdaten, verändert oder liest. In Aufgabe 3.3 werden wir uns praktisch der Modellierung von Geschäftsobjekten widmen. Während Geschäftsobjekte meist grobgranulare Methoden haben, finden sich bei der objektorientierten Programmentwicklung viele Klassen wesentlich feinerer Granularität.

3.4.1 Attribute

Die Besprechung der Attribute können wir, im Unterschied zu anderen Teilen, kurz halten, denn die Aussagen zu Geschäftsdaten gelten hier gleichermaßen. Trotzdem gilt es, auf ein paar Besonderheiten hinzuweisen.

Im Gegensatz zu den „üblichen", *transienten* Objekten in objektorientierten Sprachen wie C++ oder Java „lebt" ein persistentes Objekt nicht nur zur Laufzeit des Programms, welches seine Methoden aufruft. Es lebt vielmehr ständig in der Datenbank (meist schläft es), selbst wenn es derzeit in keinem Programm verwendet wird. Wird ein Programm beendet oder gar das System heruntergefahren, bleiben die Geschäftsobjekte bestehen und stehen nach einem erneuten Systemstart weiterhin zur Verfügung.

Ein persistentes Objekt wird durch eine *Objektreferenz* identifiziert, die im einfachsten Fall aus dem Klassennamen und der (persistenten) ID des Objektes besteht. Das Objekt ist dann nur in seinem System bekannt und verfügbar. Möchte man systemübergreifend Objekte identifizieren, so kann man dies z. B. durch Hinzufügen der Identifikation des Systems erreichen. Wir nehmen an, dass jede Klasse von Geschäftsobjekten eine Attribut-`ID` enthält, welches für die Bildung der Objektreferenz verwendet werden kann. Kennt man die Objektreferenz, kann man das Objekt aus der Datenbank laden und zum Beispiel mit der Methode „`anzeigen`" in einer Bildschirmmaske betrachten.

Die Datenhaltung in Datenbanktabellen haben wir in Abschn. 3.3 angesehen. Im einfachen Fall mag dies eine Tabelle pro Klasse sein, wie Abb. 3.3 suggeriert. Meist werden es jedoch mehrere Tabellen sein, was insbesondere eine Folge der Normalformenlehre relationaler Datenbanken ist. Die Gesamtheit der Attribute aus Geschäftsobjektsicht lässt sich jedoch meist als einen Baum darstellen (Kap. 10). Unter dem Stichwort *objektrelationale Abbildung (Mapping)* werden in der Literatur Programmiertechniken vorgeschlagen, um diesen Strukturunterschied zu überbrücken, siehe z. B. Mandl (Mandl 2009, S. 346 ff.), ein Beispiel für ein Framework hierzu wäre Hibernate (Hibernate 2020).

Soll ein persistentes Objekt von einem Programm bearbeitet werden, wird ein *Laufzeitobjekt* (*transientes* Objekt) erzeugt. Wir vergegenwärtigen uns wiederum, dass die Begriffe ebenfalls auf der Modellierungsebene sinnvoll sind, selbst wenn die Implementierung nicht in einer objektorientierten Programmiersprache erfolgt. Das Laufzeitobjekt ist gleichsam eine zur Laufzeit bearbeitbare Kopie des persistenten Objektes. Die Werte der Attribute werden nämlich zum Zeitpunkt der Objektinstanziierung aus der Datenbank kopiert. Während der Bearbeitung wird das Laufzeitobjekt durchaus zeitweise vom persistenten Objekt abweichen, nämlich wenn gerade Daten im Laufzeitobjekt geändert werden, die erst später im persistenten Objekt fortgeschrieben werden. Objektdaten können sich also in der Datenbank (als Langzeitspeicher) und in den Attributen des Laufzeitobjektes (als eine Art Cache-Speicher) befinden und kurzzeitig inkonsistent sein. Die langfristige Konsistenz wird durch fachmännische Programmierung gewährleistet: Wird ein Laufzeitobjekt zum Zweck der Änderung des Geschäftsobjektes gebildet, so wird eine Sperre gesetzt. Insofern wird es zu jedem Zeitpunkt nur höchstens ein solches Laufzeitobjekt für Änderungsoperationen geben. Dieses Wechselspiel zwischen persistentem und transientem Objekt im Rahmen der Softwareentwicklung, gleichsam einem Ding und seinem Schatten, gilt streng genommen nur in den auch heute noch am meisten verbreiteten Anwendungssystemen mit magnetplatten- oder SSD-basierter Datenbank. Bei In-Memory-Systemen gestaltet es sich anders (Abschn. 5.1.3, „In-Memory-Computing").

Bisher war unsere Sichtweise, etwas vereinfacht: Geschäftsobjekt = Geschäftsdatum + Methoden. Aber sollen sich wirklich alle Geschäftsdaten in den Attributen des Laufzeitobjektes befinden? Die Antwort könnte sein: ja und nein, in gewisser Weise. Denn natürlich müssen alle Geschäftsdaten vorhanden sein, schließlich werden sie von den Methoden bearbeitet. Aber wir kennen aus der objektorientierten Programmierung, dass selbst bei (vorhandenen) Attributen Unterschiede in der Sichtbarkeit gemacht werden können („public", „private", „protected"). Unser Hauptzweck für Geschäftsobjekte ist ihre Verwendung in Geschäftsprozessen, der obersten Ebene unseres Modells. Daher werden wir in der Regel zumindest nicht alle Geschäftsdaten „public" machen. Zudem ist zu bedenken, dass wir bei persistenten Objekten andere Möglichkeiten als bei lediglich transienten Objekten haben. Während bei der „üblichen" objektorientierten Programmierung der komplette Objektzustand nur in den Attributen des Objektes zu finden ist, kann bei persistenten Objekten jederzeit auf die in der Datenbank gespeicherten Objektdaten zugegriffen werden. Daher wäre es prinzipiell möglich, formal sogar gar

keine Attribute zu verwenden und lediglich über Lesemethoden (z. B. „Get-Methoden",
hier für geeignet geschnittene Portionen der Daten) die benötigten „Attribute" aus der
Datenbank nachzulesen. In pragmatischer Weise werden daher nur jene Geschäftsdaten als Attribute abgelegt, welche zur Laufzeit häufig benötigt werden, insbesondere
in den Geschäftsprozessen. Wird zum Beispiel in einem Geschäftsprozess eine Verzweigung abhängig vom Status einer Bestellanforderung vorkommen, so wird das Attribut
„Zustand" benötigt. (Die Prozesse sind bei der Definition der Klassen vielleicht noch
nicht bekannt, zumindest nicht alle. Wie würden Sie dann bei der Attributdefinition vorgehen?) Dies ist insbesondere aus Leistungsgründen sinnvoll, da sich die Geschäftsdaten
oftmals in mehreren Tabellen befinden und auf diese Weise Tabellenzugriffe nur dann
durchgeführt werden, wenn es erforderlich ist. In einigen Fällen werden Geschäftsdaten
während der Methodenausführung nicht einmal in Attributen gehalten, sondern in lokalen
Variablen von Methoden. Man denke etwa an eine Dialogmethode, wo die Benutzereingaben in einer Variablen einer komplexen Datenstruktur abgelegt werden.

Eine verwandte Fragestellung ist die nach einem „Abzug" eines Geschäftsobjekts,
d. h. eine Kopie der Geschäftsdaten des Geschäftsobjektes zu erstellen, welche zum Beispiel von einem System in ein anderes übertragen werden kann[3]. Diese Fragestellung
wird uns in Kap. 10 weiter beschäftigen. Von dem, was wir bisher erfahren haben,
erscheint dies aus theoretischer Sicht schwierig. Geschäftsobjekte können Referenzen
auf andere Geschäftsobjekte haben, welche dadurch erreichbar sind. Lassen wir die
Referenz weg, fehlen wesentliche Daten. Kopieren wir die referenzierten Daten mit, so
kann es sein, dass das referenzierte Geschäftsobjekt wiederum eine Referenz auf ein
drittes Geschäftsobjekt enthält, und so fort. Bei einem stark datenintegrierten System wie
einem ERP-System kann man auf diese Weise einen großen Teil der Geschäftsdaten „am
Wickel" haben, was schon aus Leistungsgründen keine Lösung ist.

In praktischen Fällen muss das Problem pragmatisch gelöst werden, z. B. wenn eine
Bestellung als EDI-Nachricht versendet werden soll. Dann wird bei der Bildung des
Abzugs eine „sinnvolle" Untermenge der potenziell vom Geschäftsobjekt erreichbaren
Daten aufgenommen werden.

Beispiel: Bei einer Bestellung würde man natürlich die Bestellpositionen aufnehmen.
In den Bestellpositionen würde man die Materialnummer in der Form aufnehmen, wie
sie der Empfänger der EDI-Nachricht kennt; schließlich kann sich die Materialnummer
im sendenden Unternehmen von der des empfangenden Unternehmens unterscheiden.
Hier haben wir bereits einen ersten Fall für eine Umschlüsselung zum Zwecke der
Datenübertragung vor uns. Weitere Attribute des Materials brauchen nicht aufgenommen

---

[3] Diese Aufgabe sieht zunächst weniger anspruchsvoll aus als das Laden von Objekten samt
Klassen in Java (Coulouris et al. 2002, S. 237); bei Letzterem kann zusätzlich der Programmcode
geladen werden, sodass ebenso übertragene Methoden auf dem Zielrechner ausgeführt werden
können.

a) Bearbeitung	Dialog		Hintergrund
b) Parameter	mit		ohne
c) Verwendungsbereich	intern		extern
d) Inhalt	standardisiert		klassenspezifisch
e) Allgemeinheit	allgemein		speziell
f) Automatisierungsgrad	manuell	↔	vollautomatisiert
g) Datenmenge	ein Geschäftsdatum		viele Geschäftsdaten

Abb. 3.9 Methoden: Einteilungsmöglichkeiten

werden, da der Empfänger das Geschäftsobjekt bereits bei sich hat, wenn auch nicht mit der identischen, so doch mit einer kompatiblen Attributmenge (z. B. keine Einkaufsdaten, dafür Vertriebsdaten).

Theoretisch ist es auch möglich, die Referenzen selbst in die Kopie aufzunehmen und nur bei Bedarf auszuwerten. Man nennt dies *Lazy Loading;* das Gegenteil, das Lesen des gesamten Objektgeflechts, wäre *Eager Loading* (Mandl 2009, S. 350).

3.4.2 Methoden

Auch hier verwenden wir Einteilungen, um Methoden besser zu verstehen. Aus der Objektorientierung kennen wir bereits eine erste: statische und nichtstatische (instanzbezogene) Methoden; eine zweite zwischen Konstruktoren, Destruktoren und anderen Methoden. Bei persistenten Daten ist die Situation etwas differenzierter: Es gibt Konstruktoren (und Destruktoren), aber diese betreffen, wie in der objektorientierten Programmierung, allein Laufzeitobjekte. Das Anlegen eines neuen persistenten Objektes kann man sich besser als eine statische Methode vorstellen, welche – mit oder ohne Parameter – neue Geschäftsdaten in der Datenbank speichert. Die Destruktion entspräche dem Löschen oder Archivieren des Geschäftsdatums.

Eine weitere offensichtliche Einteilung ist die in lesende und schreibende Methoden, wobei das Löschen als schreibende Methode gewertet wird.

Vgl. Abb. 3.9 für die folgenden Einteilungen

a) Dialog- und Hintergrundmethoden
Sachbearbeiter führen Funktionen im Benutzerdialog durch, d. h. die Methoden verwenden Bildschirmmasken. Daneben gibt es Funktionen, die im Hintergrund ausgeführt werden, also ohne unmittelbare Benutzerinteraktion. Beispiele sind:

- das Ausdrucken von Gehaltsabrechnungen am Monatsende,
- das automatische Versenden einer Bestellung über Electronic Data Interchange,
- der Aufruf der Funktion „Bestellanforderung anlegen" durch einen entfernten Aufruf aus einem anderen System, z. B. einem webbasierten Beschaffungssystem (Kap. 11).

Hintergrundfunktionen werden oftmals für das automatische Ausführen zu bestimmten Zeiten eingeplant, z. B. täglich nachts um 21 Uhr (Batch-Jobs).

Die Dialogmethoden entsprechen den Funktionen, die die Benutzer in ihrer Benutzeroberfläche zur Bedienung des Anwendungssystems vorfinden. An den Beispielen erkennen wir, dass manche Hintergrundmethoden in der Benutzeroberfläche als einplanbare Funktion sichtbar sein werden: Die Einplanung geschieht im Dialog, das Ausführen im Hintergrund. Andere Hintergrundmethoden sind Teil der Programmierschnittstelle (Application Programming Interface (API; Abschn. 3.6). Sie können denselben Zweck und Funktionsumfang wie die entsprechende Dialogfunktion haben, d. h., es sind dieselben Felder zu füllen (in Abb. 3.8 mit „API" gekennzeichnet).

b) Methoden mit und ohne Parameter

Am letzten Beispiel sehen wir, dass manche Methoden nur sinnvoll mit Parametern aufrufbar sind, da nur so Daten eingegeben werden können. Bei einer Dialogmethode wird die Eingabe überwiegend vom Benutzer erfolgen. Gewisse Startwerte könnten bereits eingetragen sein, wofür (optionale) Parameter sinnvoll sind. (Benötigen alle Hintergrundmethoden Parameter?)

c) Interne und externe Methoden

Hierbei kann – je nach Kontext – Unterschiedliches gemeint sein: zum einen, ob eine Methode nur intern im Unternehmen aufrufbar ist oder auch von außerhalb, also von Geschäftspartnern. (Beispiel?) Zum anderen, ob es sich um eine veröffentlichte Schnittstelle (API; extern) handelt oder um eine interne Funktion, die für einen solchen Zweck aus Stabilitätsgründen lieber nicht verwendet werden sollte.

d) Standardmethoden und klassenspezifische Methoden

Für jedes Geschäftsdatum, egal ob Stamm- oder Bewegungsdaten, wird es die „klassischen" Funktionen (Methoden) geben: anlegen, ändern, anzeigen, evtl. löschen (auch CRUD-Funktionen nach den entsprechenden Datenbankoperationen „Create, Read, Update, Delete" genannt). Das Löschen ist eine heikle Operation. Denn Stammdaten könnten schon in Bewegungsdaten verwendet worden sein, z. B. eine Bestellung bei einem Lieferanten; löschte man den Lieferanten danach, „hinge die Bestellung in der Luft". Das Löschen ist in dem Fall nicht möglich, d. h., es wird (hoffentlich) vom System untersagt. Neben diesen Funktionen kann es weitere geben, z. B. ändernde wie eine Bestellung freigeben (wodurch das Attribut Status geändert würde). Hierbei handelt es sich um eine spezifische Änderung: Nur ein Attribut wird geändert, nicht andere Daten der Bestellanforderung. Außerdem gibt es Auswertungsfunktionen, welche Listen von Geschäftsdaten nach Selektionskriterien liefern, was aber bereits in das Gebiet der analytischen Systeme reicht.

e) Allgemeine und spezielle Methoden

In manchen Systemen gibt es neben Methoden, welche das gesamte Geschäftsdatum bearbeiten (allgemeine Methoden, „Schweizermesser"), auch solche, die nur eine Teilsicht erlauben, also spezielle Methoden. „Wozu solche Methoden ?", könnte man fragen. Schließlich lässt sich mit den allgemeinen alles erledigen, was man mit den speziellen kann (und darüber hinaus mehr). Der Grund kann sein, dass man manchen Benutzern nicht die allgemeine Methode zur Verfügung stellen möchte. Technisch ließe sich dies auch mit Berechtigungen lösen (Kap. 15). Aber es wird oft als sicherere Lösung angesehen, einem Benutzer eine Methode nicht zuzuordnen, als deren Verwendung einzuschränken. Neben dem Berechtigungsaspekt mag auch die Ergonomie eine Rolle spielen: Allgemeine Methoden können überladener gestaltet sein, da für einen anderen Benutzerkreis gedacht.

f) Automatisierungsgrad – von manuell bis vollautomatisiert

Hier stellt sich die Frage, wie sich Benutzer und System die inhaltliche Arbeit teilen: Welchen Teil übernimmt der Benutzer, welchen das System? Die folgende Liste zeigt das Spektrum auf:

- Eingabe von Daten durch den Benutzer „aus dem Kopf" (Daten und Texte erfassen, Ja/nein-Entscheidungen ohne weitere Systemunterstützung treffen). Eine Systemunterstützung ist hier durch eine angemessene Benutzerschnittstelle möglich: z. B. einfach zu bedienende Masken, der Gewohnheit des Benutzers entsprechend (z. B. ausgelegt nach dem „Look and feel" von „Smart Phones"), oder Spracheingabe.
- Eingabe von Daten, welche von anderen Medien kommen. Hier wäre eine bessere Integration zur Vermeidung von Medienbrüchen sinnvoll. Z. B. elektronische Übermittlung, sodass die Dateneingabe überhaupt wegfällt bzw. nur noch in Fehlerfällen behandelt werden muss, oder per OCR-Erkennung
- Anlegen von Geschäftsdaten aus anderen Geschäftsdaten, z. B. aus einer Anfrage ein Angebot machen oder zu einer Bestellung die Rechnung erstellen. Hierzu können die Geschäftsdaten übernommen werden und müssen nur noch ergänzt werden.
- Methoden, welche sich auf Geschäftsregeln stützen. Geschäftsregeln, z. B. in den Customizing-Einstellung eines Systems festgelegt, werden entkoppelt von der Anwendungslogik.
- Methoden, welche sich auf implizite Geschäftsregeln stützen. Hierunter fallen Verfahren der künstlichen Intelligenz bzw. genauer gesagt des maschinellen Lernens (Abschn. 4.3). Zwar sind keine expliziten Regeln festgelegt, aus den Trainingsdaten (Vergangenheitsdaten) können jedoch (implizite) Regeln ermittelt werden. Diese können in einem Fall besser, im anderen schlechter sein. Gerade bei der Anwendung impliziter Regeln mag es sinnvoll sein, dass die Methodenergebnisse als Vorschlag zu werten sind, welche von einem Menschen kontrolliert und bestätigt werden müssen. Ein Beispiel ist die Klassifizierung von Service-Anfragen: Nach dem Text der

Anfrage wird diese klassifiziert und auf dieser Basis an einen zuständigen Mitarbeiter zur Bearbeitung geleitet (Seubert 2018, S. 31).

- In manchen Fällen kann eine vollautomatisierte Behandlung durch Hintergrund-methoden (ohne Parameter) möglich sein, nur noch Fehlerfälle oder als kritisch oder nicht lösbar erkannte Fälle werden an Menschen weitergegeben.

Wir kommen auf maschinelles Lernen in Abschn. 4.3 zurück, weil es sich hierbei eigentlich schon um analytische Funktionalität handelt.

g) Ein einzelnes Geschäftsdatum oder viele bearbeiten
In vielen Fällen wird es sich in operativen Systemen um die Bearbeitung eines einzelnen Geschäftsdatums handeln. Z. B. einen neuen Lieferantenstammsatz ändern, eine Bestellung anlegen, eine Bestellanforderung freigeben. Wir haben aber schon ein Beispiel für die Bearbeitung eine größeren Menge von Geschäftsdaten gesehen: ein Gehaltsabrechnungslauf für alle Mitarbeiter eines Unternehmens. Dieselbe Funktion wird unabhängig voneinander jeweils auf eine Vielzahl von Daten angewendet. Eine andere Form wäre eine Berechnung, wo Abhängigkeiten zwischen den bearbeiteten Daten bestehen. Solche werden wir uns in Kap. 4 ansehen.

3.4.3 Ereignisse

Neben Attributen und Methoden spielen in Geschäftsprozessen *Ereignisse* eine Rolle. Sie geben Zustandsänderungen von Geschäftsobjekten wieder. Ereignisse könnten in einem Klassendiagramm in einem dritten Fach unter den Methoden notiert werden.
   Beispiele:

- Banf angelegt (auch das Entstehen eines neuen Geschäftsobjektes wird als Zustandsänderung angesehen),
- Ware eingetroffen,
- Sicherheitsbestand eines Materials unterschritten.

Ereignisse können in Geschäftsprozessen (Abschn. 3.5) verwendet werden, um

- Geschäftsprozesse zu *starten*. Z. B. könnte das Ereignis „Banf angelegt" einen Freigabeprozess starten, „Sicherheitsbestand eines Materials unterschritten" einen Beschaffungsprozess.
- Geschäftsprozesse während des Laufs zu *synchronisieren*. Z. B. „Ware eingetroffen" kann den nach der Bestellung wartenden Einkaufsprozess fortsetzen.

Neben der automatisierten Behandlung von Ereignissen wird oftmals ein kritisches Ereignis lediglich in einem Protokoll aufgezeichnet, sodass ein Überwacher manuell darauf reagieren kann (Alert-Management).

Ereignisse sind aus der Notation der Ereignisgesteuerten Prozesskette (EPK) bekannt (Scheer 1997). Dort tauchen sie im Wechsel mit Funktionen auf. Tatsächlich würde man nicht alle EPK-Ereignisse als Geschäftsobjektereignisse vorsehen, sondern sich entscheiden, welche Ereignisse für Geschäftsprozesse zum Start oder zur Synchronisation bestimmt sind und welche nur eine lokale Bedeutung der Art „Funktion ausgeführt" haben.

Wie zuvor wollen wir uns auch für Ereignisse Einteilungen ansehen:

a) Objekt-, Zeit- und Bedingungsereignisse
Bei einem Zeitereignis ist im Unterschied zu den vorher angesprochenen Objektereignissen kein Geschäftsobjekt unmittelbar beteiligt. Beispiele wären: „jeden Abend um 21:00 Uhr", „einen Tag später". Bedingungsereignisse lassen sich nicht an einem einzelnen Geschäftsobjekt festmachen, sondern am Zustand des Systems, welcher durch alle Geschäftsobjekte zusammen festgelegt ist. Somit können mehrere Geschäftsobjekte für ein solches Ereignis eine Rolle spielen. Ein Beispiel wäre, „wenn der Aufwand in einem Zeitraum wesentlich höher als der Ertrag ist", wobei das „wesentlich" noch konkretisiert werden müsste.

b) Ereignisse mit oder ohne Parametern
Der Fall ist ähnlich wie der entsprechende bei Methoden. Ereignisse können in Parametern Zusatzinformation z. B. zu einer Zustandsänderung mitbringen. (Beispiel?)

3.5   Geschäftsprozesse

Waren in der Frühzeit von Anwendungssystemen die Daten der Dreh- und Angelpunkt (Unternehmensdatenmodell), so haben heute die Prozesse diese Rolle übernommen. Sie werden bereits ein Grundverständnis von Geschäftsprozessen aus anderen Lehrveranstaltungen der Wirtschaftsinformatik mitbringen. Wiederholen wir kurz die wesentlichen Konzepte von Geschäftsprozessen, wobei wir uns auf die Modellierungskonzepte konzentrieren: Ein *Geschäftsprozess* (im Folgenden kurz *Prozess* genannt) besteht aus *Aktivitäten,* die miteinander verkettet sind (Reihenfolgebeziehung, *Kontrollfluss*). Eine Aktivität wird entweder von menschlichen *Bearbeitern* (Mitarbeitern, Benutzern) ausgeführt, meist unter Verwendung von betrieblichen Anwendungssystemen. Oder sie wird selbsttätig, ohne menschliche Interaktion, vom Anwendungssystem ausgeführt – hier sehen wir wieder unsere Einteilung in Dialog- und Hintergrundbearbeitung bzw. manuelle und automatisierte Bearbeitung. Das in einer Aktivität ausgeführte Programm nennen wir die *Aktivitätsimplementierung.* Eine Prozessdefinition umfasst somit:

- Kontrollfluss,
- Datenfluss sowie
- Bearbeiterzuordnung.

In der Literatur beinhalten Definitionen vom Begriff „Geschäftsprozess" oftmals Formulierungen wie „ … der einen Nutzen für einen internen oder externen Kunden erbringt …". Das Ziel ist natürlich richtig. Aber sollte dies aus technischer Sicht Bestandteil der Definition sein? Das ist, als fügte man bei der Definition eines Autos hinzu „ … das Freude beim Fahren macht …" – ist es kein Auto, wenn der Fahrer keine Freude empfindet? Oft wird zudem von der Ein- und Ausgabe eines Geschäfts- prozesses gesprochen. Zu beachten ist hierbei, dass Ein- und Ausgaben nicht nur zu Beginn und Ende des Prozesses zustande kommen – Eingaben finden z. B. in vielen Dialogaktivitäten während des Prozessablaufs statt. Ebenso ergeben sich die Ausgaben oft schrittweise, durch Berechnungen (Schreiben in die Datenbank) oder Versenden von Nachrichten in den einzelnen Aktivitäten.

3.5.1 Kontrollfluss

In den vorigen Abschnitten hatten wir zur Modellierung von Geschäftsdaten und Geschäftsobjekten UML-Klassendiagramme verwendet. Ebenso benötigen wir für Geschäftsprozesse eine Notation, und wir verwenden *Business Process Model and Notation (BPMN)* (Freund und Rücker 2019) für die Darstellung unseres Beispiel- prozesses (Abb. 3.10) und in den Übungsaufgaben. BPMN ist eine graphbasierte Sprache und umfangreich, was die Definition des Kontrollflusses angeht: Es gibt über 50 Symbole dafür. Wir sehen uns die für unsere Zwecke benötigten, wichtigsten Sprach- konstrukte an. Wenn Sie bereits mit BPMN vertraut sind, mag es als kurze Wiederholung dienen, BPMN-Neulingen als Schnelleinstieg.

BPMN 2.0 ist auch für ausführbare Prozessdefinitionen geeignet. Da manche Modellierungsaspekte produktspezifisch gelöst sind, z. B. Ausführungsattribute, sind Prozessdefinitionen zwischen verschiedenen Workflow-Systemen (Kap. 12) nur bedingt austauschbar (Freund und Rücker 2019, S. 215).

Als Vorteile von BPMN gegenüber anderen Prozessnotationen werden in Freund und Rücker (2019, S. 105) neben der Standardisierung erwähnt:

- Kollaborative Prozesse: Zwischenbetriebliche Prozesse können mit Sprachmitteln des Nachrichtenflusses zwischen Prozessen verschiedener Unternehmen formuliert werden. Darüber hinaus gibt es in BPMN 2.0 *Choreografiediagramme* und *Kon- versationsdiagramme* (als Ausprägungen von Kollaborationsdiagrammen), die dies ebenso unterstützen (Freund und Rücker 2019, S. 111). Wir werden darauf in Kap. 12 zurückkommen.
- Reichhaltige Ereignismodellierung, was wir weiter oben schon teilweise gesehen haben. Auch für die Fehler- und Eskalationsbehandlung werden Ereignisse eingesetzt.

Aus meiner Sicht lassen sich mit BPMN Sachverhalte präziser abbilden als z. B. mit EPK oder mit UML, der Einarbeitungsaufwand in die Notation ist dagegen höher.

Soweit es nur die Modellierung auf fachlicher Ebene betrifft, wird die Notation in der Praxis wohl nicht in ihrem ganzen Umfang verwendet werden, sondern man wird sich auf einige wenige wichtige Symbole beschränken – ähnlich wie es bei UML in der Praxis zu beobachten ist.

In Abb. 3.10 sehen wir den Einkaufsprozess in vereinfachter Form in einem BPMN-Diagramm. Genauer gesagt sehen wir eine *Prozessdefinition* (Typebene), auch *Prozessmodell* genannt. Eine *Prozessinstanz* (Instanzebene) wäre ein konkreter Ablauf der Prozessdefinition zu einer bestimmten Zeit, z. B. jener, der am 08.04.2021 um 10:42:33 Uhr mit der Bestellung von fünf Druckern und drei PCs beginnt. Aus dem Zusammenhang wird meist klar, ob mit „Prozess" die Prozessdefinition oder -instanz gemeint ist.

Die Bezeichnung der Aktivitäten, wie `Bestellung anlegen`, lässt auf die Aktivitätsimplementierung schließen: die Methode anlegen der Klasse Bestellung (Abschn. 3.4). Dies zeigt den Zusammenhang zwischen Geschäftsprozess und

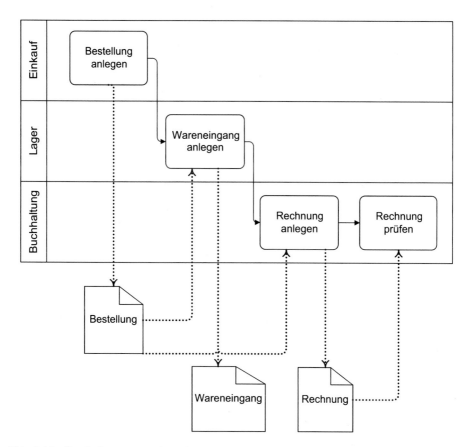

Abb. 3.10 Geschäftsprozess „Einkauf"

Geschäftsobjekt: Die Aktivitätsimplementierung ist eine Methode eines Geschäftsobjekts. Aktivitäten in dieser Konsequenz zu bezeichnen, ist kein Muss, aber es trägt zur
leichteren Verständlichkeit bei.

Wir betrachten hier Prozesse mit höchstem Detaillierungsgrad. In einer vergröberten
Darstellung könnte eine Aktivität für einen (Teil-)Prozess stehen (Hierarchiebildung).

Jede Aktivität geht hauptsächlich mit genau einem Geschäftsobjekt um, welches
erzeugt (z. B. Aktivität `Bestellung anlegen`) oder bearbeitet wird (z. B.
`Rechnung prüfen`). Neben dem Geschäftsobjekt können zusätzlich Parameter
eine Rolle spielen, etwa weitere Geschäftsobjekte, elementare Daten wie ein Freigabe-
code bei einer Aktivität „`Bestellung freigeben`" oder ein Rückgabecode. In
der zweiten Aktivität „`Wareneingang anlegen`" spielt neben dem Hauptobjekt
`Wareneingang`, welches erzeugt wird, das Nebenobjekt `Bestellung` eine Rolle, da
der Wareneingang mit Bezug auf die Bestellung gebucht wird.

Im Beispielprozess ist der Kontrollfluss nur eine sequenzielle Abfolge von Aktivitäten. BPMN bietet Sprachkonstrukte für komplexere Abläufe und genauere Festlegungen:

- Aktivität: Sie lässt sich genauer danach bestimmen, ob sie im Dialog, als Hintergrundschritt oder „manuell", d. h. ohne IT-Unterstützung, abgewickelt wird.
- Konnektoren: Damit werden verschiedene Arten von Verzweigungen abgebildet.
  Wichtige Konnektoren sind das exklusive Oder (Alternative), das logische Und
  (paralleler Abschnitt) und eine ereignisbasierte Steuerung, wo der Zweig mit dem
  nächsten auftretenden Ereignis gewählt wird.
- Ereignisse: Hierfür gibt es ein reiches Spektrum, nach verschiedenen Kategorien ein-
  geteilt, z. B. der Empfang einer Nachricht, ein Zeitereignis oder das Erreichen einer
  Bedingung. Unterschieden wird außerdem, ob das Ereignis bei Prozessstart, bei
  Prozessende oder während des Prozessablaufs stattfindet.

Abb. 3.11 zeigt die dafür verwendeten Knotenarten samt Verfeinerungen.

Ein Prozess mit einem großen, oft überwiegenden Anteil von Dialogaktivitäten
wird im Jargon *„Workflow"* genannt. Im engeren, präziseren Sinne, versteht man unter
einem Workflow einen Geschäftsprozess, der durch ein Workflow-Management-System
gesteuert wird (Kap. 12). Dialogaktivitäten sind in Prozessen üblich zur:

- *Datenerfassung:* alle `anlegen`-Methoden, wie Anlegen von Bestellungen,
  Rechnungen, Wareneingängen oder Materialstammdaten;
- *Datenanpassung:* verwandt mit der Datenerfassung; alle `ändern`-Methoden, wie
  Ändern eines Urlaubsantrags, wenn ein Urlaub für einen bestimmten Zeitraum nicht
  gewährt wird;
- *Genehmigung* (auch Freigabe oder Prüfung genannt): Freigabe einer Bestell-
  anforderung, Rechnungsprüfung, Urlaubsantragsgenehmigung.

Abb. 3.11 Verfeinerung einiger BPMN-Knoten

In manchen Fällen sind vollständig automatisierte Geschäftsprozesse möglich, die ohne Benutzerdialog auskommen: Verarbeitungsketten, zum Beispiel organisiert in aufeinander abgestimmten Hintergrundverarbeitungsjobs.

3.5.2 Datenfluss

Neben dem Kontrollfluss gibt es den *Datenfluss,* der festlegt, wie Daten zwischen den Aktivitäten übergeben werden. Eine Aktivität benötigt als Daten die Objektreferenz zum Geschäftsobjekt, dessen Methode aufgerufen wird, und eventuell zusätzlich Methodenparameter. Der Datenfluss kann, je nachdem welche Notation zur Definition des Kontrollflusses verwendet wird, von Schritt zu Schritt oder indirekt über den Prozess geschehen. Im Fall von Geschäftsobjekten können wir ihn auch *Objektfluss* nennen (in Abb. 3.10 *gepunktet* gezeichnet). Wird in einem Schritt ein Geschäftsobjekt erzeugt, kann es z. B. im Folgeschritt überprüft oder weiterbearbeitet werden. Daher muss das Geschäftsobjekt bzw. die Objektreferenz „fließen". Tatsächlich wird in vielen Prozessen über weite Teile lediglich ein und dasselbe Geschäftsobjekt bearbeitet, und daran werden Änderungen, Prüfungen und Ergänzungen durchgeführt. Der Datenfluss muss mit dem Kontrollfluss in dem Sinne konsistent sein, dass die benötigten Daten zu einem Schritt geflossen sein müssen, wenn die Kontrolle dorthin gelangt ist.

Für den *Datenfluss* innerhalb eines Beckens lassen sich *Datenobjekte* verwenden (speziell in BPMN 2.0, insbesondere Dateneingabe, Datenausgabe und Datenspeicher; Freund und Rücker 2019, S. 29). Jedoch ist die Definition der Datenstrukturen oder von Geschäftsobjekten nicht Teil von BPMN selbst, vielmehr geschieht dies über *Erweiterungspunkte* von BPMN. Der Standardfall für die Datenbeschreibung ist XML Schema (Freund und Rücker 2019, S. 210; Abschn. 10.3.4). Über den Daten lassen sich Ausdrücke, z. B. für Bedingungen, formulieren; die Standardeinstellung ist die XPath Expression Language, ein XML-Standard zur Definition von Ausdrücken über einem XML-Dokument (Freund und Rücker 2019, S. 211; Kap. 10). Zwischen Prozessteilen in verschiedenen Organisationen („Becken", s. unten) wird ein *Nachrichtenfluss* definiert.

In Abb. 3.10 wird der Datenfluss mit *gepunkteten Pfeilen* dargestellt. Die *Pfeilspitze* gibt an, ob ein Objekt von einer Aktivität erzeugt wird oder referenziert wird.

3.5.3   Bearbeiterzuordnung

Schließlich haben wir in der linken Spalte von Abb. 3.10 noch die *Bearbeiterzuordnung*. Sie definiert, *wer* die Aktivität durchzuführen hat. Wir unterscheiden zwischen konkreten und abstrakten Bearbeitern. Die *konkreten Bearbeiter* sind die Benutzer, welche die Aktivitäten ausführen könnten (Malte Meier, Hilde Huber …). Oftmals kommt nicht genau ein Benutzer infrage, sondern eine Gruppe von möglichen Bearbeitern, aus der einer die Aktivität ausführen wird. Es ist jedoch zumindest mühsam, den Aktivitäten direkt eine Menge von konkreten Bearbeitern, d. h. Benutzern, zuzuordnen. Zudem ändern sich solche Bearbeitermengen häufig. Daher verwendet man bei der Zuordnung üblicherweise *abstrakte Bearbeiter*. Dies sind Bearbeiter in Form von *Benutzergruppen, Rollen, Stellen* und ähnlichen Dingen. Damit ist die Bearbeiterzuordnung indirekt und oftmals grobgranular. Für „Bestellung   anlegen" ist die Abteilung Einkauf zuständig, jeder dort tätige Einkäufer könnte eine Bestellung anlegen. Der abstrakte Bearbeiter wäre hier (im einfachsten Fall) die Benutzergruppe der Einkaufsmitarbeiter. Ein anderes Beispiel für einen abstrakten Bearbeiter ist der Sicherheitsbeauftragte des Unternehmens. Als konkreter Bearbeiter wird dagegen jener Benutzer ermittelt, welcher gerade diese Stelle oder Rolle innehat.

Ein weiteres Unterscheidungsmerkmal bei der Bearbeiterzuordnung ist die zwischen statischer und dynamischer. Die Bearbeiter können *statisch* festgelegt sein: Bereits in der Prozessdefinition können wir ablesen, welche Mitarbeiter infrage kommen. Bearbeiter könnten aber auch *dynamisch* zugeordnet sein, d. h. die Bearbeiter hängen von der in der Prozessinstanz bearbeiteten Geschäftsobjektinstanz oder von anderen Laufzeitdaten ab. Hier müssen wir also die Laufzeitdaten kennen, um auf den Bearbeiter zu schließen. Das wäre zum Beispiel der Fall, wenn es mehrere Sachbearbeiter gäbe, die für verschiedene Lieferantengruppen zuständig sind und deren Rechnungen prüfen. Eine häufig verwendete dynamische Zuordnung ist „Vorgesetzter des Antragsstellers": Abhängig davon, wer den Antrag gestellt hat, ergibt sich der Bearbeiter, es ist dessen Vorgesetzter. Formal lässt sich eine dynamische Bearbeiterzuordnung als ein Attribut oder eine Methode eines Geschäftsobjektes fassen, welche eine Menge von abstrakten Bearbeitern als Ergebnis liefert.

Die statische Bearbeiterzuordnung kann in BPMN über Schwimmbahnen visualisiert werden (also Stellen, Rollen, Abteilungen, Anwendungen). In Abb. 3.10 sind alle Bearbeiterzuordnungen statisch. Jedoch sehe ich kein Mittel in BPMN für die dynamische Bearbeiterzuordnung. BPMN unterstützt zwei Arten von Schwimmbahnen: *Becken (Pools)* für jeweils ein kooperierendes Unternehmen und *Schwimmbahnen* (im engeren Sinne) für die Bearbeiter innerhalb eines Unternehmens.

3.5.4 Ausprägungen

Geschäftsprozesse gibt es der Sache nach seit jeher schon, sie sind ein anderer, modernerer Begriff für *Betriebsabläufe (Ablauforganisation)*. Populär wurde der Begriff mit dem „Business Process Reengineering" (Hammer und Champy 1994). Im weiteren Sinne wird „Geschäftsprozess" auch für Anwendungen („der Geschäftsprozess Einkauf") bis hin zur Wirtschaftstätigkeit eines Unternehmens überhaupt („Unterstützung der Geschäftsprozesse") gebraucht.

Wie in den Abschnitten über Geschäftsdaten und Geschäftsobjekte wollen wir auch hier durch verschiedene Einteilungsmöglichkeiten Geschäftsprozesse besser verstehen.

a) Festlegung von Geschäftsprozessen

Betriebliche Anwendungssysteme unterstützen Geschäftsprozesse. Zum einen bieten sie die Aktivitätsimplementierungen (z. B. die Methode `Bestellung.anlegen`). Zum anderen ist der Kontrollfluss zumindest teilweise bereits implizit in der Software vorhanden, was sich aus der Prozessintegration ergibt.

Beispiele:

- Ein Wareneingang zu einer Bestellung kann natürlich erst nach dem Anlegen jener Bestellung erfolgen.
- Eine Bestellanforderung kann erst freigegeben werden, nachdem sie angelegt wurde.

Diese Dinge liegen in der Natur der Sache, sie sind nicht allein auf betriebliche Anwendungssysteme zurückzuführen. In Abb. 3.12 ist dies der Rahmen für alle möglichen Geschäftsprozesse, durch gängige Praxis und oftmals auch durch gesetzliche Regelungen vorgegeben.

Manche Abhängigkeiten sind dagegen weniger offensichtlich und im Anwendungssystem auf eine von mehreren möglichen Weisen angelegt. Solche Beschränkungen durch das Anwendungssystem engen die Prozessmenge weiter ein, ebenso visualisiert in Abb. 3.12. Teilweise ist Prozesslogik in der Anwendung „hart verdrahtet", was eine Umorganisation der Prozesse erschwert. Oder die Methoden von Geschäftsobjekten sind nur mit Benutzeroberfläche verfügbar, wodurch Prozesse mit einem automatisierten Aufruf zumindest aufwendiger zu realisieren sind. Trotzdem lassen Anwendungssysteme oftmals Freiraum für verschiedene Ausgestaltungen von Prozessen, z. B. ob

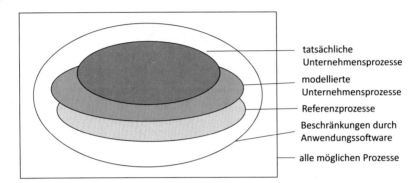

tatsächliche
Unternehmensprozesse

modellierte
Unternehmensprozesse

Referenzprozesse

Beschränkungen durch
Anwendungssoftware

alle möglichen Prozesse

Abb. 3.12 Prozessmengen

bei der Rechnungsprüfung ein Vier-Augen-Prinzip angewendet werden soll. Teilweise kann es durch das Customizing eingestellt werden, teilweise wird es im Unternehmen schlichtweg auf diese Weise gelebt.

Also ist auch im Fall, dass Prozesse nicht explizit modelliert sind, die Menge der mit einem Anwendungssystem abbildbaren Prozesse vorgegeben. Es handelt sich dabei um eine eher abstrakt definierte und umfangreiche Menge von prinzipiell realisierbaren Prozessen, wir könnten sie implizite Prozesse nennen. (Wodurch ergibt sich der Umfang dieser Menge?)

Unternehmen bestimmen nun ihre Prozesse entweder *informell,* etwa durch organisatorische Regelungen, ohne dass die Prozesse explizit in einem Modell festgehalten werden. So kann es sein, dass die Prozessdefinition nur „in den Köpfen der Leute steckt", und oftmals kennt jede Person nur einen Ausschnitt des Prozesses.

Oder die Prozesse werden mehr oder weniger formal definiert – man spricht von *modellierten* Geschäftsprozessen. Sie kommen in zweierlei Form vor:

- *Referenzprozesse:* Diese können als Musterprozesse vorgeschlagen werden, z. B. vom Anbieter der Standardsoftware.
- *Modellierte Unternehmensprozesse:* Hierunter werden die modellierten unternehmensspezifischen Prozesse verstanden. Diese können sich an den Referenzprozessen orientieren, aber auch darüber hinausgehen (Abb. 3.12).

Die Modellierung kann erfolgen:

- Mit einem *Modellierungswerkzeug* als Dokumentation der Geschäftsprozesse.
- Mit einem *Werkzeug zur Geschäftsprozessautomatisierung* (Workflow-Management-System, Business Prozess-Management-System; Kap. 12). Der Aufwand dafür ist hoch. Daher, aber nicht nur aus diesem Grund, ist auch heute noch nur ein kleiner Teil der Geschäftsprozesse mit solchen Werkzeugen automatisiert. Der

Automatisierungsnutzen im täglichen Betrieb muss mit den Kosten für Entwicklung, Wartung und Administration verglichen werden.

Schließlich kann es sein, dass die im Unternehmen mehr oder weniger formal bestimmten Geschäftsprozesse nicht dem tatsächlichen Ablauf entsprechen (die *tatsächlichen* Prozesse in Abb. 3.12). Das mag daran liegen, dass die modellierten Prozesse nicht mehr aktuell sind oder dass bewusst oder unbewusst die Prozessvorgaben nicht eingehalten werden.

b) Ohne oder mit Workflow-Unterstützung
Wie in der vorigen Einteilung angesprochen, können Prozesse durch entsprechende Werkzeuge stärker automatisiert werden. Wir verwenden der Einfachheit halber den Begriff „Workflow-Unterstützung" stellvertretend für andere, ebenfalls in Wissenschaft und Praxis verwendete Bezeichnungen wie Business Process Management.

c) Automatisierungsgrad
Den Gedanken fortsetzend können wir nach dem Automatisierungsgrad unterscheiden zwischen

- vollständig automatisierten,
- teilautomatisierten und
- nicht automatisierten

Prozessen. Hierbei meinen wir weniger, ob Aktivitäten mit einer Funktion des Anwendungssystems durchgeführt werden (auch dies wäre ein Aspekt; wir nehmen allerdings an, dass dies sowieso überwiegend gegeben ist), sondern ob die Aktivitäten von Benutzern (mit Dialogfunktionen), automatisch (vom Anwendungssystem allein) oder gemischt (manche Aktivitäten sind automatisiert, andere nicht) ausgeführt werden.

d) Standardisierung
Bei dieser Einteilung unterscheiden wir zwischen Standardprozessen, welche aufgrund gesetzlicher Vorgaben oder als Musterprozesse („Best Practices") inhaltlich weitgehend vorgegeben sind, und unternehmensindividuellen Prozessen. In manchen Fällen mag die Grenze fließend sein. So könnte ein in einem Anwendungssystem vordefinierter Standardprozess unternehmensindividuell ergänzt werden (Kap. 14). Standardprozesse können und sollten in einem Anwendungssystem vom Anbieter vordefiniert sein.

e) Kern- und Unterstützungsprozesse
Den fachlichen, „betriebswirtschaftlichen" Inhalt der Prozesse betreffend ist diese Unterscheidung üblich. Kernprozesse betreffen unmittelbar das Geschäft eines Unternehmens, etwa die Abwicklung von Kundenaufträgen. Unterstützungsprozesse unterstützen eben

jene Kernprozesse, etwa Prozesse im Funktionsbereich Personal; ein Beispiel wäre die Bearbeitung einer Bestellanforderung über einen Rechner für einen neuen Mitarbeiter.

f) Prozessmuster

Ähnlich wie bei der Softwareentwicklung (Entwurfsmuster; Gamma et al. 2001) lassen sich auch bei Geschäftsprozessen – weniger oder mehr formal – Muster identifizieren (workflowpatterns 2020 für einen formaleren Ansatz). Mehr der inhaltlichen Seite der Prozesse zugewandt ließen sich z. B. Genehmigungsprozesse und Prozesse der Stammdatenpflege identifizieren.

g) Innerbetriebliche und zwischenbetriebliche Prozesse

Zwischenbetriebliche Prozesse können bei einer engen Kooperation von Geschäftspartnern hilfreich sein. Verfahren gibt es dazu seit langer Zeit, etwa im Rahmen des Electronic Data Interchange (EDI), dem Standardprozesse zwischen Geschäftspartnern zugrunde liegen.

h) Systemlokale und systemübergreifende Prozesse

Zwischenbetriebliche Prozesse sind fast immer systemübergreifend. Aber auch in einem Unternehmen alleine, mit mehreren Anwendungssystemen, können und werden systemübergreifende Prozesse vorhanden sein (Kap. 12).

3.6   Geschäftsschnittstellen

3.6.1   Motivation

So umfassend die Funktionalität eines ERP-Systems auf den ersten Blick erscheint, so hat sie doch ihre Grenzen. Daher spielen in einem Unternehmen weitere, angrenzende Softwaresysteme eine Rolle. Abb. 3.13 zeigt Beispiele.

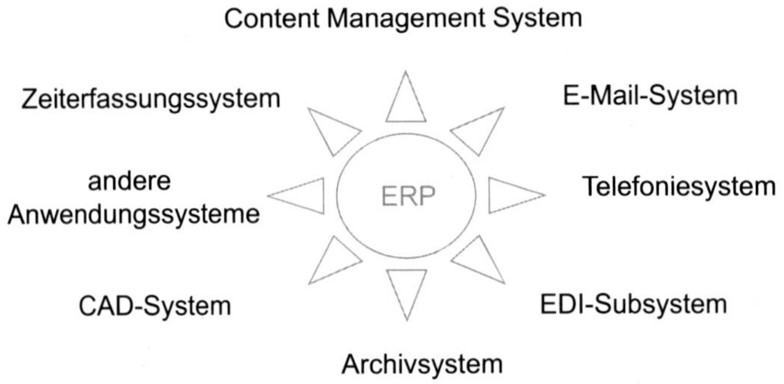

Abb. 3.13 Geschäftsschnittstellen eines ERP-Systems

Einige Erläuterungen zu den in Abb. 3.13 gekoppelten Systemen:

- Zeiterfassungssystem: Mitarbeiter erfassen ihre Arbeitszeit mit Magnetkarten. Die Arbeitszeitdaten werden im ERP-System, Teil Zeitabrechnung, verwendet.
- Content Management System: Unstrukturierte Daten, z. B. Textdokumente, werden dort abgelegt.
- E-Mail-System: E-Mails können an Geschäftspartner oder Mitarbeiter aus dem ERP-System heraus versendet werden.
- Telefoniesystem: Eine Funktion ist hierbei, einen Lieferanten auf Knopfdruck im Anwendungssystem anzurufen – die Telefonnummer muss nicht eingetippt werden.
- EDI-Subsystem: Bestellungen an Lieferanten können bei einer engen Integration per Electronic Data Interchange (EDI) gesendet werden, und entsprechend können von Kunden Aufträge empfangen werden.
- Archivsystem: Im Laufe der Zeit sammeln sich immer mehr Daten in der Datenbank an, was ihre Leistung verschlechtert. Sinnvoll ist es daher, Altdaten in ein Archivsystem auszulagern. Das Löschen kommt aus Gründen der Nachvollziehbarkeit meist nicht infrage (Abschn. 3.3.1).
- CAD-System: Konstruktionszeichnungen sind Teil der technischen Datenverarbeitung, sie stehen aber in Bezug zu Geschäftsdaten (Materialstamm, Stückliste).
- Andere Anwendungssysteme: Daten können zur Auswertung an ein Data-Warehouse-System übermittelt werden. Dies sowie weitere Formen der Integration von Anwendungssystemen werden in Teil II behandelt.

Die angesprochenen Systeme werden an das ERP-System über Geschäftsschnittstellen gekoppelt. Wir verwenden den Begriff *Geschäftsschnittstellen*, um die inhaltlichen Schnittstellen von den technischen Integrationsmöglichkeiten (z. B. HTTP, RPC, XML) zu unterscheiden. Wenn der Kontext klar ist, genügt das Wort *Schnittstelle*. In unserer Modellierungssicht lassen sich Geschäftsschnittstellen als Verbindungsmöglichkeiten eines Anwendungssystems zu einem anderen System sehen, welches externe Daten, Objekte oder Prozesse bietet, die die internen ergänzen. Entsprechend sind die Schnittstellen auf allen drei Ebenen möglich. Oftmals sind es Programmierschnittstellen (APIs) des ERP-Systems, welche von den externen Systemen verwendet werden. Hersteller, z. B. von Zeiterfassungssystemen, unterstützen in der Regel diese Schnittstellen, wenn das ERP-System weit verbreitet ist. Um dem Kunden ein Gefühl größerer Sicherheit zu geben, dass die Integration problemlos funktioniert, lassen häufig Hersteller ihr Produkt beim Anbieter des Anwendungssystems *zertifizieren*. Allerdings ist dies für den Hersteller des gekoppelten Systems mit Zertifizierungskosten verbunden.

3.6.2 Ausprägungen

Wir wollen nun den recht abstrakten Begriff „Schnittstelle" genauer betrachten. Damit ein System mit seiner *Umgebung* interagieren kann, benötigt es eine Schnittstelle. Die Umgebung kann sein:

- Ein anderes System: Wir sprechen dann von einer *Systemschnittstelle*. An diese denken wir meist, wenn wir allein das Wort „Schnittstelle" hören, so in den Beispielen des Abschn. 3.6.1.
- Benutzer: Dafür gibt es die *Benutzerschnittstelle,* die natürlich auf jeden Fall benötigt wird.
- „Dinge": Im „Internet der Dinge" (Internet of Things, abgekürzt IoT) können „Dinge" (z. B. Maschinen oder Autos) über Sensordaten miteinander oder mit anderer Software kommunizieren. Solche Software kann auch ein betriebliches Anwendungssystem sein. Die Kommunikation kann direkt oder indirekt über weitere Softwaresysteme geschehen. Die Dinge könnte man technisch als Minisysteme ansehen, sodass diese Schnittstelle technisch ebenfalls eine Systemschnittstelle ist.

Auf das neuere Thema „IoT" werfen wir weiter unten noch einen genaueren Blick, die Benutzerschnittstelle wird in Kap. 5 behandelt. Nun wollen wir uns mehr Gedanken über die Systemschnittstelle machen.

Sehen wir uns also den Fall der System-zu-System-Interaktion an (Abb. 3.14). Die beiden Systeme 1 und 2 wollen miteinander interagieren, z. B. könnte System 1 an System 2 Daten senden. Damit dies funktioniert, benötigen sogar beide Systeme Schnittstellen. Denn System 1 muss die Daten nach außen geben, und System 2 muss diese aufnehmen.

So wie es sinnvoll ist, dass zwei Personen dieselbe Sprache sprechen, damit sie sich verstehen, müssen auch die beiden Systeme zusammenpassende Schnittstellen haben. Die Schnittstellen werden nicht „gleich" sein, aber wie bei einem Stecker und einer Steckdose zusammenpassen. Passen die beiden Schnittstellen nicht unmittelbar zusammen, aber sind inhaltlich sehr ähnlich, können sie in vielen Fällen über eine Middleware (Adapter, Gateway, Konverter) überbrückt werden („M" in Abb. 3.15). D. h.,

Abb. 3.14 Systemschnittstelle

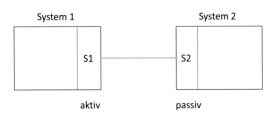

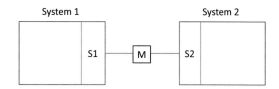

Abb. 3.15 Kommunikation über Middleware

es findet eine Übersetzung während der Interaktion statt, ähnlich einem Dolmetscher zwischen Personen.

Systeme haben meist viele Schnittstellen, teilweise sogar mehrere von einem Typ (z. B. Benutzerschnittstelle; welche könnten diese sein?).

Für die Beschreibung einer Schnittstelle sind zwei Dinge wichtig:

- *Art* der Schnittstelle: Dies beinhaltet viele Aspekte der technischen Ausgestaltung der Schnittstelle.
- *Inhalt:* Welche Information wird übertragen und wie wird sie kodiert?

A. Art der Schnittstelle

Um eine Übersicht über die Vielfalt zu bekommen, wie Schnittstellen geartet sein können, seien hier Merkmale genannt. Zwischen manchen Merkmalen gibt es Abhängigkeiten. Wir sehen uns dies am Beispiel eines Systems 2 an, welches von einem System 1 einen Lieferantenstammsatz geschickt bekommt.

a) Partnertyp

Was ist der Typ des Kommunikationspartners: System, Benutzer oder „Ding"? In unserem Beispiel ist der Partnertyp „System".

b) Aktive/passive Schnittstelle

Welcher Kommunikationspartner steuert oder initiiert die Kommunikation (aktiv), welcher reagiert darauf (passiv)? In unserem Beispiel handelt es sich in System 2 ebenso um eine passive Schnittstelle. (Was wäre hier eine aktive Schnittstelle?)

c) Funktionsweise

Handelt es sich bei der Interaktion um den Aufruf einer *Dialogfunktion,* einer *Hintergrundfunktion* oder um eine *Datenübermittlung.* Bei einer Dialogfunktion interagiert ein Benutzer mittels Bildschirmmasken mit dem System, gibt zum Beispiel Daten ein. Der Partnertyp ist dabei also immer „Benutzer". Die „Dialogfunktion" könnte auch das Einstiegsbild des Systems sein, wo der Benutzer erst per Navigation zu der oder den „wirklichen" Funktionen gelangt. Beim Aufruf einer Hintergrundfunktion ist während des Aufrufs kein Benutzer beteiligt, ein System ruft eine Funktion eines anderen Systems ohne Benutzerbeteiligung „automatisch" auf. Die Funktion könnte z. B. eine (oft statische) Methode eines Geschäftsobjektes sein. Bei einer Datenübermittlung werden

ein oder mehrere Geschäftsdaten (gebündelte Übertragung statt mehrerer Einzelüber-
tragungen) an das System übergeben. In unserem Beispiel ist es also eine „Datenübermittlung".

d) Datenfluss

Dies kann „*Eingabe*" (das System erhält Eingabedaten), „*Ausgabe*" (das System liefert
es Ausgabedaten, oder „*Ein- und Ausgabe*", also beides, wie bei einer Benutzerschnittstelle oder einem Methodenaufruf) sein. In unserem Fall ist es „Eingabe".

e) Eingebaut/entwickelt

Ist die Schnittstelle bereits Teil der Standardsoftware, also vom Anbieter bereits eingebaut? Oder wurde die Schnittstelle nachträglich entwickelt (Kap. 14)? Aus der
Beschreibung unseres Beispiels geht nicht hervor, welcher Fall hier vorliegt. Wir nehmen
an, dass es sich um eine eingebaute Schnittstelle handelt.

f) Kodierungstyp

Wie sind die Daten kodiert? Z.B. XML, CSV-Dateien (Kap. 10) oder im Fall von
Benutzerschnittstellen z. B. HTML? Während bei den vorigen Merkmalen die
Merkmalsausprägungen bekannt waren, ist die Liste der Kodierungstypen offen. Aus der
Beschreibung unseres Beispiels geht nicht hervor, welcher Fall hier vorliegt. Wir nehmen
an, dass die Daten in XML kodiert sind.

g) Kommunikationsprotokoll

Mit welchem Protokoll interagieren die Systeme, was ist der Kommunikationskanal? Z. B. könnte ein Funktionsaufruf über das HTTP-Protokoll laufen (Kap. 11),
Daten könnten in einem Dateiverzeichnis abgelegt werden, was wir für unser Beispiel
annehmen.

Damit ist die Liste der Merkmale noch nicht erschöpft. Wir werden die Diskussion in
Abschn. 11.6 weiterführen, wenn wir ein besseres Verständnis von Integrationstechniken,
dem Mittel zur Schnittstellengestaltung, gewonnen haben.

B. Inhalt

Mit den bisher genannten Merkmalen ist noch nicht festgelegt, was der Inhalt der Schnittstelle ist, also *welche* Funktion aufgerufen werden soll, *welche* Daten übermittelt werden,
und wie dies im Detail aussieht: Welche Parameter gibt es, welche Datenfelder gibt es,
wie sehen die Datentypen von Parametern oder Datenfeldern aus? Bei einer Methode
spricht man in dem Zusammenhang von einer *Signatur.* Dies ließe sich prinzipiell in
einem Schritt aussagen. Aus methodischen Gründen unterscheiden wir aber zwei:

a) Inhalt (im engeren Sinn)

Um welche Daten (Semantik) handelt es sich? Z. B. Lieferant (Stammdaten), Bestellung
(Bewegungsdaten) und welche Felder werden verwendet. Dies wird oft die fachliche,

„betriebswirtschaftliche" Sicht genannt. In unserem Beispiel wurde darüber noch nichts ausgesagt. Z. B. könnte es die Lieferantennummer, den Lieferantennamen, dessen Adresse und viele weitere Felder geben.

b) Kodierung

Wie ist der Inhalt kodiert, z. B. welche Feldnamen werden verwendet, welche Datentypen werden für die Felder verwendet, welche Feldlängen? Auch dies ist in unserem Beispiel noch offen. Später werden wir dies in Form eines XML-Schema-Dokumentes angeben können (Kap. 10). Ist der Inhalt bekannt, kann es selbst bei einem Kodierungstyp (z. B. XML) noch beliebig viele Kodierungen geben, die den Inhalt abbilden. (Warum?)

3.6.3 Exkurs: Internet der Dinge

Nicht nur Menschen oder andere (Anwendungs-)Systeme können mit einem Anwendungssystem kommunizieren. Im „Internet of Things" (IoT) können „Dinge" (z. B. Bauteile, Behälter) über Sensoren Daten erfassen und, oft vorverarbeitet, an ein Anwendungssystem übermitteln. Eine manuelle Erfassung und Eingabe entfällt in dem Fall, was zu höherer Automatisierung und niedrigerer Fehlerquote führen kann.

Die „Dinge" können über das IoT auch miteinander kommunizieren. Über die Sensordaten entsteht ein virtuelles, digitales Abbild des „Dings", welches man *digitalen Zwilling* nennt. Damit ist aber nicht nur die Datenerfassung möglich, sondern auch die Steuerung der Dinge. Der digitale Zwilling kann um Geschäftsdaten aus einem Anwendungssystem (meist Stammdaten) angereichert werden (Seubert 2018, S. 155). Einige Beispiele aus (Seubert 2018) sollen dies illustrieren:

- Bei der „vorausschauenden Wartung" geben Sensordaten ein Abbild des Zustandes einer Maschine wieder. Wartungsarbeiten können entsprechend bedarfsorientiert veranlasst werden (Abschn. 4.3.2).
- Mittels einer intelligenten Transportsteuerung kann in einem Hafen der Umschlag bei begrenzter Hafenfläche durch Simulationsverfahren vergrößert werden. Sensoren in den Lkw, welche auch die Temperatur in Containern messen (sensitive Kühlkette), liefern Daten für die optimale Route für jeden Lkw, um die Verladepläne einzuhalten, welche per mobilem Gerät an den Fahrer übermittelt wird (Seubert 2018, S. 32).
- Automatische Bestandsverwaltung: Die Dinge (Materialien) identifizieren sich bei Warenein- und -ausgang selbsttätig, ohne manuelle Dateneingabe (Seubert 2018, S. 102).

Probleme beim IoT sind die Protokollvielfalt – unterschiedliche Dinge haben unterschiedliche Protokolle – und die Verwaltung der Geräte (Seubert 2018, S. 103).

Anwendungssysteme bieten Schnittstellen, um die Sensordaten auszulesen. Sinnvoll ist es oftmals, nicht alle Daten an das Anwendungssystem zu übermitteln, sondern im sog. *Edge Processing* bereits eine Vorverarbeitung durchzuführen (analysieren, filtern), was die zu übermittelnde Datenmenge reduziert (Seubert 2018, S. 154 f.). („Edge", weil die Verarbeitung am „Rand" des Netzes stattfindet.)

Von der Funktionalität her handelt es sich bei den angewandten Verfahren allerdings meist um Analytik, was wir erst im nächsten Kapitel ansprechen.

3.7   Beispiele

Im Markt für ERP-Anbieter gibt es eine Zweiteilung in Software für größere Unternehmen und für kleinere Unternehmen. Für größere Unternehmen gibt es, etwas vereinfacht gesprochen, mittlerweile eine Konsolidierung auf im Wesentlichen zwei Anbieter: SAP, ein traditioneller Anbieter betrieblicher Anwendungssoftware, und Oracle, ein Unternehmen, das mit Datenbanksoftware groß wurde und später auch Anwendungssoftware erstellte, vor allem aber einige der weiteren großen Unternehmenssoftwareanbieter aufkaufte (PeopleSoft, JD Edwards, Siebel) und deren Produkte nun im Portfolio hat. Für kleinere Unternehmen gibt es dagegen eine große Zahl von Produkten, viele davon nur in lokalen Märkten verfügbar. Als „Global Player" ist hier auch Microsoft zu nennen, vor allem mit dem Produkt Microsoft Dynamics 365 Business Central (und früheren Versionen unter den Namen Microsoft Dynamics NAV und „Navision"). Weitere im deutschen Markt bekannte Namen sind die Unternehmen Sage und Infor (Grammer 2018, S. 79 ff.).

Im Folgenden gehen wir auf drei Beispiele ein, die wir in weiteren Kapiteln fortsetzen werden:

- SAP S/4HANA, das zusammen mit den Vorläufern besonders bei größeren Unternehmen weit verbreitet ist,
- Microsoft Dynamics 365 Business Central, ein ERP-System für kleinere und mittelgroße Unternehmen,
- Vtiger, ein Open Source CRM-System.

3.7.1   SAP S/4HANA und Vorläufer

ERP-Systeme stehen bei SAP in einer langen Tradition, angefangen von der ersten verbreiteten betrieblichen Standardsoftware SAP R/2 für Großrechner, über das Client-Server-Produkt SAP R/3 – mit diesem Namen wird SAP auch heute noch am engsten verbunden – und über SAP ERP zum neuesten Produkt SAP S/4HANA (Koglin 2016). SAP S/4HANA ist durch kontinuierliche Weiterentwicklung und nicht als völliger

Neuentwurf entstanden, der überwiegende Anteil der Funktionen von SAP ERP findet sich darin wieder.

Mit SAP R/3 wurde die Anwendungsfunktionalität in die Bereiche Logistik, Rechnungswesen und Personalwesen und weiter in Unterbereiche („Module") gegliedert. In der Praxis hat sich diese Sprechweise bis heute erhalten. Die wichtigsten Module sind in der Logistik die Materialwirtschaft (englisch Materials Management, und mit dem Kürzel MM versehen), Produktionsplanung (Production Planning, PP), Vertrieb (Sales and Distribution, SD). Im Rechnungswesen sind es das Finanzwesen (Financials, FI, das externe Rechnungswesen) und das Controlling (treffender wäre die Bezeichnung „Kostenrechnung und Controlling", CO). Im Personalwesen gibt es nur das Modul Human Resources (HR).

Als wesentliche Neuerung wird in SAP S/4HANA das Datenbanksystem SAP HANA verwendet. Es handelt sich um eine Hauptspeicherdatenbank (Abschn. 5.1.3 „In-Memory-Computing"), die wesentlich schnellere Zugriffe als bisher vorherrschende plattenbasierte Datenbanksysteme ermöglicht. Entsprechend wurden Funktionen ergänzt, welche dieses Leistungsvermögen besonders gut ausnutzen, manche andere wurden umgeschrieben, z. B. die Materialbedarfsplanung (Koglin 2016, S. 44). Durch die ausgeprägten Auswertungsmöglichkeiten hat das System neben dem vorherrschenden operativen noch mehr den Charakter eines analytischen Systems gewonnen (Kap. 4). Intern sind an einigen Stellen einfachere Datenstrukturen eingeführt worden, auch deshalb, weil durch die In-Memory-Technik auf Summen- und Indextabellen verzichtet werden kann, was den Speicherbedarf reduziert.

Eine weitere Neuerung sind webbasierte Benutzeroberflächen mit der JavaScript-basierten Technik SAP Fiori für neue oder umgeschriebene Funktionen („Fiori Apps"). In den Vorgängerprodukten herrschten dagegen Microsoft-Windows-basierte Benutzeroberflächen vor (SAP GUI for Windows). Neben den neuen Fiori-Apps sind viele Funktionen aus dem Vorläufer SAP ERP übernommen, der Aufruf der Funktionen ist über Webbrowser und auch weiterhin über das SAP GUI möglich.

Einerseits kam neue Funktionalität hinzu, andererseits wurde eine Konsolidierung vorgenommen. Wurden bisher an verschiedenen Stellen mehrere Verfahren für einen Zweck angeboten – meist „historisch gewachsen" – orientiert man sich jetzt an dem „Principle of one": für eine Anforderung nur ein Lösungsansatz (Koglin 2016, S. 102). So gab es in SAP ERP das (alte) Hauptbuch in der Buchhaltung und das neue Hauptbuch, in SAP S/4HANA steht allein das neue zur Verfügung. Unternehmen müssen bei einer Migration von einem SAP-Altsystem zu SAP S/4HANA entsprechend Umstellungen durchführen.

SAP kann sowohl beim Anwenderunternehmen selbst betrieben werden (on-premises) als auch als Public- oder Private-Cloud-Software genutzt werden (vgl. Abschn. 6.1), was insbesondere für kleinere und mittelgroße Unternehmen vorteilhaft sein sollte. Allerdings bestehen bei diesen Varianten unterschiedlich stark ausgeprägte Erweiterungsmöglichkeiten (vgl. Kap. 14).

3.7.2 Microsoft Dynamics 365 Business Central

Auch Microsoft, das seinen Umsatz überwiegend mit Windows-Betriebssystemen und Office-Anwendungen macht, ist in das Geschäft der betrieblichen Anwendungssysteme eingestiegen. Es kaufte das dänische Unternehmen Navision, welches ERP-Systeme entwickelt hatte. Das Produkt wird nach Umbenennungen, zuletzt einige Jahre zu Microsoft Dynamics NAV, aktuell unter dem Namen Microsoft Dynamics 365 Business Central (Gayer et al. 2020) vertrieben und zielt auf kleinere und mittelgroße Unternehmen ab. Als Datenbanksystem wird bei einer lokalen Installation Microsoft SQL Server verwendet (Gayer et al. 2020, S. 6).

Wie für ERP-Systeme weitgehend Standard bietet es die Kernbereiche (Gayer et al. 2020, S. 4):

- Finanzmanagement (Buchhaltung)
- Verkauf, Marketing und Service
- Supply-Chain-Management (Einkauf, Lager, Verkauf, Produktion, Logistik und Projektmanagement
- Business Intelligence/Reporting

Es hat Schnittstellen zu Microsoft-Produkten wie Microsoft Office und zum Portal (vgl. Kap. 9) Microsoft Sharepoint.

Die Nutzung ist on-premises und als Cloud-Produkt (s. Abschn. 6.1) möglich (Gayer et al. 2020, S. 8). Im Gegensatz zu Microsoft Dynamics NAV, für welchen es einen Windows- und einen Webclient gibt, ist hier nur noch der Webclient verfügbar (Gayer et al. 2020, S. 8). Daneben gibt es Apps für mobile Endgeräte (Smartphone, Tablet) (Gayer et al. 2020, S. 9).

Das System hat ein Mandantenkonzept (Abschn. 3.3.3), wobei die Daten unterschiedlicher Mandanten, anders als z. B. in SAP-Software, in getrennten Datenbanktabellen abgelegt sind – der Mandantenname ist Teil des Namens der Datenbanktabelle (Gayer et al. 2020, S. 62).

3.7.3 Vtiger CRM

Als Beispiel für ein betriebliches Anwendungssystem in der Form Open Source Software sei Vtiger CRM genannt (Saledif 2014). Es handelt sich um kein ERP-System, sondern um ein CRM-System, welches insbesondere operative CRM- (Abschn. 8.3) und sogar ein wenig ERP-Funktionalität enthält. Entsprechend gibt es Funktionalität wie Marketing, Vertrieb, Support (mit einem Trouble-Ticket-System), Auswertungen und ein Kundenportal. Die aktuelle Version ist 7.2.0 (November 2019), das Buch (Saledif 2014) behandelt die Version 6.0. Neben der Open-Source-Version gibt es auch eine Cloud-Version, betrieben vom gleichnamigen Unternehmen Vtiger. Die Software läuft auf einer Plattform mit Apache als Webserver, einer MySQL-Datenbank und PHP als Programmiersprache.

In Vtiger CRM gibt es verschiedene *Module* (sie entsprechen in der Sprechweise dieses Buches eher den Geschäftsdaten), z. B. Leads (in der CRM-Technologie handelt es sich bei einem Lead um einen ersten Kontakt zu einem Interessenten; später könnte daraus ein Kunde werden), Angebote, Organisationen und Kampagnen.

3.8   Übungen und Lösungsvorschläge

a) Übungen

Aufgabe 3.1 (Stamm- und Bewegungsdaten)
Geben Sie für die folgenden Daten an, ob es sich um Stamm- oder Bewegungsdaten handelt:

- Anfrage
- Angebot
- Geschäftspartner
- Rahmenvertrag
- Bankverbindung eines Kunden
- Zahlung eines Kunden
- Bestellung im XML-Format
- Aktuelles Tagesdatum

Aufgabe 3.2 (Datenbanktabellenstruktur):
a) Wie lauten die Tabellenstrukturen für Bestellungen?
b) Wie lautet die Tabellenstruktur für die Materialbezeichnung?

Aufgabe 3.3 (Modellierung von Geschäftsobjekten):
Modellieren Sie das im Folgenden beschriebene Einkaufssystem durch ein UML-Klassendiagramm. In den Klassen brauchen Sie nur die Attribute und Methoden erwähnen, die der Einkauf verwendet:

Mitarbeiter legen Bestellanforderungen an, wenn sie Materialien benötigen. In einer Bestellanforderung können mehrere unterschiedliche Materialien angefordert werden. Bestellanforderungen müssen freigegeben werden, wenn ein bestimmter Betrag überschritten wird. Die Freigabeprüfung wird üblicherweise vom Vorgesetzten des Mitarbeiters durchgeführt.

Aus freigegebenen Bestellanforderungen erzeugen Einkäufer Bestellungen. Zwar kann der Antragsteller für jedes Material einen Lieferanten als Bezugsquelle vorschlagen, die Einkäufer müssen diese Vorschläge jedoch nicht übernehmen. Zudem können Einkäufer Materialien aus unterschiedlichen Bestellanforderungen gesammelt in Bestellungen umwandeln, um bessere Einkaufskonditionen zu erhalten.

Die Bestellungen werden je nach Lieferant in Papierform oder per Electronic Data Interchange übermittelt.

Aufgabe 3.4 (Geschäftsprozess):
Stellen Sie die folgenden Geschäftsprozesse durch BPMN-Diagramme in der in Abschn. 3.5 vorgestellten Form (Abb. 3.10) dar. Es handelt sich um Prozesse der Bestellanforderungsbearbeitung.

a) (einfach) Ein Mitarbeiter legt eine Banf an. Vereinfachend gehen wir davon aus, dass diese nur eine Position enthält. Dann muss die Banf von einem Mitarbeiter, welcher die entsprechende Berechtigung hat, freigegeben werden. Im Anschluss wird sich der Ersteller die Banf ansehen und am Status erkennen, ob sie freigegeben oder abgelehnt wurde.

b) (schwieriger) Nun ziehen wir die Prozessgrenze an einer anderen Stelle: Es soll nicht mehr die gesamte Banf-Bearbeitung, sondern nur noch der Genehmigungsprozess dargestellt werden. Entsprechend beginnt der Prozess erst, nachdem die Banf angelegt wurde. (Wie stellen Sie dies dar?) Zudem soll der Mitarbeiter die Banf nicht unmittelbar danach ansehen, sondern eine E-Mail erhalten, ob die Banf freigegeben oder abgelehnt wurde. (Der komplizierte Teil ist hier die E-Mail. Überlegen Sie, welche Klasse Sie hierzu verwenden, welcher Text für die E-Mail im jeweiligen Fall geeignet wäre und wie das Zusammenspiel mit der Banf ist. Wie sollte die Signatur einer entsprechenden Methode aussehen?)

b) Lösungsvorschläge für die Übungen

Aufgabe 3.1 (Stamm-, Bewegungs- und Customizing-Daten):
- Anfrage: Bewegungsdatum.
- Angebot: Bewegungsdatum.
- Geschäftspartner: Stammdatum.
- Rahmenvertrag: Dies könnte man als einen Grenzfall zwischen Stamm- und Bewegungsdaten ansehen.
- Bankverbindung eines Kunden: Weder – noch. Es ist nicht ein eigenständiges Geschäftsdatum, sondern Teil des Stammdatums „Kunde".
- Zahlung eines Kunden: Bewegungsdatum.
- Bestellung im XML-Format: Bewegungsdatum.
- Aktuelles Tagesdatum: Weder – noch. Es ist nicht ein eigenständiges Geschäftsdatum, es kann vielmehr als Attribut bei vielen Geschäftsdaten vorkommen.

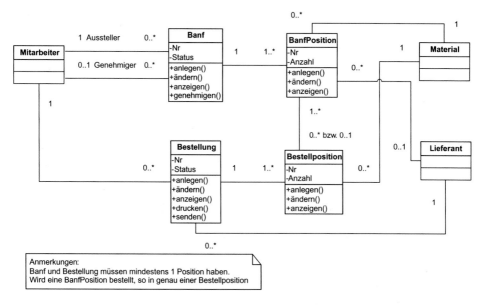

Abb. 3.16 Klassendiagramm „Einkauf"

Aufgabe 3.2 (Datenbanktabellenstruktur):

a) Kopftabelle: ID (Schlüsselfeld), Erstellungsdatum, Ersteller, Lieferant ...
Positionstabelle: ID (Schlüsselfeld), Positionsnummer (Schüsselfeld), Materialnummer, Menge, Mengeneinheit, Lieferdatum ...

Wir beschränken uns auf die wichtigsten Attribute, um das Prinzip aufzuzeigen. Wer an
einem „realen" Beispiel interessiert ist, möge sich die Datenbanktabellen in einem ERP-
System ansehen. Bei großen Systemen können die Tabellen über in der Größenordnung
von 100 bis 200 Attribute verfügen.

b) Materialnummer (Schlüsselfeld), Sprache (Schlüsselfeld), Bezeichnung. Man nennt
dies auch *Texttabelle*.

Aufgabe 3.3 (Modellierung von Geschäftsobjekten):
Siehe Abb. 3.16.

Wichtig sind die getrennten Klassen für Kopf und Position, jeweils bei der Bestellanforderung und bei der Bestellung, um die Beziehungen zwischen Bestellanforderungen
und Bestellungen detailliert wiedergeben zu können. Die Stammdaten sind nur
rudimentär abgebildet, da sie für verschiedene Geschäftsprozesse verwendet werden.

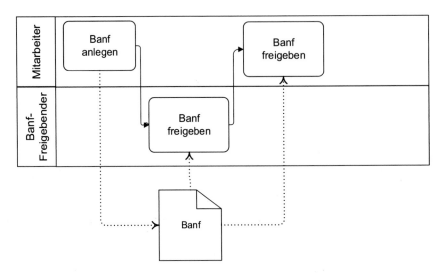

Abb. 3.17 Geschäftsprozess „Banf-Freigabe", Teilaufgabe a)

Besonderes Augenmerk sollte auf die Multiplizitäten gelegt werden, weil sie Randbedingungen für die Geschäftsprozesse festlegen. Einige Multiplizitäten hätte man auch anders wählen können, mit Auswirkungen auf die Geschäftsprozesse.

Aufgabe 3.4 (Geschäftsprozess):
Siehe Abb. 3.17 für Teilaufgabe a) und Abb. 3.18 für Teilaufgabe b)

Zu Teilaufgabe b) Im Diagramm wird die Methode `Nachricht.senden` einer anwendungsunabhängigen Klasse `Nachricht` verwendet. Damit können in vielen Geschäftsprozessen Benachrichtigungen erzeugt werden.

Die Methode `Nachricht.senden` habe drei Eingabeparameter: `Empfänger` (E-Mail-Adresse), `Formular`, `Geschäftsobjekt`. Der Empfänger soll die E-Mail erhalten. Wir verwenden den Datenfluss `Banf.Ersteller.E-Mail-Adresse`. Hierbei sei `Ersteller` ein Attribut der Klasse `Benutzer`, welche wiederum ein Attribut `E-Mail-Adresse` hat. Das `Formular` ist eine Textschablone, in welche Anwendungsdaten eingemischt werden können. Hier könnte es durch den Datenfluss z. B. mit der ID `Banf_genehmigt` belegt werden. Die Anwendungsdaten seien Attribute des übergebenen Objekts, hier `Banf`, z. B. `Banf.Ersteller.Name`, `Banf.Erstellungsdatum`, welche im Text des Formulars erscheinen können und zur Laufzeit durch aktuelle Werte ersetzt werden. (Warum wurde allgemeiner `Objekt` geschrieben, nicht `Banfobjekt`? Von welcher Klasse ist `Objekt`?)

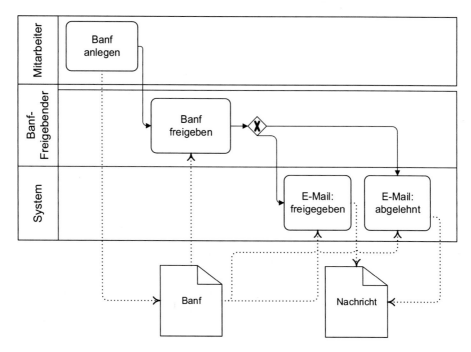

Abb. 3.18 Geschäftsprozess „Banf-Freigabe", Teilaufgabe b)

Literatur

Coulouris, G., Dollimore, J., Kindberg, T.: Verteilte Systeme, 3. Aufl. Pearson Studium, München (2002)

Freund, J., Rücker, B.: Praxishandbuch BPMN 2.0, 6. Aufl. Hanser, München (2019)

Gamma, E., Helm, R., Johnson, R.: Entwurfsmuster. Elemente wiederverwendbarer objekt-orientierter Software, 2. Aufl. Addison-Wesley, Boston (2001)

Gayer, M., Hauptmann, C., Ebert, J.: Microsoft Dynamics 365 Business Central. Hanser, München (2020)

Grammer, P.A.: Der ERP-Kompass. Erfolgreiche Projekte im Mittelstand, 2. Aufl. mitp, Frechen (2018)

Gronau, N.: Enterprise Resource Planning: Architektur, Funktionen und Management von ERP-Systemen, 3. Aufl. De Gruyter Oldenbourg, München (2014)

Hammer, M., Champy, J.: Reengineering the Corporation. Addison-Wesley, Reading (1994)

Heilig, L., Karch, S., Böttcher, O., Hofmann, C.: SAP NetWeaver Master Data Management. Galileo Press, Bonn (2006)

Koglin, U.: SAP® S/4HANA. Rheinwerk Verlag, Bonn (2016)

Lamport, L.: „Sometime" is sometimes „not never": on the temporal logic of programs. In: Proceedings of the 7th ACM SIGPLAN-SIGACT symposium on Principles of programming languages. Association for Computing Machinery, New York, S. 174–180 (1980)

Mandl, P.: Master-Kurs Verteilte betriebliche Informationssysteme. Vieweg+Teubner, Wiesbaden (2009)

Plattner, H., Zeier, A.: In-Memory Data Management. Springer, Berlin (2011)

Saledif, T.: vtiger 6.0 kompakt. Brain Media, Saarbrücken (2014)

Scheer, A.-W.: Wirtschaftsinformatik – Referenzmodelle für industrielle Geschäftsprozesse, 7. Aufl. Springer, Berlin (1997)

Seubert, H.: SAP® Cloud Platform. Rheinwerk Verlag, Bonn (2018)

workflowpatterns. http://www.workflowpatterns.com/ (2020). Zugegriffen: 22. Dez. 2020

Analytische Systeme

4

> Ich möchte, dass Sie die Zahlen waschen und shuffeln.
> Deshalb habe ich Sie kommen lassen.
> Nur zum Waschen hätte auch jemand anders genügt.
> *Hard-boiled Wonderland und das Ende der Welt*
> *Haruki Murakami*

Zusammenfassung

Analytische Systeme dienen zur Analyse einer Menge von Daten im Gegensatz zur Einzelsatzbearbeitung in operativen Systemen. Wir fassen den Begriff „analytische Funktionalität" weit, wodurch sich ein ganzes Spektrum ergibt – von Berichten in einem ERP-System bis zu maschinellem Lernen und mathematischen Optimierungsverfahren in der Planung. Wir sehen uns verschiedene Verfahren an, um einen breiten Überblick zu bekommen, und gehen bei Data-Warehouse-Systemen stärker in die Tiefe.

Lernziele

- Analytische Systeme kennenlernen, vertieft am Beispiel von Data-Warehouse-Systemen.
- Ein multidimensionales Datenmodell für eine Aufgabenstellung erstellen können.

Die Quelle zum Kapitelmotto lautet: Murakami H (1995) Hard-boiled Wonderland und das Ende der Welt. 1. Auflage 1995, Insel, Frankfurt a. M., S. 47.

© Springer-Verlag GmbH Deutschland, ein Teil von Springer Nature 2021
R. Weber, *Betriebliche Anwendungssysteme,*
https://doi.org/10.1007/978-3-662-63185-0_4

- Typische Auswertungsoperationen durchführen können.
- Einen Überblick über die weiteren analytischen Verfahren bekommen: Data Science inkl. Methoden der Statistik und des maschinellen Lernens, Big Data, Planung.

4.1   Allgemeines

4.1.1   Analytische Funktionalität

Wir beschäftigen uns in diesem Kapitel mit *analytischen Systemen* im Gegensatz zu operativen Systemen (Kap. 3). Operative Systeme dienen zum Abwickeln des Tagesgeschäfts, was sich im Anlegen, Bearbeiten oder Ändern von einzelnen Stamm- oder Bewegungsdaten widerspiegelt. Also zum Beispiel eine einzelne Bestellung bearbeiten, nicht gleich mehrere zusammen. Bei analytischen Systemen werden viele Daten zusammen analysiert, z. B. in einer Auswertung über alle Bestellungen eines Quartals. Wir führen also Berechnungen (in einem weiten Sinne) auf der Basis von vielen Geschäftsdaten durch. Die Grundidee ist, umfangreiche Vergangenheits- und Gegenwartsdaten für Entscheidungen und Planungen in der Zukunft zu nutzen. (In operativen Systemen wird für Stammdaten oft eine „Massenpflege" durchgeführt, indem z. B. die Änderung eines Attributs an vielen Stammdaten gleichzeitig geschieht. Wäre dies auch analytische Funktionalität?)

Abstrakt lässt sich dies in Abb. 4.1 veranschaulichen. In Abb. 4.1a ist der allgemeine Fall dargestellt: Das Selektionskriterium legt fest, welche Geschäftsdaten analysiert werden sollen. Es wird angegeben, von welchen Geschäftsdaten welche Attribute analysiert werden sollen (z. B. in Bestellungen die Bestellwerte) und es werden Einschränkungen getroffen, typischerweise zu referenzierten Stammdaten und Zeiträumen (z. B. der Zeitraum „letztes Quartal", „in der Einkaufsorganisation Süd"). Am einfachsten ist es, sich die Möglichkeiten des SQL-Befehls „select" dazu vorzustellen. Wir sehen daran, dass verschiedenartige Geschäftsdaten (aus verschiedenen Datenbanktabellen) und reichhaltige Selektionsbedingungen ins Spiel kommen können. Aus der Menge dieser Geschäftsdaten berechnet sich dadurch die selektierte Datenmenge: Nur ausgewählte Attribute werden berücksichtigt, und Daten können verdichtet (aggregiert) werden, z. B. nicht fünfhundert Bestellwerte von fünfhundert Bestellungen, sondern lediglich ein Summenwert, ermittelt aus den fünfhundert Bestellungen. Mit der selektierten Datenmenge können dann weitere, oft komplexere Berechnungen durchgeführt werden, z. B. eine Bedarfsliste von Materialien aus Lagerbeständen und Kundenaufträgen erstellt werden oder ein Produktionsplan aus der Bedarfsliste.

Sehen wir uns verschiedene typische Bearbeitungsmuster an und bringen sie mit dem allgemeinen Modell in Verbindung:

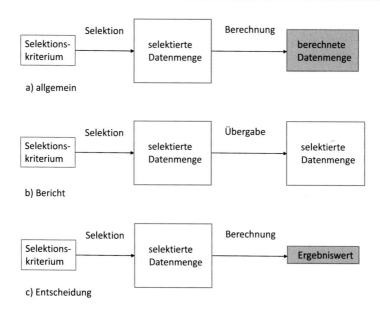

Abb. 4.1 Analytik

1. Daten visuell analysieren

   Dies sind Auswertungen, auch *Berichte (Reports)* genannt. Wir lesen eine Vielzahl von Daten und stellen diese (oder eine Teilmenge davon) im einfachsten Fall als Ergebnisliste dar. Es können aber auch einfache Berechnungen mit den Daten durchgeführt werden (Abb. 4.1b) unter der „Selektion" subsumiert): Daten können verdichtet werden, z. B. die Monatssummen aller Bestellungen für ein Jahr berechnet werden, gegliedert nach Einkaufsorganisationen. Nach der Datenselektion, ohne oder mit Aggregation, werden hier also keine weiteren Berechnungen angestellt, die berechnete Datenmenge entspricht bereits der selektierten (Abb. 4.1b). Vielmehr werden die Daten visualisiert, durch Tabellen, Balkendiagramme etc. Das Ziel ist, dem Benutzer die Daten möglichst ergonomisch anzuzeigen, damit dieser daraus Schlüsse ziehen kann. Anders ausgedrückt: Die „Berechnung" findet (bis auf die Datenverdichtung) im Kopf des Analysten statt. Dargestellt sind hier allein statische Berichte; bei interaktiven Berichten (OLAP-Analyse; Abschn. 4.2.3.5) könnte der Benutzer während der Visualisierung weitere Interaktionen (filtern, aggregieren) mit entsprechenden Berechnungen auslösen.

2. Daten statistisch analysieren

   Daten können statistisch analysiert werden, z. B. nach Korrelationen. Das Ziel ist, Thesen nach Abhängigkeiten oder allgemeiner Mustern durch statistische Berechnungen zu überprüfen. Die statistische Analyse entspräche der Berechnung im allgemeinen Modell. Die berechnete Datenmenge entspräche der statistischen Aussage, die je nach statistischem Verfahren unterschiedlichen Inhalt haben kann.

Im einfachsten Fall ist es nur eine Zahl, wie der Korrelationskoeffizient, was in Abb. 4.1c dem „Ergebniswert" entspräche. Ein anderes Beispiel wäre eine Trendanalyse zum Verkauf eines Produktes.

3. Data-Mining

   Auch hier werden Daten analysiert, aber es gibt noch keine Vermutungen von Abhängigkeiten zwischen den Daten. Das Ziel ist vielmehr, solche durch Data-Mining-Algorithmen zu entdecken. Diese Algorithmen entsprechen der Berechnung im allgemeinen Modell. Ansonsten ist der Zusammenhang mit dem allgemeinen Modell wie bei der statistischen Analyse.

4. Optimierungsverfahren

   Ausgehend von vielen Daten (z. B. zu bestimmten Lieferterminen zu fertigende Materialen) könnte mit einem Modell der linearen Optimierung ein optimaler Produktionsplan errechnet werden. Hier kommen also Verfahren aus der (numerischen) Mathematik bzw. dem Operations Research zum Einsatz. Das Ziel ist, mittels mathematischer Verfahren möglichst gute Pläne, jenseits eines pauschalen Schätzens zu ermitteln. Idealerweise sind alle Ist-Daten (inkl. Auslastungsmöglichkeiten von Maschinen) bekannt, sodass die theoretisch optimalen Pläne auch praktisch optimal sein können. Mit dem Optimierungsverfahren, der Berechnung im allgemeinen Modell, kommen wir also zu einem Produktionsplan, der berechneten Datenmenge (Abschn. 4.5).

5. Prognoseverfahren

   Aus den Absatzzahlen der Vergangenheit wird mittels eines Prognosemodells (z. B. der exponentiellen Glättung) ein Absatzplan für die Zukunft berechnet. Das Ziel ist, aus der Vergangenheit Pläne für die Zukunft hochzurechnen. Hierbei besteht eine Unsicherheit bzw. ein Risiko, denn die tatsächlichen Zukunftsdaten, z. B. Anzahl der Kundenaufträge, könnten sich von der Vergangenheit stark unterscheiden. Die Berechnung ist das Prognoseverfahren, die berechnete Datenmenge der Absatzplan.

6. Maschinelles Lernen

   Bei einem gängigen Verfahren des maschinellen Lernens werden Lernmodelle aus Vergangenheitsdaten trainiert, um ihre Parameter zu bestimmen. Sie werden dann auf Gegenwartsdaten angesetzt, und die ermittelten Aussagen für die Zukunft sind dann hoffentlich genauso gut zutreffend wie die bekannten aus der Vergangenheit (Genaueres dazu in Abschn. 4.3). Die Gegenwartsdaten entsprechen der selektierten Datenmenge, das Lernmodell der Berechnung, und im einfachsten Fall kann das Ergebnis einfach eine Entscheidung oder ein Entscheidungsvorschlag sein (Abb. 4.1c).

In der ersten Auflage (Weber 2021) wurde eine andere Gliederung verwendet: operative, analytische und Planungssysteme. Hier werden die Planungssysteme unter die analytischen subsumiert. Aus Sicht der Datenverarbeitung erscheint die neue Gliederung treffender, da die „Einzelsatzbearbeitung" von der „Analyse von Datenmengen" kontrastiert wird. Tatsächlich können manche „Pläne" auch „operativer" Vorgehensweise sein, d. h. es werden einfach Planzahlen „aus dem Bauch" eingegeben, was aus Datenverarbeitungssicht keine Analyse darstellt.

Präziser wäre es, nicht von operativen und analytischen *Systemen,* sondern von operativer und analytischer *Funktionalität* zu sprechen. Denn in jedem ERP-System finden sich Auswertungsmöglichkeiten in Form von Berichten – anders wäre ein solches System am Markt vorbei erstellt. Analytische Systeme in Reinform gibt es (z. B. Data-Warehouse-Systeme), aber selbst dort lassen sich meist Planzahlen einfach angeben, z. B. bei der Unternehmensplanung (s. oben). Anwendungssysteme werden also meist aus einer Mischung von operativer und analytischer Funktionalität bestehen, und die oben genannten analytischen Bearbeitungsmuster sind mit den operativen zusammen mehr oder weniger stark ausgeprägt. Insofern ist es doch legitim von einem (überwiegend) operativen oder einem (weitgehend) analytischen System zu sprechen. Zum Verständnis der Systeme, also dem Zweck des Buches, ist die Unterscheidung allemal sinnvoll. Zwischen operativen und analytischen Systemen besteht eine Verbindung (Schnittstelle), denn die Daten der analytischen Systeme werden großenteils aus den operativen Systemen eingespeist. Wir werden aber sehen, dass es auch andere Datenquellen gibt.

Dieses Kapitel ist so organisiert, dass wir im Rest von Abschn. 4.1 noch Aspekte beleuchten, welche für viele Verfahren analytischer Funktionalität bedeutsam sind. In den folgenden Abschnitten gehen wir dann auf wichtige Analyseverfahren ein. Der Schwerpunkt werden Data-Warehouse-Systeme sein, da sie der „Klassiker" analytischer Funktionalität sind und viele Überlegungen in übertragener Form auch für andere Verfahren gelten. In den letzten Jahren sind weitere Verfahren ins Rampenlicht gerückt: maschinelles Lernen, Big-Data-Verarbeitung, In-Memory-Technik. Auch darüber wollen wir einen Überblick gewinnen, um analytische Funktionalität und ihr Zusammenwirken mit operativer Funktionalität zu verstehen.

4.1.2 Unterschiede zwischen operativen und analytischen Systemen

Um die Unterschiede zwischen operativer und analytischer Funktionalität deutlicher und ausführlicher darzustellen, vergleichen wir ein reines operatives System mit einem getrennten, reinen analytischen System, hier einem Data-Warehouse-System.

Da die Daten in den operativen Systemen anfallen, ließen sich prinzipiell Auswertungen schon dort durchführen. Vor allem drei Gründe sprechen in größeren Unternehmen für ein getrenntes analytisches System (Wir sehen uns später auch In-Memory-Systeme an, wo sich die Situation anders darstellt; Abschn. 4.2.5):

- unterschiedliches Systemlastverhalten,
- Auswertung quer über mehrere Datenbestände,
- Berücksichtigung historischer Datenstände (Zeitbezug).

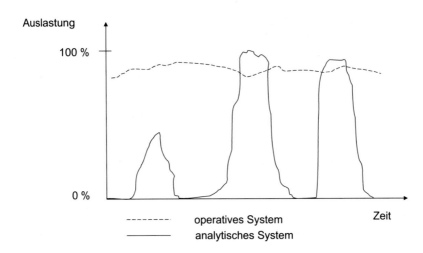

Abb. 4.2 Systemlast: operative vs. analytische Systeme (Egger et al. 2004, S. 26)

Zunächst zum unterschiedlichen Systemlastverhalten (Abb. 4.2; ähnlich wie in Egger et al. 2004, S. 26); das Bild ist nur qualitativ zu sehen, es entstand nicht durch Messungen). In operativen Systemen ist die Systemlast während der Kernarbeitszeit weitgehend gleich. Dies ergibt sich daraus, dass viele Sachbearbeiter konstant viele kleine Geschäftsvorfälle etwa gleichmäßiger Last mit Dialogprogrammen abwickeln. In analytischen Systemen herrscht dagegen über weite Strecken eine geringe Systemlast, nämlich dann, wenn keine Auswertungen durchgeführt und auch keine Daten eingespielt werden. Bei einer Auswertung eines umfangreichen Datenbestandes ist die Systemlast dagegen groß. Das Systemlastprofil ist somit von sporadischen Lastspitzen geprägt. Betriebe man beide Typen von Anwendungen, operative und analytische, intensiv in *einem* System, so könnte dies zu Leistungsproblemen führen: Die Auswertungen beeinträchtigten zeitweise das Tagesgeschäft, also schlechte Systemantwortzeiten für die Sachbearbeiter, oder die Auswertungen zögen sich in die Länge. Durch die Trennung in zwei Systeme wird dies vermieden. Als Konsequenz werden die auswertungsrelevanten Daten des operativen Systems in das analytische überführt.

Nun zur Auswertung quer über mehrere Datenbestände: In größeren Unternehmen wird oftmals nicht nur ein operatives System eingesetzt, sondern mehrere, z. B. für verschiedene Regionen oder spezialisiert für verschiedene Aufgaben (Kundenbeziehungen, Lieferkette). Die Gründe hierfür werden wir uns genauer in Aufgabe 8.1 ansehen. Während sich die Geschäftsvorfälle gut getrennt in den einzelnen operativen Systemen abwickeln lassen, interessieren doch zudem Vergleiche zwischen den Daten der verschiedenen Systeme. Analytische Systeme werden eingesetzt, um solche systemübergreifenden Vergleiche in Auswertungen durchzuführen (Abb. 4.3).

Das Bild zeigt zwei ERP-Systeme (z. B. für verschiedene Regionen) und ein CRM-System (Customer Relationship Management). Das CRM-System dient zur Verwaltung

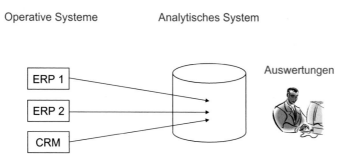

Abb. 4.3 Zusammenwirken von operativen Systemen und analytischem System

der Kundenbeziehungen, z. B. von Kundeninteraktionen wie Kundenbesuchen oder Telefonaten. CRM-Systeme sehen wir uns genauer in Kap. 8 an, im Augenblick genügt eine grobe Vorstellung. Im analytischen System werden Daten aus den verschiedenen Systemen zusammengeführt, sodass sich nicht nur die Umsatzdaten von Kunden getrennt in den beiden ERP-Systemen auswerten lassen, sondern übergreifend im Vergleich. Dazu lässt sich noch die Anzahl der Kundeninteraktionen, welche für den Umsatz eingesetzt wurden, aus dem CRM-System in Beziehung setzen.

Ähnliche Beispiele für die Auswertung quer über verschiedene Datenbestände ergeben sich bei Unternehmensübernahmen und bei der Systemmigration (Kap. 13; Zitzelsberger 2011). Allgemein besteht die Anforderung, viele Datenquellen zusammenzuführen, von in Großrechnern gespeicherten Daten über typische Anwendungssysteme bis hin zu lokal gespeicherten Tabellenkalkulationsdaten (Zitzelsberger 2011). Außerdem können unternehmensexterne Datenquellen hinzukommen, z. B. Marktforschungsdaten.

Der dritte Grund, die Berücksichtigung historischer Datenstände: In operativen Systemen wird oftmals nur der aktuelle Datenstand effizient gespeichert. Bei Auswertungen möchte man dagegen gerne „Schnappschüsse" zu verschiedenen Zeiten vergleichen. Daher sind die Daten im analytischen System historisiert zu speichern (Abschn. 3.3.1).

Nach den Hauptgründen für die Trennung der Systeme sehen wir uns nun die Unterschiede zwischen operativen und analytischen Systemen an, die für die Ausgestaltung analytischer Systeme von Bedeutung sind (Tab. 4.1; sie bezieht sich auf Egger et al. 2004, S. 25).

Der Zweck eines operativen Systems ist das Tagesgeschäft, es involviert vornehmlich Sachbearbeiter, wie Buchhalter, Einkäufer und Verkäufer. Das analytische System ermöglicht hingegen Auswertungen zur *Entscheidungsunterstützung*. Auswertungen können, je nach Verdichtungsgrad, für die unterschiedlichen Hierarchieebenen der Führungskräfte hilfreich sein. Wichtige Anwendungsbereiche sind Controlling, Marketing und Supply-Chain-Management.

Im operativen Betrieb werden Daten häufig geschrieben (anlegen, ändern), z. B. Bestellungen oder Fertigungsaufträge. In analytischen Systemen werden die Daten

Tab. 4.1 Eigenschaften operativer und analytischer Systeme

Operatives System	Analytisches System
Tagesgeschäft	Auswertungen zur Entscheidungsunterstützung
Viel schreibender Zugriff, dafür optimiert	Nach Laden nur lesender Zugriff, dafür optimiert
Viele kleine Transaktionen	Komplexe Abfragen
Stabile Anwendungen	Dynamische Anwendungen für immer wieder andere Auswertungen
Anwendungsorientiert (Materialwirtschaft, Produktion …)	Gegenstandsorientiert (Lieferant, Kunde, Produkt …)
Aktueller Zustand der Daten	Historisierte Daten
Normalisierte Daten	Denormalisierte Daten, multidimensional

dagegen, wenn sie erst einmal in das System gelangt sind, nur mehr in Auswertungen gelesen[1]. Entsprechend lässt sich ein System hinsichtlich der Leistung unterschiedlich auf ein gemischtes Schreib-/Leseverhalten gegenüber nur Lesen auslegen.

Die Transaktionen in operativen Systemen sind „klein" in dem Sinne, dass sie meist nur auf eine kleine Datenmenge zugreifen, z. B. bei einer Bestellung neben den eigentlichen Bestelldaten auf die Stammdaten Material und Lieferant. Komplexe Auswertungen in analytischen Systemen lesen dagegen große Datenmengen, z. B. alle Bestellungen in verschiedenen Unternehmensbereichen während eines bestimmten Zeitraums, sofern die Bestelldaten nicht bereits in verdichteter Form gespeichert sind.

Die Anwendungen in operativen Systemen sind „stabil" in dem Sinne, dass beispielsweise für das Anlegen einer Bestellung immer dieselbe Funktionalität verwendet wird. Der Geschäftsvorfall ist standardisiert, inklusive der mehr oder weniger häufig vorkommenden Sonderfälle. Auch einfache Formen der Auswertung sind vorgesehen, z. B. zu welchen Bestellungen bereits ein Wareneingang gebucht ist. In analytischen Systemen gibt es ebenfalls gewisse regelmäßige Standardauswertungen, z. B. eine Umsatzstatistik für einen Zeitraum in einem Unternehmensbereich. Das Ergebnis einer solchen Auswertung nennt man *Bericht* (englisch: *Report*), das Erstellen und den Umgang mit Berichten *Berichtswesen (Reporting)*. Führungskräfte wünschen aber immer wieder einmal spezielle Auswertungen zu noch nicht vorgedachten Fragestellungen, „Ad-hoc-Auswertungen" oder *Queries* genannt (Marx Gómez et al. 2006, S. 4). Analytische Systeme sollen Mechanismen bereitstellen, womit sich solche Wünsche leicht erfüllen lassen.

---

[1] Es gibt Ausnahmen, wie die „sich selten ändernden Dimensionen", siehe Abschn. 4.2.3.4.

Die Transaktionen der operativen Systeme sind anwendungsorientiert in Bereichen wie Einkauf, Produktion, Vertrieb organisiert. In analytischen Systemen erfolgt die Gliederung dagegen nach „Gegenständen" (auf Englisch *Subject Orientation,* in Bauer und Günzel 2009, S. 7 als *Fachorientierung* übersetzt) wie Lieferanten, Kunden und Produkte.

In vielen Fällen reicht für die Anwendungsprogramme in operativen Systemen der aktuelle Wert von Daten aus, z. B. der aktuelle Lagerbestand eines Materials. Wie hoch jener zu einem früheren Zeitpunkt war, ist für das Tagesgeschäft meist nicht entscheidend und wird daher nicht unmittelbar gespeichert. Stattdessen lassen sich solche Werte oftmals nur durch Rückrechnung von Warenbewegungen ermitteln, also „rekonstruieren". Hingegen interessiert in analytischen Systemen gerade die Veränderung im Zeitablauf, um Trends aufzudecken und für Prognoseverfahren. Ein Beispiel ist die Entwicklung der Bestellwerte über die Monate eines Jahres hinweg. Die Daten müssen daher mit Zeitbezug effizient auswertbar sein. Deshalb speichert man die Daten in analytischen Systemen *historisiert* (Abschn. 3.3.1), z. B. der Bestand vom Material PC31 am 01.11.2021[2].

Die Daten operativer Systeme befinden sich in relationalen Datenbanksystemen üblicherweise in weitgehend normalisierter Form, d. h. redundanzfrei. Wie wir später sehen werden, liegen die Daten analytischer Systeme im Falle eines Data-Warehouse-Systems meist ebenfalls in relationalen Datenbanksystemen, jedoch unterscheidet sich das semantische Datenmodell: Es wird ein multidimensionales Datenmodell eingesetzt (Abschn. 4.2.3), welches auf Datenbanktabellen abgebildet werden kann. Bei der Speicherung sind zum Leistungsgewinn auch nichtnormalisierte Darstellungen üblich.

Durch die Trennung von operativen und analytischen Systemen sind allerdings übergreifende Analysen, welche sowohl historische als auch aktuelle Daten einbeziehen, nicht mehr einfach möglich (Abschn. 4.2.5).

4.1.3 Ausprägungen analytischer Funktionalität

In Abschn. 4.1.1 haben wir gesehen, dass analytische Funktionalität vielgestaltig sein kann. Um die verschiedenen Facetten besser zu verstehen, werfen wir einen Blick auf einige unterschiedliche Eigenschaften analytischer Funktionalität und ihrer Systeme. Zunächst sehen wir uns einige Eigenschaften an, die allein die zu analysierenden Daten betreffen („passiver Teil"; a) bis e)), dann solche, die die Gestaltung der Funktionalität betreffen („aktiver Teil"; e) bis i); bei e) gibt es eine Überlappung).

---

[2] In Plattner und Zeier (2011, S. 30) werden Zahlen aus einer Analyse genannt: Ein Anwendungssystem für ein mittelgroßes Unternehmen enthält 100 GB operative Daten und 1 TB analytische Daten, eines für ein Großunternehmen 35 TB operative Daten und 40 TB analytische Daten.

a) Mengenaufkommen

Wie groß ist die zu analysierende Datenmenge? Sie kann von „klein" (strukturierte Daten in kleineren Unternehmen) über „mittel" (strukturierte Daten in größeren Unternehmen) bis „groß" (Big-Data-Szenarien, in der Regel auch mit unstrukturierten Daten; Abschn. 4.4) reichen.

b) Datenart

Eine grobe Einteilung kann in strukturierte, halbstrukturierte (semistrukturierte) und unstrukturierte Daten geschehen (Abschn. 3.3.1). Halbstrukturierte Daten haben einige Attribute wie strukturierte Daten, der Hauptbestandteil ist jedoch unstrukturiert. Ein Beispiel ist eine E-Mail-Nachricht. Bei ihr sind die Attribute im Nachrichtenkopf sichtbar, also Angaben wie der Absender („From") oder der Empfänger („To"), der Hauptbestandteil ist meist ein Text, hinzu kommen oft Anlagen wie Bilder. (Haben nichtstrukturierte Daten nicht auch Attribute?)

Eine feinere Untergliederung kann nach Speicherungsformen, Kodierungen oder Medienarten durchgeführt werden: Datenbanktabelleninhalte, CSV-Daten, Texte, Audiodaten, Videodaten und viele weitere. (Welcher Datenart wäre eine Datei mit XML-Inhalt? – vgl. Kap. 10)

c) Zeitbezug

Während die Daten immer aus der Vergangenheit stammen (mit der Speicherung ist die Gegenwart beendet), stellt sich doch die Frage, über welchen Zeitraum Aussagen getroffen werden sollen. Es kann die Vergangenheit sein, wenn mit länger zurückliegenden Daten vergangene Perioden beschrieben und verglichen werden, z. B. die Umsatzzahlen der letzten Jahre. Es kann die Gegenwart sein, um den aktuellen Zustand zu beschreiben und für jetzt bzw. die kurzfristige Zukunft Aussagen zu treffen, z. B. ein Produktionsplan für die kommenden Tage. Oder es kann die Zukunft sein, etwa um einen Absatzplan für das kommende Jahr aufzustellen.

d) Datenquellen

Werden die Daten des eigenen Unternehmens analysiert, oder werden Daten aus externen Datenquellen einbezogen, z. B. von Marktforschungsunternehmen?

e) Datenqualität

Dies betrifft Aspekte der Konsistenz, Verfügbarkeit und Angleichung zur Vergleichbarkeit, gerade wenn Daten aus unterschiedlichen Datenquellen mit unterschiedlichen Formaten und unterschiedlicher Güte stammen (Abschn. 4.2.2). Es handelt sich hierbei zum einen um die Qualität der Daten, wie sie aus den Datenquellen übermittelt werden. Zum anderen ergibt sich daraus die Frage, wie die analytische Funktionalität damit umgeht, z. B. welche Funktionen zur Datenbereinigung bereitstehen, zu welchem Zeitpunkt diese Funktionen angewendet werden (Datenbereitstellung, Analyse) und zu welchem Grad gewisse Daten überhaupt für bestimmte Analysen aufbereitet werden.

f) Leistungsfähigkeit

Hier geht es um nichtfunktionale Eigenschaften analytischer Systeme und Funktionalität. Die Rechenleistung, welche eine Analyse erfordert, ist mit der Leistungsfähigkeit des Systems (Prozessoren, Speicher) abzugleichen. Werden die Daten auf einer Magnetplatte, SSD oder in einer Hauptspeicherdatenbank gespeichert? Wie viel Parallelarbeit der Prozessoren ist möglich? Damit verbunden sind unterschiedliche Größenordnungen der Zugriffszeit sowie die Rechenzeit der Analysen. Entsprechend lassen sich verschiedene Leistungsklassen definieren.

g) Einbettung in ein vorhandenes System oder in ein dezidiertes System

Diese Eigenschaft ist mir der vorigen verwandt, da mit einem dezidierten System meist auch eine höhere Leistungsfähigkeit angestrebt wird. Daneben gibt es aber organisatorische Gründe. Sehen wir uns die Situation an.

Wir möchten neben operativer Funktionalität auch analytische bereitstellen. Die Frage stellt sich, ob wir Analysen direkt in einem operativen System durchführen oder ein zusätzliches System, abgestimmt auf Analysen, einsetzen möchten. Für kleinere Unternehmen mit geringem Datenaufkommen wird sich die Frage nicht stellen. Sie haben zudem wenige Datenquellen, vielleicht nur ein ERP-System. So bietet es sich an, die Analysen direkt dort durchzuführen. Vorteilhaft ist dann eine ERP-Software, welche bereits die wichtigsten Standardanalysen enthält.

Bei den Unterschieden zwischen operativer und analytischer Funktionalität haben wir festgestellt, dass sich die Lage für größere Unternehmen anders darstellen kann: In der Vergangenheit zeigte sich, dass aus Leistungsgründen (viele Datenquellen, große Datenmengen, Wünsche nach komplexen Analysen) dezidierte Systeme, vor allem Data-Warehouse-Systeme, eingesetzt werden. Versprechen In-Memory-Systeme heute die Leistungsprobleme zu beseitigen, so bleiben viele Datenquellen bestehen – eine große Systemlandschaft wird sicherlich nicht mittelfristig auf nur ein System schrumpfen. Daneben können natürlich auch zusätzliche Analysen operativer Daten in operativen Systemen durchgeführt werden.

h) Zweck

Was ist der Zweck der Analyse? Eine Situation zu verstehen (retrospektiv), eine vorhersagen, planen, entscheiden?

i) Verfahren

Aus der fachlichen Sicht eines Anwenders erscheint der in Abb. 4.1a visualisierte technische Ablauf folgendermaßen: Der Anwender sucht – abstrakt gesprochen – eine Antwort auf eine Frage, die sich aus einer Menge gespeicherter Daten mit einem Analyseverfahren ergeben soll. Das Analyseverfahren bestimmt die Selektion und die Berechnung, die berechnete Datenmenge bzw. ihre Interpretation durch den Verwender ist die Antwort bzw. das Ergebnis. Die Frage kann konkret sein und eine eindeutige Antwort haben, etwa „Was waren die zehn umsatzstärksten Kunden im vergangenen

Monat?", die Antwort wird dann die Liste der Kunden zusammen mit ihren Umsatz-werten sein, dargestellt z. B. in einem Balkendiagramm. Ein anderes Beispiel mit einer ebenfalls konkreten Frage, wenngleich mit unsicherer Antwort, wäre: Bei welchen Kunden ist die Gefahr hoch, dass sie im kommenden Geschäftsjahr abwandern? Ein Bei-spiel für eine weniger konkrete Frage wäre: Sind Muster beim Kaufverhalten in einem Online-Shop zu erkennen?

Bereits im einleitenden Abschn. 4.1.1 haben wir gesehen, dass es recht unterschied-liche Analyseverfahren gibt. Hier sei eine Einteilung von Verfahren vorgestellt, die das Spektrum aufzeigt:

1. Berechnung mit korrektem Ergebnis: Ein Beispiel wäre eine mathematische Optimierungsrechnung, z. B. die lineare Optimierung. Hier wird die zu analysierende Datenmenge ebenso wie das Optimierungskriterium festgelegt, wodurch das Ergeb-nis (d. h. die Lösungsmenge) mathematisch definiert ist. Dieses mag eindeutig sein, oder es kann mehrere Ergebnisse geben oder gar keines, wenn Bedingungen nicht erfüllt werden können. Das Verfahren ist derart angelegt, dass es die definierte Lösungsmenge ermittelt. Die Korrektheit bezieht sich hierbei auf das mathematische Modell und zu prüfen ist, wie valide dieses das System wiedergibt.

2. Heuristiken mit approximativem Ergebnis: Der Fall ist ähnlich wie unter Punkt 1 (es gäbe eine zum Berechnungszeitpunkt definierte Lösungsmenge). Jedoch ist für die Frage kein passendes Berechnungsverfahren bekannt oder jenes wäre zu rechen-intensiv, und man begnügt sich mit einem Rechenverfahren mit akzeptabler Rechen-leistung und angenähertem, approximativem, wenngleich nicht unbedingt optimalem Ergebnis. Ein Beispiel ist die Verteilung der Kosten zwischen Kostenstellen, wo eine relativ gerechte Verteilung genügen wird.

3. Heuristiken mit einem „guten" Ergebnis: Der Fall ist ähnlich wie unter Punkt 2, jedoch ist diesmal gar nicht bekannt, ob es ein „korrektes" Ergebnis gibt (z. B. ein Optimalwert) oder es ist unsicher. Ein Beispiel wäre ein Prognoseverfahren, wo aus Vergangenheitsdaten ein Absatzplan für die Zukunft berechnet wird. Wie viel tat-sächlich abgesetzt wird, wird sich erst in der Zukunft ergeben, und was der optimale Absatzplan gewesen wäre, mag selbst dann nicht ersichtlich sein. In diese Kategorie fallen viele Verfahren: Neben Prognoseverfahren auch statistische Regressionsana-lysen, Verfahren des maschinellen Lernens und Data-Mining. Der Blick kann in die Zukunft gerichtet sein (Prognoseverfahren) oder in die Gegenwart und Vergangenheit (z. B. bei der Klassifikation, Abschn. 4.3.2). In manchen Fällen wird die Güte erst durch einen Menschen beurteilt werden, z. B. wurde in einem Bild die richtige Person erkannt?

4. Interaktive Analyse: Bedeuteten die vorigen Verfahren immer eine Hintergrundver-arbeitung, ohne menschliche Beteiligung bei der „Berechnung", so kann jene auch von einem Menschen ausgeführt werden, etwa bei einer (visuellen) OLAP-Analyse

(Abschn. 4.1.1 und 4.2.3.5), wo sich durch das Navigieren durch die Daten die Berechnung „im Kopf des Ausführenden" ergibt. Teilschritte könnten durch Verfahren der Arten 1 bis 3 unterstützt werden.

Die Verfahren haben des Weiteren die Eigenschaften:

- Qualität: Wie sicher ist, dass die Antwort korrekt ist (Konfidenz)? Wie genau ist die Antwort?
- Nachvollziehbarkeit: Dies ließe sich auch als ein Aspekt der Qualität sehen. Bei manchen Verfahren, gerade beim maschinellen Lernen, kann es schwierig sein nachzuvollziehen, wie die Lösung erzielt wurde und ob die Ermittlung stichhaltig ist. Mit dieser Fragestellung beschäftigt sich die „explainable artificial intelligence".
- Komplexität/Kosten: Unterschiedlich genaue oder sichere Verfahren könnten unterschiedliche Rechenanforderungen haben.

Insofern ist in jedem Fall zu prüfen, welches Verfahren für welche Situation angemessen ist.

Eine alternative Einteilung der Verfahren wäre nach ihrer Methode: Verfahren des maschinellen Lernens, der Statistik, der Optimierungsrechnung, der interaktiven Planung etc.

4.1.4 Der grundsätzliche analytische Prozess

Um eine Analyse im weiteren Sinne durchzuführen, werden mehrere Schritte ausgeführt – es handelt sich also um einen von der Schrittzahl her kleinen Geschäftsprozess (Was wären hier die verwendeten Klassen von Geschäftsobjekten?):

1. *Rohdaten bereitstellen:* Die Daten können bereits unmittelbar bereitstehen, etwa wenn eine Analyse von operativen Daten in einem ERP-System durchgeführt werden soll. In vielen Fällen kommen sie jedoch aus unterschiedlichen Datenquellen, können uneinheitlich und von unterschiedlicher Qualität sein. Sie können zum Beispiel für ein Data-Warehouse-System bereitgestellt werden (Abschn. 4.2) oder in einem „Data Lake" bei Big-Data-Systemen (Abschn. 4.4).
2. *Rohdaten aufbereiten:* Wegen der Uneinheitlichkeit der Daten und ihrer eventuell unterschiedlichen Qualität werden sie vor einer Analyse aufbereitet.
3. *Analysedaten bereitstellen:* Eine Teilmenge der insgesamt vorhandenen aufbereiteten Daten wird für eine Analyse benötigt. Sie werden dafür zusammengestellt, was auch ein weiteres Aufbereiten in eine für eine effiziente Analyse günstige Form beinhalten kann. Je nach Analyseverfahren kann dies unterschiedlich aufwendig sein, es könnte z. B. für manche Verfahren eine Normalisierung von Daten auf ein bestimmtes Zahlenintervall benötigt werden. (Werden die Daten nur für genau eine Analyse benötigt, können die Schritte 2 und 3 zusammenfallen.)

4. *Analyse durchführen:* Gemäß dem breiten Spektrum der Analyseverfahren ist dieser Schritt besonders unterschiedlich.

5. *Analyseergebnis verwenden:* Auch dieser Schritt kann variieren, je nach Analyseverfahren und zu welchem Zweck die Analyse durchgeführt wird. Es könnte die visuelle Darstellung für einen Benutzer sein, es könnte aber auch eine automatisierte Entscheidung oder die Übermittlung eines Plans bedeuten.

Dieser allgemeine Prozess wird also je nach Verfahren und sogar Zweck konkretisiert werden. Plastischer wird dies, wenn wir uns im folgenden Abschnitt den ETL-Prozess in Data-Warehouse-Systemen ansehen.

4.2   Data-Warehouse-Systeme

4.2.1   Begriffe

a) Data-Warehouse-System

In einem *Data-Warehouse-System* (in diesem Buch verwenden wir dafür die Abkürzung DWHS) werden strukturierte Daten ausgewertet, welche aus verschiedenen Datenquellen kopiert und zusammengeführt werden. Für die Auswertungen gibt es verschiedene Möglichkeiten:

- *Standardbericht:* Ein Vertriebsmitarbeiter erhält monatliche Vertriebsdaten oder kann sie im Intranet abrufen. Der Standardbericht, eine Form der Auswertung, wird von anderer Seite für den Mitarbeiter erstellt.
- *Interaktive Analyse:* Ein in Auswertungen geschulter Mitarbeiter führt interaktiv Analysen durch, wofür typische Operationen bereitstehen (Aufgabe 4.4).
- *Spezialauswertung:* Spezialisten suchen, z. B. mit Data-Mining, nach neuen Erkenntnissen.

Ein DWHS ist eine heute weit verbreitete Form eines analytischen Systems. Der Begriff wurde von Bill Inmon geprägt (Inmon 1993). Die Idee ist ein „Lagerhaus von Daten", in dem die Regale nach Themengebieten geordnet sind. Spezifische Technologien und Techniken haben sich für solche Systeme etabliert. Zu einem DWHS gehören insbesondere die Datenbeschaffung aus den operativen Systemen, die Datenspeicherung und darauf aufbauend die Analyse der Daten (Bauer und Günzel 2009, S. 8). Das *Data Warehouse* ist der Datenspeicher des DWHS (Bauer und Günzel 2009, S. 566).

Historische Vorläufer von Data-Warehouse-Systemen sind *Managementinformationssysteme (MIS), Decision-Support-Systeme (DSS)* und *Executive-Information-Systeme (EIS)*. Alle hatten nicht den gewünschten Erfolg, teils aus technischen Gründen, aber mehr dadurch, dass die Funktionalität und Systemphilosophie nicht mit der Arbeitsweise und den Bedürfnissen der potenziellen Anwender zusammenpasste (für diese historische Betrachtung siehe z. B. Egger et al. 2004, S. 27 ff.).

b) Online Analytical Processing (OLAP)
Dies ist die vorrangige Analysemethode im DWHS. OLAP steht im Gegensatz zu *OLTP*: *Online Transaction Processing,* das transaktionsorientierte Arbeiten in einem operativen System (Kap. 3). Ein operatives System bietet nur einfachere Auswertungsmöglichkeiten auf den operativen Daten seiner Datenbank. Bei OLAP führt ein Benutzer interaktiv Operationen auf einem Datenwürfel (Abschn. 4.2.3.5) wie Slicing, Dicing, Drilldown und Roll-up durch (s. Aufgabe 4.4).

c) Business Intelligence (BI)
Für viele ist dies synonym mit Data-Warehouse-Systemen, für andere ein Gebiet, welches neben dem DWHS andere Teile wie das Wissensmanagement beinhaltet. In Bauer und Günzel (2009, S. 5) werden zu BI auch die Anwendungen und Prozesse gezählt.

4.2.2 ETL-Prozess

ETL steht für *Extraktion, Transformation, Laden* und beschreibt die drei Phasen, wie Daten aus (vor allem operativen) Systemen in das DWHS gelangen. Es ist die Konkretisierung des in Abschn. 4.1.4 beschriebenen Ablaufs für Data-Warehouse-Systeme. In Abb. 4.4 sind neben den Phasen auch die verschiedenen Komponenten der Datenablage in einem DWHS dargestellt.

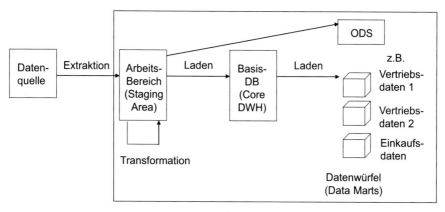

Abb. 4.4 Komponenten eines DWHS und ETL

Die *Extraktion* findet in jedem operativen System statt. Daten werden selektiert und für die weiteren Phasen verfügbar gemacht. Sie werden in einen *Arbeitsbereich* (Bauer und Günzel 2009, S. 36) des DWHS geschrieben, auch *Extraktionsbereich* oder *Staging Area* genannt. Tatsächlich heißt es in Abb. 4.4 statt „operatives System" allgemeiner *Datenquelle.* Denn obwohl die Daten überwiegend aus operativen Systemen stammen, können z. B. auch Marktforschungsdaten oder Plandaten für Vergleiche eingespielt werden.

In der *Transformation* werden die Daten aus den verschiedenen Datenquellen vereinheitlicht bzw. bereinigt.

Das *Laden* ist die Übernahme der bereinigten Daten in das DWHS. Tatsächlich werden die Daten dort oftmals in bis zu dreierlei Form gespeichert.

- *Basisdatenbank:* Hier sind die Daten in feingranularer, nicht für Auswertungen gedachter Form abgelegt (Bauer und Günzel 2009, S. 37). Es handelt sich dabei um einen integrierten Datenbestand, der langfristig aufbewahrt wird. Gebräuchlich ist dafür auch der Begriff *Core Data Warehouse.* Die Idee ist, mehr Daten redundanzarm (weitgehend normalisiert) zu halten als gegenwärtig in den Auswertungen benötigt werden. Zu einem späteren Zeitpunkt können neue Anforderungen an die Auswertungen hinzukommen, z. B. dass Daten feingranularer ausgewertet werden sollen als sie derzeit in den Datenwürfeln (s. unten) gespeichert sind. Sind die benötigten Daten bereits in der Basisdatenbank vorhanden, müssen „nur" die Datenwürfel angepasst und von der Basisdatenbank neu befüllt werden.
- *Datenwürfel:* Teile der in der Basisdatenbank enthaltenen Daten werden in einer für effiziente Auswertungen abgestimmten Speicherungsform, im sog. Datenwürfel, gehalten. Der Begriff *Data Mart* wird teilweise synonym zu Datenwürfel gebraucht, teilweise in der Bedeutung von einem Auszug eines Datenwürfels oder eines Data Warehouse, etwa für einen Unternehmensbereich[3]. Im Beispiel gibt es zwei Data Marts für zwei Vertriebsbereiche, welche in sich abgeschlossene Vertriebsdatenbestände enthalten. Daneben gibt es einen Data Mart für Einkaufsdaten. Data Marts bieten zwei Vorteile: zum einen schnellerer Datenzugriff wegen der darauf abgestimmten Speicherung und der geringeren Datenmengen. Zum anderen könnte auch eine physische Trennung vorgesehen sein, was einen besseren Zugriffsschutz bietet. Nachteile liegen in der Redundanz und im höheren Verwaltungsaufwand.
- *Operational Data Store (ODS):* Eine weitere, mit der Basisdatenbank verwandte Speicherungsform ist der ODS. In einer üblichen Form des ODS befinden sich dort detaillierte, nichtverdichtete Daten, welche nur für eine kürzere Zeit zur Auswertung bereitstehen müssen und danach gelöscht werden. Ein typisches ODS-Beispiel sind

---

[3] In Bauer und Günzel (2009, S. 62) heißt das Konzept *abhängige Data Marts.* Mehrwald (2010, S. 313) nennt allgemein die Ebene der Datenwürfel *Data Mart Layer.*

Kassendaten von Supermärkten. Solche ODS-Daten werden nicht historisiert, in der Regel nur für mehrere Tage gespeichert und regelmäßig aktualisiert. Unterschiede zur Basisdatenbank bestehen zum einen darin, dass es sich nicht um die vollständige, integrierte und langfristig zu speichernde Sicht der Geschäftsdaten handelt, zum anderen, dass die Daten zur Auswertung vorgesehen sind[4].

Bisher gingen wir davon aus, dass die Daten der verschiedenen operativen Systeme in eine konsolidierte Basisdatenbank und von dort in Datenwürfel kopiert und transformiert werden, welche Daten verschiedener Systeme integrieren. Es kann jedoch auch eine Form von *Virtualisierung* verwendet werden: Im DWHS werden zunächst organisatorisch getrennte Datenwürfel aufgebaut, z. B. gemäß den regional verwendeten operativen Systemen. Dann werden die einzelnen physischen Datenwürfel über einen *virtuellen Datenwürfel* integriert (Wolf und Yamada 2010, S. 174 ff.). Dies ist eine Form von Partitionierung (Abschn. 4.2.4), in Mehrwald (2010, S. 161) *Modell-Partitionierung* genannt. Die ETL-Logik kann so getrennt in die einzelnen Datenwürfel ablaufen. Hierdurch ist zudem eine gewisse Fehlertoleranz erreichbar: Ist eines der Quellsysteme nicht verfügbar, kann der ETL-Prozess in den anderen trotzdem stattfinden. Außerdem kann eine dezentrale, nur auf eine der Organisationseinheiten bezogene Auswertung getrennt ablaufen, was zu einer besseren Leistung führt.

a) Extraktion
Wir unterscheiden bei der Extraktion zwischen:

- *Initialem Datenimport:* Dieser wird bei der Einführung des DWHS oder einer neuen Datenquelle einmalig durchgeführt. Der „Urzustand" des DWHS wird dadurch erzeugt. Um dies effizient zu erledigen, stellen Datenbanksysteme Programme zum Laden von Massendaten zur Verfügung, sog. *Bulk Loader* (Bauer und Günzel 2009, S. 99).
- *Inkrementellem Datenimport:* Dieser findet regelmäßig statt. So lässt sich die Fortentwicklung der Daten in den Datenquellen berücksichtigen. Es werden „Deltas", also Datenänderungen, wozu auch neue Daten zählen, übertragen.

Wie werden im operativen System Datenänderungen für den inkrementellen Datenimport erkannt? Hierfür gibt es mehrere, für Anwender des Systems unterschiedlich aufwendige Mechanismen. Am komfortabelsten ist es, wenn die Extraktionslogik *(Extraktoren,* also Extraktionsprogramme) im operativen System schon bereitgestellt ist. Dies ist meist der Fall, wenn das operative System und das DWHS vom selben Softwareanbieter stammen.

---

[4]Für die genaue Beziehung zwischen ODS und Basisdatenbank sowie verschiedene Klassen von ODS-Daten siehe Bauer und Günzel (2009, S. 56).

Der Verwender braucht dann nur noch einzustellen, welche Daten (z. B. Umsatzdaten, eventuell noch gefiltert nach bestimmten Vertriebsorganisationen) in welchen Zeitabständen und mit welcher Granularität zu übertragen sind. Mit anderen Worten: Die Extraktionslogik ist bereits Teil der Standardsoftware des operativen Systems, lediglich Customizing ist nötig.

Schwieriger ist der Fall, wenn Extraktoren im operativen System erst entwickelt werden müssen. Ein Ansatzpunkt sind die in Abschn. 3.3.1 erwähnten Änderungsdaten. Werden solche geschrieben, können sie für die Übertragung ausgewertet werden. Einige weitere Techniken, wie Änderungen erkannt werden können (nach Egger et al. 2004, S. 40 und Bauer und Günzel 2009, S. 50), sind:

- *SQL-Trigger:* Dies ist ein ereignisgesteuerter Mechanismus (Abschn. 10.5.3) in einem Datenbanksystem. Man kann mit einem SQL-Trigger definieren, dass ein eigengeschriebenes Programm jedes Mal dann aufgerufen wird, wenn in einer bestimmten Datenbanktabelle eine Änderungsoperation stattfindet. Das Programm kann die Datenänderungen in einer Modifikationstabelle oder in einer Datei aufzeichnen und diese regelmäßig ins DWHS übertragen.
- *Protokolldateien:* Im operativen System werden Datenänderungen in Protokolldateien aufgezeichnet. Die Protokolldateien werden ausgewertet, die Datenmanipulationsoperationen bestimmt und entsprechend die Daten ins DWHS übertragen.
- *Schnappschussvergleich:* Hierbei wird der Tabelleninhalt zu zwei Zeitpunkten betrachtet und die Unterschiede werden berechnet, wofür es einige Algorithmen gibt.

Zu unterscheiden ist, ob die Änderungen mit Datenbanksystemunterstützung ermittelt werden (bei den drei genannten Verfahren ist dies möglich) oder ob die Anwendungsprogramme modifiziert bzw. ergänzt werden. Letzteres kann aufwendig sein, insbesondere wenn der Programmcode schwer zugänglich ist. Mit Datenbanksystemunterstützung lässt sich zum Beispiel ein Schnappschuss (Snapshot) wie eine Sicht (View) definieren. Änderungen werden im Schnappschusslog protokolliert, welches dann ausgewertet wird. Der direkte Vergleich von Schnappschüssen durch Anwendungsprogramme kann dagegen ineffizient sein (Bauer und Günzel 2009, S. 83 und 85).

Für den Zeitpunkt, wann extrahiert wird, gibt es verschiedene Möglichkeiten (Bauer und Günzel 2009, S. 86). Die Extraktion kann *periodisch* erfolgen, wobei unterschiedlich zeitkritische Daten in unterschiedlich langen Perioden übermittelt werden können: monatlich, täglich oder noch häufiger. Die periodische Extraktion wird sehr oft eingesetzt. Daneben können Daten *ereignisgesteuert*, z. B. wenn sich eine gewisse Menge von Änderungen ergeben hat, oder im Extremfall *sofort* bei einer Änderung übermittelt werden, was aber selten angewendet wird.

Die extrahierten Daten können z. B. in Form von Dateien eines bestimmten Aufbaus (Abschn. 10.2 für mehr Details) bereitgestellt werden.

b) Transformation

Inhaltlich gleiche Daten können in den verschiedenen operativen Systemen in unterschiedlicher Form vorliegen. Einige naheliegende Beispiele (ähnlich wie in Egger et al. 2004, S. 32):

1. Datum: 01APR2021, 2021-04-01, 01042021, 21091 (der 91ste Tag des Jahres 2021) beschreiben alle dasselbe Datum, den 1. April 2021. Sie könnten z. B. auf das Zielformat 20210401 (Jahr, Monat, Tag) abgebildet werden. Hier handelt es sich also lediglich um eine Formatvereinheitlichung.
2. Geschlecht: {m, w, d}, {male, female, diverse}, {0, 1, 2} sollen alle die Wertemenge mit den Elementen „männlich", „weiblich" und „divers" repräsentieren. Im analytischen System könnte das Zielformat zum Beispiel durch {m, f, d} vorgegeben sein. Man nennt diese Transformation von Werten auch *Umschlüsselung*.
3. Materialnummer: In verschiedenen operativen Systemen könnte diese z. B. in den unterschiedlichen Datentypen `char(10)`, `num(12)`, `integer` gespeichert sein. Hierbei sei `char(10)` eine Zeichenkette der Länge 10, `num(12)` eine numerische Zeichenkette der Länge 12. Wir bilden sie im analytischen System auf „das kleinste gemeinsame Vielfache" ab, hier `char(12)`, wobei wir annehmen, dass aus der Menge `integer` tatsächlich nur Zahlen verwendet werden, welche in `char(12)` „passen".
4. Mengenangabe: `Doppelpack`, `st`, `pc` werden abgebildet auf `pc` (`pc` steht hier für „piece", `st` für „Stück"). Diese Transformationsvorschrift enthält auch eine Umrechnung von `Doppelpack` nach `pc`.

Neben Bereinigungen *syntaktischer Probleme* in Form von Formatanpassungen können weniger naheliegende Transformationsregeln infrage kommen. Wenn z. B. für eine Periode kein Wert erfasst ist – ein *semantisches Problem* –, kann je nach Anwendungsfall die Regel „nimm den Wert der vorigen Periode" (bei Bestandsdaten) oder „Wert = 0" (bei Flussdaten) sinnvoll sein (Kemper et al. 2010, S. 30). Eine solche Anpassung muss gut durchdacht sein und der fachlichen Realität entsprechen, damit jegliche Auswertungen korrekte Ergebnisse liefern. Ansonsten erscheint es sinnvoll, die Transformation in die Datenwürfel zu verlegen (Zitzelsberger 2011).

Insgesamt ergeben sich so die folgenden wesentlichen Transformationsarten (Willinger und Gradl 2007, S. 48 ff.):

- *Transformation auf Werteebene:* Die Transformation bezieht sich nur auf einen einzelnen Wert der Quell- und Zielstruktur. Davon gibt es Unterarten:
    - Transformation von Werten (Umschlüsselung)
    - Formatanpassung
    - Belegung eines Zielstrukturfeldes mit einem festen Wert

- *Transformation auf Strukturebene:* Die Quellstruktur unterscheidet sich nicht nur auf Werteebene von der Zielstruktur, vielmehr könnte die Zielstruktur z. B. weniger oder mehr geschachtelt sein als die Quellstruktur.

Ein wichtiger Anwendungsfall ist das Bereinigen bzw. Vereinheitlichen von Adressen und, allgemeiner, Stammdaten (Abschn. 8.3). Ein Problem kann sich etwa für den Schlüssel eines Geschäftsdatums ergeben. Er kann in den operativen Systemen unterschiedlich sein, z. B. könnte die Kundennummer im CRM-System nicht mit jener im ERP-System übereinstimmen. In diesem Fall wird das Geschäftsdatum unter einem Schlüssel im DWHS gespeichert und die anderen Schlüssel als Attribute, um den Bezug nicht zu verlieren.

Manchmal ist die *automatische Behandlung* nicht möglich oder zumindest fehleranfällig (Kemper et al. 2010, S. 29). Dann bleibt nur, die Transformation von einem menschlichen Experten durchführen zu lassen, was natürlich aufwendig ist. Beispiele für Probleme sind *Synonyme* (für einen Begriff werden unterschiedliche Wörter verwendet) und *Homonyme* (ein Wort hat, je nach Kontext, eine unterschiedliche Bedeutung). (Welche Probleme können sich hier einstellen?) Bei einer solchen *nichtautomatischen Behandlung* können die folgenden Fälle vorliegen:

- *Automatische Erkennung:* Die Ausnahmesituation wird zumindest automatisch erkannt, z. B. wenn ein Wert außerhalb des festgelegten Wertebereichs liegt. Es kann sein, dass der Wert schon im operativen System falsch ist und dort gleichfalls bereinigt werden sollte. Oder bei den Transformationsregeln ist ein Wert nicht vorgedacht und die Transformationsregel ist anzupassen.
- *Nichtautomatische Erkennung:* Die Ausnahme wird nur von einem Fachexperten erkannt und entsprechend von ihm korrigiert.

Die Transformation, also eine Datenbereinigung *(Data Cleaning, Data Cleansing)* im Sinne einer Qualitätssicherung der Daten, findet im Arbeitsbereich des DWHS statt. Hierfür gibt es eine Reihe von Techniken und Werkzeugen.

c) Laden
Das Laden und die speichernden Komponenten wurden bereits weiter oben beschrieben.

4.2.3 Multidimensionales Datenmodell

4.2.3.1 Datenwürfel mit Dimensionen und Fakten
Nach gängiger Lehre unterscheidet man zwischen semantischem, logischem und physischem Datenmodell. Bei traditionellen Datenbanksystemen werden diese Rollen vom Entity-Relationship-Modell, von Relationen und von datenbanksystemspezifischen

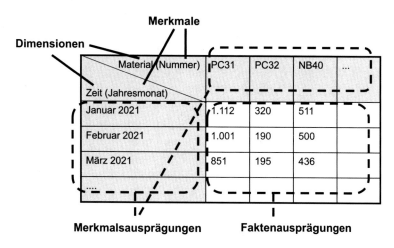

Abb. 4.5 Multidimensionales Datenmodell: Merkmale und Fakten

physischen Modellen eingenommen. Das semantische Datenmodell in einem DWHS ist dagegen üblicherweise ein *multidimensionales*.

Es lässt sich für den Fall von zwei und drei Dimensionen gut grafisch veranschaulichen. Sehen wir uns erst den einfacheren Fall von zwei Dimensionen an (Abb. 4.5)[5]. Im Beispiel wollen wir analysieren, wie oft ein Material in einem Zeitraum bestellt wurde. Wir erhalten eine Tabelle, wie wir sie von Tabellenkalkulationsprogrammen kennen. Die zwei *Dimensionen* sind hier das Material und die Zeit. Jede Dimension hat *Merkmale,* d. h. Attribute. Im Beispiel hat jede Dimension nur ein Merkmal: Das Material hat die Materialnummer, die Zeit den Jahresmonat. Später werden wir uns auch mehrere Merkmale pro Dimension ansehen. Das feinste Merkmal nennen wir *Dimensionselement* (Bauer und Günzel 2009, S. 110). Für jede Wertekombination von Merkmalen bzw. *Dimensionselemente*n (z. B. Material = „PC31", Zeit = „Januar 2021") gibt es einen Zahlenwert, *Faktum,* auch *Kennzahl, Kenngröße, Variable,* engl. *Measure* oder *Key Figure* genannt, hier: 1112 Stück. Wir nehmen dabei an, dass die Daten nur monatsweise, nicht tagesgenau gespeichert werden. Die Merkmale sind also die Zeilen- und Spaltenbeschriftungen, die Fakten sind die Zahlenwerte der Tabelle. Feiner unterscheiden wir zwischen *Merkmal* (wie „Jahresmonat": Typebene) und *Merkmalsausprägung* (wie „Januar 2021": Instanzebene), ebenso bei Fakten.

---

[5]Die Idee der Veranschaulichung ist Snapp (2010, S. 65) entnommen. Konsequent wählen wir auch hier ein Beispiel aus dem Einkauf. Den „Klassiker" „Umsatzdaten im Vertrieb" heben wir uns für die Aufgabe 4.2 auf.

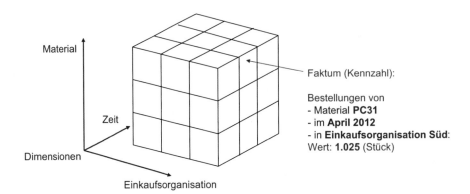

Abb. 4.6 Multidimensionales Datenmodell: Datenwürfel

Fakten sind *quantitative Daten,* messbare Dinge, also Zahlen. An diesen sind wir bei den Auswertungen interessiert, und wir rechnen mit ihnen, summieren z. B. auf, wenn wir Daten verdichten (Abschn. 4.2.3.2).

Die Fakten sind nach den *Dimensionen* organisiert, welche beschreibende Bedeutung haben, es sind *qualitative Daten.* Mit den Dimensionen wird in der Regel nicht gerechnet. Es sind die Kriterien, nach denen wir auswerten wollen. (Kann man am Datentyp erkennen, ob ein Attribut Faktum oder Merkmal ist?)

Die Daten im DWHS sind so gut wie immer historisiert (Abschn. 3.3.1), d. h. die Zeit ist eine der Dimensionen; Unterschiede gibt es nur in der Granularität, d. h. wie fein die zeitliche Auflösung ist. Oftmals ist das nicht monatsweise, wie in unserem Beispiel, sondern tagesgenau.

Möchte man genauer unterscheiden, könnte man eine *Kennzahl* als Faktum oder eine aus Fakten abgeleitete Zahl definieren (Marx Gómez et al. 2006, S. 13). Kennzahlen lassen sich grundsätzlich bereits beim Laden der Daten in den Datenwürfel berechnen oder erst später bei der Analyse. In Mehrwald (2010, S. 199 ff.) sind Kriterien für die Entscheidung dafür aufgeführt.

Bei drei Dimensionen erhalten wir einen *Datenwürfel* (Abb. 4.6). Streng genommen ist es ein Quader, da die Längenverhältnisse offen sind. Als weitere Dimension haben wir die Einkaufsorganisation hinzugenommen.

Tatsächlich werden in typischen Datenmodellen mehr als drei Dimensionen verwendet, meist jedoch nicht zu viele, oft fünf bis acht (Bauer und Günzel 2009, S. 107), mehr als fünfzehn wären ungewöhnlich. Vielleicht liegt diese Beschränkung daran, dass es als Gedankenmodell für den Menschen sonst zu komplex wäre, vielleicht genügt es für praktische Fragestellungen (Kemper et al. 2010, S. 101). Auch im Fall von mehr als drei Dimensionen wird vereinfachend von einem „Datenwürfel" gesprochen.

4.2.3.2 Dimensionshierarchien und Aggregation

Anders als bei den typischen x-y-Koordinaten der Schulmathematik gibt es üblicherweise eine *Hierarchiebildung* bei den Dimensionen mit entsprechender *Aggregation* der Fakten. Dies lässt sich gut an einem Beispiel erklären (Abb. 4.7).

Oft möchte man Fakten nach einer gröberen Dimensionsgranularität als der feinsten (Dimensionselemente) auswerten, z. B. nach Materialgruppen statt nach Materialien oder nach Monaten statt nach Tagen. Es handelt sich dann um verdichtete, aggregierte Daten. Mehrere Materialien lassen sich zu Materialgruppen zusammenfassen, mehrere Materialgruppen zu Materialhauptgruppen, und „alle Materialien" zusammen ergeben schließlich die gröbste Verdichtung. Wir sprechen von einer *Dimensionshierarchie*, auch *Klassifikationshierarchie* (Bauer und Günzel 2009, S. 8) oder *Aggregationshierarchie* genannt. Ein untergeordneter Eintrag befindet sich also immer unter genau einem übergeordneten, die Struktur ist ein Baum. Der Baum umfasst mehrere *(Hierarchie-, Aggregations-, Verdichtungs-)Stufen;* sie entsprechen unterschiedlichen Verdichtungsgraden. Innerhalb einer Dimension kann es mehr als eine Hierarchie geben, *parallele Dimensionshierarchien* oder auch *multiple* Hierarchien genannt (Bauer und Günzel 2009, S. 111). Im Beispiel könnte das Material einer Sparte zugeordnet sein, welche unabhängig von Materialgruppen ist.

Die Hierarchiestufen sind weitere Merkmale einer Dimension, sie lassen sich als Attribute der Dimensionselemente auffassen. Zwischen Merkmalen können funktionale Abhängigkeiten bestehen, z. B. hängt die Materialgruppe vom Material ab. Derart zusammengehörige Merkmale werden üblicherweise in derselben Dimension zusammengefasst.

Was passiert mit den Fakten, wenn wir mehrere Punkte des Würfels aggregieren? In unserem Beispiel sollen die einzelnen Bestellwerte natürlich addiert werden: Die Addition läuft über die Bestellwerte all jener Materialien, welche zur selben

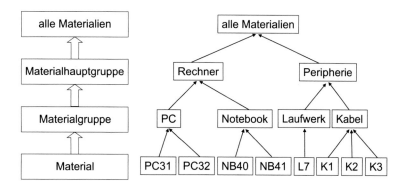

Abb. 4.7 Aggregation

Materialgruppe gehören. Gehen wir also bei den Merkmalen eine Hierarchiestufe höher, werden die entsprechenden Fakten aggregiert, hier summiert. Die Hierarchiebildung (eine Operation auf Dimensionselementen) resultiert in einer Aggregation (eine Operation auf Fakten). Doch nicht in jedem Fall ist die Addition die angemessene Aggregationsoperation. Denken wir an ein Faktum „durchschnittlicher Bestellwert". In diesem Falle wäre die Durchschnittsbildung der Bestellwerte die richtige Operation. Bei jeglicher Aggregation muss also angegeben werden, welche Rechenoperation für die Fakten verwendet wird. Die Standardaggregationsfunktionen in SQL92 sind: SUM, MIN, MAX, AVG (Durchschnitt) und COUNT. Weitere Möglichkeiten wären der Median, die Standardabweichung, „die N größten Werte", „die N kleinsten Werte", „die N häufigsten Werte". Die Funktionen haben unterschiedliche algebraische Eigenschaften (Plattner und Zeier 2011, S. 120). (Könnten für ein bestimmtes Faktum auch verschiedene Aggregationsoperationen sinnvoll sein?)

In der bisherigen Darstellung ist die Zugehörigkeit von Merkmalen zu Dimensionen aus didaktischen Gründen, also der Anschaulichkeit halber, nach *fachlichen* Gesichtspunkten gewählt: Die Dimensionen sind voneinander unabhängig gewählt, in einer Dimension befinden sich zusammengehörige, voneinander abhängige Merkmale. Datenwürfel werden jedoch in der Praxis allein zur effizienten Auswertung konstruiert. Daher werden Dimensionen und die Verteilung der Merkmale auf die Dimensionen tatsächlich nach *technischen* Gesichtspunkten gewählt, etwa wie viele Merkmalsausprägungen für ein Merkmal vorkommen; fachlich ist nur die Menge der Merkmale bestimmt (Mehrwald 2010, S. 55; Wolf und Yamada 2010, S. 303). Mehrwald (2010, S. 190) nennt als Grundsatz, dass die Summe der Datensätze aller Dimensionen möglichst klein sein soll, und gibt ein Beispiel für unterschiedliche Aufteilungen an (Mehrwald 2010, S. 188). Es gibt einige Regeln, wie zur besseren Leistung Merkmale auf Dimensionen verteilt werden sollten. Zum Beispiel ist bei N:M-Beziehungen zweier Merkmale die Verteilung in verschiedene Dimensionen sinnvoll, bei 1: N-Beziehungen dagegen in dieselbe Dimension (Mehrwald 2010, S. 191). Der vollständigen Automatisierung der Modellierung stehen theoretische Gründe entgegen. Denn das Problem, einen optimalen Datenwürfel zu erstellen, ist ähnlich schwierig wie die Lösung des Travelling-Salesman-Problems: Es ist bis heute nicht beweisbar, ob eine Lösung optimal ist (Mehrwald 2010, S. 192). Während für das Travelling-Salesman-Problem Algorithmen existieren, die zumindest „gute" Lösungen erzeugen, gibt es heute keine vergleichbaren für die Datenwürfelmodellierung (Mehrwald 2010, S. 193).

4.2.3.3 Abbildung auf relationale Datenmodelle

Beim multidimensionalen Datenmodell handelt es sich um ein semantisches Datenmodell. Die Frage ist nun, wie es auf ein logisches Datenmodell abgebildet wird. Eine Möglichkeit ist, ein Datenbanksystem zu verwenden, welches das multidimensionale Datenmodell direkt unterstützt. Man nennt dies *MOLAP (Multidimensional Online Analytical Processing)*. Häufig wird dagegen das multidimensionale Datenmodell auf ein

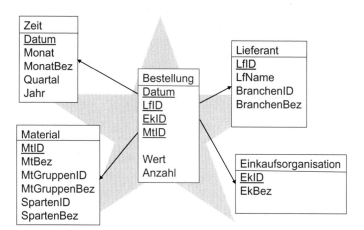

Abb. 4.8   Sternschema

relationales abgebildet: *ROLAP (Relational Online Analytical Processing)*[6]. Es gibt zwei Reinformen dafür, und in der Praxis Varianten dazwischen:

- Sternschema und
- Schneeflockenschema.

Bei beiden Reinformen ist die Modellierung der Fakten gleich, Unterschiede ergeben sich bei der Modellierung der Dimensionen, genauer der Dimensionshierarchien (Bauer und Günzel 2009, S. 214 ff.).

a) Sternschema
Beim Sternschema *(Star-Schema)* ordnet man jeder Dimension genau eine *Dimensionstabelle* zu (Abb. 4.8). Als Primärschlüssel könnte das Dimensionselement, also das feinste Merkmal, gewählt werden. Soll also in der Zeitdimension tagesgenau ausgewertet werden können, kann der Primärschlüssel das Datum sein, soll es monatsgenau sein, der Jahresmonat (z. B. 05_2021). Üblicherweise verwendet man allerdings für Dimensionstabellen einen künstlichen Schlüssel, ein *Surrogat* (neulateinisch: ein Ersatz), meist vier Byte Integer, was in einem geringeren Speicherverbrauch resultieren kann (Mehrwald 2010, S. 54). Nach Plattner und Zeier (2011, S. 180) ist der Vorteil der Surrogatschlüssel ein geringerer Platz in der Faktentabelle mit einem nur geringfügig höheren in den Dimensionstabellen. Außerdem wird der Join der Fakten- mit den Dimensionstabellen, der für die Auswertungen nötig ist, vereinfacht.

---

[6] Nach Bauer und Günzel (2009, S. 213) sind die Begriffe ROLAP und MOLAP irreführend, da nicht nur OLAP-Werkzeuge zur Analyse eingesetzt werden müssen.

Die gröberen Merkmale zur aggregierten Auswertung erscheinen als Nichtschlüssel-
attribute. In der Zeitdimension sind das im Beispiel Monat, Quartal und Jahr, beim
Material Materialgruppen und Sparten.

Daneben sind in den Dimensionstabellen des Beispiels noch die Bezeichnungen
zu den Dimensionswerten abgelegt. Z. B. könnte die Materialgruppen-ID 47 die
Bezeichnung „Kabel" haben. Diese Attribute werden in der Benutzerschnittstelle der
Auswertungen gezeigt – ein Benutzer möchte in der Regel nicht die technische ID 47
sehen, sondern die sprechende Bezeichnung „Kabel". Vereinfachend nehmen wir an,
dass die Bezeichnungen nur in einer Sprache gepflegt werden.

Wir sehen, dass damit die Dimensionstabellen nichtnormalisiert (denormalisiert)
sind, also Redundanzen enthalten. Die Datenzugriffe bei Auswertungen können damit
schneller sein, der Speicherverbrauch ist dagegen höher.

Im Zentrum liegt die *Faktentabelle*. Der zusammengesetzte Primärschlüssel der
Tabelle ergibt sich aus den Primärschlüsseln der Dimensionstabellen. Die Nicht-
schlüsselattribute sind die Fakten. Die Faktentabelle ist normalisiert (Bauer und Günzel
2009, S. 218 ff.). (Warum?)

Weil unterschiedliche Kennzahlen oftmals nach verschiedenen Dimensionen analysiert werden, wird es mehrere Sterne nebeneinander geben, was man *Galaxie* nennt
(Bauer und Günzel 2009, S. 220). Stimmt eine Dimension bei verschiedenen Fakten
überein, kann sie für diese wiederverwendet werden. Stimmen alle überein, können
diese Fakten in einer gemeinsamen Faktentabelle abgelegt werden. Weiter unten sehen
wir, dass verdichtete Daten zur Leistungssteigerung redundant in aggregierten Faktentabellen gespeichert werden können. Eine Galaxie, die auch dies enthält, wird *Fact-
Constellation-Schema* genannt (Bauer und Günzel 2009, S. 221).

b) Schneeflockenschema

Beim Schneeflockenschema *(Snowflake-Schema)* in Reinform wird die Dimensions-
information in normalisierter Darstellung gespeichert. Wir behandeln nur den einfachsten Fall; komplexe Aspekte wie Zeit- und Sprachabhängigkeiten sowie
Leistungsfragen berücksichtigen wir hier nicht. Neben dem Schneeflockenschema in
Reinform firmieren auch viele Stufen zwischen normalisierter und denormalisierter Darstellung (wie beim Sternschema) unter diesem Begriff.

Für jede Hierarchiestufe wird eine Tabelle vorgesehen. Die 1: N-Beziehung zwischen
zwei Hierarchiestufen wird durch eine Fremdschlüsselbeziehung in der feineren
Hierarchiestufe wiedergegeben. In Abb. 4.9 findet sich in der Dimension „Material"
zum Beispiel die Tabelle „Materialgruppe", worin die Materialgruppenbezeichnungen
redundanzfrei gespeichert werden. Auch mehrsprachige Bezeichnungen lassen sich
mit dem Ansatz recht leicht umsetzen. Das Schneeflockenschema benötigt mehr Join-
Operationen als die denormalisierte Darstellung des Sternschemas. Dies ist bzgl. der
Leistung teuer, da mehrfach vom persistenten Speicher gelesen wird (Plattner und Zeier
2011, S. 13).

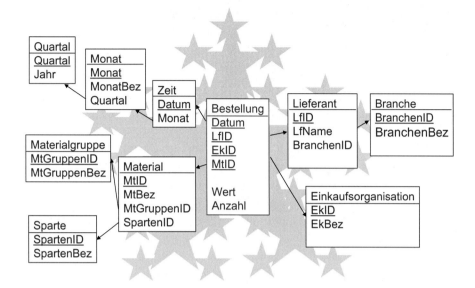

Abb. 4.9 Schneeflockenschema

c) Methode zum Aufstellen eines Schneeflocken- oder Sternschemas

Mit den folgenden Schritten erhalten wir für ein einfaches Szenario ein multidimensionales Datenmodell, umgesetzt in einer Schneeflocke oder in einem Stern. Die Methode wird anhand des Bestellungsszenarios veranschaulicht. Dies entspricht dem schrittweisen Aufbau der Abb. 4.8 und 4.9. Vereinfachend gehen wir davon aus, dass die Modellierung nur durch fachliche Gesichtspunkte, nicht durch die Leistung bestimmt wird.

1. *Auswertungsmöglichkeiten klären:* Einem multidimensionalen Datenmodell liegen die gewünschten Auswertungsmöglichkeiten zugrunde. Wir setzen voraus, dass diese bekannt sind. Ändern sich mit der Zeit die Auswertungswünsche grundsätzlich, so kann dies dazu führen, dass ein anderer Datenwürfel benötigt wird. Das Problem lässt sich dann mit wenig Aufwand lösen, wenn die Basisdatenbank bereits die benötigte Information enthält.
   Im Beispiel: Wir wollen Bestellungen nach der Zeit, dem Material, der Materialgruppe, der Sparte, dem Lieferanten, der Branche und der Einkaufsorganisation auswerten. Die Auswertung nach der Zeit soll tages-, monats-, quartals- und jahresgenau möglich sein. Die Verdichtungsstufen stehen also bereits fest. Uns interessiert sowohl der Wert (Geldbetrag) als auch die Anzahl der Bestellungen.
2. *Fakten:* Welche Zahlen sollen ermittelt werden? Fakten sind quantitative Größen, also Zahlen. Sind es mehrere Zahlen, ist zu prüfen, ob sie unter denselben Bedingungen, d. h. denselben Dimensionen, ausgewertet werden sollen. Für das Faktum oder

mehrere, wenn sie dieselben Dimensionen haben, wird eine Faktentabelle modelliert. Bekannt ist nun das Nicht-Primärschlüsselfeld, eben das Faktum, bzw. mehrere. Offen sind noch die Primärschüsselfelder (Punkt 4).

Im Beispiel: Da uns sowohl der Wert als auch die Anzahl der Bestellungen interessieren, sind die beiden Zahlen damit die Fakten.

3. *Dimensionen:* Die Dimensionen ergeben sich aus den gewünschten Auswertungsmöglichkeiten. Die Dimensionen sollen voneinander unabhängig sein. Beispiel: Soll nach Materialien und Materialgruppen ausgewertet werden können, so benötigen wir nicht zwei getrennte Dimensionen, da die Materialgruppe vom Material abhängt. Soll neben den Materialien nach Lieferanten ausgewertet werden, sind dies dagegen unabhängige Dimensionen, denn ein Material könnte von verschiedenen Lieferanten beschafft werden. Es gibt zwar Zusammenhänge zwischen Materialien und Lieferanten, aber der Lieferant ist im Allgemeinen nicht vom Material funktional abhängig. Zu beachten ist, dass Angaben, welche zur selben Dimension gehörig klingen, es manchmal nicht sind. Beispiel: Haben wir ein Erfassungsdatum und ein Zahlungsdatum, haben beide mit „Zeit" zu tun, sind jedoch voneinander unabhängig.

Im Beispiel: Aus den gewünschten Auswertungsmöglichkeiten ergeben sich die voneinander unabhängigen Dimensionen Zeit, Material, Lieferant und Einkaufsorganisation.

4. *Dimensionselemente (feinstes Merkmal):* Für jede Dimension ist zu prüfen, was die feinste Granularität ist, nach der ausgewertet werden soll. Diese könnte als Primärschlüssel der Dimensionstabelle beim Sternschema, beim Schneeflockenschema als Primärschlüssel der Dimensionstabelle der feinsten Hierarchiestufe gewählt werden. In Einzelfällen lassen sich mehrere Primärschlüsselfelder für eine Dimensionstabelle kombinieren. Beispiel: Es soll nach dem Jahresmonat als feinste Granularität ausgewertet werden. Eine Möglichkeit ist ein Primärschlüsselfeld „Jahresmonat" mit Werten wie 05_2021. Ein Nichtschlüsselfeld wäre dann der Monat, z. B. 05, ein weiteres das Jahr, z. B. 2021. Ein alternativer Ansatz hierfür wäre, gleich zwei Primärschlüsselfelder „Monat", mit Wert z. B. 05, und „Jahr", mit Wert z. B. 2021, zu verwenden, in der Summe ergeben sich weniger Felder. Statt des Dimensionselementes wird wie erwähnt tatsächlich meist ein künstlicher Schlüssel bevorzugt, vor allem beim Sternschema.

Im Beispiel: Wir wählen das Datum für die Zeitdimension, die Materialnummer (MtID) für die Materialdimension, die Lieferantennummer (LfID) für die Lieferantendimension und die Einkaufsorganisationsnummer (EkID) für die Einkaufsorganisationsdimension.

5. *Dimensionshierarchien:* In den Auswertungen sind auch verdichtete, aggregierte Werte gewünscht. Dazu sind die Dimensionshierarchien mit Hierarchiestufen zu bestimmen. Eine „Hierarchie" kann auch lediglich aus einer übergeordneten Stufe bestehen. Im Sternschema wird jede Hierarchiestufe zu einem Nicht-Primärschlüsselfeld der Dimensionstabelle. Im Schneeflockenschema wird für jede Hierarchiestufe eine eigene Tabelle verwendet. Die 1: N-Beziehung zwischen gröberer und feinerer

Stufe wird dabei über Fremdschlüssel abgebildet. Zu beachten ist, dass es parallele Dimensionshierarchien geben kann.

Im Beispiel: Für die Zeit haben wir die Dimensionshierarchie Tag (Datum) – Monat – Quartal – Jahr. Für das Material haben wir zwei parallele Dimensionshierarchien: zum einen Material – Materialgruppe, zum anderen Material – Sparte, denn die Sparte ist weitgehend unabhängig von der Materialgruppe. Für Lieferanten haben wir nur eine einfache Hierarchie Lieferant – Branche. Die Einkaufsorganisation hat keine Hierarchie. Beim Sternschema gibt es also für jede Dimension genau eine Tabelle. Beim Schneeflockenschema könnte es für die Zeit vier Tabellen geben. Da das Jahr aber keine Attribute hat, werden es nur drei Tabellen. Beim Material sind es drei Tabellen, wobei die parallele Dimensionshierarchie ausgehend vom Material sichtbar wird. Beim Lieferanten liegen zwei Tabellen vor, die eine für die Hierarchie. Bei der Einkaufsorganisation ist es wegen fehlender Hierarchie nur eine Tabelle.

6. *Bezeichnungen:* Die Feldwerte der Dimensionsattribute sind bisher lediglich IDs. Für Auswertungen sollen jedoch sprechende Bezeichnungen vorhanden sein. Für jede ID benötigen wir eine entsprechende Bezeichnung als Nicht-Primärschlüssel-feld. Vereinfachend gehen wir davon aus, dass der Text nur in einer Sprache vor-liegen muss. Für Mehrsprachigkeit siehe den später beschriebenen Ansatz im SAP Business Warehouse (Abschn. 4.2.6.1). Während im Sternschema alle Bezeichnungen in der entsprechenden Dimensionstabelle erscheinen, ist im Schneeflockenschema die Bezeichnung in der Tabelle der zugehörigen Hierarchiestufe zu finden.

Im Beispiel: Wir haben für fast alle IDs Bezeichnungen, z. B. für das Material. Nur für das Quartal und das Jahr sind keine angegeben, da sie selbstbeschreibend sind.

Bei welchen Dimensionen eine stärkere Normalisierung sinnvoll ist, kann von den folgenden Kriterien abhängen (Bauer und Günzel 2009, S. 220, wo zudem weitere Kriterien erscheinen):

- Je größer die Anzahl der Hierarchiestufen, desto größer ist die Redundanz beim Sternschema.
- Gibt es häufig Änderungen bei den Dimensionen (s. unten: sich selten ändernde Dimensionen), ist das Schneeflockenschema günstiger, da der Pflegeaufwand geringer ist.

4.2.3.4 Sich selten ändernde Dimensionen

Die einzelnen Fakten werden mit Zeitbezug gespeichert und ändern sich nicht mehr. Ändern können sich allerdings Attribute der Dimensionen. Da dies jedoch mit geringerer Häufigkeit geschieht als schreibende Zugriffe auf Bewegungsdaten, findet sich dafür der Begriff Slowly Changing Dimensions, welchen wir hier als *sich selten ändernde Dimensionen* übersetzen. Beispiele sind Namens- oder Adressänderungen von Geschäftspartnern und Produktumbenennungen, letztlich Stammdatenänderungen. Einige Mechanismen damit umzugehen seien erwähnt, eine ausführlichere Darstellung findet sich in Kemper et al. (2010, S. 72 ff.), woran sich die folgenden Ausführungen orientieren.

- Speicherung ausschließlich des aktuellen Wertes: Der Dimensionswert wird nicht historisiert. Dies ist z. B. anwendbar, wenn sich der Familienname eines Kunden durch Heirat ändert. Auch die „alten" Umsatzdaten werden unter dem neuen Namen wiedergegeben, was in diesem Falle passt.
- Schnappschuss-Historisierung: Dies ist das Gegenteil vom vorigen Verfahren. Hier werden die Dimensionswerte vollständig historisiert, d. h. ebenso wie die Fakten, selbst wenn sich zu einzelnen Zeitpunkten keine Änderungen ergeben haben. Schon der Speicheraufwand spricht gegen das Verfahren. Es sollte nur in Ausnahmefällen angewendet werden.
- Delta-Historisierung: Die Idee ist, verschiedene zeitbezogene Versionen von Dimensionswerten nur dann zu speichern, wenn die Werte sich tatsächlich geändert haben. Dafür gibt es mehrere Varianten. Eine sind Schlüsselerweiterungen: ändert sich ein Dimensionswert, so wird der neue Wert unter einem neuen Schlüsselwert mit hochgezählter Versionsnummer (z. B. 3.01 wird zu 3.02 hochgezählt), welche ein neuer Schlüsselteil wird, und der Zeitpunkt der Extraktion gespeichert. In der Faktentabelle wird dann ab diesem Zeitpunkt der neue Dimensionsschlüssel verwendet. Speichert man zusätzlich ein Aktualitätskennzeichen (1 = aktuell, d. h. ist der neueste Wert, 0 = nicht aktuell, gilt für alle alten Werte), lässt sich der aktuelle Dimensionswert schnell ohne Datumsvergleich ermitteln. Ist der Zeitpunkt der Extraktion für Auswertungen zu ungenau, so lässt sich stattdessen ein Gültigkeitsintervall in den Dimensionssätzen speichern.

4.2.3.5 Operationen auf dem Datenwürfel

Typische Operationen auf einem Datenwürfel *(Slicing, Dicing, Drilldown, Roll-up, Drill-across)* und, verbunden damit, typische Benutzeroberflächen lassen sich am besten beim praktischen Umgang mit einem DWHS erfahren. Dies geschieht in Aufgabe 4.4; in der Lösungsskizze zur Aufgabe kann die Bedeutung der Operationen nachgelesen werden.

4.2.4 Techniken zur Leistungssteigerung

Im DWHS werden verschiedene Techniken zur Leistungssteigerung herangezogen.

a) Aggregate

Angenommen, wir haben viele Materialien, die Auswertung geschehe aber häufig nur nach den Materialgruppen. Dann lässt sich die Leistung steigern, wenn zusätzlich, redundant zur Faktentabelle „Bestellung", eine weitere Faktentabelle „Bestellung nach Materialgruppen" angelegt wird, welche parallel zu „Bestellung" fortgeschrieben wird.

Man nennt diese Tabelle ein *Aggregat*. Der Unterschied in der Struktur ist nur, dass statt des Materials die Materialgruppe ein Primärschlüsselfeld ist. In den Fakten werden die aggregierten, verdichteten Bestellwerte fortgeschrieben. Vorteil: Schnellere Zugriffszeit. Nachteil: Redundante Datenhaltung.

Das Aggregat kann man sich von der Definition her wie einen View vorstellen. Nur wird im Datenbanksystem nicht allein die View-Definition gespeichert, sondern die View-Instanz; man spricht von einem *materialisierten View*.

b) Partitionierung

Werden Datenbanktabellen sehr groß, kann dies zu einer schlechteren Leistung führen. Ein Lösungsansatz ist die Partitionierung des Datenbestandes in verschiedene Tabellen, üblicherweise nach Wertebereichen von Dimensionswerten *(Range-Partitionierung)*. Zum einen lässt sich dadurch parallel von den Partitionen lesen. Zum anderen lässt sich, je nach Abfrage, der Zugriff auf nur wenige Partitionen jeweils geringerer Größe einschränken (Mehrwald 2010, S. 147). Die Partitionierung kann auf logischer Ebene oder auf Datenbankebene geschehen. Zu beachten sind eventuelle Beschränkungen von DWHS-Produkten hinsichtlich der Partitionierungsmöglichkeit auf bestimmte Merkmale[7].

c) Clustering

Dies ist eng mit Partitionierung verwandt. Hierfür gibt es verschiedene Varianten. Beim *Index-Clustering* werden Datensätze, welche zum selben (Datenbank-)Indexwert gehören, benachbart abgespeichert. Dabei ist pro Tabelle nur ein Clustering-Index möglich (Mehrwald 2010, S. 153 ff.). Das *mehrdimensionale Clustering* basiert dagegen auf einer Kombination von mehreren Feldwerten, z. B. Monat und Vertriebswert (Mehrwald 2010, S. 154 ff.).

d) Caching

Da im DWHS i. d. R. nur lesend zugegriffen wird, ist ein weiterer naheliegender Ansatz, Abfrageergebnisse in einem Cache-Speicher des DWHS abzulegen.

e) Bitmap-Indizes

Neben den üblichen baumartigen Datenbankindizes, sinnvoll bei Feldern mit sehr vielen Ausprägungen, werden *Bitmap-Indizes* verwendet, sinnvoll bei Feldern mit nur wenigen Ausprägungen (Mehrwald 2010, S. 137; Abb. 4.10). Dabei zeigt der Wert 1 an, ob das Attribut in einer Tabellenzeile den entsprechenden Wert annimmt. Im Beispiel ist für

---

[7] Bei SAP Business Warehouse zum Beispiel können bei der komprimierten Faktentabelle nur die Merkmale „Geschäftsjahr/Geschäftsmonat" und „Kalendermonat" zur Partitionierung verwendet werden (Mehrwald 2010, S. 149).

Zeile		1	2	3	4	6	7
Branche	Auto	0	0	0	0	1	1
	Flugzeug	0	0	1	1	0	0
	Maschinenbau	1	1	0	0	0	0
Einkaufs-organisation	Nord	1	1	0	1	0	1
	Süd	0	0	1	0	1	0

Abb. 4.10 Bitmap-Index

die Tabellenzeile 1 das Attribut Branche = „Maschinenbau", das Attribut Einkaufsorganisation = „(Einkaufsorganisation) Nord". Vorteilhaft ist zudem, dass diese Indizes
in Datenbanksystemen gut zu komprimieren sind (Mehrwald 2010, S. 133).

4.2.5 In-Memory-Computing

Verwandt mit den Techniken zur Leistungssteigerung für analytische Systeme, aber
wesentlich darüber hinausgehend, da es ein neues Architekturprinzip für betriebliche
Anwendungssysteme ist, sind *Hauptspeicherdatenbanken,* auf Englisch und gebräuchlicher *In-Memory-Computing* genannt. Sie werden im technologiebetonten Kap. 5
genauer dargestellt (Abschn. 5.1.3). Die Grundidee ist, die kompletten (strukturierten)
Unternehmensdaten im Hauptspeicher (Random Access Memory) zu speichern statt
auf bei Datenbanksystemen üblichen Magnetplatten oder SSDs (Plattner und Zeier
2011). Die Trennung zwischen operativen und analytischen Systemen, die zu einem
wesentlichen Teil von der Leistung her motiviert ist, könnte damit aufgehoben werden:
nur noch ein System für operative und analytische Zwecke. (Welche Maßnahmen zur
Leistungssteigerung werden dadurch eher überflüssig?) Damit können zudem Auswertungen durchgeführt werden, welche sowohl historische als auch aktuelle Daten einbeziehen.

Eine Hauptspeicherdatenbank erlaubt die zeilen- oder spaltenweise Speicherung
von Datensätzen: Während spaltenorientierte Datenbanken tendenziell für analytische
Systeme geeigneter sind, zeilenorientierte Datenbanken dagegen für operative Systeme,
erscheint für kombinierte Systeme eine hybride Technik sinnvoll (Plattner und Zeier
2011, S. 81). Der Grund liegt darin, dass bei analytischen Systemen auf eine Vielzahl
von Datensätzen zugegriffen wird, aber üblicherweise sind bei einer Auswertung nicht
alle Attribute gleichermaßen von Interesse. (Haben Sie ein Beispiel?) Bei operativen
Daten wird häufig genau ein Datensatz bearbeitet, und alle oder viele Attribute werden
angezeigt, vielleicht auch geändert. (Beispiel?) Angestrebt ist eine automatische

Partitionierung, welche die optimale Mischform erzielt. Plattner und Zeier (2011, S. 81) berichten eine Leistungsverbesserung bis 400 % gegenüber einer reinen zeilen- bzw. spaltenorientierten Speicherung.

Einen weiteren Vorteil bieten Hauptspeicherdatenbanken durch Parallelarbeit mit Multicore-CPUs und Multiprozessoren: Eine Multicore-CPU hat viele Rechnerkerne auf einem Chip. Dem liegt die Beobachtung in der Informatik zugrunde, dass in der Zukunft Leistungssteigerung nicht mehr durch höhere Taktraten erreichbar ist, da an Grenzen gestoßen wird, sondern durch Parallelisierung. Gerade bei der mengenorientierten Sprache SQL lässt sich vielfach Parallelität gut einsetzen.

In Hauptspeicherdatenbanken würde man Aggregate nicht gesondert abspeichern (Speicherersparnis), sondern leistungsfähig im Hauptspeicher „on the fly" berechnen (Plattner und Zeier 2011, S. 164).

Aus meiner Sicht etwas zu kurz behandelt in Plattner und Zeier (2011) ist das weitere Argument für analytische Systeme: die Vereinheitlichung und integrierte Auswertung von Daten verschiedener Quellen. Als Lösungsansatz werden Views vorgeschlagen, welche die Daten verschiedener Hauptspeicherdatenbanksysteme zusammenführen und somit eine übergreifende Auswertung gestatten (Plattner und Zeier 2011, S. 184).

Viele der vorgestellten Konzepte von (plattenbasierten) DWHS sind gleichermaßen für BI genutzte analytische Systeme mit Hauptspeicherdatenbank einschlägig: etwa das multidimensionale Datenmodell (wenn auch nicht dieselbe Speicherungsform; Abschn. 4.2.6.2), der ETL-Prozess, wenn mehrere Datenquellen integriert werden, oder die OLAP-Operationen (Abschn. 4.2.3.5).

4.2.6   Beispiele: SAP NetWeaver Business Warehouse, SAP HANA und Pentaho

4.2.6.1 SAP NetWeaver Business Warehouse

Als erstes Beispiel sehen wir uns das DWHS von SAP, das *SAP NetWeaver Business Warehouse* (Mehrwald 2010; Wolf und Yamada 2010) an, im Folgenden kurz als *SAP BW* bezeichnet. Wir konzentrieren uns auf die Aspekte Datenmodellierung und Business Content.

a) Datenmodellierung

Datenwürfel werden in SAP BW *InfoCubes* genannt. Wie üblich gibt es Dimensionen und Fakten, dort *Kennzahlen* genannt. Ein InfoCube und seine Bestandteile sind das Ergebnis einer Modellierung, woraus automatisch Datentypen und Datenbanktabellen generiert werden.

Die Merkmale der Dimensionen und die Kennzahlen werden durch *InfoObjects* modelliert. In erster Näherung kann man sich diese als elementare Datentypen vorstellen. Z. B. „Material" und „Kalenderjahr" als InfoObjects der Art „Merkmal", „Menge" als InfoObject der Art „Kennzahl". Neben dem Datentyp (wie „10-stellige Zeichenkette" oder „Währungsfeld") können bei InfoObjects weitere Bestandteile angegeben sein. Für InfoObjects der Art „Merkmal" sind dies:

- Texte: Man kann textuelle, auf Wunsch sprachabhängige, Beschreibungen unterschiedlicher Länge (kurz, mittellang, lang) anlegen. In Auswertungen möchten
  Benutzer solche lesbaren Texte in ihrer Anmeldesprache erhalten, da die Merkmale
  selbst technische IDs sind.
- Hierarchien[8]: Zur Aggregation lassen sich (Dimensions-)Hierarchien definieren,
  auch parallele. Bei der Hierarchiedefinition kann die Zuordnung von Instanzen einer
  feineren Hierarchiestufe zur gröberen in SAP BW definiert werden, sie kann aber
  auch aus dem Quellsystem übernommen werden. Standardextraktoren, etwa für
  Kostenstellen oder Profit-Center aus SAP ERP, füllen diese bereits.
- Attribute: Merkmale können Attribute, also abhängige Merkmale, haben. Auf diese
  Weise werden Stammdaten abgebildet. Für ein Attribut kann festgelegt werden, ob es
  nur angezeigt wird oder wie ein Merkmal einer Dimension bei Auswertungen für die
  Navigation verwendet werden kann.

Alle diese Bestandteile können bei Bedarf zeitabhängig definiert werden (s. oben: sich
selten ändernde Dimensionen).

InfoObjects der Art „Kennzahl" haben neben dem Datentyp weitere Bestandteile:

- Währung/Mengeneinheit: Wenn klar ist, dass die Kennzahl immer in derselben
  Währung oder Mengeneinheit gespeichert wird, kann diese fest vorgegeben werden.
  Sonst wird über ein Merkmal der Dimension „Einheit" bestimmt, welche die
  Währung oder Mengeneinheit ist.
- Aggregation: Es wird hinterlegt, wie die Kennzahl aggregiert wird, wobei eine
  Standardaggregation und eine Ausnahmeaggregation angegeben werden können.
  Möglichkeiten sind insbesondere „Summation" (die üblichste Aggregationsregel),
  „Durchschnitt", „Zähler" (die Anzahl der Werte), „Maximum/Minimum".
- Fluss-/Bestandsgrößen: Verbunden mit der Aggregation ist die Angabe, ob es sich um
  Flussgrößen (periodenbezogene Größen) oder Bestandsgrößen (zeitpunktbezogene
  Größen) handelt (Abschn. 3.3.1).

Für einen InfoCube sind einige Dimensionen von SAP bereits vorgegeben: Datenpaket
(eine technische Kennung, welche Information über den Ladevorgang beinhaltet)[9],
Zeit und Einheit. Für Zeit und Einheit lassen sich verschiedene Merkmale auswählen.

---

[8] Neben sog. *externen Hierarchien* gibt es weitere Möglichkeiten, Hierarchien abzubilden, nämlich über Stammdaten- oder Dimensionsattribute. Die Vor- und Nachteile sind in Mehrwald (2010,
S. 194 ff.) beschrieben.

[9] Die technische Information in der Dimension „Datenpaket" ist vor allem für die Administration
einzelner Ladevorgänge nötig, für Auswertungen ist sie nicht von Belang. Daher werden Datenwürfel neben dieser Form optional in einer komprimierten Form gespeichert, welche über die verschiedenen Ladevorgänge hinwegsehend aggregiert (Mehrwald 2010, S. 106 ff.).

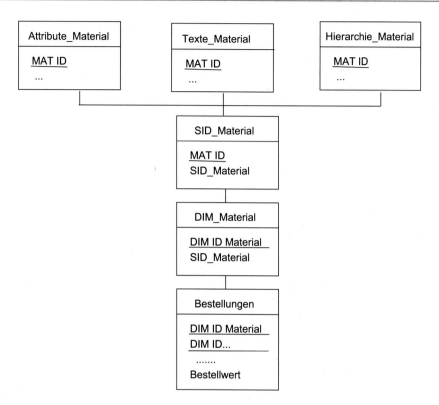

Abb. 4.11 Erweitertes Star-Schema

Vollständige Freiheit besteht darin, weitere Dimensionen zu definieren. Insgesamt dürfen es bis zu 16 Stück werden.

Aus den modellierten Angaben des semantischen Modells werden automatisch Datenbanktabellen generiert. Im SAP BW wird eine Variante des Sternschemas verwendet, das *Erweiterte Star-Schema*[10]. Hierbei kommen verschiedene Tabellen zum Einsatz (Mehrwald 2010, S. 69; Wolf und Yamada 2010, S. 52). Wir sehen uns dies anhand unseres Beispiels an, der Bestellentwicklung, speziell der Dimension „Material" (Abb. 4.11):

- Faktentabelle: Diese entspricht dem vorher beschriebenen Aufbau. Die künstlichen Schlüssel (DIM-ID) der einzelnen Dimensionen, Vier-Byte-Integer-Werte, ergeben zusammen den Primärschlüssel. Im Beispiel: „Bestellungen".
- Dimensionstabellen: Eine DIM-ID ist Primärschüssel einer Dimensionstabelle, z. B. DIM_ID_Material für die Dimensionstabelle DIM_Material. In Abb. 4.11 sind

---

[10]Man könnte es auch als eine spezielle Mischform ansehen. Nach Mehrwald (2010, S. 105) sind die InfoCubes des SAP BW grundsätzlich nach dem Schneeflockenschema aufgebaut.

sprechende Bezeichnungen gewählt, die tatsächlichen Bezeichnungen werden davon abweichen. Die Stammdaten werden nicht direkt in Dimensionstabellen gespeichert, sondern insbesondere für die leichtere Wiederverwendbarkeit in eigenen Tabellen (SID-Tabellen)[11]. Zu diesem Zweck gibt es in der Dimensionstabelle DIM_Material das Attribut SID_Material. Jenes bezieht sich auf die SID-Tabelle Material.

- SID-Tabellen: SID steht für Stammdaten-Identifikationsnummer, die wiederum ein künstlicher Schlüssel ist. Stammdaten können auf diese Weise in vielen Dimensionen verwendet werden. Die SID-Tabelle SID_Material ordnet dem Merkmalsschlüssel MAT_ID (Primärschlüssel) die SID_Material (Attribut) zu.
- Tabellen für Texte, Attribute und Hierarchien. Diese haben jeweils MAT_ID als Schlüssel.

In der Praxis kann ein solches Modell aus bis zu hundert verbundenen Tabellen bestehen (Mehrwald 2010, S. 144). Zur Größenordnung des Inhaltes: nach Plattner und Zeier (2011, S. 198) kann bei einem großen SAP-Kunden bei einer Anzahl von 360 Mio. Vertriebsdatensätzen die Faktentabelle in einer Größenordnung von 3 GB liegen.

b) Business Content

Als sog. *SAP Business Content* bietet SAP BW insbesondere vordefinierte InfoCubes, Extraktoren in den operativen SAP-Systemen und Reports, welche in Unternehmen als Vorlage verwendet werden können. Inhalte stammen u. a. aus dem Finanzwesen, dem Controlling, dem Vertrieb und dem Personalwesen (Wolf und Yamada 2010, S. 199). In der Praxis zeigt sich, dass insbesondere die Extraktoren des Business Content eingesetzt werden, wofür in den SAP-Systemen wie SAP ERP besondere Plug-ins vorgesehen sind. Nicht direkt werden dagegen üblicherweise die Datenmodelle zur Auswertung eingesetzt, z. B. InfoCubes. Der Grund wird darin liegen, dass die Unternehmens-anforderungen unterschiedlich sind und die Datenmodelle einen großen Einfluss auf die Leistung haben, etwa wenn Daten in einer feineren als der benötigten Granularität in die InfoCubes gestellt werden oder wenn es um zeitabhängige Attribute geht, die vom Unternehmen nicht gefordert werden.

4.2.6.2 SAP HANA

Hier betrachten wir vorrangig die Möglichkeiten, welche SAP HANA (Penny et al. 2017) zu Data-Warehouse-Systemen vergleichbaren Analysemöglichkeiten bereitstellt. Darüber hinaus gibt es viele weitere Aspekte, bis hin zur Entwicklung von kompletten Anwendungen mit Präsentations- und Anwendungslogik in einem in SAP HANA integrierten Applikationsserver.

---

[11] Es gibt besondere Fälle, wo eine SID bereits als Schlüsselfeld in der Dimensionstabelle auftritt, worauf wir hier aber nicht weiter eingehen (Yamada und Wolf 2010, S. 53).

Auswertungen können in SAP HANA mittels Modellierung spezieller Sichten, sog. *Calculation Views,* durchgeführt werden. Oder sie können mittels Programmierung, insbesondere mit der HANA-eigenen Sprache SQLScript erstellt werden. Die Modellierung ist eine leicht zugängliche, aber im Vergleich zur Programmierung funktional eingeschränkte Möglichkeit der Auswertungserstellung.

Die Calculation Views sind tatsächlich Sichten im Sinne von Datenbanksystemen. D. h., es werden keine neuen Tabellen (wie bei den Würfeln eines Data-Warehouse-Systems) erstellt, sondern Beziehungen zwischen den vorhandenen Datenbanktabellen definiert, Felder von jenen ausgewählt und bei Bedarf auch neue Felder aus bereits vorhandener Information berechnet. Zum Analysezeitpunkt werden dann die Beziehungen ausgewertet und die Berechnungen durchgeführt, was durch die In-Memory-Technik schnell geht – weniger (redundant) speichern, mehr berechnen. Es gibt Sichten, die dem Sternschema in einem Data-Warehouse-System ähneln: Hier wird üblicherweise eine Tabelle mit Kennzahlen mit Dimensionen verbunden, welche in der Regel Stammdaten wiedergeben. Allerdings werden die Daten nicht wie bei einem konventionellen DWHS in Datenwürfel kopiert (materialisiert), sondern eben nur „virtuell", als Sicht, gehalten. Auch die Dimensionen werden durch Sichten abgebildet. Sichten lassen sich zu einem mehrstufigen Berechnungsprozess kombinieren, was in einer weiteren Sicht resultiert. Dies wird vor allem verwendet, um Kennzahlen zu kombinieren, die verschiedenen Tabellen entstammen. Mit berechneten Feldern können beim Aufruf der Sicht zur Laufzeit aus vorhandenen Tabellenfeldern neue berechnet werden. Ein wichtiges Beispiel ist hier die Währungsumrechnung: Dabei werden Geldbeträge nicht beim Einfügen in Tabellen gleich in verschiedene Währungen umgerechnet, sondern erst zum Zeitpunkt der Auswertung. Sichten werden graphisch modelliert („drag-and-drop-Technik").

SQLScript ist eine Erweiterung von SQL, um sowohl deklarativ als auch imperativ programmieren zu können. Das Ergebnis, eine Stored Procedure, wird in der Regel eine Kombination aus beidem sein. Bei der deklarativen Programmierung werden mittels SQL-Abfragen Datenmengen spezifiziert. Es werden Beziehungen zwischen den Datenmengen unter Einschluss von Variablen z. B. für (virtuelle) Tabellen definiert. Solche Datenmengen können dann mit Mitteln der imperativen Programmierung mit den üblichen Anweisungstypen (Wertzuweisungen, Bedingungen, Schleifen) weiter bearbeitet werden.

Die Entwicklung, sowohl Modellierung wie Programmierung, erfolgt üblicherweise mit der Softwareentwicklungsumgebung SAP HANA Studio, welches auf der Entwicklungsumgebung Eclipse, üblich im Java-Umfeld, basiert. Es gibt auch ein webbasiertes Entwicklungswerkzeug.

Die Datenbanktabellen selbst werden zumeist in spaltenweise gespeicherten Tabellen abgelegt (die Alternative ist die zeilenweise Speicherung) – Mischungen (Abschn. 4.2.5) sind derzeit nicht vorgesehen. Sie werden komprimiert abgespeichert, wozu verschiedene Kompressionstechniken zum Einsatz kommen. Eine wichtige ist die Dictionary-Komprimierung, die sich besonders gut für zeichenartige Daten eignet. Hierbei wird in einem „Dictionary-Vektor" die Liste der vorhandenen Zeichenketten abgelegt. In der Datenbanktabelle wird beim entsprechenden Tabellenfeld dann nur die Nummer des Eintrags des Vektors gespeichert.

Es gibt Schnittstellen zu anderer SAP-Software, insbesondere zu Anwendungen in der SAP-eigenen Programmiersprache ABAP.

4.2.6.3 Pentaho

Mit Pentaho (Müller und Keller 2015) ist das wohl bekannteste Business-Intelligence-System im Bereich der Open Source Software entstanden. Allerdings wurde es mittlerweile von Hitachi übernommen. Es entstand aus einer Reihe von Open Source Projekten, ist in Java entwickelt und auf mehreren Plattformen lauffähig. Neben der kostenlosen „Community-Version" gibt es eine „Enterprise Edition", die weitere Funktionen enthält und vor allem Wartung („Support") bietet.

Ein funktional reich ausgeprägter Bereich ist die „Data Integration" für den ETL-Prozess. Hier werden Prozesse mit Transformationsschritten grafisch definiert. Für Transformationen gibt es 140 Schritttypen, es können auch eigene Transformationsschritte entwickelt werden (Müller und Keller 2015, S. 90). Jobs werden zur Steuerung der Transformationsprozesse eingesetzt.

Es gibt sowohl Werkzeuge, um Berichte mit wenigen Interaktionsmöglichkeiten (z. B. über Parameter Filter setzen) zu gestalten, als auch solche für interaktive OLAP-Analysen. Manche Werkzeuge richten sich an Anwender, unter Verwendung von „drag and drop", andere erfordern tiefergehende Kenntnisse, teilweise Programmierkenntnisse bzw. SQL-Kenntnisse. In Dashboards können verschiedene Auswertungen auf einem Bildschirm zusammengeführt werden. Dashboards sind ein Beispiel, wo sich der Unterschied zwischen der Enterprise-Version und der Community-Version zeigt: In der Enterprise-Version gibt es die Enterprise Dashboards, mit welchen Anwender auf einfache Weise Dashboards erstellen können. In der Community Version gibt es dagegen nur die Werkzeuge (auch für die Enterprise-Version einsetzbar), welche sich an Entwickler richten; allerdings lassen sich damit auch komplexere Dashboards gestalten (Müller und Keller 2015, S. 230).

Eine Besonderheit ist die Integration mit Big-Data-Software, vgl. Abschn. 4.4, u. a. die dort erwähnte Software Hadoop. Somit ist Pentaho eine gemeinsame Plattform für Business Intelligence und Big-Data-Analysen. Mit der Pentaho Data Integration lassen sich sogar MapReduce-Jobs entwerfen, die auf Hadoop-Clustern ausführbar sind (Müller und Keller 2015, S. 117).

Die Data-Mining-Funktionalität basiert auf einem Open-Source-Projekt der neuseeländischen Universität Waikato. Darin gibt es z. B. Methoden zur Klassifikation und zum Clustering (Abschn. 4.3) und es lassen sich Skripte in der Programmiersprache R für statistische Anwendungen ausführen (Müller und Keller 2015, S. 134).

Information zum Berechtigungskonzept von Pentaho findet sich in Abschn. 15.1.4.

4.3 Data Science: Statistische Methoden und maschinelles Lernen

4.3.1 Konzept

Kann man Data-Warehouse-Systeme/Business Intelligence mittlerweile als „klassisch" bezeichnen, wenden wir uns in diesem und dem folgenden Abschn. 4.4 neueren Themen zu. Eines ist das maschinelle Lernen, ein Teil der sog. *Data Science*. In den letzten Jahren wurde dieser Begriff populär für die Datenanalyse mit statistischen Methoden und insbesondere Methoden des maschinellen Lernens, einem Teilgebiet der künstlichen Intelligenz (Haneke et al. 2019). Selbst ein Berufsbild hat sich gebildet, das des Data Scientist, welcher zudem weitere Kenntnisse der Informatik und der (meist betriebswirtschaftlichen) Anwendungsdomäne besitzen sollte.

Die Anwendung statistischer Methoden spielt in der Wirtschaft seit langem eine wichtige Rolle, aber auch das maschinelle Lernen hat eine Tradition: Das Gebiet „künstliche Intelligenz" gibt es seit Mitte der 1950er-Jahre. In den 1980er-Jahren hatte es insbesondere mit regelbasierten Expertensystemen eine Hochzeit. Auch neuronale Netze waren bekannt. Ein neuronales Netz ist ein Graphenmodell, menschlichen vernetzten Neuronen nachempfunden, welches Parameter aufweist, die mittels eines Trainings mit Trainingsdaten auf passende Werte gesetzt werden („Lernen"). Nach dem Training wird das Modell für analytische Berechnungen eingesetzt. Längere Zeit war es dann stiller um das Gebiet künstliche Intelligenz, wohl auch wegen der zu hoch angelegten Versprechen, die nicht erfüllt wurden. In den letzten Jahren hat es insbesondere mit maschinellem Lernen (Machine Learning, darunter auch Deep Learning) basierend auf neuronalen Netzen wieder Aufwind. Erfolge werden gemeldet, und es bleibt zu sehen, welches Potenzial diesmal besteht. Denn einige, gerade technologische Randbedingungen haben sich verändert: leistungsfähigere Hardware, wie Multi-Core-Architekturen und Grafikkarten, welche besonders gut für Matrixoperationen geeignet sind, wie sie typischerweise bei neuronalen Netzen vorkommen.

In Abschn. 4.1.3 haben wir gesehen, dass die Analyseverfahren dieses Abschnitts in die Kategorie „Heuristiken für eine ‚gute' Lösung" gehören. Je nach Aufgabenstellung ist auszuwählen, welches Analyseverfahren in Anbetracht der Qualitätsanforderungen angemessen ist. Nach Kauermann (2019) haben statistische Verfahren und neuronale Netze beide ihre Vorzüge und Einsatzbereiche: statistische Verfahren zur Interpretation von Vorhandenem, neuronale Netze als „algorithmische Blackbox" zur Erkennung, „was als nächstes kommt". Die Palette der Analyseverfahren ist groß – auch Verfahren aus anderen Bereichen sollten in Betracht gezogen werden (Abschn. 4.1.3).

Wichtig ist in diesem Zusammenhang auch zu klären, ob aus den vorhandenen Daten überhaupt eine Frage beantwortet werden kann. Ein Grund dafür können fehlende Daten sein, etwa dass zeitliche Lücken bei den erfassten Daten bestehen. In manchen Fällen ist dies harmlos, wenn die fehlenden Daten die Situation nicht verzerren, sondern eben nur eine kleinere Datenbasis vorliegt. Im Falle des sog. „missing not at random" kann dagegen die Validität einer Analyse nicht beurteilt werden. Auch wenn nicht ganze Datensätze fehlen, sondern nur gewisse, für eine Aufgabenstellung entscheidende Attribute fehlen, können sich Probleme einstellen. Beide Fälle sind in Kauermann (2019, S. 390) dargestellt.

Bei allen Lernverfahren wird, wie bei der Datenanalyse üblich, am Anfang eine Datenvorbereitung und -aufbereitung vorgeschaltet. Nach Schätzungen kann dies 80 % des Aufwandes eines Projektes zum maschinellen Lernen darstellen (Trahasch und Felden 2019, S. 67). Hierzu sind insbesondere gute Programmierkenntnisse erforderlich (Riedhammer 2020).

4.3.2 Anwendung von Lernverfahren in Unternehmen

Man verspricht sich in der Wirtschaftsinformatik vom maschinellen Lernen:

- bessere Entscheidungen, der Hauptaspekt analytischer Funktionalität im Allgemeinen,
- eine stärkere Automatisierung von Anwendungen (Abschn. 3.4.2) und
- besser nutzbare Software.

Anwendungen von maschinellem Lernen finden sich oft bei der Klassifikation, z. B. (Elsner et al. 2018, S. 138 ff.):

- Eine Vor-Bewertung von Bewerbern für eine Stelle als Unterstützung bei der Bewerberauswahl im Personalwesen (Abgleich der Eigenschaften der Kandidaten mit den Anforderungen der Stelle) und
- eine Service-Ticket-Klassifizierung: Eine Textanalyse führt zu einer Klassifizierung eines Service-Tickets, sodass dieses dann z. B. an einen zuständigen Bearbeiter gesendet werden kann. Ähnlich können Lösungsvorschläge aus einer Lösungsdatenbank gefunden und vorgeschlagen werden.

Ein weiteres Klassifikationsbeispiel, die *vorausschauende Wartung (Predictive Maintenance),* wollen wir uns ein wenig genauer ansehen (s. Huber 2019, S. 225 ff. für das Folgende). Bei der vorausschauenden Wartung möchte man ein Nachlassen der Produktionsleistung oder der Produktqualität sowie einen Ausfall von Maschinen durch geeignete Wartung verhindern. Es soll nicht unnötig gewartet werden, die Lebensdauer der Maschinen ausgeschöpft werden, ohne Mängel der Produktqualität in Kauf zu nehmen. Hierzu wird der Maschinenzustand erfasst, also Größen wie die Schwingung, die Temperatur, die Akustik, Bilder (aufgezeichnet von einer Kamera), Verschleißpartikel oder der Zustand von Schmierstoffen. Die Erfassung erfolgt über Sensoren und wird an ein Analyseprogramm übertragen (Abschn. 3.6.3). Mit Klassifikationsverfahren lässt sich auf dieser Datenbasis ermitteln, ob Instandhaltungsmaßnahmen erforderlich sind. Die Instandhaltungsmaßnahmen müssen eingeplant werden, wobei darauf zu achten ist, sie einerseits zu bündeln, andererseits Stillstandszeiten und Kosten gering zu halten. Auch die Einplanung ist mit analytischer Funktionalität möglich, in dem Fall mathematische Optimierung auf der Grundlage von ERP-Daten (Abschn. 4.5).

4.3.3   Integration mit betrieblichen Anwendungssystemen

Wir haben nun ein Grundverständnis von der Methode des maschinellen Lernens und ihren betrieblichen Anwendungen. Wie bringen wir solche Anwendungen mit betrieblichen Anwendungssystemen zusammen? Im Einzelnen stellen sich die Fragen:

a) Wer erstellt die Anwendungen?
- Anbieter betrieblicher Standardsoftware: Anwendungen des maschinellen Lernens können vom Anbieter von Standardsoftware bereitgestellt werden.
- Das einsetzende Unternehmen: Es könnten aber auch Eigenentwicklungen (Kap. 14) von Unternehmen sein, welche ein Anwendungssystem einsetzen.
- Softwarehäuser: Wie bei anderer Anwendungssoftware könnten auch Softwarehäuser Ergänzungen betrieblicher Anwendungssoftware anbieten.

b) In welchen Systemen werden sie erstellt und bereitgestellt?
Hierzu gibt es zwei kombinierbare Ansätze (Braun 2019):

- Integration in ein betriebliches Anwendungssystem und
- Funktionsaufruf (Kap. 11) zu einem dedizierten System für maschinelles Lernen.

Bei der Integration in ein betriebliches Anwendungssystem wird ein Modell maschinellen Lernens Teil eines Anwendungssystems, d. h. die Funktionalität kann wie andere, algorithmische Funktionalität aufgerufen werden. Die Verwendung von maschinellem Lernen ist eine Art der Softwarerealisierung geworden. Dies wird insbesondere genutzt werden, wenn der Anbieter des Anwendungssystems Funktionalität basierend auf maschinellem Lernen integriert hat.

Beim Funktionsaufruf wird ein betriebliches Anwendungssystem ein Modell als Funktion oder „Dienst" in einem anderen System, etwa dediziert für Anwendungen des maschinellen Lernens, aufrufen. Beispielsweise könnte ein Dienst zur Bilderkennung als Rückgabewert eine Liste von Paaren der Art „Label" (Kennzeichnung, z. B. „Material 17") – Wahrscheinlichkeit (z. B. 97 %) sein. Gründe für die Integration über einen Funktionsaufruf können technischer oder organisatorischer Art sein:

- Das zweite System ist besser auf Anwendungen maschinellen Lernens ausgelegt, eine Argumentation, wie wir sie bereits in ähnlicher Form in Abschn. 4.1.2 gesehen haben.
- Das zweite System ist organisatorisch auf (u. a.) Anwendungen des maschinellen Lernens ausgerichtet. Solche zusätzlichen Anwendungen sollen nicht in ein stabiles

Standard-Anwendungssystem eingebracht werden. Diese Argumentation wäre insbesondere bei unternehmensspezifischen Erweiterungen und Neuentwicklungen plausibel (Kap. 14).

In beiden Fällen, Integration und Dienst, mag es erwägenswert sein, die Ausführung des Modells (Prädikation) nicht in jedem Fall neu zu starten, sondern mit einer Vorabberechnung vorliebzunehmen. Dieses Argument wiegt, wenn die Berechnung längere Zeit in Anspruch nimmt und im Benutzerdialog Wartezeiten bedeutete (Braun 2019 für die Situation bei Empfehlungsfunktionalität „Recommender-Systeme" im Online-Handel). Es besteht eine Ähnlichkeit zu den Aggregaten in Data-Warehouse-Systemen (Abschn. 4.2.4).

c) Wie wird die Funktionalität erstellt?
Die Funktionalität, welche ein System für maschinelles Lernen bereitstellen kann, erstreckt sich über die folgenden Stufen:

- Eine Entwicklungsumgebung für das Erstellen neuer Modelle. Hier handelt es sich, in der Sprechweise von Kap. 14, um eine unternehmensspezifische Eigenentwicklung. Spezielle Entwicklungsumgebungen und Softwarebibliotheken haben sich für das maschinelle Lernen etabliert. Erwähnt seien die Entwicklungsumgebung Jupyter Notebooks (Jupyter 2020) und die für neuronale Netze häufig eingesetzten Open-Source-Bibliotheken TensorFlow (TensorFlow 2020) und PyTorch (PyTorch 2020).
- Die Verwendung bereits trainierter Modelle (eingebaute Standardfunktionalität).
- Das Trainieren eingebauter untrainierter Modelle. (Hiermit ist nicht gemeint, dass das Modell noch nie an anderer Stelle trainiert wurde. Vielmehr mag jenes Training für das Unternehmen nicht passend sein.) Man könnte es mit einem vollständigen Customizing vergleichen (Kap. 14).
- Das Nachtraining bereits trainierter Modelle. Man könnte dies mit einem Delta-Customizing vergleichen (Kap. 14).

Wir sehen uns ein Beispiel an, wo beide Varianten von b), Integration und Funktionsaufruf, vorkommen.

4.3.4 Beispiel: Maschinelles Lernen in SAP S/4HANA und SAP Leonardo

In SAP-Software gibt es einerseits eine Integration von Funktionalität maschinellen Lernens in das Anwendungssystem SAP S/4HANA. Andererseits steht die Cloud-Software SAP Leonardo für innovative Anwendungen, darunter maschinelles Lernen, bereit. Die Funktionalität der Cloud-Software kann über Funktionsaufruf (über den SAP Cloud Connector) in anderen Systemen genutzt werden.

Im System SAP S/4HANA finden sich einige Anwendungen, welche maschinelles Lernen verwenden, wie:

1. Digitaler Assistent: In SAP S/4HANA wird der digitale Assistent SAP CoPilot verwendet, ähnlich den digitalen Assistenten von Apple (Siri) und Amazon (Alexa): Er kommuniziert in natürlicher Sprache mit dem Benutzer, um ihn bei der Arbeit zu unterstützen und verwendet dabei maschinelles Lernen. Er kennt den Kontext, in dem der Benutzer arbeitet, z. B. durch die Kenntnis des auf dem Bildschirm gerade bearbeiteten Geschäftsobjektes (Elsner et al. 2018, S. 136).
2. Teilautomatischer Abgleich von Kundenzahlungen: Kundenzahlungen werden, basierend auf früheren Daten, Rechnungen zugeordnet (offene Posten). Genauer gesagt wird eine Wahrscheinlichkeit ermittelt, welche Rechnung(en) infrage kommt/ kommen, und dem Sachbearbeiter wird ein Vorschlag unterbreitet. Der Nutzen ist insbesondere bei nicht von vornherein zuordenbaren Zahlungen zu sehen, etwa wenn kein Verwendungszweck bei der Zahlung eingetragen ist (Elsner et al. 2018, S. 140 f.).

Unterstützung durch maschinelles Lernen findet sich zudem insbesondere in SAP Leonardo, der „digitalen Innovationsplattform" von SAP, die Technologie zu weiteren aktuellen Themen wie das Internet der Dinge, Blockchain und Big Data umfasst. SAP Leonardo ist als Cloud-Software in der SAP Cloud Platform enthalten. Funktionalität ist darin auf verschiedenen Ebenen, vergleichbar mit Bauelementen, Baugruppen und Endprodukten verfügbar: „Functional Services", „Business Services" und Anwendungen (Elsner et al. 2018, S. 73). Es können sowohl in SAP Leonardo bereits eingebaute Modelle verwendet werden, also auch neue Modelle eingebracht werden. Ein Beispiel für einen „Business Service" wäre die Bewerbererstauswahl: Hierbei wird geprüft, wie gut ein Bewerber auf eine ausgeschriebene Stelle passt. Verwendet werden Resume-Matching-Algorithmen, die als Grundlage frühere Bewerberdaten und Stellenausschreibungen nutzen (Elsner et al. 2018, S. 140). Ermittelt wird eine Kandidatenliste, welche dem Personalreferenten vorgelegt wird.

4.4 Big Data

4.4.1 Begriff

Data Warehouses beschäftigen sich mit „gepflegten" Daten – in doppeltem Sinn: Die Daten werden im Unternehmen in den Datenquellen (insbesondere ERP-Systemen) in dafür vorgesehene Masken der Benutzeroberfläche von Sachbearbeitern „eingepflegt". Somit liegt die Semantik der Daten fest, manifestiert durch das Datenbankschema, und es wird Sorgfalt auf die Erfassung der Daten gelegt, unterstützt von Prüflogik der Anwendungssoftware. Eventuelle Mängel an der Erfassungsqualität sowie Unterschiede zwischen verschiedenen Datenquellen werden beim „T" des ETL-Prozesses beseitigt. In erster Linie handelt es sich also um strukturierte Daten, Stamm- und Bewegungsdaten, eigens erfasst für die Datenverarbeitung im Unternehmen.

Gerade heute entstehen jedoch daneben wesentlich größere Datenmengen durch die immer stärkere Ausbreitung der Informatik in vielen Lebensbereichen, heute von vielen mit dem Schlagwort „Digitalisierung" bezeichnet. Viele Daten entstehen „nebenbei", von den Datenverursachern nicht mit dem Zweck der Auswertung versehen: Texte und Verwaltungsdaten von E-Mails, ähnliche Daten in sozialen Medien, Twitter und Internet-Blogs, Suchdaten in Suchmaschinen (heute insbesondere eine), Daten, die das Navigationsverhalten von Menschen auf Webseiten wiedergeben, Daten, die durch die Verwendung von Mobilfunktelefonen (heute „Smart Phones") entstehen, wozu neben Gesprächspartnern, -dauern und vielleicht sogar dem Inhalt des Gesprächs, auch der aktuelle Ort des Besitzers (GPS-Daten) zählen, bis hin zu Bildern von Überwachungskameras. Andere Daten sind für die Auswertung bestimmt, werden aber nicht von Menschen „gepflegt", sondern werden von „Dingen" automatisch erzeugt, nämlich Sensordaten, übermittelt durch das Internet der Dinge (Abschn. 3.6.3), oder RFID-Daten. Nicht alle Daten haben die gleiche Zugänglichkeit, viele sind bei nur wenigen Anbietern (Internetkonzernen, Telekommunikationsunternehmen) erstgespeichert. Standen bei Data Warehouses die Geschäftsvorfälle im Fokus, sind es hier die Vorfälle des „digitalisierten" Sozial- und Wirtschaftslebens und der „digitalisierten" Aktionen und Zustände von Dingen.

Zumindest theoretisch können wir uns die große Datenmenge vorstellen, die aus allem obigen zusammen genommen entsteht. Nennen wir sie „Weltdatenmenge". Die im Vergleich dazu kleine Menge aller strukturiert gespeicherten Daten können wir dazunehmen. Jene kennen wir bereits besser und haben einen Eindruck von ihren Auswertungsmöglichkeiten, sodass wir uns im Folgenden weniger um sie kümmern. Die große Datenmenge lässt sich als ein digitales Abbild der Realität sehen. Im Gegensatz zur System-Modell-Beziehung ist das Abbild (dem Modell entsprechend) hier nicht bewusst und methodisch entworfen. Die Semantik der Daten (angenähert durch ein Schema bei in Datenbanksystemen strukturiert gespeicherten Daten) liegt nicht oder zumindest nicht in der gleichen Qualität vor. Die Daten sind nicht „vollständig" – nicht alle Äußerungen und Meinungen werden in sozialen Medien erscheinen, nicht jegliche Bewegung wird erfasst. Daten können widersprüchlich oder „falsch" sein (man denke an bewusste Falschmeldungen im Internet). Sprich: Die Datenqualität variiert, die Auswertbarkeit ist unterschiedlich aufwendig und ergiebig (etwa im Fall von Videodaten). Und die Datenmenge entwickelt sich: Ständig kommen neue Daten hinzu, dagegen werden existierende kaum geändert.

Wir sind hier etwas ins Allgemeine geraten. Unser Fokus sind ja betriebliche Anwendungssysteme. Was haben diese mit der „Weltdatenmenge" zu tun? Unternehmen, aber nicht nur diese, sind zumindest an Teilen der Weltdatenmenge interessiert, ausgewählt nach dem Unternehmensnutzen. Hier ist offensichtlich, dass manche Daten eine größere Bedeutung (oder überhaupt eine Bedeutung) für ein Unternehmen haben werden. Und eine Auswahl ist bereits aus Gründen der Verarbeitbarkeit und der Zugriffs-möglichkeit der Daten gegeben. Da aber nicht bekannt ist, welche Erkenntnisse aus den Daten gezogen werden können, und damit, welches die präzise Datenmenge für den Zweck ist, herrscht das Bestreben vor, möglichst viele Daten zu sammeln.

Der Begriff „Big Data" wird für die Analyse großer Mengen von Daten unterschied-licher Art und Herkunft verwendet, teilweise in rechtlich-ethisch problematischer Weise (s. unten). Herkömmliche Techniken der Datenanalyse reichen dafür nicht mehr aus, neue Techniken und Technologie sind erforderlich (Klein et al. 2013). Es handelt sich dabei um keine abgeschlossene Datenmenge, es kommen vielmehr ständig neue Daten hinzu. In der Datenmenge können sowohl strukturierte, als auch halbstrukturierte und unstrukturierte Daten enthalten sein. Einige Daten, vom Internet der Dinge, treffen in mehr oder weniger regelmäßigen Datenströmen ein, oftmals ist eine schnelle Ver-arbeitung nötig, gleichsam in Echtzeit („streaming").

Rechtliche Regelungen (z. B. das Recht auf informationelle Selbstbestimmung und die Datenschutzgrundverordnung) erlegen das Prinzip der Datensparsamkeit auf, was in Konflikt zu Big-Data-Sammlungen steht. Insbesondere muss der Zweck der Daten-erhebung vor der Erhebung klar sein (Kayser und Zubovic 2019, S. 149). Konflikte mit dem Datenschutzrecht können schon bei der Erstellung von Prototypen entstehen, wo erst ausprobiert wird, welche Erkenntnisse sich ableiten lassen und für welchen Zweck entsprechend die Daten verwendet werden (ebda., S. 154). In der Forschung beschäftigt sich das Gebiet Privacy-preserving Data Mining mit der Anonymisierung von Daten (ebda., S. 151). Auch eine gewisse Mindestfallzahl soll einen Rückschluss auf Individuen erschweren.

„Big Data" wird entsprechend heute oft in Verbindung gebracht mit (staatlicher) Überwachung und kommerzieller Nutzung aller über (potenzielle) Kunden greifbaren Daten in Marketing und Vertrieb. Neben diesen eher negativ eingeschätzten Zwecken spielen aber auch andere eine Rolle, z. B. in der Medizin die Datenauswertung zur Diagnostik, die Betrugserkennung bei Finanztransaktionen. Wir sehen, dass Datenschutz und, etwas weiter gefasst, Ethik gerade in diesem Gebiet gefragt sind.

4.4.2 Architektur

4.4.2.1 Überblick

Hinsichtlich betrieblicher Anwendungssysteme ergibt sich daraus, dass Big-Data-Systeme nicht nur, aber auch für betriebliche Funktionen benutzt werden können. Die Architektur der Systeme ist entsprechend allgemeiner gehalten (Abb. 4.12).

Ähnlich wie bei Data-Warehouse-Systemen werden Daten aus einer Vielzahl von Datenquellen gesammelt und in einem Pool von auswertbaren Rohdaten abgelegt, hier *Data Lake* genannt. Die Daten werden allerdings im Unterschied zu Data-Warehouse-Systemen roh, nicht transformiert abgelegt, und die Aufbereitung („T") findet erst danach statt. Die Idee dabei ist, Daten zügig zur Verfügung zu stellen, Aufbereitungen

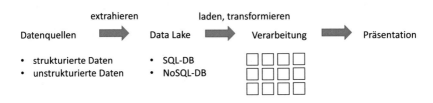

Abb. 4.12 Big-Data-Systemarchitektur

können je nach Art der Auswertung geschehen (Freiknecht und Papp 2018, S. 19). Es ist jedoch möglich, auch aufbereitete Daten in einem Data Lake bereitzustellen, was Qualitäts- und Leistungsvorteile bietet. Insofern können sich inhaltlich gleiche Daten in unterschiedlichen Aufbereitungsstufen in einem Data Lake befinden.

Wie beschrieben können die Daten strukturiert und unstrukturiert sein. Für die strukturierten Daten werden meist wie bei Data-Warehouse-Systemen relationale Datenbanksysteme verwendet, für unstrukturierte haben sich neue Formen gebildet, die NoSQL-Datenbanken, auf die wir weiter unten eingehen werden.

Hinsichtlich der Verarbeitung ist in Abb. 4.12 angedeutet, dass sie auf Rechner-Clustern stattfindet, um die benötigte Leistung aufzubringen.

Für die Speicherung und Verarbeitung haben sich Plattformen entwickelt, die für verschiedene Zwecke genutzt werden können. In vielen Fällen handelt es sich dabei um Open Source Software, mehrere sind in (Freiknecht und Papp 2018) beschrieben. Es zeigt sich, dass die Entwicklung hier recht schnelllebig und heterogen ist: Die Softwaresysteme werden ständig weiterentwickelt, es gibt eine Reihe von Softwareprodukten für ähnliche Fragestellungen, die Produkte sind oftmals miteinander kombinierbar, Erweiterungen und Ergänzungen werden in den „Ökosystemen" der Produkte angeboten. Neben reiner Open Source Software gibt es auch insbesondere um Dienstleistungen ergänzte Produkte. Produkte können nach einiger Zeit veraltet sein, neuere Produkte bevorzugt werden. Unterschiedliche Versionen können unterschiedliche Vorgehensweisen erfordern oder favorisieren. Dadurch wird der Betrieb und die Wartung solcher Systeme aufwendig, und entsprechend ist in der letzten Zeit ein Trend zu Cloud-Angeboten (Abschn. 6.1) für die Big-Data-Speicherung und -Verarbeitung zu beobachten. Cloud-Anbieter sind zum einen die oben erwähnten Dienstleister, zum anderen Unternehmen, die bereits andere Cloud-Produkte anbieten und ihr Angebot nun um Big-Data-Funktionalität ergänzen.

In Folgenden werfen wir erst einen genaueren Blick auf Datenspeicher zur Realisierung eines Data Lakes. Anschließend gehen wir auf die Verarbeitung der Daten ein.

4.4.2.2 Datenspeicherung mit NoSQL-Datenbanken

Während konventionelle Datenbanksysteme mit der Sprache SQL ihre Vorzüge für strukturierte Daten haben, werden bei Big Data häufig „NoSQL-Datenbanksysteme"

(„not only SQL"; Klein et al. 2013, S. 321 f.) eingesetzt. Sie passen besonders gut zur Charakteristik, Daten häufig hinzuzufügen, aber selten zu ändern. Außerdem ist bei ihnen kein festes Schema für die Datensätze definiert, es gibt nur ein implizites. Auf diese Weise können unterschiedliche Datensätze für einen Datentyp unterschiedliche Attribute haben. Genauer gesagt wird das Schema nicht zur Definitionszeit, sondern erst zur Laufzeit festgelegt, „schema on read" genannt (Kleppmann 2017, S. 39). Es ist der Unterscheidung zwischen statischer und dynamischer Typisierung in Programmiersprachen ähnlich, mit entsprechenden Vor- und Nachteilen.

Es gibt dokumentorientierte Datenbanken, Graphdatenbanken und Schlüssel-Wert-Datenbanken. Interessanterweise finden sich wesentliche Ideen dazu bereits in frühen Datenmodellen, welche vor dem relationalen Modell in Gebrauch waren: das hierarchische Datenmodell (wie im Datenbanksystem IMS von IBM), dem Modell der dokumentorientierten Datenbanken ähnlich; das Netzwerkdatenmodell (propagiert von der Organisation CODASYL), den Graphdatenbanken ähnlich (Kleppmann 2017, S. 38 und S. 60).

Dokumentorientierte Datenbanken wie MongoDB oder Apache CouchDB sind besonders für halbstrukturierte Daten geeignet. Daten werden als Hierarchien, also Bäume, abgelegt: 1:N-Beziehungen werden im Elterndatensatz gespeichert, nicht in getrennten Datensätzen. Damit ist eine hohe Lokalität gegeben, anders als beim relationalen Modell, wo zusammengehörige Daten in getrennten, aber über Fremdschlüssel in Beziehung stehenden Tabellen sind. Entsprechend ist der Zugriff schnell, wenn auf alle Teile eines Datensatzes zugegriffen werden soll. N:1- und N:M-Beziehungen werden ähnlich wie bei relationalen Datenbanken abgebildet – statt Fremdschlüssel sind es hier Dokumentreferenzen. Dokumente werden üblicherweise als Zeichenketten gespeichert, kodiert in XML, JSON oder einer binären Variante (Kleppmann 2017, S. 41). In aktuellen relationalen Datenbanksystemen findet sich oftmals auch Unterstützung von XML oder JSON, sodass eine gewisse Konvergenz zu beobachten ist (Kleppmann 2017, S. 41). Einen guten Eindruck von der Granularität solcher Datensätzen werden wir bekommen, wenn wir uns in Kap. 10 die Formate XML und JSON ansehen. Ein komplettes Geschäftsdatum, gemäß unserem Modell aus Kap. 3, wird somit auf einen Datensatz, ein Dokument, abgebildet.

Graphdatenbanken wie Neo4j oder ArangoDB haben ihre Stärke beim Abbilden von Beziehungen zwischen den Daten. Wir haben in Kap. 3 gesehen, dass gerade in operativen Systemen Geschäftsdaten viele Beziehungen zu anderen Geschäftsdaten haben. Neben hierarchischen Beziehungen (1:N, umgekehrt N:1) sind es oftmals auch N:M-Beziehungen, welche in einem Graphenmodell „natürlicher" repräsentiert sind als über Fremdschlüsselbeziehungen oder Ähnliches und einfacher behandelt werden können als in Dokumentdatenbanken.

Schlüssel-Wert-Datenbanken wie Apache Cassandra oder Big Table von Google legen Daten als Paare aus einem Schlüssel und einem Wert, dem eigentlichen Datum, ab. Es gibt davon In-Memory- und persistenzbasierte Varianten.

4.4.2.3 Verarbeitung

Für die Verarbeitung der Daten werden große Rechner-Cluster eingesetzt, um die benötigte hohe Rechenleistung aufzubringen. Analysen können auch Methoden der Data Science (Abschn. 4.3) verwenden, hier besteht eine enge Wechselwirkung.

Die Schnelllebigkeit der Big-Data-Technologien ist ungünstig für ein Lehrbuch, das längere Zeit Bestand haben soll. Wir sehen uns aus dem Grund hinsichtlich der Verarbeitung der Daten den „Klassiker" in dem Bereich, Hadoop (Abschn. 4.4.3.1), an und ein gegenwärtig beliebtes Framework, Spark (Abschn. 4.4.3.2). Sie stehen untereinander in Beziehung, denn Spark kann auf einem Hadoop-Cluster eingesetzt werden.

Für die Verarbeitung wird die sog. Lambda-Architektur (Marz und Warren 2015) vorgeschlagen, wenn für eingehende Daten sowohl Stapelverarbeitung (Batch-Verarbeitung) als auch Streaming-Verarbeitung nötig ist. Denn die hybride Lambda-Architektur unterstützt beides. Bei der Stapelverarbeitung in der Batch-Schicht werden Daten persistent gespeichert, Ausfallsicherheit ist wichtig, die Verarbeitung eher langsam. Aggregationsprozesse laufen periodisch ab und können sich über Stunden hinziehen, die Ergebnisse werden der Serving-Schicht, für das Zurückgeben der Daten zuständig, in einem Schlüssel-Wert-Speicher bereitgestellt (Freiknecht und Papp 2018, S. 461). Die Speed-Schicht dient der sofortigen, schnellen und kontinuierlichen Verarbeitung von Datenströmen (Streaming), vor allem vom Internet der Dinge und von sozialen Medien. Mittels der Serving-Schicht kommunizieren die Benutzer mit dem System, sie nutzt die Dienste der anderen beiden Schichten.

Die obigen Bemerkungen zu Cloud-Computing gelten insbesondere hier. So kann die unten beschriebene Software als Cloud-Produkt angeboten sein, oder Teile der Software können in ein anderes Cloud-Produkt integriert sein.

4.4.3 Beispiele: Apache Hadoop und Spark

4.4.3.1 Apache Hadoop

Seit der Anfangszeit der Big-Data-Verarbeitung ist Apache Hadoop bekannt, eine javabasierte Open-Source-Software. Sie verwendet den MapReduce-Algorithmus von Google und mittlerweile auch Directed-Acyclic-Graph-Methoden. Zum Einsatz kommt ein spezielles Dateisystem.

Die Software läuft auf Rechner-Clustern und kann entsprechend skaliert werden. Ein System kann, je nach Leistungsbedarf, von wenigen Knoten bis auf Tausende skalieren (die Knoten sind Rechner, wobei hier auch Virtualisierung eingesetzt werden kann). Zum Einsatz kommt „normale" Hardware, nicht notwendigerweise Supercomputer und Multiprozessoren.

Der MapReduce-Algorithmus verwendet das Prinzip „teile und herrsche": Eine zu analysierende Datenmenge wird in der ersten Phase in Fragmente zerlegt („teile"), jedes wird einer gleichartigen „Map-Task" zugeordnet. Die Zwischenergebnisse der Map-Tasks werden in der zweiten Phase zum Ergebnis berechnet („herrsche").

Entsprechend besteht die Analyseentwicklung darin, eine Analyse in geeignete, parallel ausführbare Map-Aufgaben zu zerlegen sowie die analyseindividuelle Map- und Reduce-Funktionalität zu implementieren. Gemäß dem MapReduce-Programmiermodell sind vom Entwickler drei Methoden zu realisieren: Eine Map-Methode, eine Reduce-Methode und eine dritte Methode, die einen MapReduce-Job zum Laufen bringt und dabei die Information liefert, welche Map- und Reduce-Methode zum Einsatz kommen.

Die zu analysierenden Daten werden in Form einer Datei übergeben. Dateien sind der Regelfall, jedoch sind auch andere Ein- und Ausgabemöglichkeiten gegeben (Freiknecht und Papp 2018, S. 116). Größere Dateien werden in verschiedene Teile zerlegt („Splits") und einzelnen Knoten zur parallelen Bearbeitung zugewiesen (Freiknecht und Papp 2018, S. 116). Map- und Reduce-Schritte verwenden als Datenstrukturen Listen von Schlüssel-Werte-Paaren. In einem Job erfolgt nach der Eingabe (hierfür ist das Eingabedatenformat zu spezifizieren) die Map-Phase, welche eine Schlüssel-Wert-Liste erzeugt. In einem internen Schritt erfolgt in der Combine-Phase ein Zusammenlegen von Daten zum selben Schlüssel. Die Reduce-Phase wird dann mehrfach durchgeführt, nämlich für jeden Schlüssel einmal, wo die zu jenem Schlüssel gespeicherten Daten „reduziert" werden. Ein einführendes Beispiel findet sich in (Freiknecht und Papp 2018, S. 46 ff.). Dort werden aus einer Menge von Notenmeldungen für Studierende mit mehreren Angaben pro Datensatz das Jahr (Schlüssel) und die Note (Wert) herausgezogen, im Reduce-Schritt wird aus allen Noten zu einem Jahr (Schlüssel) die Durchschnittsnote berechnet.

Mit diesem Programmiermodell ist ein Entwickler auf Probleme eingeschränkt, deren Lösung sich (leicht) in Map- und Reduce-Schritten ausdrücken lässt. Eine gewisse Flexibilität besteht darin, mehrere unterschiedliche Map-Reduce-Jobs in Form einer Pipeline ablaufen zu lassen. Die Ausgabe des einen Jobs ist die Eingabe für den nächsten (Freiknecht und Papp 2018, S. 99 ff.). Dabei ist nicht nur eine sequenzielle Ausführung möglich, mithilfe verschiedener Frameworks sind vielfältige Kontrollflüsse darstellbar (Freiknecht und Papp 2018, S. 114), also in unserer Sprechweise Map-Reduce-Hintergrundgeschäftsprozesse. Die größte Flexibilität ergibt sich, wenn die Zwischenschicht YARN (Yet Another Resource Navigator) verwendet wird (Freiknecht und Papp 2018, S. 130 ff.). Hierbei ist man nicht auf das Map-Reduce-Programmiermodell beschränkt, sondern kann gleichsam beliebige Verarbeitungslogik bereitstellen, allerdings ist zusätzlich die Ressourcenverwendung zu programmieren, sodass der Entwicklungsaufwand den des Map-Reduce-Modells übersteigen wird. Zu beobachten ist, dass die Gestaltung der Ressourcenverwendung in vielen Fällen ähnlich sein wird, sodass prinzipiell Potenzial für eine Lösung per Konfiguration bestünde und der Programmieraufwand, wie bei Standardsoftware üblich, auf das Nötige beschränkt werden könnte.

4.4.3.2 Spark

Wir haben gesehen, dass in Hadoop mit Programmieraufwand zwar verschiedene Verarbeitungsverfahren umgesetzt werden können, aber nur das Map-Reduce-Verfahren direkt als Programmiermodell unterstützt wird. Apache Spark geht in die Breite, es ist ein Framework für viele Formen der Verarbeitung, eine sog. „General Purpose Processing Engine": Batch- und Streaming-Verarbeitung, maschinelles Lernen, SQL-ähnliche Zugriffslogik, alles in einem Framework, was zur Entstehungszeit neu war im Feld zersplitterter Big-Data-Software (Freiknecht und Papp 2018, S. 462). Realisiert ist dies als eine Programmbibliothek, die die Verarbeitungsformen kapselt. Spark kann auf einem Hadoop-Cluster laufen, aber auch andere Einsatzformen sind möglich, wofür Spark Schnittstellen anbietet, bis hin zur unabhängigen Ausführung auf einem Spark-Cluster. Vielfalt ist also sowohl geboten bei der Software, auf der Spark aufsetzen kann, als auch bei der Funktionalität, welche vereint angeboten wird.

In Spark lässt sich eine komplexere Verarbeitung als eine Pipeline, bestehend aus „Transformationen" (Mappings, Filter) und „Aktionen" (Ergebnisse werden persistent gemacht oder an den Client zurückgegeben), definieren. Eine Pipeline ist ein Prozess, der als gerichteter azyklischer Graph dargestellt werden kann, d. h. es gibt keine Schritte zurück. Für Big-Data-Verarbeitungen sind Pipelines oft ausreichend. Für eine möglichst leistungsstarke Abarbeitung eines solchen Prozesses werden Zwischenergebnisse der Schritte im Hauptspeicher weitergegeben, und es gibt einen Cost-based-Optimizer.

Die Vielfalt setzt sich auch bei den nutzbaren Programmiersprachen fort: Programme können für Spark in verschiedenen Programmiersprachen geschrieben werden: Python, Java, Scala, R (Freiknecht und Papp 2018, S. 467).

Für Spark gibt es ein umfangreiches „Ökosystem", mit APIs u. a. für maschinelles Lernen und SparkSQL für die Datenabfrage. Bei SparkSQL werden große Datenmengen als Ganzes durchsucht, Leistung ergibt sich vor allem durch Parallelarbeit im Cluster und In-Memory-Computing. Anders als bei konventionellen relationalen Datenbanksystemen wird kein Indizierungssystem verwendet.

4.5 Planung

Planungsfunktionalität kann wie Auswertungs-/Berichtsfunktionalität in operative Anwendungssysteme integriert sein oder in dezidierten *Planungssystemen* bereitgestellt werden. Es lassen sich lang-, mittel- und kurzfristige Pläne erstellen, wie Absatz- oder Produktionspläne. Diese Pläne können dann von den operativen Systemen, insbesondere ERP-Systemen, ausgeführt werden. Die Planung kann unterschiedlich gestaltet sein:

- *Dateneingabe:* Die Plandaten werden vom Planer nach seinem Ermessen eingegeben.
- *Hochrechnung:* Die Plandaten werden aus Vergangenheitsdaten extrapoliert.
- *Optimierung:* Aus Vergangenheits- und Ist-Daten werden Plandaten mit mathematischen Optimierungsverfahren oder Heuristiken berechnet.
- *Kombinationen* der vorigen Verfahren.

Supply-Chain-Management-Systeme (SCM-Systeme) sind eine wichtige Form von Planungssystemen, welche alle der beschriebenen Planungsmöglichkeiten bieten. An diesem Beispiel wollen wir daher SCM-Systeme genauer studieren. Manche SCM-Funktionen, wie bestimmte Optimierungsverfahren, erfordern eine derartige Rechenleistung, dass sie in ERP-Systemen nicht praktisch einsetzbar sind und schon deswegen nicht bereitgestellt werden. Oder sie sind zumindest nicht für größere Problemstellungen (wie viele Ressourcen oder Fertigungsaufträge) geeignet.

Die Vision von Supply-Chain-Management ist, die gesamte Logistikkette, vom Rohstoffproduzenten über Hersteller von Komponenten, Baugruppen und Halbfabrikaten, den Hersteller des Fertigerzeugnisses, über Großhändler, Einzelhändler bis zum Endkunden, zu optimieren. In Aufgabe 4.5 überlegen wir uns, welche Hemmnisse sich bei dieser umfassenden Betrachtung ergeben. Argumente finden sich in Bretzke (2002). In praktischen Fällen bezieht sich die Planung daher weitgehend auf ein einzelnes Unternehmen oder auf zwei Unternehmen in aufeinander folgenden Wirtschaftsstufen.

Das SCM-System ist nur für die *Planung* zuständig, insofern wäre eine bessere Bezeichnung „Logistikketten-Planungssystem" oder mit obiger Bemerkung „Logistik-Planungssystem". Im Englischen findet sich dafür die Bezeichnung *Advanced Planning System*[12]. Zur Planung benötigt es unter anderem Stammdaten (wie Materialien, Lieferanten, Kunden, Produktionsstätten, Lagerstätten) und Bewegungsdaten (z. B. Bestandsdaten) des ERP-Systems. Die Pläne können dann ein ERP-System übergeben werden und dort, ggf. mit Modifikationen, ausgeführt werden. (Abschn. 8.3 für eine Systemlandschaft mit SCM-System).

Gemäß der obigen SCM-Vision könnte man naiv denken, dass ein SCM-System „auf Knopfdruck" automatisch einen optimalen Plan (z. B. einen Produktionsplan) bei gegebenen Eingabedaten (z. B. Kundenaufträgen) erzeugt. Käme ein neuer Kundenauftrag hinzu, könnte dieser eine Umplanung in einen geänderten, wiederum optimalen Produktionsplan veranlassen. Und aufgrund der unternehmensübergreifenden Kooperation könnte die Planung auf schon recht genau bestimmten Absatz- und Lieferdaten der Geschäftspartner basieren. Ernüchternd ist allerdings festzustellen, dass es zwar Funktionen der automatischen Planung gibt, in der Praxis man jedoch weit von einer umfassenden vollautomatischen Planung entfernt ist. SCM-Systeme bieten also Verbesserungen in der Planung gegenüber ERP-Systemen, aber eine Automatisierung gibt es nur in Teilen. Planungsfunktionen liegen tatsächlich in der folgenden Weise vor:

- *Interaktive Planung:* Der Planer erstellt interaktiv einen „guten" Plan, nicht notwendigerweise den optimalen. Beispiel: Im Rahmen der Kapazitätsplanung sieht er grafisch die Auslastung von Ressourcen im Zeitablauf dargestellt. Er kann nun nach Lücken suchen, wo er einen Vorgang am besten einplant. Er kann Vorgänge

---

[12] (Snapp 2010, S. 32), geschrieben auf Englisch, unterscheidet zwischen *Advanced Planning* und *Supply Chain Planning*, wobei Letzteres für die Ausführung der Logistikkette in einem ERP-System steht. Das Wort „Planning" ist, ebenso wie bei Enterprise Resource Planning, also kontextabhängig.

verschieben, woraufhin das Planungssystem die Verschiebung angrenzender Vorgänge veranlasst. Wichtige Unterstützungsfunktionen sind dabei also die Visualisierung und die automatische Berechnung von Anpassungen, welche von menschlichen Planungs-aktivitäten angestoßen werden. Analytische Funktionalität besteht hierbei also vor allem in der Visualisierung einer Menge von Daten und gewissen Berechnungen.

- *Automatische Planung:* Hier können *Optimierungsprogramme* laufen, wie wir sie aus dem Operations Research kennen, z. B. Verfahren der linearen Optimierung. Für viele in der Praxis vorkommende Optimierungsprobleme ist die exakte optimale Lösung nicht erreichbar, entweder weil prinzipiell kein Verfahren dafür vorhanden ist oder weil die Suche nach der optimalen Lösung zu rechenintensiv wäre. Daher begnügt man sich meist mit *heuristischen Verfahren,* wie der *Constraint-Propagation-Programmierung* (ein Suchverfahren, bei dem gefundene Teillösungen zu den Such-raum einengenden Randbedingungen führen) oder *Genetischen Algorithmen* (ein stochastisches Suchverfahren; Balla und Layer 2010, S. 267). Durch die Verwendung von komplexeren Berechnungen ist die analytische Funktionalität also ausgeprägter als bei der interaktiven Planung.
- Oftmals gibt es Kombinationen aus interaktiven und automatischen Funktionen.

Auf den ersten Blick mögen Optimierungsverfahren der zu bevorzugende Ansatz sein, da sie die optimale Lösung versprechen. In der Praxis zeigt sich jedoch, dass interaktive Verfahren in vielen Fällen bevorzugt werden, weil

- das Planungsergebnis nachvollziehbar ist,
- das Erfahrungswissen des Planers eingeht,
- in vielen Unternehmen die für eine Optimierung nötigen Daten (z. B. detaillierte Kostendaten) nicht vorliegen und sich in der Situation die aufwendige Einführung dieser Verfahren nicht lohnt (Snapp 2010, S. 82). Hier stellt sich also wieder die Frage nach der Datenverfügbarkeit und -qualität (Abschn. 4.1.3 und 4.1.4).

Ein weiterer Grund mag sein, dass viele „Optimierungsverfahren" eben doch lediglich Heuristiken sind, die das Finden der optimalen Lösung nicht garantieren. Als Advanced Planning Systeme auf den Markt kamen, galten die Optimierungsverfahren als ein wichtiges Verkaufsargument, mittlerweile liegt der Hauptfokus nicht mehr darauf (Snapp 2010, S. 35).

Stehen bei analytischer Funktionalität die Daten im Vordergrund, so sind doch auch Geschäftsprozesse erkennbar. Im SCM-System ist der wichtigste Geschäftsprozess der *Planungslauf.* Er besteht meist aus mehreren Schritten, in denen jeweils eine Planungs-funktion stattfindet. Insofern ist bereits die Festlegung der Schritte und die Auswahl der Verfahren eine planerische Aufgabe. Wir sehen uns dies an einem Beispiel aus der

Produktionsplanung an, in Anlehnung an Balla und Layer (2010, S. 279 ff.)[13]. Wichtig ist uns dabei weniger der genaue fachliche Inhalt als das Beispiel eines Geschäftsprozesses, welcher Planungsfunktionen (Methoden von Geschäftsobjekten) verkettet. (Was wären hier Beispiele für Klassen?)

- Mehrstufige infinite Bedarfsplanung der beteiligten Materialien nach dem Dispositionsstufenverfahren. „Infinit" bedeutet dabei, dass die Begrenzung der Ressourcen (wie Maschinen) noch nicht berücksichtigt wird; dies erfolgt erst in einem späteren Schritt. Zum Dispositionsstufenverfahren: Das Material besteht hierarchisch mehrstufig aus Baugruppen, auf der untersten Stufe stehen die elementaren Materialien („Rohstoffe" aus Sicht der Fertigung). Bei einem Dispositionsstufenverfahren werden die Stücklistenstufen von oben nach unten disponiert (Gulyássy et al. 2009, S. 29).
- Neuplanung der Vorgänge auf der Engpassressource mit der Feinplanungsfunktion „Umplanen". Hierbei handelt es sich um eine Kapazitätsplanung. Allerdings wird diese (zunächst) nicht für alle Ressourcen durchgeführt, sondern nur für jene, die als „kritisch" bekannt sind (Engpassressourcen).
- Optimierungslauf für die restlichen Ressourcen. Hier kommen nun tatsächlich Optimierungsprogramme zum Einsatz.

SCM-Systeme bieten oft eine reiche Auswahl an Planungsfunktionen. Tatsächlich setzen viele Unternehmen nur wenige der Funktionen ein, drei bis vier sind heute bereits eine intensive Nutzung (Snapp 2010, S. 46). Die Planungsfunktionalität kann von der Angebots- und Absatzplanung bis zur Produktions- und Feinplanung reichen.

Für die aufwendigen Rechenverfahren kann Hardware-Unterstützung zur Verfügung stehen, insbesondere eine Hauptspeicherdatenbank. Zudem kann die Menge der Optimierungsverfahren erweiterbar gehalten werden. Ein Beispiel für alle diese Aspekte findet sich in (Hoppe 2007, S. 403).

4.6   Das dreischichtige Modell in analytischen Systemen

Wir erinnern uns an das dreischichtige Modell eines (operativen) Anwendungssystems: Geschäftsdaten, -objekte und -prozesse (Kap. 2 und 3). Ist es auch für analytische Systeme anwendbar? Die Antwort wäre: Ja, wenn auch die Daten im Vordergrund stehen, vgl. ETL-Prozess, Abschn. 4.2.2. So werden Schnittstellen hauptsächlich in der Datenschicht verwendet.

---

[13] In Balla und Layer (2010) wird aufgrund der Funktionsweise des Planungssystems und dessen Zusammenspiel mit dem ERP-System noch eine Bestimmung der Dispositionsstufen vorgeschaltet, worauf wir hier nicht weiter eingehen.

Wir können in analytischen Systemen unterscheiden zwischen analysierenden und analysierten Geschäftsdaten, -objekten und -prozessen, erstere als Bestandteile des analytischen Systems, letztere meist als Bezug zu operativen Systemen:

- *Analysierende Geschäftsdaten und -objekte:* Als Geschäftsdaten bzw. -objekte sind insbesondere die Analysen und Auswertungen selbst zu nennen, die dazugehörigen Methoden wären die einzelnen Analyseverfahren. Analysierende Geschäftsobjekte machen Aussagen über eine Vielzahl analysierter Geschäftsdaten (s. unten). Doch auch jegliche anderen Funktionen analytischer Systeme, wie Transformationsschritte oder Datenübernahmen, lassen sich als Methoden von Geschäftsobjekten sehen.
- *Analysierende Geschäftsprozesse:* Beispiele für regelmäßig stattfindende Geschäftsprozesse sind der ETL-Prozess und die Erstellung und Verteilung von Standardberichten. Die unregelmäßigen, etwa Ad-hoc-Auswertungen (meist Ein-Schritt-Geschäftsprozesse) und Data Mining, sind weniger standardisiert. Zur Definitionszeit ist der Entwurfsprozess für die verschiedenen Analysearten zu nennen, insbesondere die vorbereitenden Schritte, etwa die Basisdatenbank und das multidimensionale Datenmodell bei Data-Warehouse-Systemen oder Lernmodelle in der Data Science zu erstellen.
- *Analysierte Geschäftsdaten und -objekte:* Dies sind die ausgewerteten Daten, wie Bestellwerte, Umsätze, bei Stammdatenanalysen auch Material und Einkaufsorganisation. Statt Geschäftsobjekten mit Methoden werden allein Geschäftsdaten betrachtet. Zudem spiegeln die auszuwertenden Daten oftmals nicht einzelne Geschäftsvorfälle wider, sondern umfassen verdichtet mehrere. In die Dimensionen fließen Customizing- und Stammdaten ein, in die Fakten Bewegungsdaten, allerdings nur ausgewählte, zahlenmäßige Attribute. Wir können dort zwischen Bestands- und Flussdaten unterscheiden (Abschn. 3.3.1).
- *Analysierte Geschäftsprozesse:* Geschäftsprozesse lassen sich auf Aktivitäts- und Gesamtprozessebene analysieren, z. B. wie lange ein Prozess im Durchschnitt dauert, wie groß die Abweichungen vom Durchschnitt sowie von Planvorgaben sind, welche Aktivitäten sich besonders lange hinziehen (Liegezeiten). Nach meiner Einschätzung werden aber doch meist die Ergebnisse der Geschäftsprozesse analysiert, z. B. Bestellungen oder Aufträge als Geschäftsdaten im Unterschied zu den Bestell- oder Auftragsbearbeitungsprozessen.

4.7   Übungen und Lösungsvorschläge

a) Übungen

Aufgabe 4.1 (Systemstruktur):
Ein Unternehmen möchte ERP- und Data-Warehouse-Funktionalität nutzen. Welche zentralen und dezentralen Ansätze der Systemstruktur können Sie sich hierfür vorstellen?

Aufgabe 4.2 (Multidimensionales Datenmodell):

a) Erstellen Sie ein Sternschema für ein multidimensionales Datenmodell zum Thema „Vertriebsumsatz"[14]. Dabei sollen Umsatzdaten (Menge, Geldbetrag) zeitlich (Monat, Jahr), nach Produkten und Produktgruppen, nach Kundengruppen (eine Auswertung nach einzelnen Kunden ist nicht erforderlich), nach Filialen und (aggregiert) Verkaufsgebieten analysiert werden können.

b) Erweitern Sie das Modell so, dass beim Umsatz neben den Istmengen und -umsätzen auch die Planmengen und -umsätze berücksichtigt sind. Überlegen Sie sich hierbei verschiedene Varianten der Modellierung.

c) Nehmen Sie an, Sie haben 5 Produktgruppen, 2500 Produkte, 6 Kundengruppen, 4 Verkaufsgebiete und 25 Filialen. Für welche Teile lohnte es sich, aggregierte Daten in Faktentabellen zu speichern, statt die Aggregate zur Laufzeit „on the fly" zu erstellen? Wie sieht Ihr erweitertes Modell aus?

Aufgabe 4.3 (Datenmodell in SAP BW ansehen):
Diese Übung können Sie durchführen, wenn Sie ein SAP-BW-System mit Daten zum Demo-Unternehmen „Global Bike Incorporated (GBI)" zur Verfügung haben.

Sehen Sie sich den InfoCube MU0R1M in der Data Warehouse Workbench (Transaktion RSA1) an. Da die Daten der Fallstudie nur auf Englisch gepflegt sind, melden Sie sich auf Englisch an.

a) Welche Dimensionen verwendet der InfoCube, welche Kennzahlen?

b) Wodurch ist die Mengeneinheit der Kennzahl „Menge" (Sales Quantity) festgelegt? Wie die der Fertigungskosten (Cost of Goods Manufactured)?

c) Ist eine Auswertung nach Materialgruppen (Product Category) möglich?

Aufgabe 4.4 (Analyse mit SAP BW durchführen):
Diese Übung setzt Aufgabe 4.3 fort

Führen Sie eine Analyse mit dem InfoCube der vorigen Aufgabe im Webbrowser durch. Als Ausgangspunkt dient die dafür bereits vordefinierte Query MU0R1M_Q1. Damit Sie schnell mit dem Werkzeug zurechtkommen, hier eine ausführliche Anleitung:

* Rufen Sie den BEx Query Designer auf. Der Zugang erfolgt hierbei nicht über den SAP GUI, sondern über das Programm auf Ihrem Rechner: Programs → Business Explorer → Query Designer.

---

[14] Die „klassische" Fragestellung für Data-Warehouse-Systeme, behandelt in wohl jedem Data-Warehouse-Buch; unser Beispiel orientiert sich an der wesentlich umfangreicheren Fallstudie in Kemper et al. (2010, S. 77 ff.).

- Wählen Sie Ihr SAP-BW-System aus. Es erscheint ein Popup mit den Anmeldedaten. Geben Sie diese ein. Da die Daten der Fallstudie nur auf Englisch gepflegt sind, melden Sie sich auf Englisch an.
- Der Query Designer erscheint. Dort wählen Sie `Query` → `Open`. Geben Sie die Query `MU0R1M_Q1` ein. Die ausgewählte Query heißt im nichttechnischen Text `GBI Sales Data for Analysis (Query)`.
- Sie führen die Query aus: `Query` → `Execute`. Sie müssen sich im Webbrowser dafür anmelden. Die Query erscheint im Webbrowser.

  a) Als Vorbereitung, um die Umsatzzahlen von Deutschland und den USA in ihren unterschiedlichen Währungen zu sehen, wählen wir bei den `Free Characteristics` das Land (`Country`) und mit rechter Maustaste dann `Change Drilldown` → `Drilldown By` → `Horizontal`. Wir sehen die Umsatzzahlen beider Länder für mehrere Jahre.

  b) Dimensionen: Welche Dimensionen sehen Sie (im Augenblick), welche Kennzahlen?

  c) *Slicing:* Zeigen Sie über einen Filter nur die Zahlen für Deutschland (`Germany`) an: Als Filter für `Country` mit rechter Maustaste `Filter` → `Select Filter Value` wählen und im linken Bereich `All` das Country `Germany` markieren und mit `Add` in den rechten Bereich `Selections` bringen.
  Diese Operation nennt man anschaulich Slicing. Wie würden Sie Slicing definieren?

  d) *Dicing:* Eine ebenso anschaulich genannte Operation heißt Dicing. Was stellen Sie sich darunter vor?

  e) *Drilldown:* Lassen Sie sich auch die Monatswerte für ein bestimmtes Jahr anzeigen. Setzen Sie dazu erst den Filter auf dieses Jahr (analog den vorigen Filteraktionen).
  Führen Sie dann den Drilldown aus: Wiederum mit der rechten Maustaste auf `Calendar month`: `Change Drilldown` → `Drilldown By` → `Horizontal`. Sie sollten für jeden Monat eine Spalte sehen.
  Wie würden Sie Drilldown definieren?

  f) *Drill-across:* Das Layout ist für die vielen Monate in den Spalten nicht optimal. Daher vertauschen wir die Achsen bei `Calendar month`: `Change Drilldown` → `Swap Axes`. Man nennt dies Drill-across oder Pivotierung.

  g) *Roll-up:* Die zu Drilldown inverse Operation heißt Roll-up. Was stellen Sie sich darunter vor? (Ausführen: `Change Drilldown` → `Remove Drilldown`).

Aufgabe 4.5 (Optimierung der Logistikkette):
In der Literatur über Supply-Chain-Management liest man oftmals eine Charakterisierung der Art „Optimierung der gesamten Logistikkette, vom Rohstoffproduzenten zum Endverbraucher". Überlegen Sie, warum diese etwas plakative Vision bei heutigen SCM-Systemen übertrieben erscheint.

Aufgabe 4.6 (Zentrales System mit Hauptspeicherdatenbank):
In Abschn. 4.2.5 wird angemerkt, mit Hauptspeicherdatenbanken könnte die Grenze zwischen operativen und analytischen Systemen aufgegeben werden. Halten Sie es für denkbar, dass zudem noch die Planungsfunktionalität in einem solchen integrierten System aufgehen könnte? Was spricht dafür, welche Probleme könnte es geben?

b) Lösungsvorschläge für die Übungen

Aufgabe 4.1 (Systemstruktur):
Es lassen sich Systemstrukturen aus ERP-Systemen und Data-Warehouse-Systemen kombinieren, wobei jedes zentral (ein Exemplar) oder dezentral (mehrere Exemplare) ausgeprägt sein kann. Wichtige Fälle sind in Davidenkoff und Werner (2008, S. 92) aufgeführt:

- ERP-System und DWHS beide zentral: Von jedem Systemtyp gibt es ein Exemplar, das DWHS ist für die Auswertung der historischen ERP-Daten zuständig.
- ERP-System dezentral, DWHS zentral: Das DWHS wertet die Daten mehrerer dezentraler ERP-Systeme aus.
- ERP-System und DWHS beide dezentral: Wie der erste Fall, nur stehen mehrere Kombinationen ERP-DWHS parallel nebeneinander.
- ERP-System und DWHS beide dezentral, zusätzlich ein zentrales DWHS. Dies ist eine Kombination des zweiten und des dritten Falls.

Aufgabe 4.2 (Multidimensionales Datenmodell):
a) und b) siehe Abb. 4.13.
   Zur Notation: Die Schlüsselfelder sind unterstrichen. Technische Identifikatoren sind mit „-ID" gekennzeichnet, die nichttechnischen Bezeichnungen (Texte) ohne ID (z. B. „Produkt").

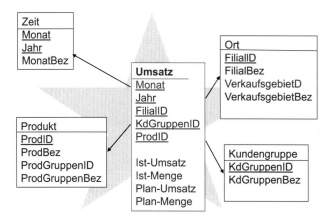

Abb. 4.13 Sternschema „Umsatz"

Ist- und Planzahlen könnten alternativ auch mit einer zusätzlichen Dimension „Ist-Plan" modelliert werden. Das Dimensionselement hätte z. B. die Werte „0" für „Ist" und „1" für Plan.

c) Aufgrund der Zahlenverhältnisse könnte es sich für die Dimension „Produkt" lohnen, ein Aggregat für die Umsätze pro Produktgruppe zu verwenden. Die zusätzliche Faktentabelle hätte bis auf das Produkt die Dimensionen wie zuvor, nur gäbe es eine Dimension bzw. ein Schlüsselfeld für die Produktgruppe.

Aufgabe 4.3 (Datenmodell in SAP BW ansehen):

a) Dimensionen: Datenpaket (Data Package) (eine technische Dimension, in jedem InfoCube vorhanden), Zeit (Time), Einheit (Unit), Produkt (Product), Kunde (Customer). Kennzahlen: Menge (Sales Quantity), Umsatz (Revenue), Kundenrabatt (Discount), Nettoerlös (Net Sales), Fertigungskosten (Cost of Goods Manufactured)

b) Die Kennzahl „Menge" bezieht sich auf das InfoObject 0BASE_UOM („Basismengeneinheit"). Dieses Merkmal ist in der Dimension „Einheit" enthalten. Für die fixen Fertigungskosten ist dagegen die Einheit USD („US-Dollar") festgesetzt.

c) Die Materialgruppe kommt zwar nicht direkt als Merkmal in den Dimensionen vor, sie ist jedoch ein Navigationsattribut des Merkmals „Material" der Dimension „Produkt", daher ist die Auswertung möglich.

Aufgabe 4.4 (Analyse mit SAP BW durchführen):
Die Aufgabenbeschreibung sollte bereits hinreichend ausführlich für die erfolgreiche Durchführung der Übung sein. Erwähnt seien aber die Analyseoperationen, insbesondere, wenn Sie keinen Zugriff auf SAP BW haben:

- *Slicing:* Herausgreifen von „Scheiben" von Datensätzen, bei denen ein Dimensionsfeld nur einen bestimmten Wert annimmt. Dadurch wird es eine Dimension weniger.
- *Dicing:* Filter evtl. auch für mehr als eine Dimension setzen, allerdings wird keine Dimension auf nur einen Wert eingeengt (s. Slicing). Es entsteht ein Unterwürfel. Die Anzahl der Dimensionen bleibt dabei gleich.
- *Drilldown:* Detaillierte Information anzeigen. Vorher wurde nur der Summenwert für das ganze Jahr, ein aggregierter Wert, angezeigt, nun die detaillierten Monatswerte.
- *Roll-up:* Umgekehrt zu Drilldown, d. h. vom Detaillierten zum Aggregierten gehen.
- *Pivotierung (Drill-across):* Vertauschen der Dimensionen, anschaulich ein Drehen des Würfels.

Aufgabe 4.5 (Optimierung der Logistikkette):
- Ein Unternehmen, z. B. ein Automobilzulieferer, ist typischerweise gleichzeitig in mehreren Logistikketten tätig. Die Optimierung der einen Logistikkette wird oftmals der Optimierung einer anderen entgegenstehen (konkurrierende Ziele).

- Die Optimierung basiert darauf, dass die Unternehmen der Logistikkette, z. B. wiederum der Automobilzulieferer, Zahlen über die eigene Auslastung bekanntgeben. Da neben der Kooperation in der Logistikkette aber auch ein marktwirtschaftlicher Wettbewerb besteht, wird ein Unternehmen solche Zahlen zurückhalten.

Eine Diskussion solcher Aspekte, welche bereits aus theoretischer Sicht (im Gegensatz zu Umsetzungsproblemen) für die Optimierung der Logistikkette problematisch sind, findet sich z. B. in Bretzke (2002).

Aufgabe 4.6 (Zentrales System mit Hauptspeicherdatenbank):
Gründe dafür:

- Kein Datenaustausch zwischen den Systemen nötig.
- Daten stets aktuell.

Zu lösende Probleme:

- Komplexitätsmäßig machbar?
- Unterschiedliche Leistungsanforderungen (Datenzugriff, Berechnungen, schreibende Zugriffe auf Geschäftsdaten) einfach „unter einen Hut zu bringen"?

Literatur

a) Weiterführende Literatur

Der behandelte Stoff über Data-Warehouse-Systeme ist weitgehend „Standardinhalt", entsprechend ist er ausführlich in verschiedenen Lehrbüchern dargestellt, z. B.
Kemper, H.-G., Baars, H., Mehanna, W.: Business Intelligence, 3. Aufl. Vieweg + Teubner, Wiesbaden (2010)
Der Teil ETL findet sich in Abschn. 2.3, vor allem in 2.3.1, die Datenmodellierung in Abschn. 2.4.
Bauer, A., Günzel, H. (Hrsg.): Data-Warehouse-Systeme, 3. Aufl. dpunkt, Heidelberg (2009)
Dieses Buch wurde von einem Autorenkollektiv bestehend aus etwa 50 Personen geschrieben. Die Behandlung ist recht umfangreich. Die in unserem Buch dargestellten Themen finden sich dort in den Kap. 1 bis 7.

b) Weitere zitierte Literatur und Quellen

Balla, J., Layer, F.: Produktionsplanung mit SAP APO, 2. Aufl. Galileo Press, Bonn (2010)
Braun, M.: Analytics im Online-Handel. In: Haneke, U., Trahasch, S., Zimmer, M., Felden, C. (Hrsg.): Data Science. Grundlagen, Architekturen und Anwendungen, S. 209–224. dpunkt, Heidelberg (2019)

Bretzke, W.-R.: „SCM Collaboration" und „4PL's": Bemerkungen über die Grenzen eines Paradigmas. Logistikmanagement, 4. Jg., 2002. Ausgabe **1**, 41–44 (2002)

Davidenkoff, A., Werner, D.: Globale SAP-Systeme – Konzeption und Architektur. Galileo Press, Bonn (2008)

Egger, N., Fiechter, J.-M., Rohlf, J.: SAP BW Datenmodellierung. Galileo Press, Bonn (2004)

Elsner, M., González, G., Raben, M.: SAP® Leonardo. Konzepte, Technologien, Best Practices. Rheinwerk, Bonn (2018)

Freiknecht, J., Papp, S.: Big Data in der Praxis, 2. Aufl. Hanser, München (2018)

Gulyássy, F., Hoppe, M., Isermann, M., Köhler, O.: Disposition mit SAP. Galileo Press, Bonn (2009)

Haneke, U., Trahasch, S., Zimmer, M., Felden, C. (Hrsg.): Data Science. Grundlagen, Architekturen und Anwendungen. dpunkt, Heidelberg (2019)

Hoppe, M.: Absatz- und Bestandsplanung mit SAP APO. Galileo Press, Bonn (2007)

Huber, M.: Predictive Maintenance. In: Haneke, U., Trahasch, S., Zimmer, M., Felden, C. (Hrsg.): Data Science. Grundlagen, Architekturen und Anwendungen, S. 225–244. dpunkt, Heidelberg (2019)

Inmon, W.H.: Building the Data Warehouse, 1. Aufl. Wiley, New York (1993)

Jupyter: jupyter.org/ (2020). Zugegriffen: 3. Nov. 2020

Kauermann, G.: Data Science – Einige Gedanken aus Sicht eines Statistikers. Informatik Spektrum **42**(6), 387–393 (2019)

Kayser, V., Zubovic, D.: Data Privacy. In: Haneke, U., Trahasch, S., Zimmer, M., Felden, C. (Hrsg.): Data Science. Grundlagen, Architekturen und Anwendungen, S. 147–160. dpunkt, Heidelberg (2019)

Klein, D., Tran-Gia, P., Hartmann, M.: Big Data. Aktuelles Schlagwort. Informatik-Spektrum **36**(3), 319–323 (2013)

Kleppmann, M.: Designing Data-Intensive Applications. O'Reilly, Sebastopol (2017)

Marx Gomez, J., Rautenstrauch, C., Cissek, P., Grahlher, B.: Einführung in SAP Business Information Warehouse. Springer, Berlin, Heidelberg (2006)

Marz, N., Warren, J.: Big data: principles and best practices of scalable realtime data. Manning, Shelter Island (2015)

Mehrwald, C.: Datawarehousing mit SAP BW 7, 5., korrigierte Aufl. dpunkt, Heidelberg (2010)

Müller, S., Keller, C.: Pentaho und Jedox. Hanser, München (2015)

Penny, S., Frye, R., Berg, B.: SAP HANA – die neue Einführung, 3. Aufl. Rheinwerk, Bonn (2017)

Plattner, H., Zeier, A.: In-Memory Data Management. Springer, Berlin Heidelberg New York (2011)

PyTorch: https://pytorch.org/ (2020). Zugegriffen: 3. Okt. 2020

Riedhammer, K.: Private Kommunikation (2020)

Snapp, S.: Discover SAP SCM. Galileo Press, Bonn (2010)

TensorFlow.: tensorflow.org (2020). Zugegriffen: 3. Aug. 2020

Trahasch, S., Felden, C.: Grundlegende Methoden der Data Science. In: Haneke, U., Trahasch, S., Zimmer, M., Felden, C. (Hrsg.): Data Science. Grundlagen, Architekturen und Anwendungen, S. 65–100. dpunkt, Heidelberg (2019)

Weber, R.: Technologie von Unternehmenssoftware. Springer Vieweg, Berlin Heidelberg (2021)

Willinger, M., Gradl, J.: Datenmigration in SAP, 2. Aufl. Galileo Press, Bonn (2007)

Wolf, F.K., Yamada, S.: Datenmodellierung in SAP NetWeaver BW. Galileo Press, Bonn (2010)

Zitzelsberger, A.: Private Kommunikation (2011). Zugegriffen: 20. Okt. 2011

Anwendungsplattform

5

Du hast das Know-how und ich dein Vertrauen
Wir werden das System durchschauen
Jackpot
Tocotronic

Zusammenfassung

Als Kern der Anwendungsplattform wird die dreischichtige Client-Server-Architektur mit Datenbank-, Applikations- und Präsentationsschicht dargestellt. Besonderes Augenmerk wird auf Fragen der Leistung und Ausfallsicherheit gelegt. Es wird aufgezeigt, wie die Schichten auf mehr oder weniger Stufen verteilt werden können.

Lernziel
Die dreischichtige Client-Server-Architektur kennenlernen.

5.1 Dreischichtige Client-Server-Architektur

5.1.1 Überblick

In diesem Kapitel behandeln wir die Plattform betrieblicher Anwendungssysteme im Sinne von Kap. 2, d. h. jene anwendungsunabhängige Software, die Teil des

---

Die Quelle zum Kapitelmotto lautet: Tocotronic (1999) K.O.O.K. Compact Disk, Universal.

© Springer-Verlag GmbH Deutschland, ein Teil von Springer Nature 2021
R. Weber, *Betriebliche Anwendungssysteme,*
https://doi.org/10.1007/978-3-662-63185-0_5

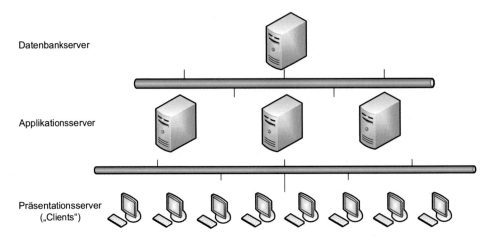

Abb. 5.1 Dreischichtige Client-Server-Architektur

Anwendungssystems ist. Zu unterscheiden ist dies von der Systemsoftware und der Hardware, die zuweilen auch als „Plattform" (Softwareplattform, Hardwareplattform) bezeichnet werden.

Wir konzentrieren uns auf die heute verbreitete technische Architektur eines Anwendungssystems, die *dreischichtige Client-Server-Architektur*. Neben der Client-Server-Architektur gibt es weitere anwendungsunabhängige Komponenten, die zur Anwendungsplattform gezählt werden und zu einem großen Teil in anderen Kapiteln angesprochen werden. Einige Beispiele:

- Software-Entwicklungsumgebung,
- Workflow-Management-System,
- Schnittstellen zu Zusatzsoftware (Dokumentenverwaltung, Archivsystem, Electronic Data Interchange, Kommunikation).

Mehrere *Applikationsserver,* worauf die Anwendungsprogramme laufen, sind üblicherweise über schnelle lokale TCP/IP-Netze mit genau einem *Datenbankserver* verbunden, der den Zugriff zur Datenbank bereitstellt (Abb. 5.1). Für den Augenblick wollen wir annehmen, dass jede Schicht auf einem eigenen Rechner läuft (s. aber Abschn. 5.2). (Was ist der genaue Unterschied zwischen einem „Datenbanksystem" und einem „Datenbankserver"?).

Die Benutzer arbeiten an Arbeitsplatzrechnern, meist Personal-Computern, die mit den Applikationsservern verbunden sind. Sie werden *Präsentationsserver* genannt, weil sie den Benutzern die Präsentation der Benutzerdialoge bieten. Im üblichen Jargon heißen sie *Clients*. Für die Verbindung zwischen Applikations- und Datenbankserver können optional aus Leistungsgründen schnellere Netze als für die Anbindung der Präsentationsserver verwendet werden, wie die Abbildung suggeriert. Wir erkennen also drei *Schichten* oder Stufen, welche die jeweiligen Server umfassen. Die Datenbankschicht wird auch *Persistenzschicht* genannt.

Größere Anwendungssysteme haben Hunderte oder Tausende Benutzer[1]. Neben Anwendungsprogrammen für *Dialogbenutzer* laufen solche ohne Benutzerinteraktion, *Hintergrundjobs* genannt. Beispiele sind das Erstellen von Gehaltsabrechnungen und die Datenarchivierung. Da mehrere Benutzer und Hintergrundjobs gleichzeitig Bearbeitungswünsche haben, werden Verteiler benötigt, zwischen den Rechnern und innerhalb eines Rechners. Ein Verteiler ist Teil der Client-Server-Architektur und läuft in der Regel auf den Applikationsservern.

Wieso mehrere vernetzte Applikationsserver statt nur einer, welcher entsprechend leistungsfähig ist? Die Architektur kam in betrieblichen Anwendungssystemen Anfang der 1990er-Jahre auf und konnte sich wegen der im Vergleich zu Großrechnern niedrigen Kosten etablieren: Ein Großrechner, damals üblich in der betrieblichen Datenverarbeitung, war wesentlich teurer als mehrere zusammengeschaltete kleinere Rechner. Anfangs waren dies Unix-Rechner, heute wird ebenfalls Windows und Linux eingesetzt. Zudem ist eine Leistungssteigerung per *Skalierung* möglich, d. h. eine Anpassung der Leistung an eine erhöhte Last: Wird mehr Leistung benötigt, vor allem wenn die Anzahl der Benutzer anwächst, lassen sich ein oder mehrere zusätzliche Applikationsserver ergänzen. Somit ist nicht das gesamte System, etwa ein Großrechner, durch ein neues zu ersetzen. Genauer gesagt nennt man dies *horizontale Skalierung* oder auch „*scale out*", im Gegensatz zur *vertikalen Skalierung (*„*scale up*"), bei der einem Rechner weitere Prozessoren oder Speicher hinzugefügt werden.

In den letzten Jahren zeigt sich durch die erhöhte Rechnerleistung und das bessere Preis-Leistungs-Verhältnis wieder eine Tendenz zur Zentralisierung: eine geringere Anzahl von leistungsfähigeren Rechnern, was insbesondere den Administrationsaufwand senkt.

Neben der Skalierung bietet diese Architektur einen weiteren Mechanismus zur Leistungssteuerung, die *Lastverteilung:* Meldet sich ein Benutzer am System an, kann er dabei automatisch dem derzeit am wenigsten belasteten Applikationsserver zugeteilt werden. Die Zuteilung kann für die gesamte Anmeldezeit erfolgen. Alternativ wäre denkbar, jede Benutzerinteraktion individuell zuzuteilen. (Welcher Ansatz beinhaltet mehr Aufwand?)

Die Architektur bietet zudem eine gewisse *Ausfallsicherheit:* Sollte ein Applikationsserver nicht mehr korrekt funktionieren, können sich die Benutzer an einem anderen anmelden – die Funktionsfähigkeit des Gesamtsystems ist nicht bedroht. Einer der neuralgischen Punkte *(Single Point of Failure, SPOF)* ist der Datenbankserver, weil er nur einmal vorhanden ist.

Sehen wir uns nun die drei Schichten genauer an.

---

[1]Nach Föse et al. (2008, S. 30) wurden mit der dreistufigen SAP-Client-Server-Architektur mehrere Tausend parallele Benutzer simuliert.

5.1.2 Applikationsserver

Auf dem Applikationsserver laufen die Anwendungsprogramme, auch „Geschäftslogik"
(Business Logic) genannt. In der Regel kann jeder Applikationsserver alle Anwendungsprogramme ausführen, d. h. es gibt keine funktionale Spezialisierung der Art „die Buchhaltung läuft auf Server 1, der Einkauf läuft auf Server 2". Applikationsserver können
Daten puffern, um die Datenbank zu entlasten, die ein Engpass in der klassischen Architektur ist.

Wie in Kap. 3 beschrieben, können Anwendungsprogramme im Benutzerdialog
oder im Hintergrund, dann oft in Stapelverarbeitung (Batch-Processing), laufen. Entsprechend bieten Applikationsserver Unterstützung für beide Arten. Die Leistung kann
bei Dialogprogrammen durch die Antwortzeit, die durch den Benutzer wahrgenommen
wird, gemessen werden. Neben der durchschnittlichen Antwortzeit kann der Median
oder allgemeiner ein Perzentil verwendet werden. Ein Perzentil wird durch eine Prozent-
angabe konkretisiert, z. B. 95 %, abgekürzt p95. Für solche Perzentile, wie p95, wird
eine Antwortzeit angegeben, z. B. eine Sekunde. Dies bedeutet, dass 95 % der Anfragen
in höchstens einer Sekunde beantwortet werden. (Wie lässt sich der Median als Perzentil
darstellen?) Für Hintergrundprogramme kann der Durchsatz als Leistungsmaß dienen,
etwa die Anzahl verarbeiteter Datensätze pro Sekunde oder die Ausführungszeit für
einen Auftrag einer bestimmten Datengröße (für Leistungsangaben s. Kleppmann 2017,
S. 13 ff.).

5.1.3 Datenbankserver

5.1.3.1 Der klassische Ansatz

Der Datenbankserver stellt den Kontakt zum Datenbanksystem und damit zur Datenbank her. Man kann ihn als einen Applikationsserver mit Zusatzfunktionalität betrachten.
Es gibt einen feinen Unterschied zwischen einem Datenbankserver und einem Datenbanksystem, hier beide als Software verstanden (Abschn. 5.2). Der Datenbankserver
ist Teil der Anwendungsplattform, das Datenbanksystem ist Teil der Systemsoftware.
Sie können von unterschiedlichen Softwareanbietern stammen (s. unten: Plattformunabhängigkeit). Der Datenbankserver ist damit in einer Schicht über dem Datenbanksystem und greift auf dessen Dienste zu.

Prinzipiell wären bei manchen Datenbanksystemen mehrere Datenbankserver mög-
lich, was in der Praxis aber nicht üblich ist (Schneider 2010, S. 47). Während es aus
Sicht des Anwendungssystems also nur einen Datenbankserver gibt, kann der interne
Aufbau sehr wohl eine verteilte Architektur aufweisen, z. B. ein besonders leistungs-
fähiges Datenbanksystem auf Mehrprozessorarchitektur mit Spiegelung von Platten zur
Steigerung der Ausfallsicherheit. So kann für Oracle-Datenbanken der Real Application
Cluster (RAC) eingesetzt werden, und das Datenbanksystem übernimmt selbst die Last-
verteilung zwischen den physischen Servern (Mehrwald 2010, S. 19).

Es ist möglich, dass ein Datenbankserver nur ein Datenbanksystem unterstützt oder dass Plattformunabhängigkeit besteht, d. h. verschiedene Datenbanksysteme eingesetzt werden können. Um die Programme, die auf dem Applikationsserver laufen, dann von der Schnittstelle des konkreten Datenbanksystems zu isolieren, ist eine neutrale Datenbankschnittstelle sinnvoll. Sie gewährt einen einheitlichen Zugriff auf verschiedene Datenbanksysteme, nutzt aber die jeweilige native Datenbankschnittstelle, um eine möglichst gute Leistung zu erreichen. Leistungsprobleme in Anwendungsprogrammen betreffen häufig den Datenbankserver, denn Datenzugriffe sind teuer (Zugriff über das Netz, Zugriffszeit auf den persistenten Speicher). Daher ist eine sorgfältig entworfene Datenbankschnittstelle für die Leistung des Gesamtsystems wichtig, etwa durch die Wiederverwendung optimierter SQL-Anweisungen (Buck-Emden 1999, S. 148). Zudem dienen verschiedene Programmiertechniken und Pufferungsmechanismen der Leistungssteigerung.

Bei Verwendung eines Datenbanksystems fallen üblicherweise Kosten für die Laufzeitlizenz an, wenn das Datenbanksystem nicht Teil des Anwendungssystems ist.

In der Datenbank werden alle Stamm-, Bewegungs- und Customizingdaten (Abschn. 3.3) gehalten. Im Gegensatz zu den technischen Daten sind Stamm-, Bewegungs- und Customizingdaten oftmals in Mandanten organisiert (Abschn. 3.3.3).

5.1.3.2 In-Memory-Computing

a) Konzept

Bisher wurde der heute immer noch übliche, traditionelle Ansatz für ein Client-Server-System mit einem konventionellen Datenbanksystem beschrieben, d. h. die Datenbank liegt allein in einem persistenten Speicher (Magnetplatte, Solid-State-Drives [SSD], wobei der Begriff „Drive" etwas irreführend ist, weil es hier anders als bei Festplatten keine physische Bewegung gibt). Ein neuerer Ansatz mit großem Potenzial für die betriebliche Datenverarbeitung sind *Hauptspeicherdatenbanken*. Im Englischen wird das Konzept *In-Memory Data Management, In-Memory Database* oder *In-Memory-Computing* genannt (Plattner und Zeier 2011, S. 14). Wie der Name sagt, wird in einer Hauptspeicherdatenbank der Inhalt der kompletten Datenbank im Hauptspeicher gehalten. Der persistente Speicher dient nur noch als ein Mittel zur sicheren Datenhaltung (Backup, Recovery). Hauptspeicherdatenbanken können für operative und für analytische Funktionalität verwendet werden, wobei der Hauptnutzen bei der analytischen liegt (Abschn. 4.2.5).

Wie Rechenberg (2006, S. 275) bemerkt, sind große Fortschritte in der Informatik meist von der Hardware getrieben (z. B. PC, mobile Geräte), was Informatiker, großenteils softwareorientiert, nicht immer oder gerne wahrnehmen. Bei Hauptspeicherdatenbanken sind diese Fortschritte die immer größeren und billigeren Speicherchips und Multicore-Architekturen. Das Konzept der Hauptspeicherdatenbanken geht bis in die 1980er-Jahre zurück, doch erst mit heutiger Technologie wird es sinnvoll nutzbar (Plattner und Zeier 2011, S. 14). Durch die wesentlich kürzere Zugriffszeit

Tab. 5.1 Vergleich von
Zugriffszeiten sowie
Datendurchsatz

Speichermedium	Zugriffszeit	Datendurchsatz
Arbeitsspeicher	15–90 ns	20.000 MB pro sec
SSD-Speicher	10.000 ns	500 MB pro sec
Magnetplatte	7.000.000 ns	200 MB pro sec

und Parallelverarbeitung kann allgemein eine Leistungssteigerung für betriebliche Anwendungssysteme erreicht werden. In Hecker und Renner (2016, S. 22) werden Zahlen für die Zugriffszeit auf Daten und den Datendurchsatz genannt, d. h. welche Datenmenge pro Zeiteinheit übertragen werden kann (Tab. 5.1).

Technologisch liegen Hauptspeicherdatenbanken die folgenden Konzepte zugrunde:

a) Datenhaltung im Hauptspeicher
b) Nur Einfügeoperationen in der Datenbank: Änderungen werden über Gültigkeitsflags und Zeitstempel wiedergegeben (Plattner und Zeier 2011, S. 109 ff.). Gründe sind zum einen die der Historisierung, aber auch der Nebenläufigkeitskontrolle. Der Vorteil dabei ist, dass Lesetransaktionen nicht Ressourcen sperren müssen und daher nicht andere Transaktionen blockieren (Plattner und Zeier 2011, S. 112).[2]
c) Zeilen- und spaltenweise Speicherung von Datensätzen: Während spaltenorientierte Datenbanken tendenziell für analytische Systeme geeigneter sind, zeilenorientierte Datenbanken dagegen für operative Systeme, erscheint für kombinierte Systeme eine hybride Technik sinnvoll (Plattner und Zeier 2011, S. 81). Der Grund liegt darin, dass bei analytischen Systemen auf eine Vielzahl von Datensätzen zugegriffen wird, aber üblicherweise sind bei einer Auswertung nicht alle Attribute gleichermaßen von Interesse. Bei operativen Daten wird häufig genau ein Datensatz bearbeitet, und alle oder viele Attribute werden angezeigt, vielleicht auch geändert. Angestrebt ist eine automatische Partitionierung, welche die optimale Mischform erzielt. Plattner und Zeier (2011, S. 81) berichten eine Leistungsverbesserung bis 400 % gegenüber einer reinen zeilen- bzw. spaltenorientierten Speicherung.
d) Multicore-CPUs und Multiprozessoren: Eine Multicore-CPU hat viele Rechnerkerne auf einem Chip. Dem liegt die Beobachtung in der Informatik zugrunde, dass in der Zukunft Leistungssteigerung nicht mehr durch höhere Taktraten erreichbar ist, da an Grenzen gestoßen wird, sondern durch Parallelisierung.

Zur Realisierung werden verschiedene Techniken eingesetzt:

a) Verarbeitungslogik nahe der Datenbank: Während in einer klassischen Client-Server-Architektur möglichst viel Verarbeitungslogik von den Applikationsservern übernommen werden soll, um den Flaschenhals Datenbank zu entlasten, wird bei

---

[2] Dieses Konzept ist nicht zwingend für Hauptspeicherdatenbanken.

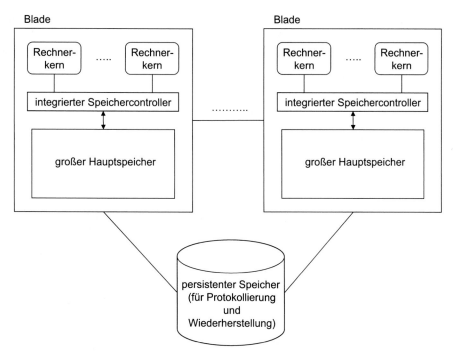

Abb. 5.2 Struktur von SanssouciDB. (Nach Plattner und Zeier 2011, S. 34 f.)

Hauptspeicherdatenbanken viel Anwendungslogik in das Datenbanksystem integriert (Plattner und Zeier 2011, S. 155).

b) Datenkompression: Speicherchips können heute große Datenmengen speichern, aber ohne Kompression wäre der Speicherbedarf doch zu groß (mehrere PB in größeren Unternehmen). Daher werden unterschiedliche Formen von Datenkompression eingesetzt (Plattner und Zeier 2011, S. 68).

c) Verzicht auf Aggregate: Aggregate (Abschn. 4.2.4) werden nicht gesondert abgespeichert (Speicherersparnis), sondern leistungsfähig im Hauptspeicher „on the fly" berechnet (Plattner und Zeier 2011, S. 164).

Abb. 5.2 zeigt die Struktur des prototypischen Hauptspeicherdatenbanksystems SanssouciDB (Abbildung nach Plattner und Zeier 2011, S. 34 f.). Hierbei besteht der Rechner aus mehreren Teilen, *Blades* (englisch: Blatt) genannt. Ein Blade hat viele Rechnerkerne (bis zu 64), welche parallel auf demselben Hauptspeicher (mit 2 TB) arbeiten. Es ist mit einem persistenten Speicher verbunden, welches allerdings nur die Aufgaben der Protokollierung und der Wiederherstellung im Fehlerfall übernimmt. Idealerweise würde man gerne den gesamten Hauptspeicher und die Rechnerkerne auf einem Blade installieren, doch Größenbeschränkungen heute verfügbarer Blades gestatten dies nicht. Daher sind mehrere (wie 25) Blades zusammengeschaltet. Auf diese Weise ergibt sich eine – in der Terminologie von Datenbanksystemen – gemischte Shared-Memory und Shared-Nothing-Architektur[3].

Von Hauptspeicherdatenbanken verspricht man sich die folgenden Vorteile (Plattner und Zeier 2011, S. 3, 22):

a) Eine geringere Komplexität des Anwendungssystems: Weniger Schichten und Komponenten, damit leichtere Administrierbarkeit. Als Folge, geringere Gesamtkosten (Total Cost of Ownership, TCO).

b) Gute Antwortzeiten für operative und analytische Anwendungen (unter einer Sekunde, um die Aufmerksamkeit des Benutzers zu behalten). Damit sind u. a. bessere und schnellere Entscheidungen möglich. Versuch-und-Irrtum-Analysen, wie sie mit Web-Suchmaschinen üblich sind, werden durch die schnellen Antwortzeiten möglich (Plattner und Zeier 2011, S. 9).

c) Datenintensive Aufgaben können nahe an der Datenquelle erledigt werden, sie belasten somit nicht andere Systemteile.

d) Rechenintensive Aufgaben mit Massendaten werden beschleunigt. Nach Plattner und Zeier (2011, S. 31) werden die meisten der Daten in einem integrierten Anwendungssystem (ein Data-Warehouse-System einbezogen) durch Mengenverarbeitung prozessiert.

e) Neue Anwendungsfunktionen sind möglich: In betrieblichen Anwendungssystemen sind viele Aufgaben so leistungsintensiv, dass sie nicht in Echtzeit, sondern in Hintergrundverarbeitung über Nacht durchgeführt werden. Ein Beispiel ist der Abgleich von Rechnungen und Zahlungen, etwa bei Mobilfunkunternehmen (Plattner und Zeier 2011, S. 162). Da Mobilfunkkunden bei (vermeintlich) nicht gezahlten Rechnungen gesperrt werden können, kann ein Abgleich in Echtzeit zu einem besseren Service für die Kunden führen.

b) Vergleich mit dem klassischen Modell

Die in einer Client-Server-Architektur zur Verfügung stehende Technologie beeinflusst den Umfang einer Schicht. In der „klassischen" Client-Server-Architektur, also der Zeit vor dem Aufkommen von In-Memory-Datenbanken und -Computing, ist die Datenbank der Engpass. Es gibt (logisch gesehen) nur einen Datenbankserver, und die Zugriffszeiten auf den persistenten Speicher sind wesentlich größer als die auf den Hauptspeicher. Entsprechend wird der Großteil der Geschäftslogik im Applikationsserver durchgeführt (Abb. 5.3, linker Teil). Es werden oftmals größere Mengen von Geschäftsdaten aus der Datenbank in den Applikationsserver geladen, verarbeitet und geändert in die Datenbank zurückgeschrieben. Der Datenbankserver selbst liest und schreibt die Daten, aber er verändert sie nicht.

---

[3] Da der persistente Speicher nur für die Protokollierung und die Wiederherstellung im Fehlerfall verwendet wird, handelt es sich nicht um ein Shared-Disk-System.

Abb. 5.3 Dreischichtige
Client-Server-Architektur
– ohne und mit
Hauptspeicherdatenbank

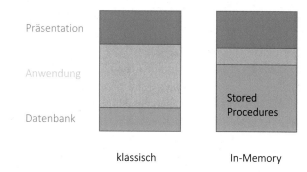

Bei In-Memory-Datenbanken versucht man dagegen, möglichst viel Verarbeitungslogik in die Datenbank zu geben. Das Mittel sind Stored Procedures, Prozeduren,
welche auf dem Server der Datenbank laufen. Das Datenbanksystem stellt dafür eine
Programmiersprache bereit. Die Rolle des Applikationsservers nimmt dagegen ab, im
Rahmen des Model-View-Controller-Konzeptes bei Dialoganwendungen vermittelt er
vor allem als Controller zwischen View und Model und koordiniert Aufrufe von Stored
Procedures in den Datenbankserver (Abb. 5.3). Ein Vorteil dabei ist auch, dass möglichst
wenige Daten zwischen Applikationsserver und Datenbankserver fließen (Plattner und
Zeier 2011, S. 156).

Dies zeigt, dass Anwendungsprogramme für die unterschiedlichen Architekturen
unterschiedlich geschrieben werden müssen. Von einem automatischen Verteilen der
Geschäftslogik, je nach zugrunde liegender Technologie, sind wir heute noch weit entfernt. Lässt man ein für die „klassische" Architektur geschriebenes Programm auf einer
In-Memory-Architektur laufen, wird es dort zwar lauffähig sein. Es nutzt aber die Fähig-
keiten von In-Memory-Computing nicht gut aus, Geschwindigkeitsvorteile sind dann
allein durch die kürzeren Zugriffszeiten auf das Datenbanksystem möglich. Für eine
Plattformunabhängigkeit bei In-Memory-Computing wäre eine starke Standardisierung
von Programmiersprachkonstrukten für Stored Procedures mit paralleler Ausführung
nötig.

5.1.4   Präsentationsserver

Die Funktionsaufteilung zwischen Applikationsserver und Präsentationsserver kann
unterschiedlich gestaltet sein:

- *Thin Client:* Der Client übernimmt nur wenige Aufgaben. Beispiele: Terminal eines
  Großrechners, Webbrowser, Terminalserver-Client.
- *Fat Client* oder *Rich Client:* Der Client übernimmt mehr Aufgaben, wofür ein eigenes
  Programm auf dem Präsentationsserver installiert wird. Ein Beispiel wäre ein Java
  Applet.

Der Vorteil von Webbrowsern als Präsentationsserver liegt hauptsächlich darin, dass kein zusätzliches Programm auf den Arbeitsplatzrechnern installiert und gewartet (Programmkorrekturen) werden muss.

Bedeutsam sind heute auch mobile Anwendungen. Die derzeit verbreiteten mobilen Endgeräte („Smart Phones" und andere) sind von den Maßen her kleine Geräte, aber technologisch gesehen leistungsfähige Rechner und, je nach Standort, kommunikationstechnisch gut und schnell vernetzt. Entsprechend kommen sie auch als Präsentationsserver infrage. Beschränkungen gibt es physisch durch die Größe des Bildschirms. Trotzdem eigenen sich einige Geschäftsanwendungen prinzipiell für die Bearbeitung durch mobile Endgeräte, z. B. einfache Entscheidungsaufgaben oder Benachrichtigungen („Alerts"). Sinnvoll erscheint es dann, auf diese Geräte abgestimmte Anwendungen zu schreiben. Zwei Ansätze sind heute in Gebrauch: als Thin-Client in Form eines Webbrowsers für oftmals auf mobile Endgeräte angepasste Anwendungen. Oder als Fat-Client in Form einer Anwendung, welche auf dem mobilen Endgerät läuft („App"). Letztere haben den Vorteil, dass weniger Netzinteraktion nötig ist, was gerade bei Standorten mit geringer Netzleistung hilfreich ist.

Beim Thin-Client-Ansatz für mobile Endgeräte achtet man beim Schreiben der Webanwendungen darauf, diese „responsive" zu schreiben, d. h. die Bildschirmmaske passt sich den Eigenschaften des mobilen Endgeräts an, indem z. B. Menüs ausgeblendet werden, wenn dafür nicht genug Platz ist.

Für das Erstellen mobiler Anwendungen nach dem Fat-Client-Ansatz herrschen heute zwei Plattformen vor: Apple iOS auf der einen Seite, Android auf der anderen Seite für Nicht-Apple-Endgeräte.

Neben diesen technischen Aspekten spielt auch die Ergonomie eine Rolle („User Experience", abgekürzt „UX"): Es haben sich Bedienkonventionen und Oberflächen herausgebildet, die sich zum Teil aus den physischen Eigenschaften des Geräts ergeben (Größe des Bildschirms, Tastatur simuliert und nicht mit zehn Fingern gut zu bedienen). Um die Benutzerakzeptanz zu erreichen, gilt es, sich beim Erstellen von Geschäftsanwendungen hieran zu orientieren.

5.1.5 Dimensionierung

Beim Aufsetzen eines Anwendungssystems spielt zunächst die Frage, wie viel Leistung insgesamt bereitzustellen ist, eine Rolle vor der Frage, wie viele und welche Rechner eingesetzt werden. Die Berechnung der Systemgröße nennt man *Sizing*. Anbieter von Standardsoftware können dazu Werkzeuge anbieten, um aus gegebenen Anforderungen (Anzahl gleichzeitig arbeitender Benutzer in verschiedenen Anwendungsbereichen, Mengengerüst, z. B. wie viele Kundenaufträge oder Lieferungen in einem Zeitintervall anfallen) Hardwareanforderungen zu berechnen.

Neben den Rechnern spielt deren Konfiguration eine Rolle, z. B. wie viele Prozesse konfiguriert werden und wie der Speicher verschiedenen Ressourcen zugeteilt wird.

5.1.6   Hardwarekonsolidierung

Zu entscheiden ist, ob weniger leistungsfähigere Rechner verwendet werden, evtl. gar nur einer *(Hardwarekonsolidierung),* oder mehr leistungsschwächere. Beide gegenläufigen Trends spielen gegenwärtig eine Rolle (Schneider 2010, S. 283). Rechner werden immer leistungsfähiger, sodass eine stärkere Zentralisierung heute, im Gegensatz zur Anfangszeit von Client-Server-Architekturen, möglich ist. Virtualisierungstechniken, d. h. die Installation von mehreren logischen Servern oder gar Systemen auf einem Rechner, sind ein weiterer Einflussfaktor. Bei der Entscheidung spielen vor allem Kosten und die Verfügbarkeit eine Rolle. Mit beiden Möglichkeiten lässt sich ein leistungsstarkes System erzielen (Schneider 2010, S. 287). Die Wartung als wichtige Kostenkategorie wird bei einer kleineren Anzahl von Rechnern weniger aufwendig sein. Weitere Argumente für und gegen eine Hardwarekonsolidierung finden sich in Schneider (2010, S. 283 ff.).

5.2   Architekturvarianten

Wir haben uns die dreischichtige Client-Server-Architektur als Hauptvertreter für heutige Anwendungssysteme angesehen. Hierbei konnten die drei *logischen* Schichten, Präsentations-, Anwendungs- und Datenbankschicht, auf drei *physische* Schichten von Rechnern verteilt werden. In Alonso et al. (2004, S. 5), werden die logischen Schichten auf Englisch *Layer* genannt, die physischen *Tier,* was auf Deutsch beides mit „Schicht" oder „Ebene" wiedergegeben wird. Im Folgenden nennen wir Layer „Schicht" und Tier „Stufe". Die Schichten sind konzeptuell in jeglichem Anwendungssystem enthalten, wenngleich sie oftmals stark verzahnt und programmmäßig schlecht zu isolieren sind.

In Alonso et al. (2004, S. 5) wird die Datenbankschicht allgemeiner als *Resource Management Layer* bezeichnet, um auch andere Datenquellen als die Datenbank einzuschließen, z. B. ein Dateisystem oder den Zugriff auf weitere Anwendungssysteme, um von dort dynamisch Daten zu lesen. Eine ähnliche Idee findet sich in Abschn. 4.2.2 in einem Beispiel in Form von *virtuellen Datenwürfeln.* Da in Anwendungssystemen ein Datenbanksystem zur Speicherung der Geschäftsdaten üblich ist, verwenden wir den spezielleren Begriff.

Bei der Präsentationsschicht denkt man üblicherweise an die Darstellung in einer grafischen Benutzeroberfläche. Man kann die Sicht aber weiter fassen und auch andere „Clients" berücksichtigen, z. B. Programme auf einem anderen Rechner (Alonso et al. 2004, S. 4 f.). In dem Sinne lässt sich die Serialisierung/Deserialisierung bei entfernten Funktionsaufrufen (Kap. 11) als „Präsentationslogik" sehen.

Durch Verteilung der Schichten auf verschieden viele Stufen entstehen verschiedene Architekturvarianten. Die folgende Darstellung orientiert sich an Alonso et al. (2004, S. 9 ff.), die entsprechenden Abbildungen sind leicht abgewandelt. Hierbei sind Schichten in eckigen Kästen dargestellt, Stufen (d. h. Rechner) in Kästen mit abgerundeten Ecken, der gestrichelte Kasten gibt die Software des Anwendungssystems wieder. Ein Spezialfall ist das Terminal im ersten Bild; dieser achteckige Kasten ist ein Gerät, kein Rechner.

5.2.1   Einstufige Architektur

Das gesamte Anwendungssystem, also alle drei Schichten, befindet sich auf einem Rechner. Die Bedienung geschieht durch „dumme" Terminals. Es ist ein Zentralsystem (siehe Abb. 5.4, links), keine Client-Server-Architektur.

Dieser Fall ist in der Großrechnerwelt vorherrschend, früher war es der Standardfall für betriebliche Anwendungen. Bekannt und auch heute noch verbreitet sind Großrechner *(Mainframes)* des Herstellers IBM. Ein sog. *Transaktionsmonitor (Transaction Processing Monitor, TP-Monitor;* ein typisches Beispiel ist CICS von IBM), verteilt die Benutzeranfragen an Programme und gewährleistet die transaktionale Ausführung. Die Daten sind in einer Datenbank gespeichert. (Was ist der Unterschied zu einem Applikationsserver?)

Oftmals gab es die Trennung der Schichten nur konzeptuell, nicht in einer strengen softwaretechnischen Realisierung („monolithische Systeme"), wie es heute häufiger anzutreffen ist.

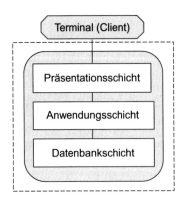

einstufige Architektur

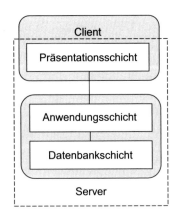

zweistufige Architektur

Abb. 5.4 Ein- und zweistufige Architektur

5.2.2 Zweistufige Architektur

Diese prägte den Begriff „Client-Server-Architektur" (Abb. 5.4, rechts). Der Server übernimmt die Aufgaben der Anwendungs- und Datenbankschicht, der Client die der Präsentationsschicht. Ein Teil der Software des Anwendungssystems ist somit auf dem Client zu installieren. Neben dieser üblichen Trennung („thin client – thick server") ist die Aufteilung Präsentations- und Anwendungsschicht auf der einen Seite und Datenbankschicht auf der anderen Seite möglich („thick client – thin server").

Bei zweistufigen Architekturen kann sich leicht ein Lastproblem ergeben, da ein einzelner, meist wesentlich leistungsschwächerer Rechner als ein Großrechner nur eine nicht zu große Anzahl von Benutzern bedienen kann (Alonso et al. 2004, S. 14).

5.2.3 Dreistufige Architektur

Diesen Fall kennen wir bereits. Da es nun drei Rechnertypen gibt, sind die Bezeichnungen „Client" und „Server" (Abb. 5.5, links) nicht mehr ausreichend. Üblicherweise übernimmt der Applikationsserver auch ein kleines Stück der Präsentationsschicht, indem er dem Präsentationsserver die von jenem aufzubereitende Bildschirminformation schickt; das Argument gilt natürlich ebenso für die zweistufige Architektur.

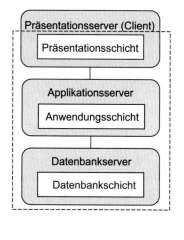

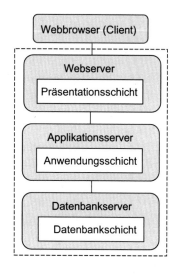

dreistufige Architektur   vierstufige Architektur

Abb. 5.5 Drei- und vierstufige Architektur

5.2.4   Vierstufige Architektur

In Alonso et al. (2004, S. 19 ff.) werden verschiedene Arten von N-stufigen Architekturen beschrieben. Dabei findet sich auch der Gedanke, ein „großes" Anwendungssystem als eine N-stufige Architektur zu betrachten, die viele „kleinere" Anwendungssysteme integriert. Wir bilden dies dagegen als eine Systemlandschaft ab (Kap. 8), worin verschiedene Integrationstechniken (Teil II des Buches) verwendet werden.

Die heute wohl wichtigste vierstufige Architektur ist jene, welche einen Webserver einbezieht. Die Aufgaben von Web- und Applikationsserver sind dort auf zwei Rechner verteilt (Abb. 5.5, rechts), bei einer dreistufigen Architektur sind sie verschmolzen („Web-Applikationsserver"). Der Client enthält keine für das Anwendungssystem spezifische Präsentationsschicht, sondern nur eine generische in Form des Webbrowsers. Die Präsentationsschicht obliegt im Wesentlichen dem Webserver, welcher die HTML-Seiten erzeugt, die vom Webbrowser nur noch dargestellt werden. An der Stelle sieht man deutlich, dass die Präsentationsschicht nicht immer – anders als z. B. Java Applets – mit dem „Client", in unserem Fall dem Webbrowser, identifiziert werden kann.

Generell ist zu beobachten, dass mit jeder zusätzlichen Stufe zwar die Flexibilität steigt, ebenso aber die Komplexität, während die Leistung sinkt, da die Kommunikation zwischen den Stufen Leistung beansprucht (Alonso et al. 2004, S. 22).

5.2.5   Peer-to-Peer- und Grid-Architekturen, Cloud-Computing

Client-Server-Architekturen sind heute in betrieblichen Anwendungssystemen vorherrschend. Um zu zeigen, dass nicht nur solche Architekturen vorstellbar sind, seien kurz einige weitere Ansätze verteilter Systeme erwähnt. Es muss sich aber erst noch zeigen, ob und wie bedeutsam sie für Anwendungssysteme werden:

- *Peer-to-Peer-Architektur:* Hier sind die Knoten eines verteilten Systems nicht mehr Client oder Server, sondern gleichrangig (Mandl 2009, S. 341 ff.).
- *Grid-Architektur:* Sehr viele parallele, heterogene Rechner stellen dabei Rechenleistung zur Verfügung, ähnlich wie ein Stromnetz (Power Grid) Energie (Tanenbaum und Steen 2007, S. 35 ff.; Mandl 2009, S. 6 f.). Die Idee ist, nicht genutzte Rechenleistung zur Lösung von umfangreichen Rechenaufgaben zu verwenden (Weinhardt et al. 2009). Die Grid-Architektur ähnelt der Peer-to-Peer-Architektur, man könnte sie als eine Variante davon sehen (Mandl 2009, S. 345). Die mögliche Heterogenität der Rechner ist ein technischer Unterschied zur Cluster-Architektur mit homogenen Rechnerknoten. Eine Grid-Architektur kann auch aus Rechnern verschiedener Organisationen bestehen, deren gemeinsames Interesse es ist, für sich eine hohe Rechenleistung zu erzielen.

5.3   Beispiel: Java Enterprise Edition

Die *Java Enterprise Edition (JEE)* ist kein Produkt, sondern ein Standard, welcher Vorgaben für Applikationsserver macht.

JEE legt zweierlei Dinge fest:

- Einzuhaltende Schnittstellen: Diese Schnittstellen müssen Anwendungsprogramme einhalten, damit sie auf einem JEE-Applikationsserver ablaufen können.
- Verwendbare Schnittstellen: Programmierschnittstellen (APIs), welche ein JEE-Applikationsserver anbieten soll und welche die Anwendungsprogramme verwenden können.

a) Einzuhaltende Schnittstellen

In Abb. 5.6 ist die Drei-Schichten-Architektur nach JEE dargestellt. In der Mitte sehen wir einen JEE-Applikationsserver. Er bietet eine Laufzeitumgebung, die in zwei Teile aufgespalten ist: den EJB-Container und den Webcontainer. Der Begriff *Container* kann bei JEE als eine Laufzeitumgebung verstanden werden.

EJB steht für *Enterprise Java Bean*. Es ist die Form, in welcher Anwendungsprogramme für JEE geschrieben werden. Eine EJB ist eine Klasse, die bestimmte Schnittstellen bereitstellt. Man kann sich den Ablauf von Anwendungsprogrammen auf einem JEE-Applikationsserver ereignisorientiert vorstellen: Im Applikationsserver treten bestimmte Ereignisse bzw. Zustandswechsel auf, z. B. der Zustandswechsel von `Passive` auf `Method-Ready`. Es ist festgelegt, dass dann diejenigen Methoden aufgerufen werden, welche mit der Annotation `@PreActivate` versehen sind. Man nennt dies *Inversion of Control* – eine EJB-Methode wird zum richtigen Zeitpunkt, z. B. wenn eine Anfrage eintrifft, aufgerufen – oder das Hollywood-Prinzip: „Don't call us, we call

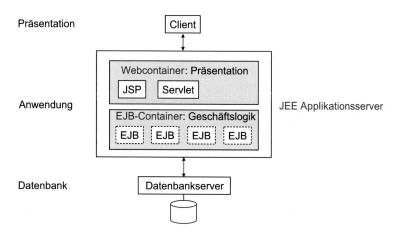

Abb. 5.6 Schichtenarchitektur nach JEE

you" (Mandl 2009, S. 116). EJBs können auch zeitweilig „schlafengelegt" und später reaktiviert werden.

Es gibt verschiedene Bean-Typen:

- *Session-Bean:* Sie dient für eine Client-Sitzung (Session). Ein typisches Einsatzbeispiel ist ein Einkaufskorb in einem E-Commerce-System (Alonso et al. 2004, S. 106), wo die aus mehreren Interaktionen bestehende Sitzung den Zustand speichern muss; man spricht von einer *zustandsbehafteten (stateful)* Session-Bean. Daneben gibt es *zustandslose (stateless)* Session-Beans für „Einmalaktionen".
- *Entity-Bean:* Mit ihr lassen sich persistente Objekte abbilden (Abschn. 3.4). Die Persistenz kann von der Entity-Bean selbst oder vom Container verwaltet werden.
- *Message-driven-Bean:* Mit ihr lässt sich nachrichtenbasierte Kommunikation realisieren (Kap. 10).

Eine EJB ist ein Beispiel für eine *Komponente* eines *Komponentenmodells* im Sinne der Softwaretechnik (Mandl 2009, S. 113). Wie für viele Konzepte der Informatik gibt es keine eindeutige Definition, aber ein gemeinsames Grundverständnis von einer Komponente: ein größerer Softwarebaustein, welcher Objekte kapselt, Schnittstellen bereitstellt, mit anderen Komponenten zusammengesetzt werden kann und in einer Ablaufumgebung, meist einem Applikationsserver, läuft.

Der *Webcontainer* ist die Laufzeitumgebung für die Darstellung der Benutzerdialoge. Tatsächlich gibt es „Applikationsserver", welche nur den Webcontainer anbieten. Der bekannteste ist wohl der Jakarta Tomcat Server. In dem Fall handelt es sich um keinen „richtigen" Applikationsserver, sondern lediglich um einen Webserver.

Im Webcontainer laufen *Servlets.* Dies sind vereinfacht gesprochen Programme, welche eine HTTP-Anfrage entgegennehmen und als HTTP-Antwort eine HTML-Seite zurücksenden. In dem Programm steckt damit sowohl die Verarbeitungslogik der HTTP-Anfrage (z. B. Produktinformationen aus einer Datenbank abzurufen) als auch die Präsentationslogik (z. B. aus den Produktinformationen eine HTML-Seite zu erzeugen, welche die Produktinformationen ansprechend darstellt). (Für welche Webseiten benötigt man Servlets – oder ähnliches – für welche nicht?)

Da dies etwas kniffelig zu programmieren ist, gibt es noch eine höhere Programmierschnittstelle: Java Server Pages *(JSP).* Eine solche kann man sich als eine HTML-Seite vorstellen, in der an einigen Stellen Java-Code eingestreut ist; eine Art HTML-Schablone also. Wird auf eine JSP zugegriffen, läuft der Java-Code ab, und aus dem Ergebnis zusammen mit der HTML-Schablone wird eine echte HTML-Seite, die Antwortseite, generiert. Technisch wird eine JSP in ein Servlet übersetzt. Der wesentliche Vorteil von JSP ist die im Vergleich zu Servlets einfachere und – durch eine gewisse Trennung von Präsentation (HTML) und Geschäftslogik (der eingestreute Java-Code) – strukturiertere Programmierung von Webanwendungen.

b) Verwendbare Schnittstellen (APIs)

Der zweite Aspekt von JEE, neben der Laufzeitumgebung und der sich daraus ergebenden Schnittstellen, sind die Programmierschnittstellen, welche JEE-Server bereitstellen. Gemäß Alonso et al. (2004, S. 105) kann man sie gut nach den üblichen drei Schichten einteilen. Auch die einzuhaltenden Schnittstellen sind aufgenommen und mit einem (*) gekennzeichnet, um ein geschlossenes Bild der JEE-Schnittstellen zu erhalten.

- Präsentation und Kommunikation:
  - Servlets (*),
  - Java Server Pages (JSP) (*),
  - JAXP (Java API for XML Processing),[4]
  - JavaMail: Schnittstelle zum E-Mail-Service (SMTP, POP3),
  - JAAS (Java Authentication and Authorization Services).
- Anwendungsintegration:
  - Enterprise Java Beans (EJB) (*),
  - JTA (Java Transaction API): für komponentengesteuerte Transaktionen,
  - JMS (Java Messaging Service): Schnittstelle zu nachrichtenorientierter Middleware (asynchrone Kommunikation; Kap. 10),
  - JNDI (Java Naming and Directory Interface): Zugriff auf Namens- und Verzeichnisdienste.
- Datenbank- und allgemeiner Ressourcenzugriff:
  - JDBC (Java Database Connectivity): Zugriff auf relationale Datenbanken,
  - JPA (Java Persistence API)[5]: zur Unterstützung persistenter Objekte, insbesondere objektrelationaler Abbildung (Abschn. 3.4),
  - JCA (Java Connector Architecture): einheitlicher Zugriff auf andere Anwendungssysteme.

5.4 Übungen und Lösungsvorschläge

a) Übungen

Aufgabe 5.1 Ein Unternehmen ist durch einen Firmenzukauf gewachsen. Entsprechend arbeiten mehr Mitarbeiter mit dem ERP-System und es kommt zu Leistungsengpässen. Welche Möglichkeiten haben Sie in der dreistufigen Client-Server-Architektur, um dieses Problem zu beheben?

---

[4]Wir erinnern uns: Nach Alonso et al. (2004, S. 4 f.) ist „Präsentation" für einen Client weiter gefasst als nur für grafische Benutzeroberflächen. Entsprechend werden auch die Methoden für die XML-Darstellung und, hinsichtlich Kommunikation, die E-Mail an einen Client darunter verstanden.

[5]In der EJB-3.0-Spezifikation (Mandl 2009, S. 363).

Aufgabe 5.2 Ein Benutzer bekommt einen Tabelleninhalt angezeigt, es sind etwa 300 Werte. Er möchte interaktiv die Tabelle nacheinander nach verschiedenen Attributen sortieren. Auf welcher Ebene der Client-Server-Architektur würden Sie die Sortierfunktionalität ansiedeln?

Aufgabe 5.3 Welche Daten würden Sie puffern, um den Datenbankserver zu entlasten?

Aufgabe 5.4 Warum können Hauptspeicherdatenbanken gerade in einer Plattform für analytische Systeme sinnvoll sein?

Aufgabe 5.5 Welche Gründe könnte es geben, statt einen Web-Applikationsserver zwei getrennte Server (Web- und Applikationsserver) zu verwenden?

b) Lösungsvorschläge für die Übungen

Aufgabe 5.1 Zum einen könnte die Konfiguration der Applikationsserver geprüft werden. Vielleicht ist bereits hier Spielraum, um die Leistungsfähigkeit zu verbessern. Zum anderen könnte zur besseren Lastverteilung ein weiterer Applikationsserver eingerichtet werden. Verstärkung von Hardware ist natürlich ein weiteres Mittel, etwa dass kein weiterer, aber ein leistungsfähigerer Applikationsserver bereitgestellt wird. Anhaltspunkte gibt das Sizing.

Aufgabe 5.2 Hier bietet sich der Präsentationsserver an, um die Applikationsserver zu entlasten („Round-trips" vermeiden). Voraussetzung ist hierbei natürlich, dass kleinere Programme (z. B. Scripting in einem Webbrowser) im Präsentationsserver laufen können.

Aufgabe 5.3 Daten, welche sich selten ändern, aber häufig angefragt werden. Dies können z. B. Organisationseinheiten sein. Bei Stammdaten ist es schon schwieriger – warum?

Aufgabe 5.4 Analytische Systemen haben einen starken lesenden Zugriff auf größere Mengen von Daten. Durch die Reduktion der Zugriffszeit ergibt sich eine verbesserte Leistung der analytischen Anwendungen. Zudem ist bei einem mengenorientierten Zugriff mittels SQL Parallelarbeit gut möglich.

Aufgabe 5.5 Sicherheitsgründe könnten bestehen (Firewalls), auch Leistungsgründe.

Literatur

a) Weiterführende Literatur

Die Client-Server-Architektur, auch in ihrer geschichtlichen Entwicklung, ist gut beschrieben in den Kap. 1 und 2 sowie Abschnitt 4.3 von

Alonso, G., Casati, F., Kuno, H., Machiraju, V.: Web Services. Springer, Berlin (2004)

Einführungen in Client-Server-Technologie und JEE finden sich in vielen anderen Büchern, z. B. in:

Coulouris, G., Dollimore, J., Kindberg, T.: Verteilte Systeme, 3. Aufl. Pearson Studium, München (2002)

Tanenbaum, A., van Steen, M.: Verteilte Systeme, 2. Aufl. Pearson Studium, München (2007)

Mandl, P.: Master-Kurs Verteilte betriebliche Informationssysteme. Vieweg+Teubner, Wiesbaden (2009)

Illik, J.A.: Verteilte Systeme. Expert, Renningen (2007)

Die Entwicklung von Enterprise Java Beans ist umfassend beschrieben in

Burke, B., Monson-Haefel, R.: Enterprise JavaBeans3.0. O'Reilly Media, Sebastopol (2006)

b) Weitere zitierte Literatur und Quellen

Buck-Emden, R.: Die Technologie des SAP-Systems R/3, 4. Aufl. Addison-Wesley, München (1999)

Föse, F., Hagemann, S., Will, L.: SAP NetWeaver AS ABAP – Systemadministration, 3. Aufl. Galileo Press, Bonn (2008)

Hecker, D., Renner, T.: (Hrsg.), Jacobs, B., Sylla, K.-H., Wohlfrom, A., Kötter, F.: Marktübersicht In-Memory-Systeme. Fraunhofer, Stuttgart (2016)

Kleppmann, M.: Designing Data-Intensive Applications. O'Reilly, Sebastopol (2017)

Mehrwald, C.: Datawarehousing mit SAP BW 7, 5., korrigierte Aufl. dpunkt, Heidelberg (2010)

Plattner, H., Zeier, A.: In-Memory Data Management. Springer, Berlin (2011)

Rechenberg, P.: Was ist Informatik, 4. Aufl. Hanser, München (2006)

Schneider, T.: SAP-Performanceoptimierung, 6. Aufl. Galileo Press, Bonn (2010)

Weinhardt, C., Anandasivam, A., Blau, B., Borissov, N., Meinl, T., Michalk, W., Stößer, J.: Cloud-Computing – Eine Abgrenzung, Geschäftsmodelle und Forschungsgebiete. Wirtschaftsinformatik **51**(5), 453–462 (2009)

Bereitstellungsformen

6

Clouds oder auch
Lageredeinedatenhierduidiotdamitwirsiealleaufeinmalabgreifenkönnen
Grm
Sybille Berg

Zusammenfassung

Ein betriebliches Anwendungssystem kann vom nutzenden Unternehmen selbst betrieben werden („on-premises") oder von einem Dienstanbieter („in der Cloud"), wobei der Zugriff über das Internet erfolgt. Ein zweiter Aspekt der Bereitstellung ist die Granularität, in der Anwendungssoftware entwickelt und betrieben wird: als monolithisches System oder als Zusammenschaltung feingranularer, weitgehend unabhängiger Dienste, wie es bei Microservices vorgesehen ist. Weitere Aspekte sind die Inhaltsarten eines Anwendungssystems und wer das System entwickelt und anbietet.

Lernziele

- Die heute üblichen Formen der Bereitstellung betrieblicher Anwendungssysteme gegenüberstellen können: on-premises und Cloud.
- Microservices als Alternative zu monolithischen Systemen einschätzen können.
- Weitere Aspekte wie „Business Content" und Open-Source-Systeme einordnen können

---

Die Quelle zum Kapitelmotto lautet: Berg S (1974) Grm. Kiepenheuer & Witsch, 1. Auflage 2019, Köln, S. 405.

6.1   Cloud-Computing

6.1.1   Konzept

Bisher sind wir implizit davon ausgegangen, dass ein betriebliches Anwendungssystem „gekauft" wird, d. h. Softwarelizenzen erworben werden, und die Software beim einsetzenden Unternehmen installiert und betrieben wird *(„on-premises")*. Dies ist heute immer noch der üblichste Fall. Doch gerade in der letzten Zeit erlebt Cloud-Computing große Zuwächse.

Cloud-Computing liegt die Idee zugrunde, Dienste der Informationsverarbeitung nicht selbst bereitzustellen, sondern zu mieten. Genauer gesagt hat Cloud-Computing die folgenden Eigenschaften (Baun et al. 2011, S. 2 ff.):

- Die Software wird nicht gekauft und installiert, sondern ein Zugang zu ihr wird gemietet *(„on demand";* Baun et al. 2011, S. 123). Die Software bzw. ihre Nutzung wird dann als *Dienst (Service)* bezeichnet.
- Der Zugang zum Dienst geschieht über das Internet oder ein Intranet.
- Die Abrechnung des Dienstes erfolgt nutzungsabhängig, d. h. abhängig von der Benutzeranzahl, zeitraumbezogen oder mengenbezogen, wie nach Rechenleistung oder Speichermenge („pay per use").
- Die potenziell nutzbare Ressourcenmenge ist per dynamischer Skalierung so groß, dass der Nutzer den Eindruck unendlicher, nicht beschränkter Ressourcen bekommt. Man spricht von Elastizität, wobei sich bedarfsweise feingranular und kurzfristig Ressourcen hinzufügen oder wegnehmen lassen (Plattner und Zeier 2011, S. 194).
- Von Betreiberseite werden meist Pools von Ressourcen (Rechner, Datenspeicher, Netze, Software) für eine Vielzahl von Unternehmen und Nutzern, z. B. über Mandanten (Abschn. 3.3.3), zur Verfügung gestellt. Im Englischen wird dies *Multi-Tenancy* („für viele Mieter") genannt (Plattner und Zeier 2011, S. 198). Wie bei großen Mietshäusern können manche gemeinschaftlichen Inhalte „preisgünstig" sein: So können öffentliche Daten wie Postleitzahlen oder Währungsumrechnungskurse von allen Mietern gleichzeitig verwendet werden und müssen nur ein Mal geladen werden (Plattner und Zeier 2011, S. 198). (Welche Teile werden gemeinschaftlich genutzt? Welche sind unternehmensindividuell?)

Ein gängiger Vergleich ist der von IT-Leistung und elektrischem Strom: „IT aus der Steckdose", wofür auch der Begriff *„Utility Computing"* gebraucht wird (Repschläger et al. 2010, S. 6; Baun et al. 2011, S. 2). Dem Nutzer von Cloud-Computing kann es prinzipiell gleichgültig sein, welche Realisierung für die Diensterbringung gewählt wird. Üblicherweise ist es ein zentral verwaltetes verteiltes System. Im Detail können Unterschiede natürlich wichtig werden, z. B. hinsichtlich der Ausfallsicherheit des Systems oder rechtlicher Datenschutzbestimmungen. (Ist der Umzug genauso einfach wie beim Strom – also von einer Wolke zur nächsten?)

Ein mit Cloud-Computing verwandter Ansatz ist *Grid-Computing* (Abschn. 5.2.5).
Der Unterschied ist vor allem darin zu sehen, dass bei Cloud-Computing ein zentraler
Anbieter viele Kunden bedient, während bei Grid-Computing wenige Einzelkunden
viele kleine im Netz zusammengeschaltete Rechner nutzen (Repschläger et al.
2010, S. 7). Chellammal und Pethuru (2019, S. 28) sehen Cloud-Computing als eine
Kombination von Grid-Computing (für den technischen Aspekt der Bereitstellung von
Rechnerressourcen) und Utility-Computing (für das Mieten von Rechnerressourcen „on
demand").

Für den Anbieter von Cloud-Diensten ergeben sich Skaleneffekte dadurch, dass er
die Dienste für viele Unternehmen bereitstellt. Vorteile zeigen sich schon auf Hardware-
seite: Durch eine große Abnahmemenge werden die Einkaufspreise sinken, und durch
viele Kunden erzielt er eine effiziente Ressourcenauslastung (Repschläger et al. 2010,
S. 13). Weiterhin kann er durch das Angebot neue Kunden gewinnen, z. B. kleinere
Unternehmen und den Mittelstand, welche die Investitions- und Betriebskosten großer
Anwendungssysteme scheuen.

6.1.2 Ausprägungen

a) Einteilung nach Softwareschichten

Cloud-Computing kann auf verschiedenen Ebenen eingesetzt werden (vgl. unser
Schichtenmodell in Kap. 2; Baun et al. 2011, S. 30):

- *Infrastructure as a Service (IaaS):* Systeminfrastruktur,
- *Platform as a Service (PaaS):* (Anwendungs-)Plattform und
- *Software as a Service (SaaS):* Anwendungen.

In Baun et al. (2011, S. 39) werden zudem menschliche Dienstleistungen als Fortsetzung
des „… as a Service-Konzeptes" angeführt („Crowd Sourcing"). Eine Übersicht, welche
Schichten in welcher Art von Cloud-Software bereitgestellt werden, auch im Vergleich
zu einem On-Premises-System, zeigt Abb. 6.1, in Anlehnung an (Chellammal und
Pethuru 2019, S. 50 ff.).

Bei der Infrastruktur werden generische Ressourcen bereitgestellt, z. B. Speicher
oder Rechenleistung. Unternehmen wie Amazon verwenden eine leistungsfähige
Hardwareinfrastruktur, um selbst in Spitzenzeiten, wie vor Weihnachten, ihr Online-
geschäft abwickeln zu können. Die Idee ist, solche Ressourcen zu Zeiten schwächerer
Auslastung gewinnbringend für andere Zwecke einzusetzen. So entstanden verschiedene
Systeminfrastrukturdienste von Amazon. Anbieter bieten heute teilweise Dienste auf verschiedenen Ebenen an (Repschläger et al. 2010, S. 8). Große Anbieter für IaaS und PaaS
neben Amazon sind Google, Microsoft, IBM und Hewlett Packard, es gibt aber auch
Open-Source-Entwicklungen.

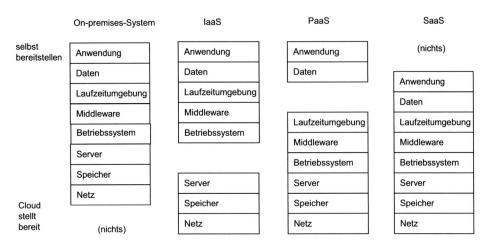

Abb. 6.1 Verteilung der Software-Schichten bei verschiedenartiger Cloud-Software. (nach Chellammal und Pethuru 2019, S. 50 ff.)

Bei der Plattform in PaaS handelt es sich um eine Entwicklungs- und Laufzeitumgebung (Baun et al. 2011, S. 30), zuzüglich üblicher unterstützender Funktionalität wie Applikationsserver, in Abb. 6.1 Middleware genannt. (Gibt es einen Unterschied zur Anwendungsplattform gemäß Kap. 5?)

Am interessantesten ist für uns die Anwendungsebene, Software as a Service. Dem liegt die Idee zugrunde, das Hosting von Anwendungen zu übernehmen. Ein früherer Begriff mit leicht anderer Ausrichtung (individuelle Betreuung jedes Kundensystems) dafür war *„Application Service Providing (ASP)"*, was sich jedoch nicht in der Form durchgesetzt hat. In Repschläger et al. (2010, S. 7) wird als Unterschied zwischen ASP und SaaS vor allem die bessere Individualisierungsmöglichkeit von SaaS genannt.

Ein frühes bekanntes Angebot für betriebliche Cloud-Software ist der CRM-Dienst Salesforce.com (Baun et al. 2011, S. 68 ff.). Mittlerweile werden viele Softwaresysteme sowohl als On-Premises- als auch als Cloud-Software angeboten. Meist werden sie dann auch vom Anbieter der Software betrieben. Theoretisch müsste es bei diesen unterschiedlichen Formen keinen Unterschied in der Gestaltungsmöglichkeit, insbesondere der Anpassbarkeit (Kap. 14), geben, tatsächlich ist sie bei Cloud-Software jedoch oft eingeschränkt. Besonders deutlich wird dies dann, wenn ein- und dieselbe Software sowohl „on-premises" als auch in einer Cloud angeboten wird. Dies mag Kostengründe haben – durch eingeschränkte Anpassungsmöglichkeiten können die Betreiberkosten gesenkt werden, bzw. mehr Einnahmen beim Verkauf von Softwarelizenzen („on-premises") erzielt werden. Darüber hinaus kann es sein, dass die Softwareaktualität höher ist als bei On-Premises-Systemen (Versionswechsel, Einspielen von Fehlerkorrekturen), wenn Anbieter hierbei schneller agieren als die Unternehmens-IT.

Für die Implementierung von Multi-Tenancy werden in Plattner und Zeier (2011, S. 199) drei Ansätze genannt. Sie betreffen im Wesentlichen die Datenbank:

- Gemeinsamer Rechner: Im gemeinsamen Rechner hat jeder Mieter seine eigene Datenbank.
- Gemeinsame Datenbankinstanz: In der gemeinsamen Datenbank haben die Mieter jeweils eigene Tabellen.
- Gemeinsame Datenbanktabelle: Alle Mieter verwenden eine gemeinsame Datenbanktabelle. Die Unterscheidung der Datensätze erfolgt nach dem Mandantenprinzip (Abschn. 3.3.3).

b) Ort der Cloud
Hier wird unterschieden zwischen:

- Public Cloud,
- private Cloud und
- hybride Cloud.

Bei einer *privaten Cloud* läuft die Cloud-Software für ein Unternehmen getrennt von jener für andere Unternehmen, d. h. die Rechnerressourcen werden nur für das Unternehmen verwendet. Bei einer *Public Cloud* muss dies nicht der Fall sein. Der Betreiber der Cloud-Software kann somit in einer Public Cloud z. B. dieselbe Hardware und Software für mehrere Unternehmen verwenden, was die Kosten senkt.

Durch die oben genannte Trennung in einer privaten Cloud wird eine organisatorisch bessere Datenisolation erreicht. Auch ergibt sich eine individuellere Steuerung der Leistungsfähigkeit für das Unternehmen. Die private Cloud kann vom Unternehmen selbst betrieben werden oder von einem Dienstanbieter. Im ersten Fall ergibt sich eine Nähe zum On-Premises-Ansatz. Man spricht dann von einer *internen Cloud.* (Worin liegt der Unterschied?) Der Zugriff erfolgt zur Sicherheit mittels eines Virtual Private Networks (VPN) über das Internet.

Eine Mischform ist die *hybride Cloud.* Dabei können geschäftskritische Anwendungen in der internen Cloud laufen, geschäftsunkritische in der öffentlichen (Repschläger et al. 2010, S. 8).

Ein Unternehmen kann auch eine Kombination unterschiedlicher Cloud-Software, kombiniert mit On-Premises-Systemen, einsetzen. Man spricht dann von einer *Multi-Cloud* (Chellammal und Pethuru 2019, S. 49). Ein ähnlicher Begriff ist *hybride IT:* die Mischung bzw. der gleichzeitige Einsatz von On-Premises- und Cloud-Systemen.

Gerade bei Public Clouds können bei Unternehmen Bedenken bezüglich Datensicherheit (Datenverlust) und Datenschutz (unberechtigter Zugriff auf Daten oder unberechtigte Weitergabe von Daten) bestehen. Cloud-Anbieter wirken dem entgegen,

indem sie Maßnahmen ergreifen und darüber informieren (Seubert 2018, S. 64 ff.). Beispiele sind biometrische Zugangskontrollen von Gebäuden, unterbrechungsfreie Strom-
versorgung, verschlüsselte Datensicherungen können in einem räumlich getrennten
anderen Rechenzentrum erfolgen. Zum Belegen der Sicherheitsmaßnahmen dienen
Sicherheitszertifikate, basierend z. B. auf ISO-Normen über Informationssicherheits-
Managementsysteme oder des American National Standards Institute. Eine weitere
Maßnahme wären Penetrationstests durch externe ethische Hacker. Bedenken bestehen
bei Unternehmen besonders beim Datenschutz, wenn das Rechenzentrum in einem
Land liegt, über das größere Vorbehalte bestehen oder gar nicht bekannt ist, in welchem
Rechenzentrum (bei mehreren möglichen) die Daten tatsächlich liegen. Gegen solche
Bedenken kann ein Rechenzentrum im European Union Access Mode betrieben werden,
wobei Betrieb, Wartung und Support ausschließlich aus Ländern des Europäischen Wirt-
schaftsraums geschieht, worüber die Bedenken meistens geringer sind.

6.1.3   Architektur

Technisch setzen die Anbieter von Cloud-Software umfangreich Virtualisierung ein,
um ihre Systeme effizient zu nutzen und die gewünschte Elastizität zu erreichen. Auch
Energiekosten können auf diese Weise gespart werden können (Baun et al. 2011, S. 119).
Ziele von Virtualisierung sind, den Nutzen eines schwach ausgelasteten Systems zu
erhöhen und die Administration zu vereinfachen (Plattner und Zeier 2011, S. 81).
(Welche Vorteile ergeben sich für Unternehmen, die eine Cloud nutzen?)

In Abb. 6.2 ist der Zusammenhang zwischen physischen Rechnerressourcen,
virtuellen Rechnerressourcen und ihrer Zuteilung an die Nutzer (Mieter) von Cloud-Software veranschaulicht.

Die physischen Rechnerressourcen p_1, …, p_n geben die tatsächlich vorhandenen
Rechner, Speichermedien und Netze wieder. Sie können heterogen sein und an geo-
grafisch entfernten Orten untergebracht sein. Eine Virtualisierungsschicht lässt diese
einheitlich als virtuelle Ressourcen v_1, …, v_m erscheinen. Hierfür wird eine Abbildung
verwendet, die auch Zusammenlegungen und Aufteilungen enthalten wird (in der
Abbildung nicht gezeigt). Verwaltet wird dies von einem Virtual Machine Monitor, auch
Hypervisor genannt. Eine virtuelle Maschine ist ein „Behälter" mit einem Betriebs-
system und Anwendungen. Damit können auf einer physischen Maschine gleich-
zeitig mehrere Betriebssysteme laufen, jeweils in getrennten virtuellen Maschinen
(Chellammal und Pethuru 2019, S. 78). Je nach Art der Rechnerressource ist die
Wirkung leicht unterschiedlich: Für Server bedeutet es, dass sich mehrere virtuelle
Maschinen einen physischen Server teilen. Gemäß Chellammal und Pethuru (2019,
S. 112) können 30 virtuelle Server auf einem physischen konfiguriert werden. Für
Speichermedien bedeutet es, dass mehrere heterogene Speicher als ein logischer

Abb. 6.2 Physische und virtuelle Ressourcen sowie ihre Zuteilung

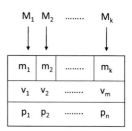

Speicher gesehen werden können. Für Netze bedeutet es, dass ein physisches Netz als mehrere virtuelle erscheint (Chellammal und Pethuru 2019, S. 75). Die Menge der virtuellen Ressourcen kann schließlich an die Mieter (Tenants) m_1, …, m_k zugeteilt werden. Dies soll dynamisch geschehen, d. h., hat ein Mieter kurz- oder mittelfristig einen höheren oder niedrigeren Leistungsbedarf, können ihm schnell mehr oder weniger Ressourcen zugeteilt werden („dynamic provisioning"). Dies ist die in Abschn. 6.1.1 erwähnte Elastizität, durch die Kurzfristigkeit gar „rapid elasticity". Die den Mietern zugeteilten Ressourcenmengen sind aus Sicherheitsgründen logisch voneinander getrennt. Bleibt die Summe der von allen Mietern benötigten Ressourcen unterhalb der zu einem Zeitpunkt eingesetzten physischen Ressourcen, funktioniert dies gut. Würde sie überschritten, müssten zusätzliche physische Ressourcen zugeschaltet werden, um die Leistungsanforderungen in gleicher Weise (Antwortzeiten, Durchsatz) zu erfüllen. In gewissem Sinn ähnelt dies dem theoretischen Modell einer Turingmaschine, welches ebenfalls keine Leistungsbeschränkung (dort bzgl. des Speichers) kennt bzw. jederzeit in der Leistung erweitert werden kann.

Eine weitere Form von Virtualisierung ist die über *Container*. Hierbei wird das Betriebssystem dynamisch in isolierte Container geteilt – nur ein Betriebssystem für getrennte Laufzeitumgebungen. Man spricht auch von Betriebssystem-Virtualisierung. Diese Form von Virtualisierung ist besonders effizient, denn der Aufwand für das Erzeugen und Zerstören eines Containers ist gering (Chellammal und Pethuru 2019, S. 238). Wie über die verschiedenen Virtualisierungsmöglichkeiten Anwendungssysteme bereitgestellt werden können, zeigt Abb. 6.3 (in Anlehnung an Seubert 2018, S. 39, Abb. 2.1).

Für den Anbieter von Cloud-Software bedeutet die flexible Bereitstellung von Ressourcen bei starker Verwendung von Virtualisierung, dass eine manuelle Konfiguration nicht mehr handhabbar sein wird. Vielmehr kommen Werkzeuge zum Einsatz (Cloud-Management-Platform-Werkzeuge), um es programmatisch durchzuführen (Chellammal und Pethuru 2019, S. 257). Zum Beispiel gibt es das software-defined Networking zur Verwaltung virtueller Netze, womit alle Netzkomponenten programmatisch und automatisch konfiguriert werden und von anbieterspezifischen Netzdetails abstrahiert wird (Chellammal und Pethuru 2019, S. 122).

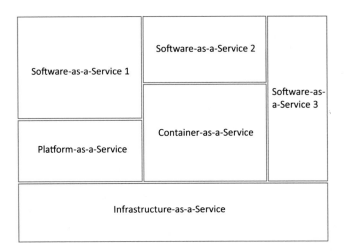

Abb. 6.3 Cloud-Computing-Schichten. (nach Seubert 2018, S. 39, Abb. 2.1)

6.1.4 Beurteilung

Sehen wir uns die Vor- und Nachteile bzw. Risiken für Nutzer von Cloud-Diensten an:
Vorteile:

- Es sind keine großen Anfangsinvestitionen wie bei der Einführung eines lizensierten Anwendungssystems nötig. Dies betrifft sowohl Hard- und Software als auch Personal. Gerade für kleinere und mittelgroße Unternehmen, insbesondere Start-up-Unternehmen, kann dies ein wichtiges Argument sein. Die Idee ist also, fixe Kosten durch variable zu ersetzen.
- Nur die benötigte Leistung wird gekauft. Dagegen wird ein Anwendungssystem typischerweise auf die Spitzenlast ausgelegt, im Durchschnitt wird eine wesentlich geringere Leistung genutzt.
- Eine langfristige Kapitalbindung und IT-Kompetenz sind nicht nötig. Die Vertragslaufzeiten sind kurz (Repschläger et al. 2010, S. 9).

Nachteile bzw. Risiken:

- Es besteht bei vielen Unternehmen weniger Erfahrung als beim Betrieb von On-Premises-Systemen. Es mag damit unsicher erscheinen, wie gut der Ansatz im Unternehmen funktioniert.
- Da die betriebliche Datenverarbeitung in andere Hände gegeben wird, ist großes Vertrauen nötig. Dies betrifft neben der Frage der Verfügbarkeit die der Datensicherheit und Vertraulichkeit (s. oben).

- Die heutigen Cloud-Dienste sind weitgehend proprietär, es gibt keine Standards. Daher ist ein schneller Wechsel zu einem anderen Anbieter schwierig. Man bezeichnet dies als *„Vendor Lock-in"*. Allerdings ist die Situation bei On-Premises-Systemen ähnlich.

6.2 Microservices

Unsere bisherige Betrachtungsweise sieht als Installationseinheit ein betriebliches Anwendungssystem mit vielen miteinander verwobenen („integrierten") Funktionen und Daten, gruppiert in Geschäftsobjekten und verwendet in Geschäftsprozessen. Möchte man für nur einen Dienst eine neuere, weiterentwickelte Version, ist trotzdem in der Regel eine neue Version des ganzen Systems erforderlich.

Bei Microservices ist dagegen die Sicht auf Anwendungssoftware eine Vielzahl von weitestgehend unabhängig entwickelten „Diensten" („Services", „Microservices", um die Granularität zu betonen – der Service ist nicht ein ganzes System, sondern eine kleinere abgegrenzte Einheit) (Schwartz 2017). Es ist sowohl als Entwicklungskonzept wie als Betriebsmodell zu verstehen. (Worin besteht der Unterschied zwischen einem Cloud-Dienst und einem Microservice?)

Ansätze zu Diensten bzw. Services gibt es seit längerer Zeit. Ein in den Zweitausenderjahren populärer Begriff war die „serviceorientierte Architektur" (SOA), um die es danach ruhiger wurde. In den letzten Jahren versucht man, mit Microservices den Servicegedanken weiterzuentwickeln und insbesondere zu konkretisieren. Um ihn besser zu verstehen, werfen wir einen kurzen Blick auf den „Vorläufer", die serviceorientierte Architektur.

Die Motivation für die *serviceorientierte Architektur (SOA)* war Flexibilität und Wiederverwendbarkeit. Bezüglich Flexibilität wird argumentiert, dass Geschäftsprozesse heute sehr schnell änderbar sein müssen, damit ein Unternehmen schnell am Markt agieren und reagieren kann. Ist die Anwendungsfunktionalität in Form einzelner Dienste (Services) verfügbar, so lässt sich daraus zügig ein Geschäftsprozess gestalten, so die Idee. (Gilt das Argument auch für Microservices?) Zur Wiederverwendbarkeit ist zu bemerken, dass in großen Unternehmen weitgehend ähnliche oder sogar die gleiche Funktionalität oftmals an mehreren Stellen, in mehreren Systemen realisiert ist. Das Ziel ist nun, wiederverwendbare Dienste zu definieren, welche an allen Stellen eingesetzt werden.

Entsprechend ist ein Grundgedanke einer serviceorientierten Architektur, zuerst Dienste zu identifizieren und ihre Schnittstellen so festzulegen, dass sie wiederverwendbar sind. Erst in einem zweiten Schritt erfolgt die Überlegung, wie und insbesondere in welchen Systemen die Dienste zu realisieren sind.

Microservices liegt weniger die Wiederverwendbarkeit als die Modularisierung von Anwendungsfunktionalität zugrunde: Ein Microservice soll eine abgegrenzte fachliche Aufgabe einer gewissen Größe abbilden. Ein Microservice ist damit wesentlich kleiner

als ein Anwendungssystem. Für die Größe wird indirekt die Größe der Entwicklungsgruppe für dessen Realisierung angegeben, nämlich fünf bis zehn Personen. Umfangreichere Anwendungsfunktionalität ist dabei also in kleine Einheiten aufzuteilen, die
unabhängig entwickelt und installiert werden. Es handelt sich um eine agile Softwareentwicklung, und Microservices werden meist für fachliche Individualsoftware eingesetzt.
In Schwartz (2017) sind Beispiele von großen Internet-, Handels- und Finanzunter-
nehmen genannt. Die Entwicklungsgruppe soll den Microservice nicht nur entwickeln,
sondern auch betreiben.

Jeder Microservice sollte seine eigene Datenbank haben; entweder verschiedene
Instanzen derselben Datenbank oder sogar verschiedene Datenbanksysteme, zumindest
aber getrennte Datenbankschemata (Schwartz 2017, S. 592). Die Microservices werden
unabhängig voneinander entwickelt. Für jeden Microservice könnte also eine eigene
Programmiersprache, eine Entwicklungsumgebung und ein Datenbankprodukt gewählt
werden. Ein Microservice läuft auf einer Plattform, die im Kontext von Microservices
auch „Makroarchitektur" genannt wird – dies im Gegensatz zur Struktur eines Microservice, der „Mikroarchitektur". Die Plattform stellt z. B. Lastbalanzierung oder ein
Überwachen des korrekten Ablaufs der Microservices bereit.

Die Kommunikation der Microservices untereinander erfolgt über APIs, technisch
realisiert in der Regel als REST-basierte Webservices (Abschn. 11.8). Für eine bessere
Leistungsfähigkeit könnte ein Microservice Kopien von Daten eines anderen Microservice halten (Kap. 10). Um die Kopien konsistent zu halten, kann Polling oder das
„Publish-and-subscribe-Prinzip" eingesetzt werden oder, etwas allgemeiner, Ereignisse
zur Benachrichtigung über Zustandsänderungen (Kap. 10).

In der Grundform handelt es sich also bei den Microservices um ein verteiltes System
von hierarchisch gleichgestellten feingranularen Softwarekomponenten. Eine zusätzliche
Struktur lässt sich einführen als „Self-contained System" (Schwartz 2017), bestehend
aus mehreren Microservices. Das System kann eine zentrale Benutzeroberfläche und
Datenhaltung haben. Damit nähern wir uns modular entwickelten monolithischen
Systemen an.

Zu untersuchen bliebe, für welche Szenarien Microservices vorteilhaft sind und für
welche der „klassische" Systemansatz oder Zwischenstufen. In Schwartz (2017) wird
dies ein wenig diskutiert, und auf das Beispiel des Online-Services StackOverflow mit
einer monolithischen Architektur und trotzdem hoher Weiterentwicklungsgeschwindig-
keit hingewiesen.

Generell ist kritisch bei Architekturstilen und Entwicklungsmethoden in der Wirtschaftsinformatik (insbesondere in der Praxis) anzumerken, dass wissenschaftliche
Untersuchungen der Überlegenheit des einen oder anderen Ansatzes schwach ausgeprägt
sind. Meist handelt es sich um anekdotische Erfahrungsberichte, „Success Stories",
welche aber weit entfernt sind von einer systematischen Untersuchung, wie wir sie
aus anderen Bereichen kennen, z. B. bei systematischen Experimenten in den Natur-
wissenschaften, bei Studien zu Arzneimitteln oder allgemeiner bei der evidenzbasierten

Medizin. Die Aussage, dass eine Methode oder eine Architektur in einer Reihe von Unternehmen oder Projekten erfolgreich war, kann noch nicht als wissenschaftlicher Beweis gewertet werden. (Wie sähe dann ein solcher wissenschaftlicher Beweis aus?)

6.3 Inhaltsarten

In Kap. 2 hatten wir gesehen, dass aufbauend auf einer Anwendungsplattform ein Anwendungssystem dadurch entsteht, dass Anwendungsprogramme und deren unternehmensspezifisches Customizing hinzugefügt werden. Alles, um was die Anwendungsplattform ergänzt wird, wollen wir den „Inhalt" des Anwendungssystems nennen. Dieser kann vielgestaltig sein, je nach Typ und konkreter Ausprägung eines Anwendungssystems. Neben den bekannten Dingen, den Anwendungsprogrammen, deren Customizing-Einstellungen und den Geschäftsdaten, werden wir weitere ansprechen. Insofern ist ebenso ein Aspekt der Bereitstellung, welche Möglichkeiten hier bestehen.

Nach nunmehr umfangreicheren Kenntnissen über verschiedene Typen von Anwendungssystemen erkennen wir, dass es bereits große Unterschiede gibt, welchen Umfang die Anwendungsprogramme einnehmen: Ein ERP-System enthält viele unmittelbar (nach Customizing) verwendbare Anwendungsprogramme. Dagegen gibt es in einem Data-Warehouse-System nur generische Software für die Definitionszeit (z. B. Entwurf von Datenwürfeln, Grundfunktionen für die Datenbereinigung) und die Laufzeit (z. B. Aggregationsunterstützung, Pufferungsmechanismen).

Sehen wir uns nun ein Klassifikationsschema für den Inhalt eines Anwendungssystems an, um weitere Inhaltsarten anzusprechen. Das Schema verwendet drei Dimensionen und Wertebereiche für deren Dimensionselemente samt jeweils einer ID, welche wir für unsere Klassifikationsbeispiele verwenden werden:

1. *Inhaltsart* (I):
   - *Programmobjekte* (p): Dies betrifft alle „Dinge" im Anwendungssystem, die im weiteren Sinne Programmcharakter haben. („Objekt" ist hier nicht im Sinne von „Objektorientierung" gemeint.) Dies ist einerseits natürlich der Quellcode der betrieblichen Anwendungsprogramme, auch Masken der Benutzeroberfläche gehören dazu, andererseits Datenbanktabellen und global verwendbare Datentypdefinitionen oder als Workflows abgebildete Geschäftsprozesse (Kap. 12). Negativ charakterisiert ist es alles, was kein Datum (Customizing-, Stamm- und Bewegungsdatum) ist. Der Wert p lässt sich durch die im jeweiligen Anwendungssystem vorkommenden Programmobjekte verfeinern, z. B. in Datenbanktabelle, Maske, Anwendungsprogramm – abhängig davon, welche Programmobjekte ein konkretes Produkt bietet.
   - *Daten* (d): Auch hier ist eine Verfeinerung möglich, etwa in Customizing-, Stamm- und Bewegungsdaten.

2. *Verwendbarkeit* (V):
   - *Unmittelbar verwendbar* (u): Dieser Inhalt kann unmittelbar, direkt verwendet werden.
   - *Kopiervorlage* (k): Der Inhalt kann nicht unmittelbar verwendet werden, sondern dient als eine Kopiervorlage. Eine erstellte Kopie wird dann abgewandelt, an die Unternehmensbedürfnisse angepasst.
3. *Ersteller* (E): Hier wird angegeben, wer der Ersteller des Inhalts ist.
   - *Standard* (s): Es handelt sich um ein Standardobjekt bzw. -datum, d. h. der Ersteller ist der Softwareanbieter.
   - *Zusatz* (Add-on; z): Das Anwendungssystem wurde um Zusatzfunktionalität erweitert, z. B. von einem Softwareentwicklungspartner.
   - *Neu, unternehmensspezifisch* (n): Das Unternehmen, welches den Inhalt verwendet, hat diesen auch erstellt.

Mit diesem Schema können wir Inhalte durch Drei-Tupel (I, V, E) klassifizieren, wobei I, V und E die jeweiligen Werte ihrer Dimensionselemente annehmen können. Sehen wir uns einige Beispiele an. (Überlegen Sie, warum die angegebenen Werte sinnvoll sind.) Wir beginnen beim Naheliegenden und kommen dann auf weitere Möglichkeiten zu sprechen.

1. Eine Standardfunktion, z. B. in einem ERP-System, hätte den Wert (p, u, s).
2. Stamm- und Bewegungsdaten in einem Produktivsystem (Kap. 14). (Welchen Wert hätte das Tupel (I, V, E)?)
3. Eine Währungseinheit hätte den Wert (d, u, s). Sinnvoll ist es, wenn eine Standard-software solchen Inhalt bereitstellt, weil jedes Unternehmen eine Teilmenge der Währungseinheiten benötigt.
4. In manchen Anwendungssystemen ist ein „Modellunternehmen" mit Demodaten verfügbar, um mittels einer Test- oder Schulungsinstallation mit der Software vertraut zu werden. Der Inhalt eines solchen Modellunternehmens wäre (d, u, s).
5. Manche Systeme stellen „Business Content" bereit, Vorschlagswerte für bestimmte Standardfälle. Bei einem Data-Warehouse-System könnte dies ein Datenwürfel für Auswertungen im Vertrieb sein. Solcher „Business Content" hätte den Wert (p, k, s).
6. Eine Standardrolle (Kap. 15) in einem betrieblichen System hätte den Wert (d, u + k, s). Hier sehen wir, dass ein Wert unterschiedliche Zwecken dienen kann: Die Standardrolle könnte in einigen Fällen (z. B. manchen Unternehmen) unmittelbar verwendet werden, in anderen als Kopiervorlage dienen.
7. Eine unternehmensspezifische Rolle (Kap. 15) hätte den Wert (d, u, n).

(Finden Sie eine Kombinationsmöglichkeit (I, V, E), für die es keinen praktischen Anwendungsfall gibt?)

6.4 Open-Source-Systeme

Eine weitere Unterscheidungsmöglichkeit betrieblicher Anwendungssysteme, die Bereitstellung betreffend, ergibt sich aus deren Herkunft: Ist ein System ein kommerzielles Produkt, ein Open-Source-System oder eine Eigenentwicklung? Am verbreitetsten sind in dem Bereich heute kommerzielle Produkte, in Abgrenzung zu Eigenentwicklungen vor allem aus wirtschaftlichen Gründen, in Abgrenzung zu Open-Source-Systemen aus Gründen der Verfügbarkeit von für die Unternehmensart und -größe geeigneten Open-Source-Systemen und wohl auch aus Stabilitätsüberlegungen. In gewissen Teilbereichen, hier ist Big-Data- und Machine-Learning-Software zu nennen, hat Open-Source-Software allerdings die Oberhand. Einen Marktspiegel für betriebliche Open-Source-Anwendungssoftware bietet Kees und Markowski (2019).

Bei Open-Source-Software ist ein zweigeteiltes Angebot zu beobachten: Zum einen eine kostenfreie „Community Edition", was man sich unter Open-Source-Software im engeren Sinne vorstellt. Zum anderen eine kostenpflichtige „Enterprise Edition", welche insbesondere Dienstleistungen zur Wartung beinhaltet, oft aber auch zusätzliche Funktionen. Hier sehen wir also eine Zwischenform zwischen kommerzieller und (nach der gängigen Auffassung reiner, kostenfreier) Open-Source-Software. Zu einer Open-Source-Software kann es konkurrierende Enterprise Editions verschiedener Anbieter geben.

6.5 Übungen und Lösungsvorschläge

a) Übungen

Aufgabe 6.1 Welche Vor- und Nachteile haben die verschiedenen Formen von Multi-Tenancy-Fähigkeit in Cloud-Software?

Aufgabe 6.2 Welche Gründe könnte es für eine interne Cloud, im Unterschied zu On-Premises-Systemen, geben?

Aufgabe 6.3 Nehmen Sie an, Sie würden ERP-Funktionalität mit Microservices realisieren. Welche Microservices würden Sie entwerfen? Müssten die Microservices miteinander kommunizieren? In welcher Weise?

Aufgabe 6.4 Bei Microservices wird argumentiert, jeder Microservice könne seine eigene Programmiersprache und Datenbank haben. Welche Vor- und Nachteile gibt es hierbei?

b) *Lösungsvorschläge für die Übungen*

Aufgabe 6.1 Getrennte Datenbank: hohe Datenisolation, volle Anpassung, getrennte Leistungssteuerung. Getrennte Tabellen: volle Anpassung, bei SQL-Zugriffen Tabellennamenberechnung nötig. Selbe Tabelle: einfacher Zugriff, Anpassungsmöglichkeiten eingeschränkt.

Aufgabe 6.2 Vor allem Zentralisierung, ein „Wildwuchs" wird so verhindert. Außerdem spielen auch für andere Clouds (z. B. öffentliche) geltende Vorteile eine Rolle, z. B. eine bessere Hardwarenutzung durch gemeinsame Verwendung.

Aufgabe 6.3 Man könnte sich etwa die Granularität der Geschäftsobjekte vorstellen, gerade wenn man an die vorgeschlagene Projektgröße denkt. Haben die Microservices ihre eigene Datenhaltung, würde die Kommunikation über Methodenaufrufe (Schnittstellen) geschehen. Wäre der Ansatz bei einem eng integrierten und standardisierten ERP-System sinnvoll?

Aufgabe 6.4 Die Vor- und Nachteile der Programmiersprache sind ähnlich wie bei Best-of-Breed und Best-of-Suite (Kap. 8). Hinzukommen können noch die Qualifikationen der Entwicklungsteams. Was die Datenbank betrifft, ist auch die Leistung zu berücksichtigen (vgl. die Überlegungen in Kap. 5).

Literatur

a) Weiterführende Literatur

Einen guten Überblick über Cloud-Computing, auch mit Bezug zu SOA, gibt
Baun, C., Kunze, M., Nimis, J., Tai, S.: Cloud Computing, 2. Aufl. Springer, Berlin (2011)
Darin werden auch viele Beispiele für Cloud-Dienste, auf allen Ebenen, dargestellt.
Eine umfangreiche Darstellung von Cloud-Computing bietet
Chellammal, S., Pethuru Raj, C. Essentials of Cloud Computing. Springer Nature, Switzerland
     (2019)

b) Weitere zitierte Literatur

Kees, A., Markowski, D.A.: Open Source Enterprise Software, 2. Aufl. Springer Vieweg, Wiesbaden (2019)
Plattner, H., Zeier, A.: In-Memory Data Management. Springer, Berlin (2011)
Repschläger, J., Pannicke, D., Zarnekow, R.: Cloud Computing: Definitionen, Geschäftsmodelle und Entwicklungspotentiale. HMD – Praxis der Wirtschaftsinformatik **275**, 6–15 (2010)
Seubert, H.: SAP® Cloud Platform. Rheinwerk, Bonn (2018)
Schwartz, A.: Microservices. Aktuelles Schlagwort. Informatik-Spektrum 40(6), 590–594 (2017)

Teil II
Integration

Überblick über Teil II

7

Alte Wand! *Pause*. Jenseits ist … die andere Hölle.
Endspiel
Samuel Beckett

Zusammenfassung

Dieses Kapitel dient als Rahmen für die Folgekapitel, welche sich mit Integrationstechniken für Anwendungssysteme in einer Systemlandschaft auf allen Ebenen unserer Modellierungssicht beschäftigen: die Integration mittels Datenaustausch auf der Ebene der Geschäftsdaten, die Integration über die Benutzeroberfläche und die Integration über die Anwendungslogik mittels Funktionsaufrufen, beide auf der Ebene der Geschäftsobjekte, und schließlich die Integration mittels Workflow-Systemen auf der Ebene der Geschäftsprozesse.

Lernziel

In den Begriff „Systemlandschaft" einführen und einen Überblick über die Integrationstechniken gewinnen, welche in den Folgekapiteln detailliert beschrieben werden.

Die Quelle zum Kapitelmotto lautet: Beckett S (1974) Endspiel. Suhrkamp Taschenbuch 171, 1. Auflage 1974, Frankfurt a. M., S. 41.

© Springer-Verlag GmbH Deutschland, ein Teil von Springer Nature 2021   159
R. Weber, *Betriebliche Anwendungssysteme,*
https://doi.org/10.1007/978-3-662-63185-0_7

a) Systemlandschaft

Bereits in Kap. 3 bei den Schnittstellen operativer Systeme, mehr noch in Kap. 4 beim ETL-Prozess und schließlich in Kap. 6 bei Microservices haben wir gesehen, dass mehrere Anwendungssysteme zusammenarbeiten und daher integriert werden müssen. In großen Unternehmen können dies Hunderte von Systemen sein. Nicht jedes wird mit jedem gekoppelt sein. Trotzdem ist der Integrationsaufwand erheblich. Das Ergebnis ist eine *Systemlandschaft*. Abb. 7.1 greift einen Teil von Abb. 1.1 in der Einleitung auf. Die Systeme sind nun dunkler geworden sind. Wir schauen nämlich nicht mehr in die einzelnen Systeme bzw. Systemtypen genauer hinein, sondern behandeln sie wie schwarze Kästen („black box"). Die Systemlandschaft, die Kopplung der Anwendungssysteme eines Unternehmens (*dunkle Teile*), behandeln wir in Kap. 8. Die darauf folgenden Kapitel sind den *Pfeilen* des Bildes gewidmet, den verschiedenen Integrationstechniken (Kap. 9–12). Auf die *Pfeile* wollen wir bereits hier einen ersten Blick werfen.

In Kap. 2 und genauer in Kap. 3 wurden die Modellierungsebenen Geschäftsdaten, Geschäftsobjekte und Geschäftsprozesse eingeführt. Ferner wurden Geschäftsschnittstellen zur Integration der Anwendungssysteme einer Systemlandschaft angesprochen. Tatsächlich lässt sich die Integration auf allen drei Ebenen durchführen (Abb. 7.2).

Sehen wir uns den typischen schematischen Aufbau von Anwendungsprogrammen an (Abb. 7.3). Wir unterscheiden darin die Ebenen des Benutzerdialogs, der Anwendungslogik und des Datenzugriffs (vgl. die dreischichtige Client-Server-Technologie in Kap. 5). Bei Anwendungen ohne Dialog entfällt natürlich die oberste Ebene. (Was ersetzt sie?) Für die folgende Einteilung ist diese Sicht ausreichend (vgl. aber die Bemerkungen zur Präsentationsschicht in Abschn. 5.2). Die verschiedenen Integrationsformen lassen sich gemäß dieses Schemas durch Bilder veranschaulichen.

b) Integration mittels Datenaustausch

Bei diesem Ansatz auf der Ebene der Geschäftsdaten werden letztlich zwischen den Datenbanken der Anwendungsprogramme bzw. -systeme Daten ausgetauscht (Abb. 7.4). Tatsächlich involviert diese Integration im empfangenden System Prüflogik, die die

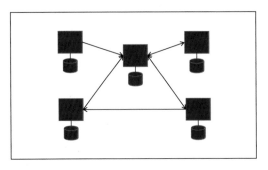

Kap. 8:
System-
landschaft

Kap. 9 - 12:
Integrations-
techniken

Abb. 7.1 Überblick

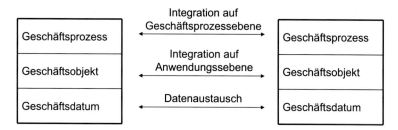

Abb. 7.2 Integrationsmöglichkeiten

Abb. 7.3 Aufbau eines
Anwendungsprogramms

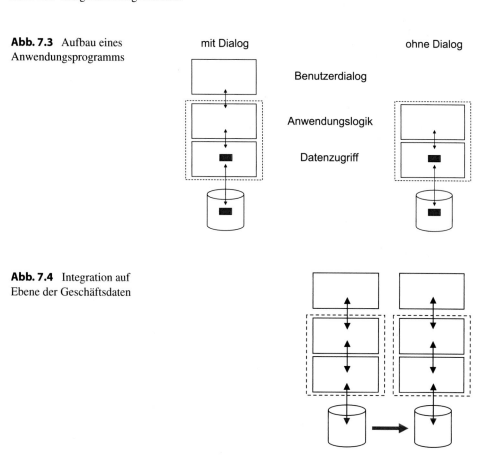

Abb. 7.4 Integration auf
Ebene der Geschäftsdaten

Datenkonsistenz wahrt. Zudem wird im sendenden System üblicherweise nicht einfach ein Abzug eines Geschäftsobjektes aus der Datenbank gemacht oder ein neu zu erstellendes Geschäftsobjekt gemäß dem Datenmodell des Sendersystems geschickt. Vielmehr wird meist ein neutrales Datenaustauschformat verwendet, in welches das Sendersystem die zu übermittelnden Daten bringt, weswegen der Auslöser auf

Senderseite ebenso die Anwendungsschicht ist. Der Unterschied zur Integration über Anwendungslogik besteht darin, dass bei der Integration über Datenaustausch der Verwendungszweck (d. h. die Methode, wie „anlegen", „ändern") der zu übermittelnden Daten nur implizit ist, gesendet werden allein Daten.

In der Regel ist eines der Systeme „Eigentümer" von gewissen Daten (Abschn. 8.4), und die Daten werden dem anderen System nur als Kopie zur Verfügung gestellt, oft nur mit lesendem Zugriff. Intensiv wurde diese Vorgehensweise in Kap. 4 verwendet. Das Übertragungsformat muss zumindest zwischen Sender- und Empfängersystem vereinbart sein. Besser ist jedoch ein Standard, welcher von vielen Systemen verstanden wird. (Warum?) Als Basistechnologie dient häufig XML. Die technische Ausgestaltung wird in Kap. 10 behandelt.

Auf der Ebene der Geschäftsobjekte gibt es zwei Integrationsansätze: über die Benutzeroberfläche und über die Anwendungslogik (Abb. 7.5).

c) Integration über die Benutzeroberfläche
Zum einen kann man eine Software einsetzen, von deren Benutzeroberfläche aus sich direkt Dialogmethoden verschiedener Systeme, also inklusive der enthaltenen Benutzeroberfläche, aufrufen lassen. Man spricht dabei von *Frontend-Integration*. Dies steht im Gegensatz zur *Backend-Integration,* auch *Enterprise Application Integration (EAI)* genannt, welche durch Datenaustausch oder über die Anwendungslogik zustandekommt. Die typische Realisierungsform der Integration über die Benutzeroberfläche ist ein Webportal, wo eine Vielzahl von Anwendungsprogrammen, aber auch andere Informationsquellen integriert sind. Neben dem reinen Nebeneinanderstellen von Anwendungen sind gewisse Formen der Datenübergabe über die Benutzeroberfläche möglich. Der Ansatz wird in Kap. 9 behandelt. Für den Benutzer sieht das Ergebnis wie lediglich ein Anwendungssystem aus; er sieht nicht, dass die Funktionen in verschiedenen Systemen ablaufen.

d) Integration über die Anwendungslogik (Integration mittels Funktionsaufruf)
Hier wird eine Methode eines Geschäftsobjektes in einem anderen System aufgerufen, meist ohne Dialog. In der Informatik entspricht dies dem Unterprogrammaufruf bzw.

Abb. 7.5 Integration auf Ebene der Geschäftsobjekte

Benutzeroberfläche

Anwendungslogik

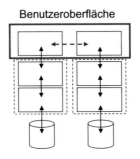
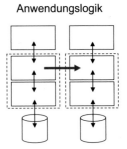

Funktionsaufruf, weswegen wir die Bezeichnung *Integration mittels Funktionsaufruf* wählen (Kap. 11). Eine Besonderheit ist dabei, dass die Anwendungsprogramme in verschiedenen Programmiersprachen entwickelt sein können, was einen programmiersprachenübergreifenden Funktionsaufruf erfordert. Vom klassischen RPC bis zu Webservices gibt es dafür verschiedene Techniken. Den organisatorischen Extremfall haben wir bereits in Kap. 6 angesprochen, Microservices, wo ein systemexterner Funktions- bzw. Dienstaufruf nicht die Ausnahme sondern die Regel für die Interaktion zwischen den Microservices ist. (Warum ist es dort die Regel, im „klassischen" Ansatz aber nicht?)

e) Integration auf der Geschäftsprozessebene
Auf der Ebene der Geschäftsprozesse gibt es ebenfalls zwei Möglichkeiten (Abb. 7.6):

- **Orchestrierung:** Hier führt ein zentraler Geschäftsprozess Methodenaufrufe in den verschiedenen Systemen der Systemlandschaft durch. (Ist dafür auch eine Integration mittels Datenaustausch oder Funktionsaufruf nötig?)
- **Choreografie:** In diesem Fall kommunizieren dezentrale Geschäftsprozesse in den Systemen der Systemlandschaft miteinander. Virtuell ergibt sich auch so ein systemübergreifender Geschäftsprozess. (Was bedeuten die Pfeile zwischen den beiden Prozessen?)

In Kap. 12 wird vor allem die Orchestrierung mittels Workflow-Systemen behandelt.
Während sich unsere Betrachtung vorrangig auf die Integration zwischen Systemen einer Systemlandschaft bezieht, sind die Integrationstechniken grundsätzlich ebenso auf die Integration innerhalb eines Systems und zwischen Systemen von Geschäftspartnern anwendbar:

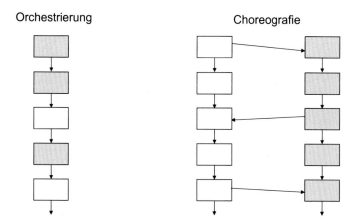

Abb. 7.6 Integration auf Ebene der Geschäftsprozesse

Innerhalb eines Systems:

- **Ebene Geschäftsdaten:** In einem integrierten Anwendungssystem wird dies kaum auftreten, da die Kommunikation über die gemeinsame Datenbank geschieht (in verteilten Systemen „Kommunikation über das *Shared Memory*" genannt).
- **Ebene Geschäftsobjekte:** lokaler Funktions- oder Methodenaufruf
- **Ebene Geschäftsprozesse:** Beide der erwähnten Formen sind auch in nur einem System möglich, nämlich Orchestrierung mittels eines Workflow-Systems, Choreografie mittels Ereignissteuerung (Kap. 12).

Zwischen Geschäftspartnern:

- **Ebene Geschäftsdaten:** zwischenbetriebliche Integration durch Austausch von Geschäftsdokumenten wie EDI-Nachrichten oder XML-Dokumenten
- **Ebene Geschäftsobjekte:** Beide der erwähnten Formen sind möglich: ein Unternehmensportal für Lieferanten als Beispiel für eine Integration über die Benutzeroberfläche, die Nutzung von Webservices im System des Geschäftspartners als Integrationsform über die Anwendungslogik.
- **Ebene Geschäftsprozesse:** Hier ist vor allem die Choreografie einschlägig, wenngleich nicht so weit verbreitet wie z. B. EDI, was man als eher implizite Choreografie ansehen könnte.

Systemlandschaft

8

Es ist zuviel für einen alleine.
Warten auf Godot
Samuel Beckett

Jedem seine Spezialität.
Endspiel
Samuel Beckett

Zusammenfassung

Eine Systemlandschaft umfasst die in einem Unternehmen verwendeten Anwendungssysteme und ihre Verbindungen. Üblicherweise sind dies in Großunternehmen sehr viele, wenn kleinere Anwendungsprogramme dazugezählt werden. Die Systeme sollen zusammenwirken und müssen daher miteinander integriert werden. Wir sehen uns die Schwierigkeiten an, die sich dabei ergeben, sowie Lösungsansätze dafür. Zur Dokumentation, aber auch zur Systemadministration und zum Datenaustausch zwischen den Systemen werden Systemlandschaften in einem Modell abgebildet. Neben üblichen Kastendiagrammen gibt es digitale Fassungen.

Die Quellen zum Kapitelmotto lauten: Beckett S (1971) Warten auf Godot. Suhrkamp Taschenbuch 1, 1. Auflage 1971, Frankfurt a. M., S. 29. und Beckett S (1974) Endspiel. Suhrkamp Taschenbuch 171, 1. Auflage 1974, Frankfurt a. M., S. 21.

© Springer-Verlag GmbH Deutschland, ein Teil von Springer Nature 2021
R. Weber, *Betriebliche Anwendungssysteme,*
https://doi.org/10.1007/978-3-662-63185-0_8

Lernziele

– Die heute übliche Situation einer Systemlandschaft mit einer Vielzahl verschiedener Systeme einschätzen können.
– Einen Einblick in Systemtypen und ihre Aufgabenteilung bekommen.
– Probleme und Lösungsmöglichkeiten für die Vielfalt kennen.

8.1   Motivation

Ein Unternehmen setzt neben einem ERP-System weitere betriebliche Anwendungssysteme im Wesentlichen deswegen ein, weil sie spezialisierte Funktionalität bereitstellen (vgl. Aufgabe 8.1). Das Argument gilt insbesondere für größere Unternehmen, und wir haben es bereits im Kapitel über analytische Systeme kennengelernt. Tatsächlich gibt es in Unternehmen oftmals Hunderte von größeren und kleineren Softwaresystemen und Programmen, welche zusammenwirken.

Um solche *Systemlandschaften* zu motivieren, sehen wir uns zunächst an, welche Möglichkeiten es theoretisch gibt, ausgehend von einem einzelnen Anwendungssystem (wie einem ERP-System) die Anwendungsfunktionalität auszuweiten, durch spezialisierte zu ergänzen. Der Ausgangspunkt sei also ein Anwendungssystem S1 mit seiner Datenbank DB1. Die Zusatzfunktionalität sei S2, sie benötige dazu zusätzliche Persistenz DB2 (neue Tabellen oder weitere Felder in bereits vorhandenen Tabellen). Verschiedene Modelle sind möglich (Abb. 8.1).

a) *Weiterentwicklung:* Die erste Idee wäre, dem System S1 die Funktionalität S2 hinzuzufügen und entsprechend die Datenbank DB1 um DB2 zu erweitern. Nennen wir diese erweiterte Datenbank DB1+2 (Abb. 8.1a). S2 ist bei diesem Ansatz keine eigenständige Softwarekomponente oder gar ein System, sondern einfach zusätzliche Funktionalität im vorhandenen System. S2 kann S1 nutzen, z. B. auf Tabellen von DB1 zugreifen oder Funktionen von S1 aufrufen. DB1 und DB2 sind tatsächlich lediglich Teilmengen der Datenbank DB1+2. S1 wird dagegen nicht auf DB2 zugreifen, denn diesen neuen Teil kennt S1 ja bisher nicht: S2 ist mit Kenntnis von S1 entwickelt, aber S1 nicht mit Kenntnis von S2.

b) *Zusatzkomponente:* Eine etwas stärkere Trennung findet sich in Abb. 8.1b. Hier gibt es wie vorher eine gemeinsame Datenbank, aber S2 hat eine größere Unabhängigkeit von S1. Es ist nicht mehr ein Teil von S1 geworden, sondern ist getrennt von S1 installierbar. Man findet diesen Ansatz heute z. B. bei Erweiterungssoftware, „Add-ons", die zu einem vorhandenen System installiert und betrieben werden. S1 und S2 können dieselbe Laufzeitumgebung verwenden.

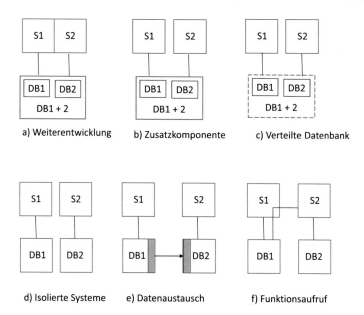

Abb. 8.1 Ergänzung eines Systems – Möglichkeiten

c) *Verteilte Datenbank:* Die Trennung ist stärker geworden: S1 und S2 laufen in
getrennten Laufzeitumgebungen, es sind bereits getrennte Systeme. Jedes hat eine
Datenbank, DB1 bzw. DB2. Allerdings greifen sie tatsächlich auf eine größere, verteilte Datenbank DB1+2 zu. Nach unseren Annahmen trifft dies eigentlich nur auf
S2 zu, denn S1 ist sich S2 und seiner Datenbank DB2 nicht bewusst. S2 kann auf
DB1+2 ähnlich wie bei Abb. 8.1b zugreifen. Intern laufen allerdings die Protokolle
eines verteilten Datenbanksystems (Kemper und Eickler 2015, S. 491 ff.). Ein verteiltes Datenbanksystem DB1+2 ist ein verteiltes System, wo die tatsächlichen
Datenbanksysteme DB1 und DB2 kommunizieren, um ein virtuelles größeres Daten-
banksystem DB1+2 zu erzielen. Wurden verteilte Datenbanksysteme wohl genau
für solche Zwecke konzipiert, so kommen sie heute in der Praxis eher nicht vor. Ein
Grund mag sein, dass beide Systeme (bzw. nach unseren Annahmen zumindest S2)
das Datenbankschema von DB1+2 kennen müssen, es also eine Abhängigkeit vom
Datenbankschema von DB2 gibt. Das Datenbankschema DB2 müsste daher eine
Schnittstelle von S1 sein. Schnittstellen werden dagegen heute eher auf der Ebene von
Datenaustausch und Funktionsaufruf bereitgestellt (Kap. 10 und Kap. 11).

d) *Isolierte Systeme:* Hier ist im Vergleich zu den vorigen Modellen ein Rückschritt zu
beobachten: Die beiden Systeme und Datenbanken haben formal nichts miteinander
gemein. Oftmals wird es aber indirekte Kopplungen über andere Systeme geben, d. h.
die Systeme wären „über mehrere Ecken miteinander verwandt". Wir nennen diesen
Fall vor allem für den systematischen Übergang zu den folgenden praxisrelevanten
Modellen.

e) *Datenaustausch:* Völlige Isolation ist kaum denkbar, aber eine weitgehende Unabhängigkeit mag gelten. So könnte es sein, dass beide Systeme gewisse gleiche Stammdaten, z. B. Lieferanten, benötigen. Jedes greift auf „seine" Lieferantentabelle zu. Da der Lieferant aber nicht einer des Systems, sondern des Unternehmens insgesamt ist, müssen die Daten in beiden Systemen vorhanden sein, also redundant. Wenn sich auch die Tabellennamen, die Feldnamen und deren Datentypen unterscheiden, betriebswirtschaftlich ist es derselbe Lieferant. Wurde ein Lieferant daher von S1 in DB1 angelegt, muss er kopiert werden. Statt einer erneuten Eingabe „per Hand" ist ein Datenaustausch (Kap. 10) vorzuziehen. In Abb. 8.1e signalisiert die *graue Fläche* in DB1, dass dieser Teil zu DB2 kopiert wurde. Dieser Fall kommt in Systemlandschaften betrieblicher Anwendungssysteme häufig vor.

f) *Funktionsaufruf:* Alternativ zum Datenaustausch kann bei Bedarf an Daten eine Anfrage von S2 an S1 geschehen. Die Trennlinie zwischen Abb. 8.1e und Abb. 8.1f ist nicht scharf. Schließlich weiß S1 nicht, was S2 mit den mitgeteilten Daten tut. Werden sie zusätzlich gespeichert, also im Ergebnis ähnlich wie Abb. 8.1e? Oder werden Teile davon, vielleicht in abgewandelter Form, gespeichert? (Wozu die Speicherung?) Der pure Fall wäre, nichts zu speichern, und bei jedem Bedarf an Daten von S1 eine (erneute) Anfrage zu stellen.

Auch das Modell des Funktionsaufrufs tritt häufig in der Praxis auf. Wir behandeln es genauer in Kap. 11. Es wird insbesondere für Microservices vorgeschlagen, wo jeder Service seine eigene Datenhaltung haben soll, um weitgehend unabhängig von anderen zu sein (Abschn. 6.2).

Die Modelle können auch gemischt auftreten: Für manche Funktionen bzw. Daten wird das eine Modell gewählt, für andere ein anderes.

Anzumerken bleibt, dass in den obigen Modellen für die Trennung der Datenbanken entscheidend ist, ob zumindest das Datenbank*schema* von DB1 von jenem von DB2 getrennt ist. Liefen zwei getrennte logische Datenbanken auf demselben Server, wären es nach unserem Modell trotzdem getrennte Datenbanken.

Sehen wir uns nun ein kleines Beispiel für eine Systemlandschaft an.

Systemlandschaften werden üblicherweise durch Übersichtsbilder wie Abb. 8.2 veranschaulicht. Wir erkennen darin verschiedene Systeme: Im Zentrum steht ein ERP-System. Es verwendet zum Austausch von Electronic Data Interchange (EDI) Nachrichten ein EDI-System. Entsprechend gibt es eine Schnittstelle zwischen den beiden Systemen. Ingenieure erstellen Konstruktionszeichnungen mit einem CAD-System, das ebenfalls über eine Schnittstelle angebunden ist. Schnittstellen dieser Art haben wir bereits im Kapitel über operative Systeme angesprochen. Ebenso bekannt ist die Interaktion mit einem Planungssystem, dem SCM-System, und einem Data-Warehouse-System – behandelt in Kap. 4. Neu ist ein Customer-Relationship-Management-System (CRM), was wir uns im Detail etwas später ansehen werden. Und schließlich gibt es noch ein im Unternehmen selbst geschriebenes Auswertungsprogramm, also eine

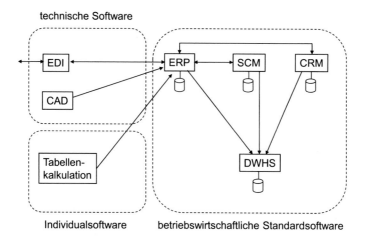

Abb. 8.2 Eine Systemlandschaft

Individualsoftware, in Form eines Tabellenkalkulationsprogramms für Controller. Viele Controller haben eine Vorliebe für derartige Auswertungen.

Wir können verschiedene Systemkategorien unterscheiden:

- *Betriebliche:* ERP, Data Warehouse und SCM haben wir schon kennengelernt. Ein weiteres, CRM, folgt weiter unten.
- *Technische:* CAD, Betriebsdatenerfassung, EDI
- *Dokumentenorientierte:* Content Management, Archiv, Dokumentenmanagement
- *Büro:* Tabellenkalkulation, Textverarbeitung, Projektsystem, E-Mail
- *Internet:* Webserver, Firewall, Proxy-Server. Solche Systeme werden in Grafiken über die Systemlandschaft oftmals weggelassen und als technische Teilsysteme anderer Systeme aufgefasst.

Auch in Aufgabe 8.1 wird behandelt, warum es in einem Unternehmen sogar mehrere Systeme derselben Art, meist ERP, geben kann.

Auf der Übersichtsebene wird jedes System vergröbernd als ein „Kasten" dargestellt. Tatsächlich kann ein einzelnes System bereits eine reichere Struktur aufweisen. (Beispiel?)

8.2   Probleme und Lösungsansätze

a) Ein System gegenüber einer Systemlandschaft

Vergleichen wir die (für größere Unternehmen wenig realistische) Situation, wo ein Unternehmen nur ein System einsetzt (Was für ein Anwendungssystem wird das dann sein?), mit der Situation einer viele Systeme umfassenden Systemlandschaft. Die folgenden Unterschiede fallen auf:

- Es gibt mehrere Systeme, die getrennt installiert werden müssen.
- Die Systeme können von unterschiedlichen Herstellern stammen. Insbesondere dann haben sie eine unterschiedliche „Philosophie", was sich in vielerlei Gestalt ausdrückt, von unterschiedlichen Benutzeroberflächen (Bedienung des Systems) bis zu Unterschieden in der Behebung von Softwarefehlern (Systemadministration). (Beispiele?)
- Jedes System hat üblicherweise eine eigene Datenhaltung. Bei Anwendungssystemen wie ERP, SCM und CRM ist das jeweils eine Datenbank.
- Eventuell erfordern die Systeme unterschiedliche Betriebssysteme, sodass ebenso die IT-Infrastruktur unterschiedlich ausfallen kann. Dieser Unterschied tritt in Einzelfällen auf, etwa wenn eine bestimmte Systemkomponente derzeit nur für Microsoft-Windows-Betriebssysteme verfügbar ist.
- Die Versionswechsel der Systeme werden getrennt zu unterschiedlichen Zeiten durchgeführt. (Warum?)
- Die Systeme sind miteinander über Verbindungen bzw. Schnittstellen gekoppelt. Diese Schnittstellen können unterschiedlicher Natur und Güte sein: vom Hersteller bereitgestellte und zumindest für Kopplungen zu anderen Systemen des Herstellers getestete bis hin zu eigenentwickelten. Allerdings wird nicht jedes System mit jedem anderen direkt gekoppelt sein.
- Die Verwaltung der Systeme ist oftmals dezentral.
- Ein Systemtyp, z. B. ERP, kann mehrfach vorkommen, etwa bei landesspezifischen Systemen.

b) Probleme

Aufgrund der Unterschiede ergeben sich einige Probleme, welche bei Verwendung nur eines einzigen Systems in der Form nicht auftreten:

- Es sind mehr Installationen durchzuführen.
- In der Regel werden mehr Rechner benötigt, außer man setzt in großem Umfang Virtualisierung ein.
- Unterschiedliches und damit ein Mehr an Know-how wird benötigt, da die Mitarbeiter in der Systemadministration und bei der Systemeinführung das Wissen über alle eingesetzten Systeme haben müssen.
- Integrationsaufwand zur Einführungszeit
- Integrationsprobleme zur Laufzeit, z. B. wenn ein System temporär nicht erreichbar ist.
- Für jedes System ist eine eigene Anmeldung (Login) erforderlich, was sich aber durch Ansätze wie Single Sign-on (Kap. 9) beheben oder mildern lässt.

- Dateninkonsistenz wegen Datenredundanz ist möglich. Das betrifft vor allem Stamm-daten. (Beispiel?)
- Nach einem Versionswechsel eines Systems muss geprüft werden, ob das Zusammen-spiel mit den anderen Systemen noch funktioniert. (Weshalb könnte es nicht mehr funktionieren?)
- Bei starker Dezentralisierung kann ein Wildwuchs von Systemen, Systemein-stellungen und unterschiedlichen Geschäftsprozessen entstehen. Eine starke Zentralisierung kann unflexibel und bürokratisch sein – das System ist „zu weit weg vom Anwender".
- Es kann sein, dass der Nutzungsgrad einzelner Systeme gering ist: Man benötigt nur einen speziellen Teil des Systems, muss aber das gesamte System installieren und betreiben.

c) Lösungsansätze

Für die oben genannten Probleme gibt es einige Lösungsansätze, welche sie zumindest lindern:

- Statt einer sehr heterogenen Systemlandschaft, wo man für jede Aufgabe das „beste" System auswählt *(Best of Breed)*, bevorzugen manche Unternehmen zur Senkung des Integrationsaufwands einen *Best-of-Suite*-Ansatz: Der Softwareanbieter wird aus-gewählt, welcher mit seiner Produktpalette (Suite) die Probleme des Unternehmens am besten löst. Der Integrationsaufwand zwischen Systemen eines Herstellers wird zu Recht als geringer eingeschätzt als zwischen Systemen verschiedener Hersteller.
- Verwandt mit diesem Punkt: Produkte möglichst weniger Softwarehersteller („Hof-lieferanten") wählen. „Alles aus einer Hand" ist schon aus technischen Gründen nicht möglich, da kein Softwarehersteller alle in einem Unternehmen benötigten Software-typen anbietet.
- Einsatz von Integrationstechniken.
- Zentralisierung, weniger Systeme, z. B. nicht für jeden Bereich/Region ein eigenes System einsetzen. Falls dies derzeit doch der Fall ist, versuchen, die Systeme zusammenzuführen.
- Verwendung leistungsfähiger Rechner und Einsatz von Virtualisierung, damit zumindest insgesamt weniger Rechner zu administrieren sind; z. B. ein leistungs-fähiger Applikationsserver statt mehrerer weniger leistungsfähiger, natürlich immer unter Wirtschaftlichkeitserwägungen (Kap. 5).
- Prüfung, welche Softwarekomponenten tatsächlich genutzt werden (Protokollierung), nicht verwendete Teile „abschalten". Dies werden nicht ganze Anwendungssysteme sein, sondern Teile innerhalb eines Anwendungssystems. Oftmals werden diese Teile von einer Version zur nächsten unnötig gepflegt (Kap. 14).
- Migration von Altsystemen auf eine einheitliche Software (eines Herstellers).

8.3 Muster in Systemlandschaften

Wie in Landschaften der Geografie kommen auch in Systemlandschaften gewisse Konstellationen immer wieder vor, die wir hier *Muster* nennen möchten. In Landschaften der Geografie sind dies z. B. Industrieagglomerationen, dichtere Besiedlung entlang der Küsten oder an Flüssen. In Systemlandschaften ist es ein besonders enges Zusammenarbeiten bei aufeinander aufbauenden Funktionen, beim gemeinsamen Verwenden von Daten, beim Vergleich von Daten aus verschiedenen Organisationsbereichen. Wir sehen uns einige Beispiele an.

a) Datenzusammenführung zur Analyse
Diese Muster kennen wir bereits von analytischen Systemen (Abb. 8.3): Daten aus verschiedenen Quellen werden zusammengeführt, um sie zusammen auszuwerten. Insbesondere der Wechselwirkung der Daten aus verschiedenen Quellen gilt das Augenmerk. Man könnte es auch Datenintegration nennen. Wir vermeiden den Begriff allerdings, um ihn nicht mit der Datenintegration in ERP-Systemen zu verwechseln (Zugriff auf eine gemeinsame Datenbank).

b) Zentrales Stammdatenmanagement
Ein spezieller Lösungsansatz gegen die Dateninkonsistenz (Abschn. 8.2) findet sich im Stammdatenmanagement. Stammdaten entstehen in mehreren Systemen, werden teilweise in andere kopiert oder – schlimmer – doppelt manuell gepflegt. (Beispiel?) Ein Lösungsweg ist ein eigenes System, welches alle Stammdaten zentral verwaltet und diese daher konsistenten Stammdaten den anderen Systemen zur Verfügung stellt (Abb. 8.4). (Eine auf den ersten Blick paradoxe Situation: Ein Problem, welches durch die Beteiligung von zu vielen Systemen besteht, soll durch ein weiteres behoben werden.)

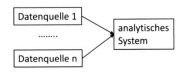

Abb. 8.3 Datenzusammenführung zur Analyse

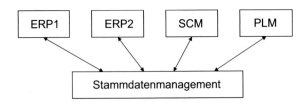

Abb. 8.4 Stammdatenmanagement

In Abb. 8.4 werden alle Stammdaten zweier ERP-Systeme sowie eines SCM- und eines PLM-Systems (Product Lifecycle Management, ein System zur Verwaltung sämtlicher Daten im Lebenszyklus eines Produktes) im Stammdatenmanagementsystem gepflegt und dann in die entsprechenden Systeme verteilt. Dies wird reibungsloser verlaufen, wenn die Systeme vom selben Hersteller stammen. (Warum?) Sinnvollerweise wäre in einem solchen System eine Prüflogik für die Stammdatenpflege bereitzustellen, welche kompatibel mit derjenigen der Anwendungssysteme ist. Dies wird nicht ganz einfach sein, denn die Prüflogik in den Anwendungssystemen kann insbesondere von Systemeinstellungen (Customizing) abhängen, und die Frage stellt sich, wie genau sich dies im Stammdatenmanagementsystem nachbilden lässt.

Eine schwächere Integration ist, die Stammdaten nicht in einem zentralen System zu pflegen, sondern dort nur die Analyse und Datenaufbereitung durchzuführen, anschließend die „gereinigten" Daten wieder an die Anwendungssysteme zu verteilen. Die Datenaufbereitung ähnelt jener, wie wir sie bei analytischen Systemen kennengelernt haben (Abschn. 4.1.4 und Abschn. 4.2.2).

c) SCM-Systemstruktur
SCM (Abschn. 4.5) wird im Unternehmen üblicherweise in der in Abb. 8.5 (nach Bartsch und Teufel 2000) dargestellten Systemstruktur betrieben. Darin finden sich neben dem SCM-System ein ERP-System und ein Data-Warehouse-System.

Die Aufgabenteilung in einer solchen Systemstruktur ist:

- Das SCM-System ist für die *Planung* zuständig, wofür es unter anderem Stammdaten (wie Materialien, Lieferanten, Kunden, Produktionsstätten, Lagerstätten) und Bewegungsdaten (z. B. Bestandsdaten) des ERP-Systems benötigt. Außerdem verwendet es Analysedaten aus dem Data-Warehouse-System, für die Absatzplanung sind dies insbesondere Verkaufsdaten aus der Vergangenheit. Die Planung kann

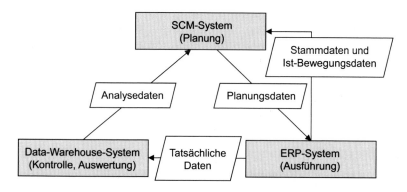

Abb. 8.5 Supply-Chain-Management-Systemstruktur (Bartsch und Teufel 2000)

man sich im Sinne eines „Vorschlags" vorstellen, welcher nicht unbedingt in Gänze angenommen werden muss. Aus diesem Grund müssen Bewegungsdaten vom ERP- zum SCM-System übermittelt werden, damit jenes weiß, wie die Pläne tatsächlich umgesetzt wurden.

- Das ERP-System ist für die *Ausführung* der Logistikkette zuständig. Es bekommt vom Planungssystem die Planungsdaten, z. B. einen Absatzplan oder einen Produktionsplan, und setzt diese um. Natürlich übernimmt das ERP-System zusätzlich weiterhin Aufgaben in anderen Bereichen (Rechnungswesen, Personalwesen).
- Das Data-Warehouse-System erhält, wie in Kap. 4 dargestellt, die für Auswertungszwecke relevanten operativen Daten. Es erfüllt neben Logistikkettenaufgaben auch andere, etwa im Vertrieb oder im Controlling.

d) CRM-Systemstruktur

Ein ähnliches Bild ergibt sich bei *CRM (Customer Relationship Management)*, der Pflege der Kundenbeziehungen. Im Zentrum steht ein CRM-System, welches spezielle Funktionen für Marketing, Vertrieb und Service bietet *(operatives CRM)*. Hierbei werden umfangreiche Mengen von Kundendaten erfasst, welche in einem Data-Warehouse-System (DWHS) ausgewertet werden können *(analytisches CRM)*.

Mitarbeiter des *Customer Interaction Centers (CIC)*, eine Art erweitertes Call Center und Teil des CRM-Systems, haben spezialisierte, einfach zu bedienende Benutzeroberflächen (meist Weboberflächen), mit denen sie eine einheitliche Sicht auf die Kundendaten erhalten, auch auf Bewegungsdaten wie Aufträge. Sie können über mehrere Kommunikationskanäle wie konventionelles Telefon sowie Internet-Chat und -Telefonie mit Kunden kommunizieren *(kommunikatives CRM, ein Teil des operativen CRM)*.

Eine Verbindung besteht natürlich auch zum ERP-System, wo Kundenaufträge abgewickelt werden. Und schließlich kann es eine Verbindung zum SCM-System geben, etwa für den Fall, dass ein Kunde eine Anfrage hat, ob ein bestimmtes Produkt zu einem bestimmten Zeitpunkt lieferbar ist. Dafür mag in diffizilen Fällen neben einer einfachen Verfügbarkeitsprüfung auf dem Lagerbestand im ERP-System eine erweiterte Verfügbarkeitsprüfung in einem SCM-System nötig sein. Nicht aufgeführt in Abb. 8.6 ist das *kollaborative CRM* für die Verbindung zu (Systemen von) Geschäftspartnern im Rahmen des Kundenbeziehungsmanagements.

Abb. 8.6 CRM-Systemstruktur

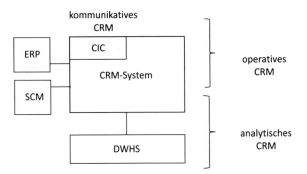

8.4   Strukturelle Merkmale

Wir können von den Mustern des vorigen Abschnittes weiter abstrahieren zu
strukturellen Merkmalen, d. h. Regelmäßigkeiten, die abstrakt und unabhängig von
den konkreten Anwendungen sind. Teilweise sieht man diese bereits in der grafischen
Modellierung, teilweise zeigen sie sich erst, wenn man die Systeme und ihre Verbindungen detaillierter betrachtet.

a) Dateneigentümer

Gewisse Daten, meist Stammdaten, werden von mehreren Systemen verwendet. In der
Regel wird ein Stammdatum nur von einem System kontrolliert. Dieses ist dann *Eigentümer (Data Owner)* dieses Stammdatums, die anderen Systeme erhalten nur Kopien,
meist ohne Änderungsmöglichkeit.

Beispiel 1:	Denken wir an unser Beispiel Supply-Chain-Management (s. o.): Die Stammdaten des ERP-Systems werden an das Planungssystem übermittelt. Dateneigentümer dieser Stammdaten bleibt jedoch das ERP-System, das Planungssystem erhält nur eine (eventuell umbenannte oder umstrukturierte) Kopie der Stammdaten. In manchen Fällen lassen sich diese um SCM-spezifische Attribute ergänzen.
Beispiel 2:	Zwei regionale Bereiche eines Unternehmens verwenden getrennte ERP-Systeme. Viele Stammdaten betreffen nur einen der Bereiche und werden das jeweilige System daher nicht verlassen, das System ist damit Eigentümer dieser Stammdaten.

b) Datenfluss

Verwandt mit dem Merkmal „Dateneigentümer" fließen gewisse Daten von einem
System zu gewissen anderen. Besser gesagt werden sie nicht dorthin bewegt, sondern
kopiert.

Beispiel:	Wiederum das Beispiel Supply-Chain-Management: Stammdaten fließen vom ERP- zum Planungssystem.

c) Cluster

Meist lassen sich besonders enge Beziehungen zwischen Teilen einer Systemlandschaft
identifizieren, die man als *Cluster* bezeichnen kann.

Beispiel:	Wiederum das Beispiel Supply-Chain-Management, nun in einer Systemlandschaft mit weiteren Systemen: Die Supply-Chain-Management-Systemstruktur, bestehend aus einem Planungssystem, einem ERP-System und einem Data-Warehouse-System, wäre ein solches Cluster. Das ERP-System und das Data-Warehouse-System können Rollen in verschiedenen Clustern innehaben. Das Data-Warehouse-System könnte zum Beispiel sowohl Auswertungen für SCM als auch für das analytische CRM liefern.

d) Führendes System

Dieses Strukturmerkmal sagt etwas über die Wichtigkeit eines der Systeme aus. Im obigen einführenden Beispiel zur Systemlandschaft (Abb. 8.2) wäre das ERP-System das *führende System*, das Tabellenkalkulationsprogramm zur Datenauswertung, das EDI- und das CAD-System wären nachgelagerte Systeme.

8.5   Modellierung

Ebenso wie es sich beim Geschäftsprozessmanagement bewährt hat, Geschäftsprozesse eines Unternehmens zu modellieren, um einen Überblick und ein gemeinsames Verständnis der Mitarbeiter über die Prozesse zu gewinnen, werden auch Systemlandschaften modelliert. Und auch hier gibt es mehr oder weniger formale Ansätze. Die einfachsten sind intuitiv verständliche, aber nicht genormte „Kastendiagramme". Die vorausgehend gezeigten Abbildungen gehören dazu. Ausgefeiltere Formen sind maschinell unterstützt und verwenden Standards zur Niederlegung der Systemeigenschaften.

Solche Modelle beschreiben die IT-Architektur der betrieblichen Datenverarbeitung. Während eine *IT-Architektur* nur eine Systemlandschaft und die darin enthaltenen Anwendungssysteme abbildet, wird bei einer *Unternehmensarchitektur* der Mensch und die Organisation einbezogen, statt technischen Anwendungssystemen sind also umfassender „soziotechnische" *Informationssysteme* der Modellierungsgegenstand. Methoden und Modelle für Unternehmensarchitekturen beschreiben Informationssysteme üblicherweise aus verschiedenen Sichten. Eine kurze Darstellung ausgewählter Ansätze findet sich in Esswein und Weller (2008).

Im Sinne der Änderungsfreundlichkeit eines Modells erscheint es sinnvoll, bei einem System zwischen verschiedenen Konkretisierungsstufen zu unterscheiden:

- *Rolle* des Systems, z. B. „CRM-System", unabhängig davon, welches Produkt verwendet wird,
- das *System* selbst, z. B. „das System CRM_central", was ein konkretes Produkt einer bestimmten Produktversion sein wird.

Dies lässt sich durch ein hierarchisches Modell abbilden, wo auf der obersten Ebene nur die Rollen der Systeme zu sehen sind, und erst bei den Details System, Produkt und Produktversion erscheinen. Der Grund für die Unterscheidung ist, dass sich Produktversionen im Rahmen eines Versionswechsels (siehe Kap. 13) ändern, diese Änderungen jedoch die Systemlandschaft nicht prinzipiell antasten. Eine Ausnahme bestünde, wenn eine Version eine deutlich erweiterte Funktionalität böte mit der Auswirkung, dass sich Verbindungen zu den anderen Systemen ändern. In selteneren Fällen kann ein Produkt sogar durch ein anderes ersetzt werden. Beispiel: Ein CRM-System mit reichlicher Funktionalität (aber auch entsprechender Komplexität) könnte in einer Systemlandschaft durch ein leichtgewichtiges, eigenentwickeltes Mini-CRM-System abgelöst werden, wenn nur ein geringer Teil der CRM-Funktionalität verwendet wird. In dem Fall bleibt die Rolle „CRM-System" bestehen, gewechselt wird das darunterliegende Produkt und folglich auch die Produktversion.

Ein Modell einer Systemlandschaft kann für verschiedene Zwecke eingesetzt werden:

- *Dokumentation:* Die Dokumentation der bestehenden Systemlandschaft ist sicherlich für deren Verständnis hilfreich. Daraus ergibt sich die Möglichkeit zur Analyse und Weiterentwicklung der Systemlandschaft.
- *Administration:* Hierbei soll die Übersicht gewonnen werden, welche Produktversionen an welcher Stelle eingesetzt werden, etwa für Versionswechsel-Überlegungen und die Fehlerbehebung.
- *Modelle systemübergreifender Geschäftsprozesse:* Der Datenaustausch zwischen Systemen kann vereinfacht beschrieben werden, zum Beispiel wenn in einem SCM-Szenario festgelegt wird, dass Daten vom ERP- zum Planungssystem gesendet werden, und nur auf die Rollen Bezug genommen wird. Wird das Planungssystem durch ein anderes mit neuem Namen und anderem Rechner ersetzt, so kann durch die Adressierung per Rolle automatisch das aktuelle System angesprochen werden. Wichtig ist hierfür natürlich ein formales, maschinenlesbares Modell der Systemlandschaft. Ein Beispiel hierfür findet sich in Hengevoss und Linke (2009).

8.6 Übungen und Lösungsvorschläge

a) Übungen

Aufgabe 8.1 (Gründe und Gestaltungsmöglichkeiten für mehrere Systeme)
a) Aus welchen Gründen könnte ein Unternehmen mehrere ERP-Systeme einsetzen (Tipps: Sicherheit, Sprachen, Branchen)? Was sind Alternativen?
b) Aus welchen Gründen könnte ein Unternehmen über ein ERP-System hinaus weitere betriebliche Anwendungssysteme einsetzen?

Aufgabe 8.2 (ERP und komponentenorientierte Architektur)
Früher hatten Anbieter betriebswirtschaftlicher Anwendungssoftware oftmals nur ein ERP-System als Produktangebot, welches die Belange eines Unternehmens abdecken sollte. Später kamen andere Produkte, wie CRM- oder SCM-Systeme, hinzu. Nicht nur ein CRM-System bietet Funktionalität zum Thema „Kunde" an, bereits im ERP-System sind hierzu Funktionen im Bereich „Vertrieb" vorhanden.

- Welche Gründe sprechen für die Entwicklung und Verwendung eines CRM-Systems als zusätzliches System?
- Welche sprechen eher für eine Erweiterung eines ERP-Systems um CRM-Funktionalität?

Berücksichtigen Sie hierbei die Interessen des Softwareanbieters und der Unternehmen, welche die Anwendungssoftware einsetzen.

Aufgabe 8.3 (Zusammenführen von Systemen) Welche Probleme könnten sich bei der Zusammenführung von Systemen, z. B. nach einem Unternehmenszusammenschluss, ergeben.

b) Lösungsvorschläge für die Übungen

Aufgabe 8.1 (Gründe und Gestaltungsmöglichkeiten für mehrere Systeme)

a) Gründe für mehrere ERP-Systeme:
- „Gewachsene Strukturen", Politik
- Unterschiedliche Geschäftsprozesse an verschiedenen Standorten, sodass die Systeme unterschiedlich ausgelegt sein müssen. Zu prüfen wäre allerdings, ob sich diese Unterschiedlichkeit nicht in ein System einbringen lässt, z. B. durch organisationsspezifisches Customizing
- Eigene Systeme in den einzelnen Ländern, z. B. weil die Zeichensätze verschieden sind und ein System früher nicht gleichzeitig alle Zeichensätze verwenden konnte; erst mit Unicode ist dies prinzipiell gelöst
- Datenschutz: vom Rest getrenntes Personalwirtschaftssystem, damit kein „versehentlicher" Zugriff auf sensible Personaldaten möglich ist; dies ist sicherer als ein Berechtigungsschutz
- Branchenlösungen (spezialisierte ERP-Systeme) oder Best of Breed pro Bereich
- Leistungssteigerung, gerade in früherer Zeit, als leistungsstarke Server wesentlich teurer waren

Gestaltungsmöglichkeiten für ERP-Systeme (Davidenkoff und Werner 2008, S. 29):
- „Single Box", also ein zentrales System mit globaler Datenbank und mehreren Applikationsservern, d. h. alles in einem
- Dezentrale Systeme ohne gemeinsame Datenbank, d. h. alles getrennt
- Dezentrale Systeme mit zentraler Entwicklung. Dabei Bereitstellung eines Musters, welches für die gemeinsamen Prozesse verwendet wird; dezentrale Ergänzungen. D. h. eine Mischung aus dezentral und zentral

b) Gründe für weitere Systeme:
- Spezielle Funktionen werden im ERP-System nicht angeboten, jedoch in einem spezialisierten System (Beispiele: CRM, SCM)
- Zusammenschalten heterogener Systeme, d. h. nicht alle vom selben Hersteller: Best-of-Breed-Ansatz. Oder es werden mit dem ERP-System spezialisierte, aber preisgünstige Systeme zusammengeschaltet

- Nutzung unterschiedlicher Versionszyklen für die verwendeten Systeme. Das Argument gilt sowohl für den Softwareanbieter als auch für dessen Kunden
- Neben operativen Systemen können analytische Systeme (z. B. ein Data-Warehouse-System) eingesetzt werden; diese haben eine unterschiedliche Struktur und Leistungseigenschaften (Genaueres in Kap. 4).

Aufgabe 8.2 (ERP und komponentenorientierte Architektur)
Getrenntes System:

- Spezialisiertes System,
- Best-of Breed-Ansatz,
- getrennte Versionswechsel möglich.

Erweiterung des ERP-Systems:

- Bessere Integration,
- einfachere Administration,
- geringere Kosten (?).

Aufgabe 8.3 (Zusammenführen von Systemen) Wenn die Anwendungssysteme unterschiedliche Produkte sind, können sich die Geschäftsdaten prinzipiell unterscheiden (Datenstrukturen). Selbst beim gleichen Produkt gibt es Probleme: unterschiedliche Nummernbereiche, unterschiedliches Customizing. (Beispiele?)

Literatur

Bartsch, H., Teufel, T.: Supply Chain Management mit SAP APO. Galileo Press, Bonn (2000)
Davidenkoff, A., Werner, D.: Globale SAP-Systeme – Konzeption und Architektur. Galileo Press, Bonn (2008)
Esswein, W., Weller, J.: Unternehmensarchitekturen – Grundlagen, Verwendung und Frameworks. HMD – Praxis der Wirtschaftsinformatik **262**, 6–18 (2008)
Kemper, A., Eickler, A.: Datenbanksysteme, 10. Aufl. De Gruyter, Oldenbourg (2015)
Hengevoss, W., Linke, A.: SAP NetWeaver System Landscape Directory. Galileo Press, Bonn (2009)

Integration über die Benutzeroberfläche

9

As you all know
you can't just believe everything you are seeing here, can you?
Now if you'll excuse me, I must be on my way
EXP
Jimi Hendrix

Zusammenfassung

Wir lernen Unternehmensportale als den heute üblichen Vertreter für die Integration über die Benutzeroberfläche bei betrieblichen Anwendungssystemen kennen. Ein Portal integriert nicht nur betriebliche Anwendungen im engeren Sinne, vielmehr soll es als zentraler Arbeitsplatz zudem Wissensmanagement, Zusammenarbeit (Collaboration) und Bürofunktionen abdecken. Mit einem Rollenkonzept wird dieser Arbeitsplatz benutzerspezifisch gestaltet, sodass Benutzer je nach Rolle im Unternehmen auf sie abgestimmte Portalinhalte sehen.

Lernziel

Am Beispiel von Unternehmensportalen ein Verständnis dafür gewinnen, welcher Integrationsgrad über die Benutzeroberfläche möglich ist. Daneben weitere Aspekte von Portalsystemen (Rollenmodell, Single Sign-on, Zugriff auf Informationen und Zusammenarbeit) kennenlernen.

Die Quelle zum Kapitelmotto lautet: Hendrix J (1967) Axis: Bold as Love. LP, Track/Polydor.

© Springer-Verlag GmbH Deutschland, ein Teil von Springer Nature 2021
R. Weber, *Betriebliche Anwendungssysteme,*
https://doi.org/10.1007/978-3-662-63185-0_9

9.1   Begriff

Ein Portal für einen Mitarbeiter ist eine Webanwendung, welche ihm einen einheitlichen Zugang *(Single Point of Access)* zu – im optimalen Fall – allen Informationen und
Anwendungen bietet, die er für seine tägliche Arbeit benötigt. Die Informationen können
zwar in unterschiedlichen Speichern wie Dateiservern und Webservern abgelegt sein,
die Anwendungen in verschiedenen Systemen laufen. Durch den einheitlichen Zugang
bleibt diese Verteilung dem Benutzer jedoch weitgehend verborgen. Wenn wir auch das
Portal vorrangig hinsichtlich der Integration über die Benutzeroberfläche betrachten, ist
es vor allem ein Mittel zur Integration von Menschen in systemübergreifende Geschäftsprozesse: Ein Bearbeiter soll alle Dialogaufgaben, welche in Geschäftsprozessen für ihn
anfallen, vom Portal aus ausführen können.

Portale lassen sich in verschiedene Kategorien einteilen (Großmann und Koschek
2005, S. 29 ff.), z. B. danach, ob sie allen Personen offen stehen oder nur einer
bestimmten Personengruppe (offene und geschlossene Portale), und welcher Personengruppe wie Mitarbeiter, Lieferanten oder Kunden.

Uns interessieren *Unternehmensportale,* also geschlossene Portale, welche für die
Mitarbeiter eines Unternehmens oder für Geschäftspartner vorgesehen sind. Geschäftspartner, etwa Lieferanten, können z. B. per Extranet (ein Zugang auf ein Intranet über das Internet) auf das Portal zugreifen. Im Gegensatz dazu bietet ein Intranet,
welches ebenfalls webbasiert ist, meist keinen personalisierten Zugang, keinen Zugriff
zu Anwendungen und entsprechend auch keine Verknüpfung der Anwendungen untereinander (Nicolescu et al. 2007, S. 36). Im Folgenden nennen wir ein Unternehmensportal kurz *Portal.*

In Abb. 9.1 findet sich die Motivation für die Anwendungsintegration über die
Benutzeroberfläche. Die Sachbearbeiterin bedient ausgewählte Anwendungen in einem
ERP- und in einem Supplier-Relationship-Management-System (SRM, ein System für
das Lieferantenmanagement, ein Teilbereich des Supply-Chain-Management). Ohne ein
Portal müsste sie sich in zwei Systemen anmelden. Die Benutzerkennungen und Pass-
wörter könnten verschieden sein. Ebenso kann der Zugang (z. B. über verschiedene Fat
Clients) zu den beiden Systemen voneinander abweichen, insbesondere wenn sie nicht
vom selben Hersteller stammen. In einem Portal erscheinen die beiden Anwendungen
für die Sachbearbeiterin als „Links" auf dessen webbasierter Benutzeroberfläche, und
sie kann beide darin bearbeiten. Es entsteht die Illusion, beide Anwendungen wären Teil

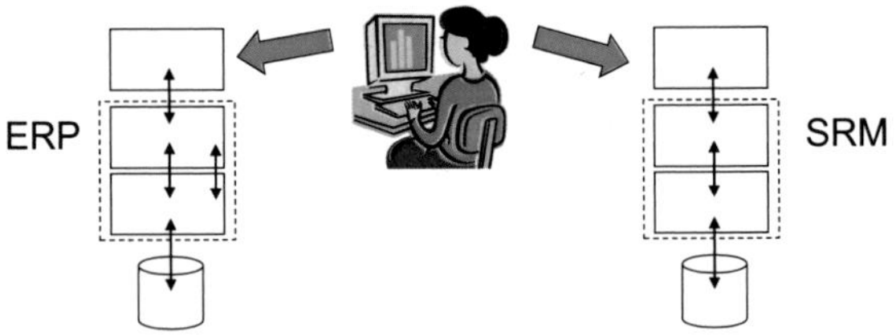

Abb. 9.1 Portal: Motivation

des Portals. Die Anwendungen stehen im Portal zunächst getrennt nebeneinander; eine unmittelbare Interaktion zwischen ihnen muss nicht vorgesehen sein, kann aber in einer einfachen Form möglich sein (Portlet, s. Abschn. 9.3). (Welcher Art könnte diese Interaktion sein?)

9.2   Portalinhalte

Unter den im Portal integrierten betriebswirtschaftlichen Anwendungen finden sich auch *Self-Service-Funktionen* wie Urlaubs- oder Reiseanträge. Sie stehen allen Mitarbeitern zur Verfügung und sollen helfen, die Verwaltungskosten zu senken. Portale bieten darüber hinaus den Zugang zu weiterer Funktionalität, die hier kurz genannt sei:

a) Information

Außer in strukturierten Daten, zugreifbar durch Anwendungsprogramme, findet sich in einem Portal viel Information in unstrukturierten Daten, meist gespeichert in Dateien. Man spricht von *Dokumenten* oder *Content,* und *Dokumentenmanagementsysteme* und *Content-Management-Systeme (CMS-Systeme)* verwalten sie, bieten z. B. verschiedene Versionen eines Dokumentes oder das geordnete Bearbeiten eines Dokumentes durch nur einen Benutzer zu einem Zeitpunkt. Neben Administratoren können auch Benutzer die Möglichkeit erhalten, Dokumente in einem Portal zu ändern. Sprachlich orientiert fragt man sich beim Word „Content" (Inhalt): „Inhalt von was?". Häufig werden CMS-Systeme für Web-Auftritte verwendet, sodass man hier den „Inhalt des Webauftritts" oder „Web-Content" nennen kann. Unter Content werden jegliche multimedialen Inhalte (Text, Bild, Audio, Video) verstanden, nicht nur „traditionelle" Dokumente. Eine Abgrenzung der verschiedenen Begriffe findet sich in Schroeder et al. (2009, S. 29 ff.).

Manche der Dokumente lassen sich als *Wissen* des Unternehmens ansehen, also Information, die zum Erfüllen einer Aufgabe nötig ist oder hilft, sie besser auszuführen. Entsprechend wird von *Wissensmanagement (Knowledge Management)* gesprochen. Zur technischen Unterstützung von Wissensspeicherung und -zugriff spielen neben Content-Management-Funktionen effektive und effiziente Suchmechanismen eine Rolle. Etwa könnte es eine Suche über alle im Portal zugreifbaren Dokumente geben. Neben dem Zugriff auf Information kann das Portal für das Wissensmanagement Umfragen, Diskussionsforen, Anwenderprofile oder Benachrichtigungsdienste, z. B. über Änderungen an einem Dokument, bereitstellen (Nicolescu et al. 2007, S. 29 f.).

b) Büroumgebung

Zur täglichen Arbeit zählt natürlich ebenso die Büroumgebung, weswegen Funktionen wie E-Mail, Kalender und Listen von zu bearbeitenden Aufgaben über ein Portal erreichbar sein sollten.

c) Zusammenarbeit (Collaboration)

Neben den Funktionen einer Büroumgebung, die auch zur Zusammenarbeit zwischen Benutzern verwendet werden können, kann ein Portal spezifischere Funktionen bereitstellen: Unterstützung von Groupware-Systemen, Instant Messaging, Chat, Application Sharing, virtuelle Meetings, Collaboration-Aufgaben.

9.3   Systemstruktur

Die Portalarchitektur entspricht im Wesentlichen der dreistufigen Client-Server-Architektur, die wir in Kap. 5 kennengelernt haben. Statt von Datenhaltung spricht man hier lieber von *Backend-Systemen*. Dies sind die per *Konnektoren* angeschlossenen Anwendungssysteme und andere Datenquellen.

In der Präsentationsschicht finden sich üblicherweise Webbrowser. Die Anwendungen sind zumeist mit einer Weboberfläche ausgestattet, sodass sie problemlos ins Portal integriert werden können. Prinzipiell lassen sie sich ebenso unabhängig von einem Portal in einem Webbrowser aufrufen.

Der interessante Teil ist die Anwendungsschicht. Der Applikationsserver wird hier *Portalserver* genannt. Er umfasst zum einen Funktionen zur Anwendungsvisualisierung, zum anderen Basisdienste. Jene bieten das Strukturmanagement für den strukturellen Aufbau und die Navigation im Portal, das Layoutmanagement zur Aufbereitung der Portalseiten bis hin zu den Funktionen des Single Sign-on, der Benutzerverwaltung und der Personalisierung, auf die wir noch eingehen werden (Nicolescu et al. 2007, S. 33 f.). Der Portalserver enthält üblicherweise auch Anwendungsmodule für die o. g. Funktionen Information, Büroumgebung und Zusammenarbeit, wenngleich sie prinzipiell ebenso durch Backend-Systeme bereitgestellt werden könnten.

Eine Anwendung läuft im Portal in einem virtuellen Fenster, informell „Kachel" genannt, eine technische Bezeichnung ist *Portlet* (Nicolescu et al. 2007, S. 33). Portlets sind eine Erweiterung von Servlets (Kap. 5). Anders als bei einem Servlet ist das Ergebnis nicht eine ganze Webseite, vielmehr ergeben mehrere Portlets zusammen eine Webseite, hier eine Portalseite. Programmierschnittstellen für Java-basierte Portlets sind in einem Java-Standard festgelegt (Java Community Process 2003; Java Community Process 2008) definiert die Version 2.0 von Portlets, welche eine ereignisbasierte Kommunikation untereinander unterstützt. Während die Anwendungen üblicherweise getrennt voneinander laufen, ist so im Portal eine eingeschränkte Form von Interaktion möglich. Komplexere Interaktionsformen sind anderen Integrationsansätzen vorbehalten.

Wir erinnern uns: In einem JEE-Applikationsserver wird die Laufzeitumgebung *Container* genannt (Kap. 5). In einem Java-basierten Portalserver, einer Erweiterung eines JEE-Applikationsservers, gibt es zwei solcher Container: zum einen den *Portlet-Container*, worin die einzelnen Portlets laufen, zum anderen den Servlet-Container, wo die Inhalte, welche die einzelnen Portlets liefern *(Fragmente),* zu einer Portalseite montiert werden (Großmann und Koscheck 2005, S. 212). Das Ziel des Portlet-Standards ist, dass Portlets auf jedem Java-basierten Portalserver laufen können. Der Ansatz *Web Services for Remote Portlets* geht einen Schritt weiter: Über eine Web-Services-Schnittstelle (Kap. 11) sollen Portlets sprachunabhängig aufrufbar sein (Großmann und Koscheck 2005, S. 213 ff.; OASIS 2008).

Damit der Portalbenutzer den Eindruck eines nahtlosen Systems erhält, sollten die einzelnen im Portal ablaufenden Anwendungen eine ähnlich strukturierte Benutzerober-fläche haben. Bei verschiedenen Anwendungen desselben Softwareanbieters ist dies aufgrund von Stilvorgaben realistischerweise eher zu erwarten als bei Anwendungen verschiedener Anbieter.

Damit ein Benutzer mit nur einer Anmeldung am Portal alle Anwendungen ohne weitere explizite Anmeldung an den Backend-Systemen ausführen kann, wird in Portalen üblicherweise der Mechanismus *Single Sign-on (SSO)* verwendet. Dieser stützt sich auf die *Benutzerverwaltung* des Portals, um den Portalbenutzer den Zugangsdaten der Backend-Systeme zuzuordnen und ihn dort zu authentifizieren (Nicolescu et al. 2007, S. 28). Das Portal verwendet dabei sein Portalzertifikat, welches einen öffentlichen und einen privaten Teil enthält. Der Ablauf für die implizite Anmeldung in einem Zielsystem (Backend-System) aus dem Portalsystem heraus kann wie folgt ablaufen:

1. Das Portal erzeugt eine Nachricht mit den folgenden Daten: die System-ID des Portals und die Benutzer-ID im Zielsystem (Backend-System), verschlüsselt mit dem (geheimen Teil vom) Portalzertifikat.
2. Das Portal sendet die Nachricht an das Zielsystem.
3. Das Zielsystem entschlüsselt mit dem öffentlichen Teil des Portalzertifikats die darin enthaltene Information. Der öffentliche Teil des Portalzertifikats muss vorher ins Zielsystem eingespielt worden sein.
4. Das Zielsystem verwendet die Benutzer-ID zur Anmeldung (ohne Kennwort!). Die empfangene System-ID muss als vertrauenswürdiges System im Zielsystem eingetragen sein. (Warum funktioniert dies ohne Kennwort?)

9.4 Personalisierung

Die Anwendungen und Informationen sollen auf den Portalbenutzer zugeschnitten sein. Man spricht von *Personalisierung,* einer Form von Anpassung (Abschn. 14.4). Hierfür gibt es zwei kombinierbare Formen (Großmann und Koscheck 2005, S. 94 ff.):

- *Rollenbasierte* Personalisierung durch den Administrator: Der Administrator sieht für jeden Portalbenutzer eine oder mehrere *Rollen* vor. In den Rollen wird festgelegt, welche Portalinhalte der Benutzer sehen soll. Auch die portalspezi-fischen Berechtigungen können damit festgelegt werden. Anders als in den Backend-Systemen (Abschn. 15.1) sind Rollen im Portal für die Bereitstellung

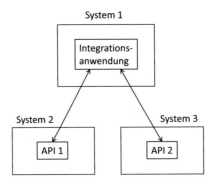

Abb. 9.2 Integrationsanwendung

von Anwendungen und Informationen sowie für die Navigation wichtig. Die Berechtigungen in den Backend-Systemen sind davon unabhängig, d. h. der Benutzer benötigt zur Ausführung der Anwendung im Backend-System zusätzlich die passenden Berechtigungen. Beispiele für Rollen sind „Einkäufer", worin einkaufsspezifische Anwendungen zusammengefasst sind, und „Self-Service" mit den Self-Service-Funktionen, die für jeden Mitarbeiter verfügbar sein sollen.

• Personalisierung *nach persönlichen Einstellungen:* Hier kann jeder Benutzer selbst in eingeschränktem Umfang die Benutzeroberfläche für sich anpassen, z. B. die Anordnung der Anwendungen[1].

9.5   Integrationsanwendung

Es sei ein weiterer Ansatz erwähnt, welcher von der Bezeichnung her zur Integration über die Benutzeroberfläche gerechnet werden könnte: eine für die Integration entwickelte neue Anwendung mit einer neuen Benutzeroberfläche (Bildschirmmaske), welche intern über APIs auf die zu integrierenden Systeme zugreift und eine vereinheitlichte Sicht darstellt (Abb. 9.2). (Wie könnte dies z. B. bei einer Stammdatenanzeige aussehen?)

Technisch handelt es sich dabei jedoch nicht um eine Integration über die Benutzeroberfläche im Sinne dieses Kapitels, sondern um eine neue Anwendung (z. B. eine unternehmensspezifische Eigenentwicklung, s. Kap. 14), welche die Integration mittels Funktionsaufruf verwendet (Kap. 11).

---

[1] Daneben gibt es die *implizite Personalisierung,* wo je nach Nutzungsverhalten des Benutzers Informationen ein- oder ausgeblendet werden (Großmann und Koscheck 2005, S. 95).

9.6   Übungen und Lösungsvorschläge

a) Übungen

Aufgabe 9.1 (Eignung von Anwendungen für Portale)
Das Portal soll für einen Benutzer der einheitliche Zugang zu allen Anwendungen sein. Können Sie sich Anwendungen vorstellen, welche für eine Portalintegration eher weniger geeignet sind?

Aufgabe 9.2 (Pflege von Berechtigungen im Portal)
In Abschn. 9.4 wurde erwähnt, dass die Benutzerberechtigungen in den Backend-Systemen gepflegt werden müssen. Wäre es aus Ihrer Sicht möglich, diese Berechtigungspflege auch im Portal durchzuführen?

b) Lösungsvorschläge für die Übungen

Aufgabe 9.1 (Eignung von Anwendungen für Portale)
Ein absolutes, theoretisches Hindernis ist es nicht, aber z. B. grafikintensive Software mit entsprechenden besonderen Benutzerschnittstellen kann problematisch für eine Portalintegration sein. Allgemeiner betrifft dies Altsoftware, welche nicht einfach mit einer Web-Benutzeroberfläche versehen werden kann. Ein Ausweg kann der Absprung aus dem Portal zur speziellen Anwendung sein.

Aufgabe 9.2 (Pflege von Berechtigungen im Portal)
Die Benutzerberechtigungen nehmen Bezug auf Customizingdaten des Anwendungssystems. Entsprechend muss die Pflege mit dem Anwendungssystem gekoppelt sein.

Literatur

Großmann, M., Koschek, H: Unternehmensportale – Grundlagen, Architekturen, Technologien. Springer, New York (2005)

Java Community Process: JSR-000168 Portlet Specification. http://www.jcp.org/ja/jsr/detail?id=168 (2003). Zugegriffen: 24. Mai 2011

Java Community Process: JSR-000286 Portlet Specification 2.0. http://www.jcp.org/en/jsr/detail?id=286 (2008). Zugegriffen: 31. Mai 2011

Nicolescu, V., Klappert, K., Krcmar, H.: SAP NetWeaver Portal. Galileo Press, Bonn (2007)

OASIS: Web Services for Remote Portlets. Specification v2.0. http://docs.oasis-open.org/wsrp/v2/wsrp-2.0-spec-os-01.html (2008). Zugegriffen: 31. Mai 2011

Schroeder, N., Spinola, U., Becker, J.: SAP Records Management, 2. Aufl. Galileo Press, Bonn (2009)

Integration mittels Datenaustausch

10

Ich habe das Einpacken immer gehasst
aber auch das Auspacken
wir müssen ja alles das wir einpacken
wieder auspacken
Am Ziel
Thomas Bernhard

Zusammenfassung

Szenarien des Datenaustausches in einer Systemlandschaft werden geschildert und XML wird ausführlich als ein Beispiel für ein Datenaustauschformat dargestellt. Nach einer Einführung in die elementaren Konzepte von XML, nämlich Elemente und Attribute, werden Namensräume und die Datentypdefinition mittels XML Schema behandelt. Als Alternative wird JSON angesprochen. Es wird reflektiert, welche Erkenntnisse sich aus der „Fallstudie XML" für die Integration mittels Datenaustausch ziehen lassen. Nachrichtenbroker sind ein spezieller Kommunikationskanal, und wir sehen uns damit verbundene Konzepte wie die asynchrone Kommunikation und das Publish-and-subscribe-Prinzip an.

Die Quelle zum Kapitelmotto lautet: Bernhard T (1983) Die Stücke. 1969–1981. 1. Auflage, Suhrkamp, S. 1006.

© Springer-Verlag GmbH Deutschland, ein Teil von Springer Nature 2021
R. Weber, *Betriebliche Anwendungssysteme*,
https://doi.org/10.1007/978-3-662-63185-0_10

Lernziele

- Die Integration über Datenaustausch anhand von XML kennenlernen.
- Ein XML-Dokument und ein XML-Schemadokument für eine Aufgabenstellung definieren können.
- Die Dienste eines Nachrichtenbrokers einschätzen können.

10.1 Verteilte Geschäftsobjekte

In einem operativen System sind Anwendungsprogramme dadurch miteinander integriert, dass sie auf die gemeinsame Datenbank zugreifen (Kap. 3). Laufen die Anwendungsprogramme in verschiedenen Systemen, also mit getrennten Datenbanken, könnten theoretisch die gemeinsam benötigten Daten von einer Datenbank in die andere kopiert werden, wobei in der Regel eine Datentransformation nötig wäre. (Warum?) Damit der gleiche Integrationsgrad wie in einem einzigen System erreicht wird, müssten umfangreiche Vorkehrungen getroffen werden: Es müsste sichergestellt werden, dass die Programme lesend wie schreibend auf die Daten zugreifen können und die Zugriffe müssten synchronisiert werden. Meist sind jedoch ein gleichberechtigter Zugriff und der damit verbundene Aufwand nicht erforderlich. Wir erinnern uns an das Supply-Chain-Management (SCM, Abschn. 8.3), wo Stammdaten nur für den lesenden Zugriff kopiert werden, oder an analytische Systeme, wo die Daten nach dem Schreiben generell nur noch gelesen werden (Kap. 4).

Betrachten wir übliche Szenarien, wo Daten eines Sendersystems (Quellsystems) in einem Empfängersystem (Zielsystem) benötigt werden (Abb. 10.1). *Links* befindet sich jeweils ein Geschäftsobjekt im Sendersystem S, *rechts* ein Geschäftsobjekt im Empfängersystem E, welches aus dem Sendevorgang entsteht. Im Augenblick gehen wir von nur einem Geschäftsobjekt aus, später werden wir auch Mengen von Geschäftsobjekten betrachten. Abgebildet sind stilisierte Klassendiagramme, um Attribute und Methoden der Geschäftsobjekte anzudeuten. Zu beachten ist allerdings, dass es sich um Geschäftsobjekte, d. h. Instanzen, handelt, nicht um Klassen, welche versendet werden. Gesendet wird jeweils ein Abzug des Geschäftsobjektes im Sendersystem (Abschn. 3.4.1). Vereinfachend können wir uns darunter die Attribute des Geschäftsobjektes vorstellen, in Abschn. 3.3 Geschäftsdaten genannt.

1. *Neues, unabhängiges Objekt:* In diesem Fall wird ein Abzug des Geschäftsobjektes GO_1 in S gemacht und an E gesendet. Aus der Vorlage GO_1 wird in E ein neues Geschäftsobjekt GO_2 erzeugt. GO_2 könnte inhaltlich (d. h. unabhängig von technischen Implementierungsdetails, welche ebenfalls bestehen können) einer anderen Klasse als GO_1 angehören. Zum Beispiel könnte GO_1 eine Bestellung sein,

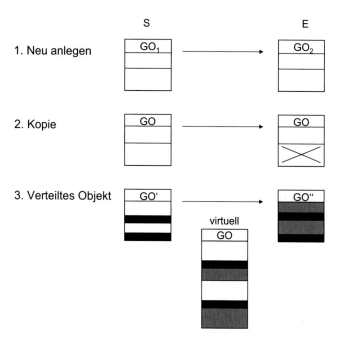

Abb. 10.1 Datenaustauschszenarien

GO_2 ein Kundenauftrag – eine Bestellung ist aus Lieferantensicht ein Kundenauftrag. Das Szenario gibt insbesondere den zwischenbetrieblichen Datenaustausch wieder.

2. *Kopiertes, vollständig abhängiges Objekt:* In E wird eine Kopie des Geschäftsobjektes GO angelegt. Üblicherweise bleibt S der Dateneigentümer (Abschn. 8.4) von GO, Änderungen werden nur dort vorgenommen. Daher werden die Methoden im Bild als *gestrichen* dargestellt. Das Szenario wird zum Beispiel für den Austausch von Stammdaten verwendet, etwa im Fall von SCM (Abschn. 8.3). Allerdings erscheint es oftmals nicht in Reinform, sondern in einer gemäß Szenario 3 erweiterten Form.

3. *Verteiltes, teilweise abhängiges Objekt:* In S wird GO′ an E gesendet, welches daraus ein neues Objekt GO″ anlegt, üblicherweise von derselben inhaltlichen Klasse. Der Unterschied ist, dass in beiden Systemen zwar einige Attribute und Methoden gleich sein werden (in der Abbildung *schwarz* gezeichnet), es aber Ergänzungen um systemspezifische Attribute und Methoden geben kann. Beim Stammdatenaustausch im Fall von SCM könnte z. B. der Materialstamm im ERP-System weitere ERP-spezifische Attribute haben, z. B. das Rechnungswesen betreffend. Im SCM-System könnten dagegen SCM-spezifische Attribute ergänzt werden, z. B. für das sog. Pegging: Es wird im SCM verwendet, um Materialzugänge Bedarfen zuzuordnen. Virtuell, also in unserer Vorstellung, kann man dies als ein neues Geschäftsobjekt GO sehen, welches die gesamten Attribute und Methoden der beiden Systeme umfasst. Kritisch ist der Fall, wenn ein gemeinsames Attribut in den beiden Systemen unterschiedliche Werte hat (Dateninkonsistenz, Abschn. 8.2).

Allen Szenarien ist gemein, dass wir für die Datenübermittlung ein Austauschformat benötigen, das beide Systeme verstehen, wenngleich die Objektrepräsentation in den Systemen unterschiedlich sein könnte. Die genannten Szenarien, vor allem 2, sind mit der *Datenreplikation* (Kleppmann 2017, S. 151 ff.) verwandt, wie wir sie aus verteilten Systemen kennen. Der Unterschied besteht neben der unterschiedlichen Objektrepräsentation darin, dass der Zweck zumindest nicht unmittelbar die Ausfallsicherheit und Leistungssteigerung ist.

10.2 Datenaustausch zwischen Anwendungssystemen

Abb. 10.2 zeigt den Datenaustausch von einem Sendersystem S zu einem Empfängersystem E. Wir betrachten den Fall, dass nur ein Datum gesendet wird; der Fall mehrerer Daten läuft ähnlich ab. In S wird aus einem Geschäftsdatum wie einer Bestellung ein strukturiertes Datum in einem Datenaustauschformat zum Senden erzeugt und an E übermittelt. E empfängt es und führt eine Eingangsverarbeitung durch: Es prüft das Datum, transformiert es in ein Geschäftsdatum, wie einen Auftrag, und speichert es in seiner Datenbank. Meist wird, zur Nachvollziehbarkeit, Fehlerbehebung und asynchronen Bearbeitung (Abschn. 10.5), sowohl die Originalnachricht (z. B. als Nachricht verpackte Auftragsdaten) als auch das daraus abgeleitete Geschäftsdatum (z. B. ein Auftrag in den entsprechenden Tabellen) gespeichert, die Originalnachricht meist sowohl in S als auch in E. (Warum?) Je nachdem, ob die Übertragung gesichert ist, kann eine Empfangsquittierung sinnvoll sein oder entfallen (Abschn. 11.6). Die weitere Bearbeitung des empfangenen Datums, z. B. die Auftragsbearbeitung, findet erst nach der Speicherung des Geschäftsobjektes statt, etwa in einem Geschäftsprozess, welcher durch das Anlegeereignis in Gang gebracht wird (Abschn. 12.1).

Für die Kommunikation sind zwei Dinge erforderlich:

- *Datenaustauschformat:* Das Datum muss bei der Übertragung in einem Format vorliegen, welches S und E verstehen. Das heißt: S muss es erzeugen (kodieren) können. E muss es dekodieren können und wissen, was mit dem Datum zu tun ist.
- *Kommunikationskanal:* Das Datum wird über einen Kommunikationskanal versendet, welcher S und E verbindet.

Abb. 10.2 Integration mittels Datenaustausch

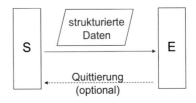

S muss also das Geschäftsdatum vor dem Senden in das Austauschformat einpacken, E muss es auspacken und vor allem die Eingangsverarbeitung durchführen. Betrachten wir nun das Austauschformat und den Kommunikationskanal genauer.

10.2.1 Datenaustauschformat

In unserem Szenario müssten nur S und E das Datum verstehen können, das Datenformat könnte folglich prinzipiell individuell zwischen ihnen vereinbart sein. S wird aber vielleicht mit vielen ähnlichen Empfängern kommunizieren, ebenso E mit vielen Sendern. Außerdem handelt es sich meist um Standardsoftware, welche nur eine kleine Menge üblicher Formate unterstützen möchte. Daher ist es sinnvoll, dass das strukturierte Datum in einem *Standardformat* kodiert ist. Beim Datenformat müssen wir zwischen dem technischen und dem inhaltlichen unterscheiden. Das *inhaltliche Datenformat* legt fest, wie die Datenstruktur aufgebaut ist, das *technische Datenformat*, in welcher Kodierung die Datenstruktur übertragen wird (Abschn. 3.6.2).

Beispiel: Bei einer sehr vereinfachten Bestellung hat das inhaltliche Datenformat zwei Felder, `Material` und `Quantity`, deren Dimension hier fest „Stück" sei. Als technische Datenformate könnten wir für die Übertragung einer Bestellung von drei Stück des Materials `1400` zum Beispiel

```
0000001400;3
```

oder auch

```
Material: 0000001400;Quantity:3
```

wählen.

Übliche technische Datenformate sind:

- *Einfaches Bit-, Byte- oder Zeichenformat:* Darin wird festgelegt, welche Bits, Bytes oder Zeichen in der Reihenfolge des Auftretens welche Bedeutung haben. Z. B. „die ersten zehn Zeichen sind die Bestellnummer, danach erscheint das Bestelldatum im Format Jahr-Monat-Tag …". Der Vorteil eines solchen Formats ist eine sehr kompakte Datenübertragung, der Nachteil, dass die Datenreihenfolge peinlich genau eingehalten werden muss. Und es müssen Regeln festgelegt sein, was mit optionalen Daten passiert, d. h. was geschieht, wenn ein Teil der prinzipiell möglichen Daten nicht übertragen wird.

- *Kommaseparierte Werte (Comma-separated Values, CSV):* Hier wird ein Trennzeichen zwischen den Teildaten festgelegt. Das Trennzeichen kann, wie der Name sagt, das Komma sein. Häufig verwendet man ein anderes Zeichen, das in den Nutzdaten nicht vorkommen darf oder in besonderer Form übertragen wird, weswegen

CSV ebenso als *Character-separated Values* gelesen werden kann. Ein guter Kandidat für das Trennzeichen ist das Tabulatorzeichen (Willinger und Gradl 2007, S. 232). Wird ein Teil der optionalen Daten nicht übertragen, erscheinen an der Stelle zwei Trennzeichen direkt nacheinander. Führende, nicht signifikante Nullen könnten z. B. weggelassen werden, da sie sich durch die Trennzeichen rekonstruieren lassen. Dieses Format wird in der Praxis häufig verwendet.

- *XML (eXtended Markupt Language):* XML ist eine Auszeichnungssprache, auf welche wir im folgenden Abschnitt ausführlich eingehen.

- *JSON (JavaScript Object Notation):* Eine Sprache zur Darstellung von Objekten, Teil der Skriptsprache JavaScript (Abschn. 10.4).

- *EDI-Formate: EDI (Electronic Data Interchange)* ist ein bereits älteres, etabliertes Verfahren zur Übertragung von Geschäftsdaten bei der zwischenbetrieblichen Integration. Tatsächlich gibt es mehrere EDI-Standards, die bekanntesten sind EDIFACT, mehr in Europa gebräuchlich, und ANSI X.12, mehr in den USA gebräuchlich. EDI-Standards legen nicht nur das technische, sondern zugleich das inhaltliche Datenformat fest.

- *Datenbanktabelleneinträge:* Ein naheliegender Ansatz wäre, Daten direkt in Tabellenform von S an E zu senden. Das Umwandeln der strukturierten Transferdaten in einbuchbare Geschäftsdaten könnte dadurch entfallen. Die Idee ist also ein mehr oder weniger direkter Schreibzugriff auf die Datenbanktabellen des Zielsystems. Hierbei gibt es mehrere Tücken. Das Austauschformat wäre das Datenbankschema des Zielsystems, was zwar eine eindeutige Beschreibung der übermittelten Daten ist, aber als plattformübergreifender Standard nicht geeignet ist. Und selbst wenn Quell- und Zielsystem die gleiche Software verwenden, sogar in derselben Version, müssen die Daten vor dem Speichern im Zielsystem geprüft werden, ebenso wie bei den anderen Ansätzen übrigens. Die Systemzustände (insbesondere Customizing- und Stammdaten) werden nämlich verschieden sein. In Datenbanksystemen kann zwar eine gewisse Prüflogik formuliert werden, die viele Fehler wie Formatfehler oder nicht plausible Werte verhindert. Jedoch findet in Anwendungssystemen eine weit umfangreichere inhaltliche Prüfung statt. (Beispiel?) Die zu durchlaufenden Prüfungen müssten dieselben sein wie jene, die beim Anlegen „per Hand" über die Benutzeroberflächen des Anwendungssystems erfolgen. Daher wird dieser Ansatz vermieden. Bei der Altdatenübernahme (Kap. 13) werden oft Datenbanktabelleneinträge des Sendersystems bereitgestellt und dann transformiert, z. B. mit dem folgenden Ansatz.

- *Simulation von Benutzereingaben:* In Fortsetzung der Argumentation bei „Datenbanktabelleneinträge" könnten die strukturierten Daten in einem Format gesendet werden, womit sie per Simulation von Benutzereingaben in E eingespielt werden können. Damit ist gewährleistet, dass die empfangenen Daten dieselbe Prüflogik wie über Benutzeroberflächen eingegebene Daten durchlaufen. Nachteile dieses Ansatzes sind, dass es sich dabei um kein Standardformat handelt und dass die Datenstrukturen vom aktuellen Stand der Benutzeroberflächen abhängen. Ändern sich diese in einer neuen Version, können die vorher verwendeten Datenstrukturen nicht mehr verwendet werden, sie müssen an die neuen Benutzeroberflächen angepasst werden.

- *Kodierte Funktionsaufrufe zum Anlegen von Daten:* An dieser Stelle treffen sich die Integrationsarten „Integration mittels Datenaustausch" und „Integration mittels Funktionsaufruf". Wir behandeln diesen Ansatz daher in Kap. 11.

10.2.2 Kommunikationskanal

Je nach Anwendungsszenario kommen unterschiedliche Kommunikationskanäle infrage. Sie haben nur einen technischen, keinen inhaltlichen Charakter[1]. Einige Beispiele:

- *Dateiverzeichnis:* Die Vereinbarung zwischen S und E kann sein, dass S eine Datei periodisch, z. B. nachts, in ein Dateiverzeichnis stellt, wo E sie abholt.
- *E-Mail:* Vor allem in frühen EDI-Systemen hat S Daten in ein gesichertes Postfach übertragen, wo sie für E bereitstehen.
- *HTTP:* S kann die Daten per Methode HTTP-POST an E übermitteln. E muss auf seinem Webserver ein Programm bereitstellen, welches die Daten entgegennimmt und verarbeitet.
- *Nachrichtenbroker* (allgemeiner: Nachrichtenübertragungssystem, Message-oriented Middleware): Diesen Ansatz werden wir in Abschn. 10.5 genauer behandeln.
- *Datenträgeraustausch:* Daten können per Datenträgeraustausch (CD, DVD, USB-Stick, früher häufig Magnetband) übertragen werden.

Für unterschiedliche Szenarien gibt es unterschiedlich hohe Anforderungen an die Qualität der Übertragung. Neben der naheliegenden Leistung sind es Anforderungen hinsichtlich Übertragungsprobleme: Übertragungsfehler, Verbindungsabbrüche, unberechtigter Zugriff. Die Anforderungen betreffen die Sicherheit der Übertragung, sowohl im Sinne von Fehlerbehandlung als auch von Zugriffsschutz. Gerade bei der zwischenbetrieblichen Integration ist es wichtig zu gewährleisten, dass der Kommunikationskanal sicher ist. Das beinhaltet, dass die übertragenen Daten nicht von anderen unberechtigt gelesen werden, dass sie nicht verfälscht werden, und dass E davon ausgehen kann, dass wirklich S und nicht ein anderer sie gesendet hat.

10.2.3 Anwendungsfälle

Wichtige Anwendungsfälle für die Integration über Datenaustausch sind in Tab. 10.1 dargestellt. Einige haben wir bereits in früheren Kapiteln kennengelernt:

---

[1] Eine Ausnahme ist bei Nachrichtenbrokern möglich, s. Abschn. 10.5.2.

Tab. 10.1 Datenaustauschszenarien

	Zwischen-betriebliche Integration	Daten-austausch zwischen Systemen (EAI)	Offline-Synchronisation	Altdaten-übernahme	ETL
Datenaufkommen	Meist niedrig	Niedrig bis mittel	Niedrig	Sehr hoch	Hoch
Datenformat	EDI, XML	XML, Datei (CSV, Spezial-format)	Spezialformat	CSV	CSV, Spezial-format
Kommunikations-kanal	Internet, VPN, Mail-box, Datei	Datei, Funktions-aufruf zur Datenüber-mittlung, nachrichten-orientierte Middleware	Middleware, Datei	Datei	Datei, Funktions-aufruf zur Datenüber-mittlung
Beispiele	EDI: meist Bewegungs-daten wie Auftrag oder Rechnung	SCM: Stamm und Bewegungs-daten wie Material, Stückliste oder Auftrag	CRM: Mobiler Vertrieb: Bewegungsdaten wie Aufträge	Großteil der Stamm- und (teilweise) Bewegungs-daten	DWHS: Umsatzdaten

- Die Stamm- und Bewegungsdatenübernahme bei SCM (Abschn. 8.3);
- Synchronisation mit mobilen Endgeräten, z. B. die Übernahme von Aufträgen und Kundenkontaktdaten.

In der Zeile „Datenaufkommen" ist vermerkt, wie viele Daten bei einem einzelnen Datenaustausch übertragen werden. So wird bei der zwischenbetrieblichen Integration – man kann sich darunter zum Beispiel das Übertragen eines Auftrags per EDI vorstellen – bei einer einzelnen Übertragung oft nur ein Geschäftsobjekt, also eine geringe Datenmenge, ausgetauscht. Bei der Altdatenübernahme wird dagegen auf einen Ruck eine sehr große Menge von Stamm- und Bewegungsdaten übermittelt, nämlich zumindest all jene, welche für Geschäftsvorfälle im neuen System benötigt werden. Eine Altdatenübernahme findet statt, wenn ein altes Anwendungssystem durch ein neues ersetzt wird und die Altdaten zumindest teilweise im neuen System verfügbar gemacht werden müssen (Kap. 13). (Warum ist dies sinnvoll?) Im Falle eines hohen Datenaufkommens werden zur Verifikation der Daten meist nur Stichproben und Plausibilitätsprüfungen vorgenommen.

Bei „Datenformat" sind einige typische Datenformate angegeben, es ist keine vollständige Aufzählung. So sind bei der Altdatenübernahme Dateien als Ausgangspunkt
üblich. Zu unterscheiden sind dabei *tabellenartige* Dateien, wo alle Zeilen denselben
Aufbau haben, von *sequenziellen* Dateien, wo dies nicht der Fall ist (Willinger und Gradl
2007, S. 46).

10.3   Das Datenaustauschformat XML

Wir verwenden die Sprache XML, um Konzepte von Datenaustauschformaten beispielhaft, gleichsam im Rahmen einer Fallstudie, zu studieren. Von den oben erwähnten
Anwendungsfällen sind besonders die zwischenbetriebliche Integration und der Datenaustausch zwischen Systemen einschlägig. Wir werden später sehen, dass Austauschformate ebenso für die Integration mittels Funktionsaufruf eine Rolle spielen (Kap. 11).
Entsprechend werden wir dort die Fallstudie weiterspinnen, wenn es um Webservices
geht. XML hat vielfältige Anwendungsmöglichkeiten, nicht nur für betriebliche
Anwendungen[2]. Sie lassen sich in textorientierte und datenorientierte einteilen; mit
letzteren beschäftigen wir uns im Folgenden, da sie für den Datenaustausch relevant
sind.

10.3.1 XML-Dokumente

XML steht für *eXtensible Markup Language,* „erweiterbare Auszeichnungssprache". Sie
ist ein Standard des *World Wide Web Consortium* (kurz: *W3C*). Der Ursprung von XML
geht auf die Auszeichnungssprache *SGML (Standard Generalized Markup Language)*
von IBM zurück, eine sehr umfangreiche und so komplexe Sprache, dass sie keine breite
Anwendung fand[3]. XML ist gegenüber SGML stark reduziert.

Was eine Auszeichnungssprache im Allgemeinen ist und XML im Speziellen,
erklärt sich am schnellsten an einem Beispiel (Abb. 10.3). Das „strukturierte Datum"
ist hier allein der Name eines Lieferanten. Unser XML-Dokument besteht aus einem
Element, nämlich `supplier`, welches den Wert `Scheinweilner AG` hat. Der Wert
bzw., in XML-Sprechweise, der *Inhalt* des Elementes beginnt nach dem *Start-Tag* des
Elements, `<supplier>`, und endet vor dem *End-Tag* `</supplier>` des Elementes.
Tag, englisch, bedeutet ursprünglich Etikett, wird in der Informatik als „Kennzeichnung"
oder „Auszeichnung" verwendet. Die Tags beschreiben die Daten. Insgesamt ist XML

---

[2] XML findet breite Anwendung, bis hin zur Definition von (sinngemäß) Programmiersprachen
(„Wer nur einen Hammer hat, für den sieht jedes Problem wie ein Nagel aus." – Sprichwort).

[3] Die Geschichte von XML und Vorläufern findet sich in Sebestyen (2010, S. 18 ff.).

Abb. 10.3 Ein kleines XML-
Dokument

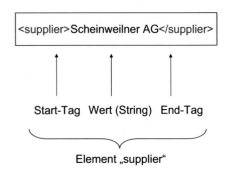

Abb. 10.4 Ein fast
realistisches XML-Dokument

```
<supplier>
    <number>4711</number>
    <name>Scheinweilner AG</name>
    <address>
        <street>Randelkoferweg 3</street>
        <postalCode>12345</postalCode>
        <town>Utzbach</town>
    </address>
</supplier>
```

eine textorientierte Sprache, denn sowohl die Elemente als auch die Werte sind Text. Verwendet wird der Unicode-Zeichensatz. Wollte man binäre Daten integrieren, müssten sie
als Text kodiert werden.

Sehen wir uns ein größeres, realistischeres Beispiel an (Abb. 10.4). Für den
Lieferanten wird neben der Lieferantennummer und dem Namen die Adresse angegeben.
Es handelt sich um eine komplexe Datenstruktur, da es Unterelemente gibt. Die Adresse
ist wiederum eine Datenstruktur, bestehend aus den Feldern Straße, Postleitzahl und
Stadt.

Wesentlich an diesem Dokument, und an XML-Dokumenten überhaupt, ist:

- Es gibt genau ein *Wurzelelement,* hier `supplier`.
- Der Wert von `supplier` ist wieder, wie im ersten Beispiel, alles zwischen Start-
  und End-Tag. Nur ist der Typ des Wertes diesmal keine Zeichenkette, sondern hat
  einen strukturierten, „komplexen" Inhalt. Der Wert eines Elementes kann also einfach
  (Zeichenkette) oder komplex (strukturierter Datentyp, Schachtelung) sein[4].

---

[4]Hier vereinfachen wir in wenig, da es auch die Mischung aus beiden gibt, was wir aber nicht
betrachten.

- Ein Element kann Unterelemente haben. `supplier` hat `number`, `name` und `address` als Unterelemente. `address` hat `street`, `postalCode` und `town` als Unterelemente. Man nennt ein übergeordnetes Element *Elternelement,* die direkt untergeordneten *Kindelemente,* sie sind untereinander *Geschwister.*

Welche Elemente es gibt, legt XML nicht fest. Sie können, ähnlich wie Bezeichner in Programmiersprachen, weitgehend frei gewählt werden. Daher wird XML auch *Meta-Auszeichnungssprache* genannt: eine Sprache, mit der sich XML-Sprachen für vielerlei Gebiete, eben auch den Einkauf, formulieren lassen. Man spricht dabei von *XML-Anwendungen.* Dies ist die Bedeutung des „X" bei „eXtensible Markup Language". Damit unterscheidet sich XML von HTML, wo nur feste Elemente mit einer vordefinierten Bedeutung, z. B. `html`, `body`, `h1`, verwendet werden. Im Unterschied zu HTML sind es bei XML semantische (bedeutungstragende) Auszeichnungen, nicht physische (drucktechnische, z. B. `font`, `b`) oder logische (die Struktur betreffend, z. B. `h1`, `strong`; Sebestyen 2010, S. 26). Die Bedeutung ist allerdings nicht in XML selbst definiert, sondern muss separat dokumentiert werden.

Schön wäre es, wenn es für Bestellungen und ähnliche übliche Geschäftsdaten einen einheitlichen Standard gäbe. Allerdings ist dies zumindest heute nicht der Fall. Die langjährige Erfahrung mit EDI-Standards zeigt, dass dieses Ziel realistischerweise wohl mittelfristig nicht erreicht werden wird, denn auch dort bestehen regionale und industriespezifische Standards wie EDIFACT, ANSI X.12 und Odette nebeneinander.

Im Beispieldokument nicht verwendet, aber möglich:

- Ein Element kann *Attribute* haben. Möchte man z. B. Lieferanten klassifizieren, könnte das Element das Attribut `category` haben: `<supplier category="regular">`. Wie für Elemente lässt XML auch für die Attributnamen Wahlfreiheit. Der Wert eines Attributs ist immer eine Zeichenkette. Möchte man umfangreichere Attributinformation hinzufügen, muss man mehrere Attribute verwenden. Bei Attributen herrscht eine gewisse Freiheit: Ein Element kann mehrere haben, die Reihenfolge ist unerheblich. Ein Attribut kann in einfachen oder doppelten Anführungszeichen geschrieben werden. Vor und nach dem Gleichheitszeichen können Leerzeichen stehen. Wann Daten als Attribut und wann als Unterelement angegeben werden, ist nicht geregelt. Zwar lassen sich stilistische Empfehlungen geben, letztlich erscheint es aber doch als Geschmacksache. In Sebestyen (2010, S. 48) wird auf die Webseite http://xml.coverpages.org/attrSperberg92.html (zugegriffen: 30.09.2020) verwiesen, wo Argumente zur Diskussion „Elemente vs. Attribute" zusammengefasst sind. Sie finden sowohl attributlastige als auch elementlastige XML-Dokumente.
- Elemente können leer sein, d. h. keinen Inhalt haben: `<remark> </remark>`. Zur Schreibvereinfachung wird in dem Fall synonym `<remark/>` verwendet.
- Ein Element kann optional sein, d. h. weggelassen werden. Wenn beispielsweise das Element `remark` leer sein kann, mag es sinnvoll sein, es optional zu halten und bei Leere wegzulassen.
- Ein Element (bis auf das Wurzelelement) kann mehrfach auftreten. Beispiel:

```
<suppliers>
    <supplier>
    ...
    </supplier>
    <supplier>
    ...
    </supplier>
    ...
</suppliers>
```

Es handelt sich um eine Liste von mehreren Lieferanten (`suppliers`). Für jeden einzelnen Lieferanten gibt es das Element `supplier`.

- Ein XML-Dokument kann eine XML-Deklaration als erste Zeile haben. Darin wird insbesondere festgelegt, welche zeichenmäßige Kodierung das Dokument hat:
  `<?xml version = "1.0" encoding = "UTF-8"?>`
  In diesem Fall wäre es eine Kodierung von Unicode mit variabler Länge. Andere Möglichkeiten wären zum Beispiel US-ASCII oder ISO-8859–1, eine ASCII-Erweiterung, welche unter anderem Umlaute enthält.
- Kommentare werden mit `<!--` und `-->` eingerahmt: `<!-- Dies ist ein Kommentar.-->`

XML enthält noch einige weitere Möglichkeiten wie Verarbeitungsanweisungen, die für unsere Betrachtung weniger wichtig sind und daher hier weggelassen werden.

10.3.2 Regeln

Für XML-Dokumente gelten verschiedene Regeln. Sie betreffen:

- *Wohlgeformtheit:* Diese Regeln sind einzuhalten, damit der Dokumentinhalt überhaupt „korrektes XML" ist.
- *Stilistik:* Stilistische Regeln haben sich in der Praxis etabliert, und Gründe der leichteren Verarbeitung und Lesbarkeit sprechen dafür.
- *Gültigkeit:* Soll das Dokument nicht nur „irgendein" korrektes XML-Dokument sein, sondern z. B. eine korrekte Bestellung, sind zusätzliche Regeln einzuhalten.

a) Wohlgeformtheit

Diese Regeln sind von allen XML-Dokumenten einzuhalten. Verletzt ein Dokument eine solche Regel, ist es kein wohlgeformtes XML-Dokument („Syntaxfehler"). Sie können die syntaktische Korrektheit leicht testen, indem Sie den Inhalt in eine Datei mit der Endung `.xml` geben und sie mit einem Webbrowser öffnen. Denn diese haben

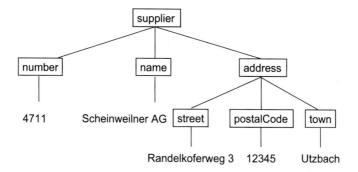

Abb. 10.5 XML-Baumstruktur

üblicherweise einen XML-Parser integriert und geben Fehlermeldungen aus – mehr oder weniger verständlich.

- Es gibt genau ein Wurzelelement (bereits bekannt).
- Die Elemente weisen eine „Klammerstruktur" auf, wie wir sie z. B. von arithmetischen Ausdrücken in Programmiersprachen kennen. Jedes Begin-Tag muss also ein End-Tag haben. Und Elemente dürfen sich nicht überlappen. Verboten ist daher etwa <x> <y> 123 </x> </y>, da sich die Elemente x und y überlappen.
- Attribute sind Zeichenketten, haben somit einfachen Inhalt (bereits bekannt).
- Elemente, ebenso wie Attribute, orientieren sich an der Syntax für Bezeichner in Programmiersprachen („XML-Namen", s. unten), enthalten insbesondere keine Leerzeichen.
- Das Zeichen „<" darf nur an den dafür vorgesehenen Stellen vorkommen, wie als Beginn eines Tags. Sonst ist es durch < zu ersetzen[5].

XML-Namen im Detail: Alphanumerische Zeichen sind erlaubt, von beliebigen Sprachen, auch Ideogramme und Umlaute; außerdem Unterstrich, Bindestrich und Punkt, der Doppelpunkt nur bei Namensräumen (Abschn. 10.3.3). Der Name muss mit einem Buchstaben, einem Ideogramm oder einem Unterstrich beginnen. Leerzeichen sind in Namen nicht erlaubt. Zwischen Groß- und Kleinschreibung wird unterschieden. Das Wort „XML" darf, in jeder Kombination von Groß- und Kleinschreibung, nicht enthalten sein.

Aus den Regeln der Wohlgeformtheit ergibt sich, dass XML-Dokumente eine Baumstruktur aufweisen. Den Baum für unser Beispieldokument zeigt Abb. 10.5.

---

[5] Eine solche Zeichensequenz wird *Character Entity Reference* genannt. Es gibt neben diesen noch ein paar: & für das Zeichen &, außerdem > &quot& ' Auch sogenannte *CDATA*-Abschnitte dienen zur einfachen Integration von beliebigem Text.

b) Stilistik

XML-Dokumente sind vorrangig für die maschinelle Verarbeitung gedacht. Trotzdem ist es sinnvoll, die Definition so zu wählen, dass sie auch für Menschen einfach lesbar ist, was z. B. für das Verstehen von XML-Schemadokumenten (Abschn. 10.3.4) oder bei der Fehlersuche im Entwicklungsprozess hilfreich ist. Die Lesbarkeit für Menschen ist eines der Entwurfsziele von XML, auf Knappheit wird dagegen kein großer Wert gelegt (Sebestyen 2010, S. 25). Andere stilistische Regeln betreffen eher die leichte maschinelle Verarbeitung und Komposition von Dokumenten.

- *Sprechende Bezeichner:* Elemente und Attribute sollten sprechende Bezeichner haben – das Argument ist ähnlich wie in der Programmierung. Also nicht `p` oder `pc`, sondern `postalCode`.
- *Strukturierung durch Schachtelung:* Prinzipiell könnte eine Datenstruktur als eine flache Liste von Elementen, jeweils mit einer Zeichenkette als Wert, dargestellt sein („Modell Wäscheleine"). Allein schon für die Lesbarkeit ist jedoch eine Schachtelung sinnvoll. Im Beispiel wurde `address` in `supplier` geschachtelt, da `address` zusammengehörige Informationen kapselt. Wir werden später noch sehen, dass XML-Dokumente aus solchen größeren Bestandteilen „montiert" sind, welche getrennt definiert werden – ähnlich wie ein komplexeres Material aus einzelnen Standardbaugruppen aufgebaut ist, welche wiederum Standardbauteile enthalten. Zudem ist eine solche Strukturierung für die programmatische Verarbeitung vorteilhaft. In diesem Sinne sollten `street`, `postalCode` und `town` nicht direkt als Unterelemente von `supplier` erscheinen, sondern unterhalb von `address`. Haben Geschäftsdaten also z. B. eine Kopf-Positionsstruktur, sollte sich diese im XML-Dokument wiederfinden.
- *Elternelement für Wiederholelemente:* Weiter oben haben wir das Wiederholelement `supplier` gesehen, das unterhalb des Elternelementes `suppliers` erschien. Ein solches übergeordnetes Element sollte für die einfachere programmatische Verarbeitung immer definiert sein.
- *Keine Nummerierung bei Wiederholelementen:* Beim selben Beispiel ist zu erwähnen, dass die Wiederholelemente keinen Index bekommen, also nicht `supplier1`, `supplier2`, … oder `supplier[1]`, `supplier[2]` … geschrieben werden sollte. Der Index ergibt sich allein implizit durch die Reihenfolge der Elemente. Elemente mit verschiedenem Namen wie `supplier1` und `supplier2` sind verschieden und müssten getrennt definiert werden. Alle Vorkommen von `supplier` beziehen sich dagegen auf dieselbe Elementdefinition.
- *Englische Bezeichner:* Definieren Sie ein XML-Dokument, vorgesehen im deutschsprachigen Raum, so kann es doch sein, dass früher oder später auch Nichtdeutschsprachige damit zu tun haben (Globalisierung), ähnlich wie bei Programmen. In dem Sinne ist es ratsam, gleich von Anfang an „international" zu denken und englische Bezeichner zu verwenden.
- *Mixed-case statt Unterstriche:* Heute wird üblicherweise `postalCode` geschrieben (Mixed Case), nicht `Postal_Code`, `postal_code`, `POSTAL_CODE` oder gar `POSTALCODE`.

c) Gültigkeit

Man kann für eine Aufgabenstellung festlegen, dass ein XML-Dokument einen bestimmten Aufbau hat, z. B. dass zur Beschreibung eines Lieferanten das Wurzelelement `supplier` sei, darunter die Elemente `number`, `name` und `address` in dieser Reihenfolge folgen müssen, usw. Diese Festlegung kann informell per Dokumentation (natürliche Sprache) erfolgen oder, besser, formal mit einer Schemabeschreibungssprache (s. unten). (Kennen Sie andere derartige Sprachen zur Syntaxdefinition aus der Informatik?) Ein XML-Dokument wird als gültig bezüglich der Definition bezeichnet, wenn es den Festlegungen der Definition entspricht. Regeln, welche die Gültigkeit von XML-Dokumenten betreffen, werden wir erst im Rahmen von XML Schema betrachten.

10.3.3 Namensräume

Um Namensräume zu motivieren, sehen wir uns ein Beispiel an (Abb. 10.6).

Das Element `number` kommt zweimal vor, jedoch mit unterschiedlicher Bedeutung und unterschiedlichem Format (Datentyp). Im ersten Fall ist es die Bestellnummer, im zweiten die Lieferantennummer. Für den Leser wird der Kontext durch das umgebende Element klar. Allerdings möchte man für eine einfache programmatische Behandlung und für eine leichtere Definition (Abschn. 10.3.4) die Unterscheidung auf Elementebene treffen, nicht durch den Kontext. Das Problem gleichnamiger Elemente tritt insbesondere dann auf, wenn Dokumente getrennt definierte „Baugruppen" verwenden. Beispielsweise finden sich in vielen Geschäftsdaten Adressen, Bankverbindungen und Personenangaben, welche einmal definiert und dann wiederverwendet werden. Bei erstmaliger „Montage" könnte man noch Inkonsistenzen aufdecken. Werden sie aber getrennt weiterentwickelt, fällt dies schwer. Gerade bei häufig verwendeten Begriffen wie `name`, `number`, `type` ist eine Namenskollision leicht möglich. Der Versuch, es durch längere Bezeichnungen wie `purchaseOrderNumber` eindeutig zu machen, führt zu umständlich langen Bezeichnungen und bietet trotzdem keine völlige Sicherheit, dass bei späterer „Montage" nicht doch Kollisionen auftreten.

Die Lösung sind *Namensräume (Namespaces,* Abb. 10.7). Die Idee ist auch in Programmiersprachen verbreitet. In Microsoft-.NET-Sprachen wie C# heißen sie ebenfalls *Namespaces,* in Java *Packages.*

Abb. 10.6 Namensraum: Motivation

```
<purchaseOrder>
        <number>000034859</number>
        <supplier>
                <number>4711</number>
                ..............
        </supplier>

        ................
</purchaseOrder>
```

Abb. 10.7 Namensraum: Präfix steht für URI
Beispiel
                              <po:purchaseOrder

                                  xmlns:po="http://www.mycompRW721.de/ns/po"
                                  xmlns:su="http://www.thisorgRW33.org/su" >

                              <po:number>000034859</po:number>

                              <su:supplier>

                                  <su:number>4711</su:number>

                              </su:supplier>

                                  ...

                              </po:purchaseOrder>

- Jedes Element bekommt einen Namensraum zugeordnet: `number` im Namensraum „purchase order" wird unterschieden von `number` im Namensraum „supplier".
- Ein Namensraum wird wiedergegeben durch einen *URI (Unique Resource Identifier, die bekannteste Untergattung sind URLs, Unique Resource Locators).* Der Namensraum „purchase order" z. B. könnte durch den URL http://www.mycompRW721.de/ns/po wiedergegeben werden. Der URI (oder URL in unserem Fall) muss auf kein Dokument zeigen, d. h. nicht in einem Webbrowser aufrufbar sein. Er wird nur als ein eindeutiger Name gesehen, nicht notwendigerweise mit Inhalt.
- Als Zuordnung eines Namensraums zu einem Element könnte man diesen vor jedes Element schreiben. Da die URIs lang sind, wird als Schreibweise eine kürzere Form verwendet[6]. Man weist einem Namensraum ein Präfix zu, gleichsam als Spitzname, welcher im vorliegenden Dokument gelten soll. Dies geschieht in unserem XML-Dokument durch `xmlns:po = "http://www.mycompRW721.de/ns/po"`. `xmlns` steht für „XML Namespace". Das Präfix `po` steht für den URL http://www.mycompRW721.de/ns/po. Als Präfixbezeichnungen sind ein- bis dreistellige Zeichenketten üblich[7]. Wichtig ist, dass das Präfix nur für dieses XML-Dokument gilt, in einem anderen XML-Dokument könnte für den Namensraum ein anderes Präfix verwendet werden. `po:number` wird *qualifizierter Name* genannt, mit Präfix `po` und lokalem Teil `number`.
- Sicherheitshalber wendet man die Regel nicht nur auf „kritische" Bezeichner (wie „number") an, sondern auf alle.

---

[6] Ein weiteres Argument ist, dass URIs üblicherweise Zeichen (/, %, ~) enthalten, die in XML-Namen nicht erlaubt sind.

[7] Für die Identifikation zählt nur der Namensraum: verweisen `p1` und `p2` auf denselben Namensraum, so beziehen sich `<p1:number>` und `<p2:number>` auf dieselbe Deklaration von `number`. Für Präfixe gelten die Syntaxregeln von XML-Namen, nur dass der Doppelpunkt natürlich nicht als Präfixbestandteil erlaubt ist.

Ein weiteres Argument für Namensräume ist, dass Elemente und Attribute, welche zu einer XML-Anwendung gehören, zusammengefasst werden, was für die programmatische Behandlung vorteilhaft ist. Zum Beispiel könnte ein XML-Dokument in einer Verarbeitungskette in mehreren Schritten transformiert werden (Abschn. 10.3.5). In jedem Schritt könnten Elemente und Attribute eines bestimmten Namensraums bearbeitet werden (Sebestyen 2010, S. 65). Zwischen Namensräumen und XML-Anwendungen herrscht oft eine Eins-zu-Eins-Beziehung.

10.3.4 XML Schema

a) Typ und Instanz
Empfängt ein System ein XML-Dokument, welches eine Bestellung wiedergeben soll, muss es prüfen, ob der Inhalt tatsächlich einer Bestellung entspricht. Wäre der Empfänger ein Mensch, könnte er das XML-Dokument interpretieren, etwa über sprechende Bezeichner. Jedoch ist ein XML-Dokument zur Bearbeitung durch ein Programm bestimmt, zumindest im Standardfall. Das Programm benötigt eine präzise Beschreibung des Aufbaus eines XML-Dokumentes für eine Bestellung. Prinzipiell könnte die Beschreibung informell, in natürlicher Sprache geschehen, ein Entwickler könnte daraus ein Prüfprogramm erstellen. Komfortabler ist es jedoch, wenn sich die Prüflogik automatisch aus einer formalen Beschreibung gewinnen lässt. Dazu dient *XML Schema,* eine Sprache, um Typen von XML-Dokumenten zu definieren[8]. XML Schema ist wie XML ein W3C-Standard. Ein validierender *XML-Parser* prüft bei Eingabe eines XML-Dokumentes X und eines XML-Schemadokumentes D, ob X der in D festgelegten Definition entspricht. Falls nicht, werden die Regelverstöße angegeben. Es korrespondiert zur Syntaxprüfung eines Programms durch einen Compiler bzw. einen Parser. Zu den bekanntesten XML-Parsern zählen Microsoft XML Core Services (MSXML) und Xerces. Eine Liste von XML-Parsern findet sich in Sebestyen (2010, S. 58 ff.).

Genaugenommen kann mittels XML Schema zwar eine weitgehende, aber praktisch keine vollständige Prüfung durchgeführt werden, ob ein XML-Dokument eine gültige Bestellung wiedergibt. Zum Beispiel könnte sich in einer vermeintlichen Bestellung ein Material befinden, welches es nicht gibt. XML Schema prüft auf Typebene, also die *möglichen,* vom Datentyp her erlaubten Materialnummern. Es prüft nicht die *tatsächlichen* Materialnummern, welche sich aus dem Inhalt des Anwendungssystems

---

[8] Eine bereits mit der Einführung von XML (und damit vor XML Schema) vorhandene Sprache zur Typbeschreibung von XML-Dokumenten sind *Document Type Definitions (DTDs).* Ihre Syntax ist nicht XML und sie sind weniger ausdruckstark als XML Schema. Bevorzugt wird heute XML Schema.

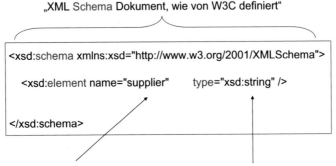

Abb. 10.8   XML Schema für das einfache XML-Dokument

ergeben. Das Problem stellt sich insbesondere bei Stamm- und Bewegungsdaten. Das empfangende System muss diese Prüfungen nach der Schemaprüfung durchführen. Die Prüfung bei manchen Customizingdaten, z. B. Währungseinheiten, ist theoretisch ein Grenzfall: Man könnte mit XML Schema einen Aufzählungstyp dafür anlegen, pragmatischerweise wird man aber die Prüfung an das Anwendungssystem delegieren. (Wäre dies theoretisch auch für Stammdaten möglich? Und praktisch sinnvoll?)

Ein XML-Schemadokument beschreibt also einen *Typ* bzw. eine Menge oder Klasse von *Instanzen,* hier XML-Dokumente, *XML-Instanzdokumente* oder *XML-Instanzen* genannt, ähnlich wie ein Datentyp (z. B. Integer) eine Menge von Zahlen (ganze Zahlen innerhalb eines Wertebereichs) beschreibt und eine objektorientierte Klasse eine Menge von möglichen Objektinstanzen.

b) Syntax

Ein XML-Schemadokument ist selbst ein XML-Dokument. D. h. als Sprache für die Meta-Ebene (die beschreibende Ebene) wird dieselbe Sprache wie für das Beschriebene verwendet.

Zum Verständnis sehen wir uns zwei Beispiele zu den oben angegebenen XML-Dokumentinstanzen an. Zunächst jenes zu dem einfachen XML-Dokument, welches lediglich einen Lieferantennamen wiedergibt (Abb. 10.8).

In XML-Schemadokumenten wird intensiv von Namensräumen Gebrauch gemacht. Die erste Zeile besagt, dass es sich bei dem vorliegenden XML-Dokument um ein XML-Schemadokument handelt. Dadurch werden XML-Schemadokumente von anderen, „normalen" XML-Dokumenten unterschieden. In der zweiten Zeile wird der Typ des Lieferantendokumentes festgelegt. Es wird nur ein Element mit Namen `supplier` und

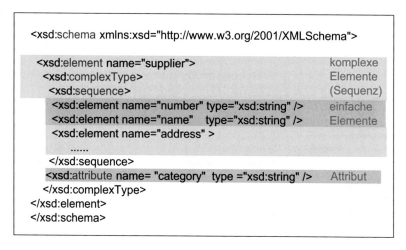

Abb. 10.9 XML Schema für das etwas komplexere XML-Dokument

Typ string deklariert[9]. string ist ein eingebauter Typ von XML Schema, wie die Namensraumkennzeichnung mit Präfix xsd besagt. Neben string sind viele einfache Datentypen bereits in XML Schema eingebaut, z. B. boolean, byte, integer, float, double, duration, dateTime.

Unser zweites Beispiel, Lieferantendaten inklusive Name, Adresse (Abb. 10.9), zeigt, wie komplexe Datentypen definiert werden. Zur Sprechweise: Deklariert werden Elemente und Attribute, definiert werden Typen (Sebestyen 2010, S. 116).

Eine Möglichkeit, den komplexen Typ von supplier auszudrücken, ist, beim Element kein Attribut für den Typ anzugeben, sondern direkt danach geschachtelt die Typdefinition. Dies ist zunächst die Angabe, dass es sich um einen komplexen Typ handelt (complexType), und danach, um welche Art von komplexen Typ, hier sequence. Denn es gibt verschiedene Arten:

---

[9]Es fällt auf, dass Elemente (des Schema-Dokumentes, nicht des Instanzdokumentes!) mit Namensraum, die Attribute dagegen ohne Namensraum geschrieben werden. Der Grund ist, dass die Attribute des XML-Schema-Namensraums nicht global (d. h. direkt unter dem schema-Element), sondern lokal deklariert sind. Wären sie global definiert, müssten sie mit Namensraumangabe erscheinen. Lokale Attribute können dagegen, je nach Angabe des form-Attributes bei der Deklaration oder auch des attributeFormDefault-Attributes des schema-Elementes, ohne Namensraumangabe angegeben werden (Walmsley 2002, S. 51, 152).

Abb. 10.10 XML Schema
mit Namensraum (1): Schema

```
<xsd:schema
  xmlns:xsd="http://www.w3.org/2001/XMLSchema"
  targetNamespace="http://www.mycompRW721.de/ns/po"
  elementFormDefault="qualified"
  attributeFormDefault="qualified">
  ...
</xsd:schema>
```

- `sequence`: Mehrere Elemente nacheinander. Die Reihenfolge muss eingehalten werden. Ein Element kann natürlich wiederum geschachtelt sein. Diese Art wird häufig verwendet.
- `all`: Mehrere Elemente nacheinander, jedoch ist die Reihenfolge egal.
- `choice`: Eines von mehreren Elementen. (Welche zwei der drei sind vom Einsatzzweck her ähnlicher?)

Die unterhalb der `sequence` geschachtelten Elemente haben im Beispiel größtenteils einfache Typen, der eingebaute Typ wird daher als Attribut angegeben. Nur `address` hat einen komplexen Typ. Hier wiederholt sich die Schachtelung mit `complexType` und `sequence`[10].

Gemäß XML Schema gilt ein Element nicht nur dann als komplex, wenn es einen geschachtelten statt eines einfachen Typs hat, sondern auch, wenn es ein Attribut hat. Ein Element mit (scheinbar) einfachem Typ und Attribut ist in XML Schema aufwendig zu beschreiben. Daher gebrauchen wir in dieser Einführung Attribute höchstens bei Elementen mit komplexem Typ. Unser Beispiel eines Lieferanten mit Kategorisierung sähe so aus:

```
<xsd:element name ="supplier">
 <xsd:complexType>
  <xsd:simpleContent>
   <xsd:extension base="xsd:string">
    <xsd:attribute name ="category" type ="xsd:string"/>
   </xsd:extension>
  </xsd:simpleContent>
 </xsd:complexType>
</xsd:element>
```

XML Schema ist eine reichhaltige Sprache mit vielfältigen Typbeschreibungsmöglichkeiten, z. B. Aufzählungstypen, wo die einzelnen Elemente einer Menge aufgezählt werden. Wir haben uns nur einen kleinen Ausschnitt angesehen.

---

[10] Eine alternative Formulierung arbeitet mit *benannten (komplexen) Typen*. Die Deklaration ist `<xsd:complexType name ="supplierType">`. Tritt `complexType` nicht auf der höchsten Stufe auf, sondern geschachtelt unter `element`, wird kein expliziter Name vergeben und ein anonymer Typ angelegt.

```
<po:purchaseOrder
    xmlns:xsi="http://www.w3.org/2001/XMLSchema-instance"
    xsi:schemaLocation="http://www.mycompRW721.de/po  po_ns.xsd"
    xmlns:po="http://www.mycompRW721.de/ns/po"        Namensraum
    po:category= "n">
...
</po:purchaseOrder>
```

Abb. 10.11   XML Schema mit Namensraum (2): XML-Dokument mit Präfixen

c) Verwendung von Namensräumen

Wie die Definition von XML-Dokumenten geschieht, welche einen Namensraum verwenden, zeigt Abb. 10.10. Ein Zielnamensraum (targetNamespace) wird angegeben, welcher in der XML-Instanz für die Elemente zu verwenden ist. Um auszudrücken, dass wirklich alle Elemente und Attribute den Namensraum zu verwenden haben (sie werden dann als *„qualifizierte Elemente"* bezeichnet), sind noch die Angaben elementFormDefault="qualified" und attributeFormDefault= "qualified" sinnvoll. Sonst könnten manche Elemente mit, manche ohne Namensraum verwendet werden, was in der Regel nicht gewünscht ist.

Das Gegenstück zum XML-Schemadokument (Typ) ist ein XML-Dokument (Instanz), welches sich auf jenes XML-Schemadokument bezieht (Abb. 10.11). Hierbei wird die Namensraumdeklaration intensiv verwendet, weshalb es auf den ersten Blick etwas kryptisch erscheinen mag. Sehen wir es uns Zeile für Zeile an:

- An po:purchaseOrder erkennt man, dass für purchaseOrder ein Namensraum deklariert ist, für welchen das Präfix po verwendet wird.
- xmlns:xsi=... führt einen Namensraum für XML-Instanzen ein. Diese Namensraumdeklaration ist ein Hilfskonstrukt, welches nur für die folgende Zeile benötigt wird.
- Dort wird nämlich das Attribut Schemalokation (schemaLocation) angegeben, was für XML-Instanzen möglich, aber nicht verpflichtend ist. Beachtenswert ist dessen Wert, welcher auf den ersten Blick wie ein URL aussieht[11]. Tatsächlich befindet sich aber vor po_ns.xsd ein Leerzeichen, sodass die Zeichenkette aus zwei Teilen besteht. Im vorderen Teil steht der Namensraum (http://www.mycompRW721.de/po), im hinteren ein Verweis auf die Datei mit dem XML-Schemadokument, in unserem Fall nur der Dateiname als relativer Pfad (po_ns.xsd). Damit wird ausgedrückt, dass sich die Deklarationen zum

---

[11]Analog gibt es das Attribut noNamespaceSchemaLocation, welches für XML-Dokumente ohne Namensräume verwendet wird und nur auf den Ort des Schemas verweist.

```
<purchaseOrder
    xmlns:xsi="http://www.w3.org/2001/XMLSchema-instance"
    xsi:schemaLocation="http://www.mycompRW721.de/po  po_ns.xsd"
    xmlns="http://www.mycompRW721.de/ns/po"        Default-Namensraum
    xmlns:tns="http://www.mycompRW721.de/ns/po"    Namensraum für
    tns:category="n">                              Attribute

...
</purchaseOrder>
```

Abb. 10.12   XML Schema mit Namensraum (3): XML-Dokument mit Default-Namensraum

Namensraum http://www.mycompRW721.de/po in der Datei `po_ns.xsd` befinden, welche hier im selben Verzeichnis wie die Datei des gerade betrachteten XML-Instanzdokumentes liegt. Das Attribut `schemaLocation` ist ein Hinweis für den Schemaprozessor, wo das Schemadokument zu finden ist. Alternativ könnte der Schemaprozessor Parameter für die Angabe von XML-Instanzdokument und XML-Schemadokument bieten[12].

- In der Zeile `xmlns:po=`... wird – wie in einem früheren Beispiel – der Namensraum für Bestellungen samt Präfix festgelegt. Davor wurde er bereits für die Element-deklaration `purchaseOrder` verwendet. Wenn auch die Namensraumdeklaration hier textmäßig erst nach der Verwendung erscheint, so gilt sie doch als „zeitgleich": Sie wurde beim Element `purchaseOrder` vorgenommen und kann bei diesem Element und bei allen Unterelementen benutzt werden.
- In der Zeile `po:category="n"` wird der Namensraum mit Präfix `po` für eine Attributdeklaration verwendet.

Abb. 10.12 zeigt eine Alternative für das XML-Dokument, mit derselben Bedeutung. Will man sich den Schreibaufwand für die Präfixe in einem XML-Instanzdokument sparen, welche für viele Elemente gleich sind, kann man einen *Default-Namensraum* festlegen. Für diesen Default-Namensraum gilt das „leere" (bzw. kein) Präfix. Eine Besonderheit von XML Schema findet sich hier: Der Default-Namensraum gilt nur für Elemente, nicht für Attribute. Da das Attribut `poType` einen Namensraum hat, muss dafür doch ein Präfix verwendet werden.

d) Wiederholstrukturen und optionale Elemente
Ein Element kann mehrfach auftreten (das Beispiel `supplier` innerhalb `suppliers`) und auch optional sein, insgesamt also null bis beliebig oft mal auftreten. Mit dem Attribut `minOccurs` legt man fest, wie häufig ein Element mindestens vorkommt,

---

[12] Sollen mehrere Namensräume verwendet werden, so müssen diese in verschiedenen Schema-dokumenten beschrieben sein, denn ein Schemadokument beschreibt (höchstens) einen Namens-raum (Walmsley 2002, S. 59). Die verschiedenen Schemadokumente können dann mit dem Element import in ein übergeordnetes Schemadokument importiert werden.

mit `maxOccurs` wie oft höchstens. Beide Attribute haben den Default-Wert 1. Sie brauchen also nur bei abweichenden Zahlen angegeben werden. Ein optionales Element wird mit `minOccurs = "0"` angegeben. Für `maxOccurs` gibt es den Spezialwert `unbounded`, was „beliebig oft" heißt.

10.3.5 Verarbeitung von XML-Dokumenten

Für Übungszwecke können Sie ein kleines XML-Dokument mit einem Texteditor „per Hand" erstellen. Es gibt auch spezialisierte XML-Editoren, eine Liste findet sich in Sebestyen (2010, S. 60 ff.). Beim Austausch von Geschäftsdaten sind dagegen andere Methoden sinnvoll, nämlich sollen dort XML-Dokumente durch ein Programm erzeugt, verändert und gelesen werden können. Wir unterscheiden die Übersetzung zwischen Geschäftsdaten und XML von der Transformation von XML nach XML, d. h. wie ein XML-Dokument in ein anderes transformiert wird.

a) Programmiertechniken zur Verarbeitung

- *Zeichenverarbeitung:* Da ein XML-Dokument zeichenorientiert ist, könnte man es durch Zeichenoperationen erzeugen und verarbeiten. In einfachen Fällen ist dies praktikabel, insbesondere für die Erzeugung, im Allgemeinen ist es aber aufwendig.

- *Programmierschnittstellen:* Es gibt Standards für XML-Programmierschnittstellen, für die Implementierungen in gängigen Programmiersprachen vorliegen. Die bekanntesten sind das *Document Object Model (DOM)* und das *Simple API for XML (SAX)*. Für DOM wird das gesamte XML-Dokument als Baumstruktur im Hauptspeicher aufgebaut, so kann es geschrieben und gelesen werden. DOM enthält z. B. Funktionen der Art „erzeuge ein Element unterhalb eines anderen Elements". Der Speicherverbrauch ist bei großen Dokumenten hoch, weshalb für den lesenden Zugriff SAX bevorzugt wird. Hier erzeugt der Parser beim Lesen eines XML-Dokumentes vordefinierte Ereignisse, für die Ereignisbehandlerroutinen geschrieben werden können.

- *Übersetzung von XML in Objekte oder Datenstrukturen:* Einen höheren Komfort bietet die automatische Übersetzung von XML in Objekte oder Datenstrukturen einer Programmiersprache. Aus einem XML-Schemadokument lässt sich zur Definitionszeit eine Klasse (oder mehrere per Attribute miteinander verbundene) generieren. Zur Laufzeit wird ein Objekt der Klasse instanziiert, die Attribute enthalten die Daten, welche aus dem XML-Dokument stammen. Methoden spielen bei der Klasse keine größere Rolle, das Objekt (bzw. ein Geflecht von Objekten) wird im Sinne einer komplexen Datenstruktur verwendet. Ähnlich ist die Transformation in Datenstrukturen. In beiden Fällen ist ebenso die umgekehrte Richtung möglich: aus einem Objekt oder einer Datenstruktur ein XML-Dokument erzeugen. Der Programmierer kann dadurch mit seinen gewohnten Konzepten operieren, er denkt in Klassen, Objekten und Datenstrukturen. Intern verwenden diese Generiermechanismen die anderen, tieferen Programmierschnittstellen.

b) Transformation von XML nach XML

Kann der Sender unmittelbar lediglich ein anderes XML-Format erzeugen als es der Empfänger erwartet, so kann die Übersetzung bzw. Anpassung des Sendeformats ins Zielformat über eine Transformation erfolgen. Selbstverständlich lassen sich ebenfalls die o. g. Techniken für eine solche Transformation von einem XML-Dokument in ein anderes verwenden, eventuell auch in ein anderes Format als XML, z. B. PDF, RTF oder HTML. Es haben sich allerdings verschiedene weitere, miteinander kombinierbare Techniken etabliert.

- *Grafische Abbildung (Mapping):* Für den Entwickler mag dies die angenehmste Methode sein. In einer grafischen Benutzeroberfläche, welche z. B. grafische Repräsentationen der XML-Schemadokumente für Quelle und Ziel zeigt, werden Pfeile zwischen Quell- und Zielelementen gezogen. Daraus werden dann meist Mapping-Programme oder XSLT-Programme (s. unten) automatisch generiert, welche zur Laufzeit ausgeführt werden.
- *XSLT-Programm: XSLT (eXtensible Stylesheet Language Transformations)* ist ein XML-Standard, eine kleine Programmiersprache, mit welcher ein XML-Dokument in ein anderes transformiert werden kann. Ein XSLT-Programm ist regelbasiert und selbst in XML kodiert. Erfahrungsgemäß erfordert es einige Übung, Programme zu schreiben, die in komplexeren Situationen das Richtige machen.
- *Mapping-Programm:* Dies sind eigenentwickelte Programme, welche meist die unter a) genannten Programmiertechniken verwenden. Auf diese Weise lassen sich zwar beliebige Transformationen programmieren, jedoch ist der Aufwand höher. Daher setzt man diese Technik insbesondere dann ein, wenn sich die Transformation nicht pragmatisch mit den anderen Techniken bewerkstelligen lässt[13].

10.3.6 Erkenntnisse aus der Fallstudie XML

Wir haben XML als eine heute übliche Technologie zum Austausch von Geschäftsdaten kennengelernt. Technologien ändern sich, seit langem gibt es verwandte Mittel zum Datenaustausch (EDI, CSV-Dateien). In diesem Abschnitt wollen wir überdenken, welche langfristig verwertbaren Erkenntnisse, jenseits der konkreten technischen Ausgestaltung mit XML, wir aus dieser Fallstudie ziehen können.

a) Austausch von Geschäftsdaten
Geschäftsdatum als baumartige Datenstruktur: Geschäftsdaten sind komplexe, geschachtelte, daher baumartige Datenstrukturen. XML eignet sich für diese Struktur

---

[13] XSLT ist zwar Turing-vollständig, doch wenn sich auch alle Transformationen theoretisch damit durchführen lassen, mag es für einen Entwickler teilweise leichter sein, ein Mapping-Programm in seiner gewohnten Programmiersprache zu schreiben.

besonders gut. Ein gesamtes Geschäftsdatum kann in einem Dokument erscheinen, anders als in relationalen Datenbanken, wo sich ein Geschäftsdatum meist in verschiedenen Tabellen wiederfindet, etwa für Kopf- und Positionsdaten.

Nur Attribute von Geschäftsobjekten: Beim Datenaustausch werden nur Attribute von Geschäftsobjekten betrachtet, keine Methoden bzw. Funktionen. Der Empfänger muss wissen, welche Funktion mit den gesendeten Daten auszuführen ist. Klar ist dies bei Geschäftsdaten wie „Rechnung" – die Rechnung ist im empfangenden System anzulegen und Folgeaktionen, Prüfung und Buchung, sind einzuleiten. Eine Zwischenstellung nehmen Daten wie „Angebotsänderung" ein, wodurch der Empfänger die Angebotsdaten aktualisiert. Hier wird nicht nur das Geschäftsdatum „Angebot", sondern auch die Methode mitgeteilt, was bereits in Richtung eines Funktionsaufrufs geht (Kap. 11).

Medienunabhängig: Austauschformate können medienunabhängig sein. XML legt nicht das physische Medium fest: Die Daten können als Datei ausgetauscht werden oder – häufiger – als Laufzeitdatenstruktur vorhanden sein. Schließlich wäre es auch möglich, Geschäftsdaten direkt im XML-Format abzulegen. Entweder in einer relationalen Datenbank, serialisiert als lange Zeichenkette, oder in speziellen XML-Datenbanken (z. B. webMethods Tamino der Software AG, Software AG 2011), was aber derzeit nicht die verbreitete Art ist.

Kommunikationsunabhängig: Verwandt mit dem vorigen Punkt wurde bisher ausgeklammert, wie XML-Dokumente übertragen werden. Die XML-Standards sind unabhängig davon. In den folgenden Abschnitten werden wir sehen, welche Mechanismen es gibt.

b) Standardisierung

Gemeinsames Verständnis zwischen Sender und Empfänger: Für den Datenaustausch müssen Sender und Empfänger ein gemeinsames Verständnis von den ausgetauschten Daten haben. Dies könnte bilateral vereinbart sein. Für eine Ad-hoc-Integration zwischen zwei Anwendungen kann dies angemessen sein. Da aber viele Sender und Empfänger dasselbe Kommunikationsbedürfnis haben, etwa die Kommunikation zwischen Geschäftspartnern in einer zwischenbetrieblichen Integration, ist Standardisierung sinnvoll. XML selbst ist kein Standard, welcher den Geschäftsdatenaustausch festlegt, sondern ein Infrastrukturstandard („Meta-Auszeichnungssprache"). Standardisierungsorganisationen müssten also aufbauend auf XML Datenaustauschstandards definieren. Tatsächlich gibt es solche, schon in der Zeit vor XML haben sich für EDI Standards gebildet. Das Problem ist dabei meist nicht, dass es zu wenige Standards gibt, sondern zu viele und manchmal nicht umfassend geeignete. Kommen wir also im Folgenden auf einige Standardisierungsprobleme zu sprechen, die auf Erfahrungswerten basieren:

- *Zeitliche Verfügbarkeit:* Standards werden üblicherweise in Gremien erstellt, Abstimmung ist erforderlich, entsprechend dauert es einige Zeit, bis ein Standard verfügbar ist. Sucht ein Unternehmen eine Lösung für ein Problem, mag es sein, dass es zu dem Zeitpunkt keinen Standard oder zumindest kein Produkt gibt, welches den Standard unterstützt und damit einsetzbar wäre.

- *Mehrere Standards:* Gibt es für ein Problem mehrere Standards, ist die Frage, ob alle langfristig Bestand haben. Ein Unternehmen, das vor der Auswahl steht, ist verunsichert. Mehrere Standards gleichzeitig zu verwenden, ist meist keine sinnvolle Lösung, da es aufwendig ist und die Komplexität erhöht.

- *Mangelhafte Qualität:* Verbunden mit der Entstehungsgeschichte in Gremien, wo die standardisierenden Unternehmen eigene Interessen verfolgen, ist das Ergebnis der Standardisierung nicht immer zufriedenstellend. Typische Schwachpunkte sind, dass Standards mehrere Varianten erlauben, welche sich aus Herstellerinteressen oder einfach aus Mangel an Einigung ergeben. Der Standard ist als Ergebnis ein Kompromiss, der oft das Attribut „faul" trägt und die Gesamtarchitektur beeinträchtigt. Dadurch werden Standards komplex und schwer zu implementieren. Den Überfluss versucht man teilweise derart einzuschränken, dass eine Implementierung nicht den vollen Umfang, sondern nur eine Untermenge *(Profil)* unterstützt. Problematisch ist dies dann, wenn verschiedene Produkte nicht zusammenpassende Profile realisieren, sodass die Interoperabilität scheitert. Daher gibt es neben gut durchdachten Standards, wie dem IEEE Standard 754 zur Darstellung von Gleitkommazahlen, wegen ihrer Komplexität faktisch nicht verwendete Standards, wie die ISO-OSI-Standards zur Datenkommunikation. XML erfüllt als Standard seinen Zweck, es gibt aber auch Kritikpunkte: die durch die Darstellung angelegte geringe Leistung oder die Komplexität des XML-Schemastandards (Sebestyen 2010, S. 35). Aus diesem Grunde wurden weitere, alternative Schemasprachen wie Relax, Relax NG und Schematron entwickelt.

- *Unterschiedliche Interpretation:* Syntaktische Eigenschaften lassen sich in der Informatik eindeutig beschreiben und automatisieren. Problematisch sind semantische Eigenschaften, für welche meist keine sinnvoll einsetzbaren Beschreibungsformalismen bereitstehen, in vielen Fällen nur eine informelle Beschreibung in natürlicher Sprache. Gerade dann kann es vorkommen, dass unterschiedliche Leute ein unterschiedliches Verständnis von Teilen haben, z. B. welche Bedeutung ein bestimmtes Element in einem XML-Standard hat. Verschiedene Standardimplementierungen können also Teile unterschiedlich interpretieren, was zu Interoperabilitätsproblemen führt.

c) Ausgestaltung

Wir sehen uns nun noch einige Aspekte an, welche in XML auf eine bestimmte Weise angelegt wurden, zum Zwecke des Datenaustausches jedoch auch anders lösbar wären.

Von Menschen lesbar: XML-Dokumente sollten von Menschen prinzipiell lesbar sein, zum Beispiel dadurch, dass für die Elemente, besser als in vielen EDI-Standards, sprechende Bezeichnungen gewählt sind. Folglich haben Elementnamen eine gewisse Länge. Nicht in jedem Fall erscheint dies nötig, denn in der Praxis kommen Softwareentwickler meist indirekt mit XML in Berührung (Abschn. 10.3.5): Es gibt Schemaeditoren, und XML wird selten „von Hand" geschrieben oder mit den Augen gelesen, sondern maschinell verarbeitet. Speziell für Debuggingzwecke kann die menschliche Lesbarkeit allerdings angenehm sein.

Leistung: Leistungsfragen sind in XML nicht vorrangig. Zum Beispiel handelt es sich um eine zeichenorientierte Sprache. Viele Datenwerte lassen sich effizienter als in Zeichen kodieren, für die booleschen Werte „true", „false" wäre nur ein Bit nötig. Möchte man Elementnamen in einem Datendokument haben oder verzichtet man lieber darauf und beschränkt sich auf die Rohdaten, d. h. die Werte der Elemente?

10.4   Das Datenaustauschformat JSON

JSON steht für JavaScript Object Notation, findet sich aber heute in vielen Programmierumgebungen (Friesen 2019, S. 187 ff.). Das Format verwendet ebenfalls (geschachtelte, iterierte) Name-Wert-Paare, ist aber einfacher als XML gehalten und behandelt ausschließlich Datenstrukturen, keine Textdokumente, welche in XML zusätzlich möglich wären. Abb. 10.13 zeigt unser Lieferantenbeispiel in der Notation JSON.

JSON kennt drei Arten von Werten: Objekte, notiert in geschweiften Klammern, {}, literale Werte (Zeichenketten, Zahlen, boolesche Werte, `null` als Nullwert) – diese beiden Arten kommen im Beispiel vor – und Felder (Arrays), notiert in eckigen Klammern, [], und kommasepariert. Bei Zahlen wird nicht zwischen ganzen Zahlen und Kommazahlen unterschieden. Felder finden sich im folgenden ausschnittsweisen Beispiel (Abb. 10.14).

Eine kurze Beschreibung von JSON ist unter (JSON 2020) zu finden.

Abb. 10.13 Lieferantendaten im JSON-Format

```
{
    "number": 4711,
    "name":   "Scheinweilner AG",
    "address": {
        "street":     "Randelkoferweg 3",
        "postalCode": 12345,
        "town":       "Utzbach"
    }
}
```

Abb. 10.14 Felder in JSON

```
...
"products": [ {   "id":       1020,
                  "price":    20.00,
                  "currency": "EUR"
              },
              {   "id":       1030,
                  "price":    40.00,
                  "currency": "EUR"
              }
            ]
...
```

Namensräume und schemabasierte Validierung wurden zunächst nicht unterstützt (Tilkov et al. 2015, S. 89), nun ist zur Validierung JSON Schema vorgesehen (Friesen 2019, S. 195), derzeit noch in einer Draft-Version (JSON Schema 2020).

10.5   Nachrichtenbroker als Kommunikationskanal

Von den in Abschn. 10.2.2 erwähnten Kommunikationskanälen sind die meisten selbsterklärend, Nachrichtenbroker (allgemeiner: Warteschlangensysteme) aber wohl weniger offensichtlich. Dieser Kommunikationskanal ist ein wenig speziell, und eine ausführlichere Erklärung ist hilfreich, zumal daran Aspekte der Übertragung wie Zuverlässigkeit, Empfängerermittlung und Mapping dargestellt werden können. Der Begriff „Nachricht" wird hier allgemeiner bzw. abstrahierend von „(Geschäfts-)Datum" verwendet: *Was* in der Nachricht übertragen wird, der Nachrichteninhalt (z. B. ein Geschäftsdatum), steht zunächst nicht im Fokus (s. aber Abschn. 10.5.2). So lassen sich Nachrichtenbroker in gleicher Weise beim Funktionsaufruf einsetzen (Kap. 11). Manche Unternehmen setzen Nachrichtenbroker ein, die Regel ist dies heute aber nicht.

10.5.1   Warteschlangensysteme

Die Nachrichten, welche über einen Kommunikationskanal laufen, können für die Übertragung dauerhaft gespeichert werden (*persistente* Nachrichten) oder sie bestehen nur während des Kommunikationsvorgangs, sind nur „auf der Leitung" (transiente Nachrichten). Zur Übertragung können *Warteschlangensysteme (Message Queuing Systems)* verwendet werden, allgemeiner auch *nachrichtenorientierte Middleware (Message-oriented Middleware, MOM)* oder *Nachrichtenübertragungssystem* genannt. MOM bietet noch weitere Funktionalität, wie ein Verfallsdatum oder eine Priorität, welche für eine Nachricht angegeben werden können (Alonso et al. 2004, S. 62), Lastverteilung und Ausfallsicherheit (Illik 2007, S. 45). Zwar sind auch transiente Warteschlangensysteme möglich (Tanenbaum und Steen 2007, S. 166 ff.), üblich sind aber die persistenten.

Sehen wir uns die Arbeitsweise genauer an (Abb. 10.15): Der Sender übermittelt eine Nachricht an eine *persistente* Warteschlange für den Empfänger. Der Empfänger nimmt irgendwann die Nachricht aus der Warteschlange und arbeitet sie ab. Bei dieser Entkopplung muss der Empfänger nicht sofort zur Bearbeitung bereit stehen. Er muss nicht einmal betriebsbereit sein, sein System könnte also temporär nicht verfügbar sein,

Abb. 10.15   Nachrichtenorientierte Kommunikation

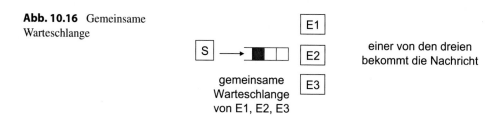

Abb. 10.16 Gemeinsame Warteschlange

gemeinsame Warteschlange von E1, E2, E3

einer von den dreien bekommt die Nachricht

sofern seine Warteschlange aufnahmebereit ist. Persistente Warteschlangen können also die zuverlässige Nachrichtenübertragung (s. unten) gewährleisten, man nennt sie daher auch *transaktionale* Warteschlangen (Alonso et al. 2004, S. 64). (Was ist hier der Inhalt der Transaktion?)

Nachrichtenorientierte Kommunikation zwischen Menschen ist uns durch E-Mail vertraut. Wenn wir eine Nachricht an das E-Mail-System übergeben, vertrauen wir darauf, dass sie ausgeliefert wird. Die Erfahrung zeigt, dass dies leidlich gut, wenn auch nicht perfekt funktioniert. Bei einer nachrichtenorientierten Kommunikation zwischen Anwendungen erwarten wir dagegen höchste Zuverlässigkeit.

Eine Variante zeigt Abb. 10.16. Hier teilen sich mehrere Empfänger eine gemeinsame Warteschlange. Die Idee hierbei ist, dass zur Lastverteilung mehrere Empfänger als „Bedieneinheiten" vorgesehen sind. Jeder dieser Empfänger könnte jede Nachricht gleichermaßen bearbeiten. Durch die Anpassung der Empfängeranzahl kann die Leistung skaliert werden.

Es ist möglich, neben den Warteschlangen der Anwendungen und ihren Warteschlangenmanagern Zwischenknoten einzuführen, *Router* oder *Relais* genannt. Somit wird der Kommunikationsmechanismus Store-and-Forward verwendet. Die Router könnten in einem Warteschlangennetz mit dynamischer Topologie das Routing-Wissen haben, die Warteschlangenmanager der Anwendungen brauchen dann nur noch ihren nächsten Router zu kennen (Tanenbaum und van Steen 2007, S. 173).

Sender und Empfänger kommunizieren mit der MOM über ein API. Ein übliches ist der *Java Messaging Service (JMS)* (recht ausführlich in Mandl 2009, S. 153 ff. beschrieben), welcher aber nichts über das interne Arbeiten der MOM oder ihre Kommunikation mit anderen MOM-Systemen aussagt.

10.5.2 Nachrichtenbroker

Bei dieser Variante einer MOM steht zwischen Sendern und Empfängern eine vermittelnde Komponente, der *Nachrichtenbroker (Message-Broker*, Abb. 10.17), auch *Integration-Broker* genannt. Der Nachrichtenbroker ist das zentrale Konzept der *Enterprise Application Integration (EAI)*. Man kann ihn als ein Warteschlangensystem mit Zusatzfunktionalität sehen. Die Sender adressieren nicht direkt einen Empfänger, vielmehr richten sie die Nachricht an den Nachrichtenbroker. Der Nachrichtenbroker

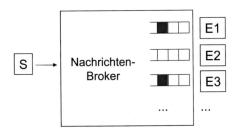

Abb. 10.17 Nachrichtenbroker

ermittelt für eine eingehende Nachricht, welchen Empfängern sie zugestellt werden soll.
Man nennt dies *Routing*. Es kann sein, dass eine Nachricht an mehrere Empfänger gehen
soll (implizites Multicast). Die Grundlage der Entscheidung, wer die Nachricht erhalten
soll, können insbesondere der Nachrichtentyp (z. B. „Bestellung") oder sogar Teile
des Nachrichteninhalts sein. (Beispiel?) Selbstverständlich kann der Empfänger auch
explizit angegeben werden, die Nachricht wird dann lediglich durchgeschleust. Damit
der Nachrichtenbroker das Routing durchführen kann, ist ein Teil des Anwendungs-
bzw. Integrationswissens bei ihm abgelegt. In diesem Fall hat er nicht nur technisches
Kommunikationswissen. Für die Nachvollziehbarkeit und das Debugging zur Fehlersuche ist diese verteilte Information hinderlich. Auch die Leistung könnte darunter leiden
– letztlich soll der Nachrichtenbroker die Nachrichten schnell verteilen (Alonso et al.
2004, S. 75).

Ein Nachrichtenbroker kann eine Nachricht nicht nur unangetastet an die geeigneten
Empfänger leiten. Möglicherweise verwenden Sender und Empfänger zwar inhaltlich
äquivalente Nachrichten, jedoch sind die Nachrichtenformate unterschiedlich. (Beispiel?) In dem Fall kann der Nachrichtenbroker die Formate konvertieren *(Mapping)*
(Abb. 10.18). Wichtig ist dabei natürlich, dass die Zielinformation aus der Quell-
information „berechnet" werden kann. Für das Mapping sind verschiedene Techniken
verwendbar (Abschn. 10.3.5).

Bei einem Nachrichtenbroker, welcher zwischen Sendern und Empfängern vermittelt,
ergibt sich eine *Hub-and-Spoke-Architektur* (Nabe und Speichen; Abb. 10.19) statt

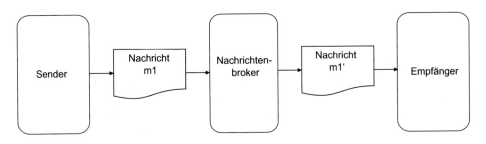

Abb. 10.18 Mapping

Abb. 10.19 Hub-and-Spoke-
Architektur

Punkt-zu-Punkt

Hub-and-Spoke

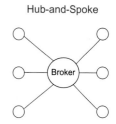

Punkt-zu-Punkt-Verbindungen. Die kommunizierenden Systeme sind als kleine Kreise dargestellt. Bei Punkt-zu-Punkt-Verbindungen gibt es direkte Verbindungen zwischen den Systemen, jedoch muss nicht jedes mit jedem anderen verbunden sein. Bei der Hub-and-Spoke-Architektur sind alle Systeme nur mit dem Nachrichtenbroker verbunden, indirekt ist dabei jedoch theoretisch jedes System mit jedem anderen verbunden. Entsprechend eignet sich eine solche Architektur für die innerbetriebliche Anwendungsintegration. Vom Nachrichtenbroker aus können zwar auch Nachrichten nach außen an Partnerunternehmen gehen, aber unabhängige Unternehmen werden üblicherweise keine zentrale Steuerung ihrer Anwendung akzeptieren. Daher kommt er zur zwischenbetrieblichen Integration in dieser Form eher nicht zum Einsatz (Alonso et al. 2004, S. 127).

Bei Punkt-zu-Punkt-Verbindungen gibt es topologisch n × (n − 1) / 2 Verbindungen, bei der Hub-and-Spoke-Architektur nur n Stück. Allerdings betrifft diese Aussage nur die *Systemverbindungen* – und am lokalen unternehmensinternen Netz hängen in der Regel sowieso alle Systeme, daher sollte man diese Aussage relativieren. Wichtiger ist nämlich, dass zwischen zwei Systemen Anwendungen (Programme, Prozesse) kommunizieren, insofern können mehrere *Anwendungsverbindungen* bestehen. (Beispiel?) In Abb. 10.20 sehen wir vier Anwendungsverbindungen, welche durch den Nachrichtenbroker gehen. Zwischen dem Sender und Empfänger 1 gibt es zwei Anwendungsverbindungen mit Nummern 1 und 2, z. B. für zwei verschiedene Nachrichten. Die Anwendungsverbindung Nummer 3 geht dagegen vom Sender sowohl zu Empfänger 2 als auch zu Empfänger 3; der *schwarze Punkt* deutet die Aufspaltung an.

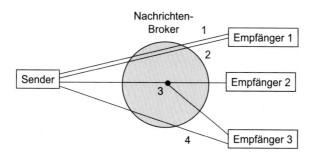

Abb. 10.20 Anwendungsverbindungen

Schließlich gibt es noch eine vierte Anwendungsverbindung, diesmal zwischen dem Sender und Empfänger 3. In diesem Fall sind also drei Punkt-zu-Punkt-Anwendungsverbindungen vorhanden und eine, welche einem Multicast entspricht.

Vorteile kann die zentrale Stelle Nachrichtenbroker dennoch auch in diesem Fall bringen:

- Es kann verfolgt werden, welche Verbindungen in einem Systemverbund genutzt werden,
- alle Daten werden zentral protokolliert (Logging),
- die Administration der Kommunikation kann sich auf den Nachrichtenbroker konzentrieren.

Wenn sich selbst in Szenarien geringerer Integration Vorteile beim Einsatz eines Nachrichtenbrokers ergeben, was spricht dann gegen seinen Einsatz (Alonso et al. 2004, S. 81 f.)?

- *Aufwand:* Ein Nachrichtenbroker erfordert Aufwand verschiedener Art. Zunächst natürlich die Software-, Hardware- und Personalkosten (Administration) für den Betrieb des Nachrichtenbrokers. Daneben die Einführungskosten, insbesondere die Gestaltung oder Anpassung (Kapselung) der Anwendungen derart, dass sie zum Einsatz für den Nachrichtenbroker tauglich sind. Eine einzelne Punkt-zu-Punkt-Verbindung ist dagegen meistens weniger aufwendig.
- *Leistung:* Alle Nachrichten durch den Nachrichtenbroker zu „schleusen", kostet Leistung. Natürlich kann die Protokollierung z. B. beim Aufdecken von Fehlern Nutzen bringen. Leistungsmessungen im Rahmen einer Fallstudie haben ergeben, dass der Unterschied im Vergleich zu Punkt-zu-Punkt-Funktionsaufrufen groß sein wird (Schmitt 2007, S. 166 ff.)[14].
- *Abhängigkeit vom Nachrichtenbroker:* Hierbei ist nicht nur der Nachrichtenbroker als „Single-Point-of-Failure" zur Laufzeit gemeint. Die Verbindung von einem Anwendungssystem zu einem Nachrichtenbroker und die Entwicklungen im Nachrichtenbroker (z. B. Abbildungen zwischen Nachrichten) können recht spezifisch für das eingesetzte Nachrichtenbroker-Produkt sein und müssen bei einem Produktumstieg nachgezogen werden.
- *Teil der Anwendungslogik im Nachrichtenbroker:* Der Nachteil wurde bereits oben erwähnt.

---

[14] Das Ergebnis hängt natürlich davon ab, was womit verglichen wird (z. B. RPC oder SOAP-basierte Webservices). In Schmitt (2007) werden verschiedene Techniken gegenübergestellt und Leistungsmessungen durchgeführt.

Abb. 10.21 Publish and
subscribe

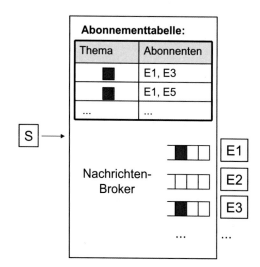

10.5.3 Veröffentlichen und Abonnieren (publish and subscribe)

Ein Konzept, welches sich mit Nachrichtenbrokern verwirklichen lässt, ist *Veröffent-lichen und Abonnieren,* gebräuchlicher unter dem englischen Namen *publish and subscribe* (Abb. 10.21). Hierbei abonniert (subcribe) ein Abonnent ein *Thema*[15]. „Thema" ist ein abstrakter Begriff, es könnte z. B. der Nachrichtentyp wie „Bestellung" sein, „Bestellung für den Lieferanten 4711" oder auch „Bestellung 501". Zu diesem Zweck gibt es im Nachrichtenbroker eine *Abonnementtabelle*. Für ein Thema kann es mehrere Abonnenten geben. Trifft eine Nachricht zu dem Thema ein, erhalten alle Abonnenten die Nachricht (bzw. eine Kopie davon) zugestellt. (Was ist der Unterschied zum Fall von Abb. 10.16?) Ist ein Abonnent nicht mehr an einem Thema interessiert, löscht er sich aus der Abonnementtabelle. Das Konzept „Veröffentlichen und Abonnieren" wird auch bei der Kommunikation per Ereignis eingesetzt. Die Ereignisse entsprächen den Nachrichten, die Ereignisbehandler den Abonnenten. In der Literatur findet sich dafür der Name „Event-Condition-Action-Paradigm", z. B. in Alonso et al. (2004, S. 263). Ereignisbehandler werden demnach nur dann angestoßen, wenn die in der Abonnementtabelle formulierte Bedingung über den Ereignisparametern erfüllt ist.

Das Thema kann beim Abonnement auf Typ- oder Instanzebene sein. Das obige Beispiel „Bestellung" ist auf Typebene: Der Empfänger wartet auf eine beliebige Bestellung.

---

[15] Dies ist die Terminologie von JMS. Eine andere Sprechweise wäre „Nachrichten eines bestimmten Typs", wobei aber auch ein Instanzbezug möglich ist. Alonso et al. (2004, S. 76) unterscheiden zwischen *typbasiertem* Abonnement, wobei auch geschachtelte Subtypen möglich sind, z. B. `PurchaseOrder.newPurchaseOrder`, und *parameterbasiertem* Abonnement der Art `"type=… and customer=… and quantity=…"`.

Dagegen ist „Bestellung 501" auf Instanzebene: Der Abonnent wartet nur auf eine Antwort zur Bestellung mit der Nummer 501, andere interessieren ihn nicht.

Der oben erwähnte JMS hat neben Punkt-zu-Punkt-Operationen auch Publish-and-subscribe-Operationen in seinem API (Alonso et al. 2004, S. 76).

10.6   Übungen und Lösungsvorschläge

a) Übungen

Aufgabe 10.1 (XML-Dokumente)
Das Unternehmen „Lieferfix AG" möchte einen Produktkatalog erstellen, welcher von anderen (Kunden-)Unternehmen verwendet wird, z. B. in einem webbasierten Beschaffungssystem (E-Procurement). Dazu sollen Daten eines Teils seiner eigengefertigten oder fremdbeschafften Produkte eingebracht werden.

Lieferfix speichert heute in seinem Warenwirtschaftssystem für die Produkte unter anderem die folgenden Daten ab: Produktnummer, Bezeichnung des Produktes, Kostenstelle der Fertigung oder Beschaffung, Einheit (Dimension) des Produktes (z. B. „Stück", „Kilogramm", „Meter"), Fertigungskosten pro Einheit, Verkaufspreis pro Einheit, Höhe des aktuellen Lagerbestandes, Lagerkosten pro Einheit und Geschäftsjahr, Bezugsquelle (für fremdbeschaffte Produkte), Mengenrabattkondition, verkaufte Stückzahl im aktuellen Geschäftsjahr.

a) Geben Sie den Produktkatalog, der an die Kundenunternehmen übermittelt werden soll, im XML-Format an. Überlegen Sie dabei auch, welche der vorhandenen Informationen in den Produktkatalog aufgenommen werden sollen.
   Typischerweise enthält ein solcher Produktkatalog viele Produkte. Zur Schreiberleichterung reicht es aus, wenn Sie in Ihrem Beispielproduktkatalog nur zwei Produkte auflisten, die Sie frei wählen können.
b) Geben Sie ein XML Schema für den Produktkatalog an. Prüfen Sie die Konsistenz zwischen Dokument und Schema (z. B. mit Microsoft Visual Studio oder mit dem unter dem URL http://tools.decisionsoft.com/schemaValidate/. Zugegriffen: 30.09.2020, erreichbaren Werkzeug).

Aufgabe 10.2 (Datenformat für Altdatenübernahme)
Ein Unternehmen löst sein altes Anwendungssystem ab und muss die Altdaten zumindest teilweise in das neue System übernehmen. In welchen Fällen würden Sie XML als Datenformat wählen?

b) Lösungsvorschläge für die Übungen

Aufgabe 10.1 (XML-Dokumente)

a) Zunächst ist zu überlegen, welche Informationen im Produktkatalog nach außen erscheinen sollen. Z. B. haben die Fertigungskosten im Allgemeinen nichts darin zu suchen (wirtschaftlicher Teil der Aufgabenstellung). Dann erfolgt die Umsetzung in XML (technischer Teil).

```
<?xml version="1.0"?>
<productCatalog>
 <company>Lieferfix AG</company>
 <version>2.1</version>
 <currencyUnit>EUR</currencyUnit>
 <products>
  <product>
   <ID>1938293232</ID>
   <name>E-Gitarre HyperTap</name>
   <unit>p</unit>
   <price>345.00</price>
   <onStock>A</onStock>
  </product>
  <product>
   <ID>322394837</ID>
   <name>E-Gitarrenkabel KT-39</name>
   <unit>p</unit>
   <price>12.00</price>
   <discount>Ab 3: 7 Prozent Rabatt</discount>
   <onStock>B</onStock>
  </product>
 </products>
</productCatalog>
```

Das Dokument hat eine Kopf-Positionsstruktur. Insbesondere im Kopf wurden in der Lösungsskizze nur exemplarisch einige Daten aufgenommen, z. B. die Währungseinheit, welche hier für alle Positionen gilt. Weitere wären der Gültigkeitszeitraum und die Sprache des Produktkatalogs.

Der Rabatt ist in der Lösungsskizze nur informell wiedergeben. Eine stärkere Formalisierung, z. B. Staffelpreise, ist möglich. Jedoch erscheint es schwierig und aufwendig, alle möglichen Rabatte abzubilden.

b)

```
<?xml version="1.0"?>
<xsd:schema xmlns:xsd="http://www.w3.org/2001/XMLSchema">
 <xsd:element name="productCatalog">
  <xsd:complexType>
   <xsd:sequence>
        <xsd:element name="company" type="xsd:string"/>
        <xsd:element name="version" type="xsd:string"/>
        <xsd:element name="currencyUnit" type="xsd:string"/>
        <xsd:element name="products">
     <xsd:complexType>
      <xsd:sequence>
       <xsd:element name="product" maxOccurs="unbounded">
        <xsd:complexType>
         <xsd:sequence>
            <xsd:element name="ID"       type="xsd:string"/>
            <xsd:element name="name"     type="xsd:string"/>
            <xsd:element name="unit"     type="xsd:string"/>
            <xsd:element name="price"    type="xsd:string"/>
            <xsd:element name="discount" type="xsd:string"
                  minOccurs="0"/>
            <xsd:element name="onStock"  type="xsd:string"/>
         </xsd:sequence>
        </xsd:complexType>
       </xsd:element>
      </xsd:sequence>
     </xsd:complexType>
    </xsd:element>
   </xsd:sequence>
  </xsd:complexType>
 </xsd:element>
</xsd:schema>
```

Wichtig ist, dass der Rabatt optional ist (`minOccurs = "0"`), das Produkt eine Wieder-holstruktur (`maxOccurs = "unbounded"`) ist. Vereinfachend wird `string` für alle elementaren Datentypen verwendet.

Aufgabe 10.2 (Datenformat für Altdatenübernahme)

XML hat gegenüber reinen Rohdaten einen gewissen Mehraufwand, denn die beschreibende Information ist Teil der Daten. Da die Datenstrukturen von Quell- und Zielsystem bei der Altdatenübernahme gut bekannt sind, keinem Standard entsprechen, die Übertragung einmalig erfolgt und die zu übertragenden Datenmengen groß sind, erscheint es sinnvoll, wenn die Programme zur Datenübernahme auf die Auszeichnungen verzichten. XML könnte zum Einsatz kommen, wenn Quell- oder Zielsystem für diesen Zweck eine XML-Schnittstelle vorsehen, weil diese dann einfach verwendet werden kann.

Literatur

a) Weiterführende Literatur

XML wird mehr oder weniger vertieft in vielen Büchern behandelt. Eine tiefergehende Behandlung findet sich zum Beispiel in

Harold, E.R., Means, W.S.: XML in a Nutshell, 3. Aufl. O'Reilly, Sebastopol (2005)

XML: Kap. 2, Namensräume in XML: Kap. 4, XML Schema: Kap. 16 und als Referenz Kap. 21

Für XML Schema gibt es von der W3C neben dem Standard eine leichter lesbare Einführung:

W3C: XML schema part 0: primer, second edition. http://www.w3.org/TR/2004/REC-xmlschema-0-20041028/primer.html (2004). Zugegriffen: 10. Okt. 2011

Nachrichtenbroker werden umfangreich behandelt in

Ferreira, D.R.: Enterprise systems integration. Springer, Berlin (2013)

b) Weitere zitierte Literatur

Alonso, G., Casati, F., Kuno, H., Machiraju, V.: Web services. Springer, Berlin (2004)

Friesen, J.: Java XML and JSON. Apress, Berkeley (2019)

Illik, J.A.: Verteilte Systeme. Expert, Renningen (2007)

JSON http://www.json.org/ (2020). Zugegriffen: 30. Sept. 2020

JSON Schema: http://json-schema.org (2020). Zugegriffen: 25. Mai 2020

Kleppmann, M.: Designing data-intensive applications. O'Reilly, Sebastopol (2017)

Mandl, P.: Master-Kurs Verteilte betriebliche Informationssysteme. Vieweg+Teubner, Wiesbaden (2009)

Schmitt, T.: SAP/.Net Prozessintegration. entwickler.press, Unterhaching (2007)

Sebestyen, T.J.: XML. Pearson, München (2010)

Software AG: webMethods Tamino. http://www.softwareag.com/Corporate/products/wm/tamino/default.asp (2011). Zugegriffen: 4. Juni 2011

Tanenbaum, A., Steen, M. van: Verteilte Systeme, 2. Aufl. Pearson Studium, München (2007)

Tilkov, S., Eigenbrodt, M., Schreier, S., Wolf, O.: REST und HTTP. 3. Auflage, dpunkt, Heidelberg (2015)

Walmsley, P.: Definitive XML Schema. Prentice Hall PTR, Upper Saddle River (2002)

Willinger, M., Gradl, J.: Datenmigration in SAP, 2. Aufl. Galileo Press, Bonn (2007)

Integration mittels Funktionsaufruf

11

Computer age – in harms way
We will prevail and perform our function.
We R in Control
Neil Young

Zusammenfassung

Die Integration mittels Funktionsaufruf wird am Beispiel von Webservices dargestellt. Das Konzept, der Ablauf zur Laufzeit, die methodische Vorgehensweise zur Definitionszeit und die dabei verwendeten Standards SOAP, WSDL und UDDI werden behandelt. Die Unterstützung durch Nachrichtenübertragungssysteme für eine zuverlässige Übertragung und weitere qualitative Aspekte werden beschrieben. Neben den technischen Aspekten werden auch organisatorische angesprochen. Webservices werden kurz mit anderen Ansätzen der Integration mittels Funktionsaufruf, insbesondere REST, verglichen.

Lernziele

- Die funktionsorientierte Integration am Beispiel von Web-Services kennenlernen

---

Die Quelle zum Kapitelmotto lautet: Young N (1982) Computer Age. LP, Geffen Records.

© Springer-Verlag GmbH Deutschland, ein Teil von Springer Nature 2021
R. Weber, *Betriebliche Anwendungssysteme,*
https://doi.org/10.1007/978-3-662-63185-0_11

Abb. 11.1 Funktionsaufruf
über einen
Kommunikationskanal

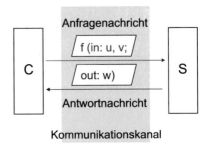

11.1 Modell

Unter Integration mittels Funktionsaufruf verstehen wir schlichtweg, dass ein Programm C *(Client)* in einem System eine Funktion f in einem zweiten System S *(Server)* aufruft – die Idee des klassischen *Remote Procedure Call (RPC)*, s. Abschn. 11.9 für eine Einordnung der Techniken. Etwas allgemeiner könnte man formulieren, dass Funktionsaufrufe über Systemgrenzen hinweg gehen können, aber nicht müssen. Lokale Funktionsaufrufe sind also nicht ausgeschlossen. Statt als Serversystem kann S auch als Serverfunktion gesehen werden. Abb. 11.1 verdeutlicht das Modell. C sendet über einen Kommunikationskanal eine Anfragenachricht, worin der Funktionsaufruf verpackt ist: im Beispiel der Funktionsname f und zwei Eingabeparameter u und v. Im Serversystem S wird die Nachricht ausgepackt, die Funktion f mit den Eingabeparametern u und v aufgerufen und das Ergebnis, in unserem Fall ein Ausgabeparameter w, ermittelt. Jener wird in eine Antwortnachricht verpackt und über den Kommunikationskanal zurückgesendet.

Wir sehen uns die Integration mittels Funktionsaufruf am Beispiel von Webservices an. Teilweise wird der Begriff „Webservice" weiter ausgelegt: jede Form von Dienst, der im Inter- oder Intranet aufrufbar ist. Insbesondere wären Webseiten dann Webservices. In diesem Kapitel wird dagegen der Begriff wie in der Informatik üblich enger gefasst, nur als Programm-zu-Programm-Kommunikation. Und vornehmlich mit den Standards SOAP als Nachrichtenformat zur Laufzeit, Web Service Description Language (WSDL) zur Definitionszeit und Universal Description, Discovery and Integration (UDDI) für Funktions- bzw. Dienstverzeichnisse[1].

Wir verwenden Webservices aus den folgenden Gründen zur Erläuterung:

- Die Prinzipien des entfernten Funktionsaufrufs sind bei anderen Techniken (RPC, Java RMI, CORBA) ähnlich. Ein Beispiel reicht aus, um das Konzept zu verstehen.

---

[1] Mit REST (REpresentational State Transfer) gibt es auch eine leichtgewichtigere Möglichkeit für Webservices, basierend auf Fielding (2000), s. Abschn. 11.8.

- Webservices sind weit verbreitet und in vielen Programmierumgebungen verfügbar. Sie gelten heute als wichtiger Kandidat für den plattformübergreifenden Funktionsaufruf. (Was bedeutet „plattformübergreifend" in diesem Zusammenhang?)
- Da Webservices auf XML aufbauen, lässt sich unsere XML-basierte Darstellung, begonnen mit dem Datenaustausch in Kap. 10, fortsetzen.

Schon in Kap. 7 hatten wir gesehen, dass sich Integrationstechniken sowohl an die unternehmensinterne Integration *(Enterprise Application Integration – EAI – oder Application to Application Integration – A2A)* als auch an die unternehmensübergreifende bzw. zwischenbetriebliche Integration *(Business to Business Integration – B2B)* richten. Die Konzepte sind in beiden Fällen ähnlich, bei der unternehmensübergreifenden Integration ergeben sich jedoch zusätzliche Anforderungen, z. B. bezüglich Sicherheit. Tatsächlich werden Webservices heute meist unternehmensintern oder zwischen eng kooperierenden Geschäftspartnern genutzt (Alonso et al. (2004, S. 184), was nach meiner Einschätzung heute weiterhin so ist).

Sehen wir uns das Modell von Webservices im Vergleich zu Geschäftsobjekten an (Abschn. 3.4, Abb. 3.8). Eine Webservice-Schnittstellenbeschreibung umfasst zunächst allein Operationen, Abb. 11.2, welche den Methoden von Geschäftsobjekten vergleichbar sind, aber keine Attribute und Ereignisse haben – das Konzept ist nicht objektorientiert. Implementierungen von Webservices verwenden dagegen oftmals Objektorientierung, in dem Sinne, dass technische Serverobjekte die Operationen anbieten. Die Operationen sind wie Methoden von Geschäftsobjekten grobgranular, was sich insbesondere positiv auf die Leistung (weniger Netzverkehr) auswirkt. Das Lesen von „Attributen" wird durch Leseoperationen realisiert. Eine Möglichkeit zur Abbildung von Ereignissen findet sich in Abschn. 10.5.3. Die Operationen sind verpflichtend in Schnittstellen zusammengefasst: Selbst wenn der Webservice nur eine Operation anbietet, ist dafür also eine Schnittstelle mit dieser Operation nötig. Schnittstellen passen ebenfalls ins objektorientierte Konzept von Geschäftsobjekten, wenngleich in Abschn. 3.4 nicht explizit erwähnt.

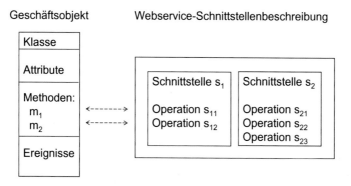

Abb. 11.2 Webservice-Definition

Tatsächlich gebrauchen wir in diesem Kapitel lieber und synonym den Begriff „Funktion" als Operation oder Methode, und dies in einem weiten Sinne. Es kann sich um eine *Funktion* im engeren, programmiersprachlichen Sinne handeln, also ein *Unterprogramm* oder eine *Prozedur* der prozeduralen Programmierung. Aber wir verwenden ihn ebenso für eine *Methode* der objektorientierten Programmierung oder eines Geschäftsobjektes.

Bei einem Webservice wird für jede Operation formal festgelegt, welche Anfrage- und Antwortnachricht vorgesehen sind und wie deren Aufbau ist. Die Bedeutung (Semantik) wird dagegen nur informell beschrieben.

Zur Sprechweise: Aufgerufen werden bei einem Webservice die Operationen, wenngleich manchmal verkürzend von einem „Aufruf des Webservice" gesprochen wird, z. B. dann, wenn dieser nur eine Serviceoperation enthält. Der Client wird auch Aufrufer, Sender oder Konsument eines Service (synonym: Dienstes) genannt, der Server Aufgerufener, Empfänger oder Anbieter des Dienstes.

Im Folgenden konzentrieren wir uns auf das gebräuchliche Interaktionsmuster Anfrage-Antwort. Andere Interaktionsmuster werden in Abschn. 11.5 angesprochen.

11.2 Ablauf zur Laufzeit

Verfeinern wir nun den im vorigen Abschnitt dargestellten Ablauf am Beispiel von Webservices (Abb. 11.3). Der Client ruft eine sehr stark vereinfachte Bestellfunktion auf: Übergeben wird die Nummer eines Materials, wovon ein Stück bestellt werden soll, als Ergebnis wird eine Auftragsnummer zurückgegeben. Die starke Vereinfachung bezieht sich auf die Anzahl und Struktur der Parameter. Damit soll das Beispiel klein gehalten werden, wodurch die XML-Dokumente übersichtlich sind.

Die Funktion ist technisch die statische Methode `createOrder` der Klasse `purchaseOrder`. Dass es sich um eine statische Methode handelt, ist typisch für Webservices. Zwar werden heute Programme für Webservices üblicherweise objektorientiert entwickelt, Webservices sind aber, wie vorher erwähnt, konzeptuell funktionsorientiert. (Was könnte der Grund sein?)

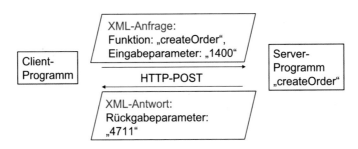

Abb. 11.3 Webservice-Aufruf

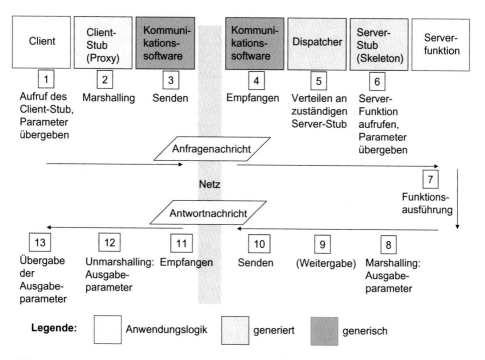

Abb. 11.4 Detailablauf des Funktionsaufrufs (Alonso et al. 2004, S. 163 f.)

Der übliche Ablauf ist wie folgt (Abb. 11.4, ähnlich wie in Alonso et al. 2004, S. 163 f.). Wir wählen zur Kommunikation die HTTP-Methode POST, eine synchrone Kommunikation. Andere Möglichkeiten sehen wir uns in Abschn. 11.5 an. Die Abbildung ist so gestaltet, dass sie das Prinzip jeglichen entfernten Funktionsaufrufs wiedergibt, also ebenso z. B. für RPC gilt. Webservice-spezifische Erklärungstexte, XML, SOAP (s. unten) und HTTP betreffend, sind in den Schritten 2, 3 und 5 zu finden.

a) *Auf der Client-Seite:*

1. Das Client-Programm löst den Funktionsaufruf aus. Tatsächlich wird ein *Client-Stub*, ein Stellvertreter (auch *Proxy*, *Proxyprozedur* oder *Proxyobjekt* genannt) für die entfernte Funktion, aufgerufen. Der Aufruf ist im Programm also üblicherweise wie ein lokaler Funktionsaufruf gestaltet, wobei konfiguriert oder im Programm angegeben ist, dass die Funktion im Serversystem durchzuführen ist.

2. Der Client-Stub verpackt den Funktionsaufruf aufgrund der Konfigurationsinformation in ein XML-Anfragedokument und übergibt es an den Kommunikationskanal. Zudem wird ein weiteres Einpacken für den Kommunikationskanal durchgeführt („HTTP Wrap"; Alonso et al. 2004, S. 163), analog beim Empfang des Antwortdokumentes und beim Dispatcher auf der Serverseite. Das XML-Anfragedokument enthält den Namen der Funktion

und die Eingabeparameter. Dieses Verpacken nennt man *Serialisierung* oder *Marshalling*[2]. Die Parameter werden dabei mit dem Parameterübergabemechanismus Call-by-Value (für Eingaben) oder Call-by-Copy/Restore (für Ausgaben), übergeben, was als Ersatz für Call-by-Reference verwendet wird. Call-by-Reference ist problematisch, da die beiden Systeme nicht im selben Adressraum laufen. Bei Call-by-Copy/Restore wird der übergebene Parameterwert kopiert, das Ergebnis berechnet und der Parameter des Aufrufers mit dem Ergebniswert überschrieben (Tanenbaum und Steen 2007, S. 152). Der Client-Stub kann dabei meist auf generische Funktionen zugreifen, *SOAP-Engine* oder *SOAP-Prozessor* genannt (Alonso et al. 2004, S. 163).

3. Das Anfragedokument wird (üblicherweise) mittels HTTP an das Empfängersystem gesendet, genauer gesagt mit der HTTP-Methode POST. HTTP bietet, z. B. im Gegensatz zur direkten Verwendung von TCP/IP, den Vorteil, dass es durch Firewalls getunnelt werden kann (Alonso et al. 2004, S. 152). Der URI des Empfängersystems ist als Konfigurationsinformation bereitgestellt oder wird dynamisch im Client-Programm gesetzt.

   Das Client-Programm wartet dann auf das Antwortdokument. HTTP-POST blockiert während des Aufrufs. Anfrage- und Antwortdokument werden somit in derselben HTTP-Methode übermittelt, es handelt sich nicht um zwei getrennte Sendevorgänge. Andere Kommunikationsmöglichkeiten sehen wir in Abschn. 11.5.

b) *Fortsetzung auf der Serverseite:*

4. Das Serversystem erhält das Anfragedokument.
5. Der Dispatcher (auch *SOAP-Router* genannt) verteilt es an den zuständigen *Server-Stub* (auch *Skeleton* genannt), das Analogon zum Client-Stub auf der Serverseite. Die Verteilung kann auf dem URI, an den die Nachricht gerichtet ist, bzw. Teilen davon basieren.
6. Der Server packt die Daten aus *(Deserialisierung* bzw. *Unmarshalling)*: Funktionsname und Eingabeparameter. Danach ruft er die Funktion mit den Eingabeparametern auf.
7. Sie berechnet Ausgabeparameter, hier die Auftragsnummer.
8. Diese packt das Serversystem in ein Antwortdokument (wiederum Serialisierung/ Marshalling),
9. es wird weitergegeben und
10. an das Clientsystem gesendet.

---

[2] Teilweise werden die Begriffe synonym verwendet. Es gibt einen feinen Unterschied: Marshalling bedeutet, Daten in eine Nachricht eines bestimmten Formats einzupacken. Serialisierung transformiert eine solche Nachricht in einen Bytestrom (Alonso et al. 2004, S. 37).

c) *Fortsetzung auf der Client-Seite:*

11. Der Client erhält das Antwortdokument und
12. packt die Daten aus *(Deserialisierung/Unmarshalling)*, die Ausgabeparameter.
13. Die Ausgabeparameter werden an den „lokalen Funktionsaufruf" übergeben. Der Funktionsaufruf ist damit beendet.

Bei den eingesetzten Programmen gibt es funktionsabhängige zu entwickelnde Teile – diese müssen von Entwicklern auf der Client- und Serverseite bereitgestellt werden (Anwendungslogik). Es gibt funktionsabhängige generierte Teile, welche von der Entwicklungsumgebung automatisch erzeugt werden (Abschn. 11.3). Und es gibt funktionsunabhängige Teile der Infrastruktur, die bereits vorhanden sind und bei allen Funktionen verwendet werden können.

Der entfernte Funktionsaufruf soll möglichst wie ein lokaler erscheinen. An einer Stelle wird jedoch der Unterschied deutlich: Kommunikationsfehler sind möglich, und unterschiedlich aufwendige Maßnahmen, abhängig auch von der Art der Funktion, können getroffen werden, um diese zu verbergen (Abschn. 11.6).

Bei Serialisierung/Marshalling und Deserialisierung/Unmarshalling ist zu beachten, dass die Datenformate im Client- und Serversystem nicht übereinstimmen müssen. Zum Beispiel können Zeichenketten in unterschiedlichen Systemen unterschiedlich kodiert sein oder die Byteanordnung kann anders sein (Little Endian, Big Endian). Die Problematik wird ausführlich in (Tanenbaum und Steen 2007, S. 154 ff.) behandelt, wenngleich im Kontext von RPC. Die Lösung ist die Übersetzung in ein eindeutiges Übertragungsformat. Der Client kodiert sein Format in dieses Übertragungsformat, der Server dekodiert das Übertragungsformat in sein Format. Auf diese Weise wird ein programmiersprachenübergreifender Funktionsaufruf ermöglicht.

Anfrage- wie Antwortdokument werden in Webservices auf die gleiche Art kodiert:

- Makroebene[3]: Diese Ebene betrifft die äußere Hülle, wie die beiden Dokumente gestaltet sind. Es wird das sog. *SOAP-Format* verwendet (Abb. 11.5), welches XML-basiert ist. SOAP ist ein W3C-Standard. Danach besteht eine SOAP-Nachricht aus einem Umschlag (Element `Envelope`, das Wurzelelement einer SOAP-Nachricht), einem optionalen Kopf (Element `Header`, in unserem Beispiel nicht nötig, daher weggelassen) und einem Rumpf (Element `Body`). Neben dieser Strukturierung einer Nachricht bietet SOAP auch ein Format für Ausnahmen in Fehlersituationen.
- Mikroebene: Es gibt eine Reihe von vordefinierten Möglichkeiten, wie die Kodierung des Funktionsnamens, der Parameternamen und -werte vorgenommen werden kann. Welche dieser Möglichkeiten verwendet werden soll, wird bei der Definition des Webservice festgelegt.

---

[3] Die Bezeichnungen „Mikro-" und „Makroebene" sind eigene, nicht von Webservices vorgegebene Begriffe.

Abb. 11.5 SOAP-Nachricht

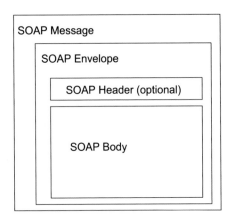

Details zur Mikroebene: Dies ist eine der verzwickteren Ecken von Webservices, und das Verständnis bringt uns keinen größeren Nutzen. Für Neugierige trotzdem einige Worte: Bei der Definition eines Webservice wird festgelegt, welcher *Interaktionsstil* (Interaction Style) und welche *Kodierungsregeln* (Encoding Rules) angewendet werden. Entsprechend sieht der Inhalt einer SOAP-Nachricht unterschiedlich aus. Beim Interaktionsstil gibt es die Möglichkeiten *document* und *rpc*. Bei „document" ist jede Nachricht ein Dokument, vereinbart zwischen Sender und Empfänger, bei RPC wird die Funktionssignatur von der SOAP-Middleware umgesetzt. An Kodierungsregeln gibt es die sog. *SOAP-Kodierung* (SOAP-Nachrichten sind es aber in jedem Fall), die bestimmt, wie Basistypen (z. B. Integer, String) und komplexe Typen kodiert werden. Die alternative Kodierungsregel ist *literal,* wo eine XML-Schema-Repräsentation der Datenstrukturen verwendet wird (Alonso et al. 2004, S. 158 f.).

Zur Verwendung des Kopfes: Im Modell von SOAP wird davon ausgegangen, dass eine SOAP-Nachricht mehrere Knoten durchlaufen kann. SOAP ist unabhängig vom Transportprotokoll und auch für eine solche schrittweise Übertragung offen. Wir gingen implizit davon aus, dass die Nachricht direkt vom Sender zum Empfänger übermittelt wird. Der Kopf ist insbesondere für diese schrittweise Übermittlung durch mehrere Knoten wichtig, aber auch für Transaktionen sowie zur Authentifizierung und Autorisierung. Für Knoten können verschiedene Rollen definiert sein, die festlegen, wie sie mit den Kopfattributen umgehen (Alonso et al. 2004, S. 157).

Ein Beispiel für ein Anfrage- und ein Antwortdokument zeigen Abb. 11.6 und 11.7[4].

Neben der Kapselung als SOAP-Nachricht (`Envelope` und `Body`) fallen der Funktionsname `createOrder` und der Eingabeparametername `number` auf.

---

[4] In der Mikroebene wird hier die Kodierung `document/literal` verwendet.

Abb. 11.6 Anfrage im
Webservice-Operationsaufruf

```
<soap:Envelope
  xmlns:soap="http://www.w3.org/2003/05/soap-envelope">
  <soap:Body>
    <po:createOrder
      xmlns:po="http://www.mycompRW721.de/ns/po/">
        <po:number>1400</po:number>
    </po:createOrder>
  </soap:Body>
</soap:Envelope>
```

```
<soap:Envelope
  xmlns:soap="http://www.w3.org/2003/05/soap-envelope">
  <soap:Body>
    <po:createOrderResponse
      xmlns:po="http://www.mycompRW721.de/ns/po/">
        <po:createOrderResult>4711</po:createOrderResult>
    </po:createOrderResponse>
  </soap:Body>
</soap:Envelope>
```

Abb. 11.7 Antwort im Webservice-Operationsaufruf

Beide verwenden den anwendungsspezifischen Namensraum einer Bestellung, hier http://www.mycompRW721.de/ns/po/, welcher unter dem Präfix po verwendet wird. Die Nummer 1400 sei die Materialnummer des zu bestellenden Materials.

Im Antwortdokument finden sich zwei funktionsspezifische Elemente, createOrderResponse und createOrderResult. Hierbei wird nach den Kodierungsregeln der Mikroebene an den Funktionsnamen createOrder ein Response angehängt, um zu signalisieren, dass es das Antwortdokument ist. Der Ästhet wird bemängeln, dass es nicht symmetrisch gehalten ist, da im Anfragedokument kein Request an den Funktionsnamen angehängt wird. Der Funktionswert wird durch das Anhängen von Result an den Funktionsnamen wiedergegeben.

Die Zuordnung eines Antwort- zu einem Anfragedokument ist hier implizit, da HTTP-POST beim Senden des Anfragedokumentes blockiert, bis das dazugehörige Antwortdokument empfangen wird. Die Adresse des Dienstes ist nicht in der SOAP-Nachricht enthalten, sie ist durch den URI gegeben, an den HTTP-POST gerichtet wird[5].

---

[5]Ebenso wenig ist Routing-Information, also eine Sequenz von Knoten, die zu durchlaufen ist, im SOAP-Standard enthalten. In weiteren Webservice-Standards werden diese Aspekte angesprochen: *WS-Addressing*, womit eine Adresse innerhalb einer SOAP-Nachricht angegeben werden kann; neben dem URI können auch weitere referenzierende Angaben zum Identifizieren des Dienstinstanzobjektes herangezogen werden. Mit *WS-Routing* können SOAP-Pfade von Knoten im Kopf angegeben werden (Alonso et al. 2004, S. 191 f.).

11.3   Entwicklung zur Definitionszeit

11.3.1 Definition mit WSDL

Wie ein Funktionsaufruf zur Laufzeit ist auch die Schnittstelle eines Funktionsaufrufs zur Definitionszeit programmiersprachenunabhängig beschrieben. Dazu dient die *Web Service Description Language (WSDL)*, ebenfalls ein W3C-Standard. Es gibt ihn in der Version 1.1 von 2001 und in der Version 2.0 von 2007, mit einer leicht unterschiedlichen Terminologie.

Eine Funktion wird dort *(Service-)Operation* genannt. In WSDL wird nicht jede Operation in einem eigenen Dokument beschrieben, vielmehr werden mehrere Operationen zu einer *Servicedefinition* zusammengefasst. Zur Strukturierung wird eine Webservice-Definition in mehrere *Schnittstellen* unterteilt (in WSDL 1.1 etwas miss-verständlich „*Port Types*" genannt, in WSDL 2.0 dann „*Interfaces*"), welche jeweils Operationen umfassen.

Jede Operation wird durch (abhängig vom Interaktionsmuster bis zu) zwei XML-Dokumente verkörpert, ein Anfrage- und ein Antwortdokument. Jedes der Dokumente enthält neben dem Operationsnamen Parameter, wiedergegeben durch *Parts*. Für jeden Part wird ein XML-Schema-Datentyp angegeben. Prinzipiell sind auch andere Typsysteme als XML Schema in WSDL möglich (Alonso et al. 2004, S. 167). Operationen können *Ausnahmen* für Fehlersituationen haben, die ebenfalls in der WSDL-Definition beschrieben sind.

Der *abstrakte Teil* eines Webservice (Alonso et al. 2004, S. 167), auch *Definitionsteil* genannt, legt seine Signatur formal fest. Was offensichtlich zumindest noch fehlt, ist die Adresse, wo der Webservice aufgerufen werden kann, z. B. ein URL. Dies findet sich im *konkreten Teil*. Er wird etwas missverständlich auch *Implementierungsteil* genannt, denn er enthält nicht, wie der Implementierungsteil einer Klasse, Programmcode, welcher den Webservice implementiert.

Tatsächlich hat man hier beim Konzept noch eine Schleife mehr gedreht, und es mag daher etwas schwerer zu verstehen sein. Abb. 11.8 gibt das Konzept und die Verbindung zum Definitionsteil wieder.

Das erste Teilkonzept des Implementierungsteils ist das *Transport-Binding:* Ein Webservice wird heute in der Praxis meist über den Kommunikationskanal HTTP abgewickelt. Tatsächlich könnte er auch über andere Kommunikationskanäle laufen, theoretisch z. B. über SMTP (E-Mail), der Webservice-Standard hält dies zumindest offen. Die Festlegung geschieht im Transport-Binding[6]. Ein Transport-Binding wird jeweils für eine Schnittstelle eines Webservice definiert. In der Abbildung sehen wir

---

[6] Ein Kommunikationspurist mag sich am Wort „Transport" stören. Es ist hier in einem weiteren Sinne gebraucht.

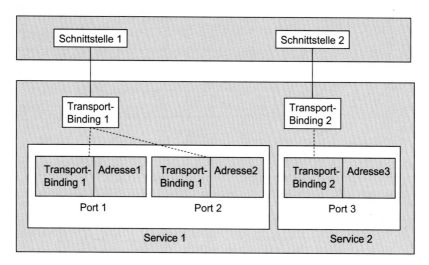

Abb. 11.8 Konkreter Teil eines Webservice

einen Webservice mit zwei Schnittstellen 1 und 2. Für jede Schnittstelle gibt es ein Transport-Binding[7].

Transport-Bindings können nun Adressen zugeordnet werden. Hierfür gibt es ebenfalls ein Teilkonzept, das der *Ports* (auch *Endpoints* genannt). Ein Port hat einen Namen und zwei Bestandteile: ein Transport-Binding und eine Adresse (z. B. ein URL). Die Operationen der Schnittstelle, für die das Transport-Binding definiert wurde, sind dann unter jener Adresse erreichbar. Für dasselbe Transport-Binding können mehrere Ports mit unterschiedlichen Adressen hinterlegt sein, z. B. ein URL in Amerika, einer in Europa. (Zu welchem Zweck?) Im Beispiel gibt es für das Transport-Binding 1 (und damit für die Schnittstelle 1) zwei Ports mit unterschiedlichen Adressen, für das Transport-Binding 2 gibt es dagegen nur einen Port und entsprechend nur eine Adresse.

Und schließlich existiert noch das Teilkonzept des *Service,* m. E. ein etwas unglücklicher Name, wenn das Ganze Webservice genannt wird. Ein Service ist eine Zusammenfassung von mehreren Ports. Im Beispiel geschieht die Zusammenfassung gemäß den Schnittstellen.

Der konkrete Teil ist neu gegenüber anderen Schnittstellenbeschreibungssprachen, welche sich auf die Signaturen der Funktionen bzw. Methoden beschränken (Alonso et al. 2004, S. 166).

---

[7] Es könnte noch etwas komplizierter werden: Für ein und denselben Webservice sind verschiedene *Transport-Bindings* möglich, etwa damit auf den Webservice sowohl über HTTP als auch über SMTP zugegriffen werden kann. Daher könnte es für eine Schnittstelle mehrere Transport-Bindings geben.

Abb. 11.9 Top-down und
Bottom-up

Abb. 11.10 Bottom-up

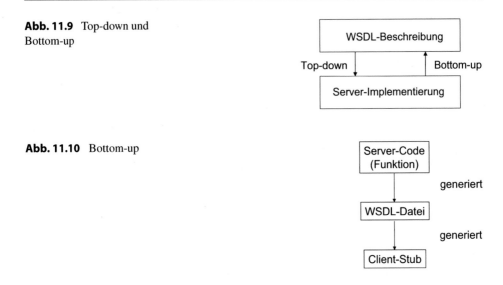

11.3.2 Methodisches Vorgehen

Bei der Entwicklung und Nutzung eines Webservice stellen sich zwei Fragen:

1. Server-Programm: Wie entwickle ich einen Webservice und wie stelle ich ihn zur Verfügung?
2. Client-Programm: Wie rufe ich eine Webservice-Operation auf?

Es gibt zwei methodische Vorgehensweisen (Abb. 11.9). Sie nutzen Funktionalität, welche heutige Entwicklungsumgebungen für Webservices bereitstellen.

a) Bottom-up (Inside-out, Implementation first).

Hierbei entwickelt man einen Webservice in der Regel in Form einer Klasse mit (konzeptuell) statischen Methoden (Abb. 11.10), welche allerdings technisch mit einer Objektinstanz einer Serverklasse realisiert sein können. Annotationen in der Entwicklungsumgebung zeigen, dass die Methoden als Serviceoperationen verwendbar sind[8]. Aus dem Quellcode wird zum einen eine WSDL-Beschreibung generiert. Zum anderen kann der Webservice auf einen geeigneten Webserver publiziert und damit für

---

[8] In JAX-WS (Java API for XML based RPC) werden Annotationen @WebService für eine zustandsbasierte Session-Bean und @WebMethod für einzelne Methoden verwendet, um die Verwendung als Webservice(-Operation) anzugeben. Daneben gibt es weitere Annotationen für verschiedene andere Aspekte, z. B. den Kodierungsstil (Mandl 2009, S. 219).

Aufrufer zur Verfügung gestellt werden. Dabei wird sowohl der ablauffähige Programm-code als auch die WSDL-Beschreibung bereitgestellt. Mit „geeignet" ist gemeint, dass der Webserver eine Laufzeitumgebung zur Ausführung des Webservice bietet. Hier sieht man, dass für den Aufrufer die Entwicklungs- und Laufzeitplattform unerheblich ist, jedoch nicht für den Server-Entwickler: Seine Entwicklungsplattform muss zum Web-server passen. Die Server-Entwicklung ist damit beendet.

Die WSDL-Beschreibung ist die Grundlage für die Client-Entwicklung. Sie kann auf einer anderen Plattform durchgeführt werden, z. B. könnte der Webservice in einer Java-Umgebung entwickelt werden, die Client-Implementierung erfolgt jedoch mit Microsoft.NET. Das WSDL-Dokument kann wie oben beschrieben auf dem Web-server abrufbar sein, auf dem der Webservice publiziert wurde, oder in anderer Weise als Datei bereitgestellt sein. Aus der WSDL-Beschreibung wird ein *Client-Stub* generiert. Der Client-Stub wird vom Aufrufer wie ein lokaler Funktions- bzw. Methodenauf-ruf verwendet. Tatsächlich verbirgt sich dahinter jedoch Funktionalität, welche die in Abschn. 11.1 beschriebene Kommunikation mit XML-Anfrage- und -Antwort-Dokument abwickelt.

Der Vorteil bei diesem Ansatz ist, dass theoretisch die Entwickler weder bei der Server- noch bei der Client-Entwicklung WSDL verstehen müssen, da die Umsetzung von den Entwicklungsumgebungen durchgeführt wird. In praktischen Fällen kann es jedoch zu Fehlern kommen, wo WSDL-Verständnis weiterhelfen kann, wie auch der folgende Absatz zeigt. Der Ansatz heißt „Inside-out", weil vom „Inneren", der Server-Implementierung, nach außen, zur Schnittstelle, gearbeitet wird. „Implementation first" wird der Ansatz genannt, weil mit der Implementierung gestartet wird, und erst daraus die Schnittstelle anfällt.

Wir haben implizit angenommen, dass die WSDL-Beschreibung, welche von der Ent-wicklungsumgebung des Servers erzeugt wurde, von der des Clients verstanden wird. In praktischen Fällen ist dies teilweise nicht so. Der Grund ist, neben Softwarefehlern, welche immer möglich sind, dass WSDL ein umfangreicher Standard ist und nicht alle Entwicklungsumgebungen alle Facetten nutzen und verstehen. Um das Problem zu lindern, hat die Web Service Interoperability Organization (WS-I) Profile wie das WS-I Basic Profile unterschiedlicher Versionen geschaffen, d. h. Untermengen von WSDL, welche von allen Entwicklungsumgebungen verstanden werden sollten (Web Service Interoperability Organization 2011). Dies betrifft Einschränkungen, z. B. auf den Trans-port über HTTP und auf bestimmte Interaktionsmuster (Lessen et al. 2011, S. 52).

b) Top-down (Outside-in, Contract first).

Hier startet man mit einer gegebenen WSDL-Beschreibung (Abb. 11.11). Diese könnte theoretisch „von Hand" geschrieben worden sein, z. B. von einem Standardisierungs-gremium erstellt worden sein. (Ist das Schreiben „von Hand" realistisch?) Oder sie könnte durch eine Referenzimplementierung des Webservice entstanden sein und damit technisch wie bei Bottom-up. Das Ziel ist nun, diesen Webservice zu implementieren (bzw. weitere Implementierungen neben der Referenzimplementierung bereitzustellen).

Abb. 11.11 Top-down

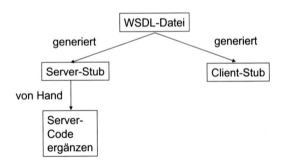

Während bei Bottom-up der Anbieter des Webservice die Schnittstelle diktiert, wird Top-down für Standards verwendet, welche von einer Vielzahl von Dienstanbietern implementiert werden könnten.

Ausgangspunkt ist also eine WSDL-Beschreibung. Daraus kann ein *Server-Stub* generiert werden. So könnte eine Klasse mit einer leeren Methode pro Operation mit passenden Parametern bereitgestellt werden, deren Inhalt nun auszuprogrammieren ist. Hinsichtlich der Anwendungslogik ist dies natürlich der entscheidende Schritt. Der Programmierer wird jedoch von lästigen und schematischen Aufgaben der Kapselung als Webservice befreit, nämlich der XML- und Kommunikationsbehandlung. Per Annotationen wird in der Entwicklungsumgebung wie bei Bottom-up beschrieben dafür gesorgt, dass für den Webservice auf einem Webserver ablauffähiger Programmcode erzeugt wird.

Der Ansatz heißt „Outside-in", da von außen, d. h. von der Schnittstelle her, begonnen wird. Anders formuliert: Der Kontrakt im Sinne der Schnittstelle, welche einzuhalten ist, ist der Ausgangspunkt (Contract first).

Wir haben, um die Erklärung einfach zu gestalten, nur den synchronen Aufruf eines Webservice betrachtet, welcher aber sehr verbreitet ist. In Abschn. 11.5 werden wir weitere Formen kennenlernen.

11.4 Verzeichnis

Bisher gingen wir davon aus, dass der Aufrufer den zu verwendenden Webservice bereits kennt. Bei der grundlegenden Webservice-Technologie gibt es, wie bei anderen Ansätzen der Integration mittels Funktionsaufruf, noch eine vermittelnde Komponente: ein *Verzeichnis (Directory, Registratur)*. Dienstanbieter publizieren Dienste in ein solches Verzeichnis, Dienstkonsumenten suchen im Verzeichnis nach einem passenden Dienst.

Hierfür gibt es den OASIS-Standard *Universal Description, Discovery and Integration (UDDI)*. UDDI enthält insbesondere ein API für das Publizieren und Suchen von Diensten sowie für die Kommunikation mit anderen UDDI-Verzeichnissen (Alonso et al. 2004, S. 153 und S. 179). Das API ist selbst als Webservice realisiert. UDDI legt nicht die genaue Form fest, wie Webservices im Verzeichnis beschrieben werden.

So wird die Verwendung von WSDL nicht vorgeschrieben, wenngleich sie üblich ist. Die Standards sind also komplementär. Auch Suchbegriffe müssen individuell vergeben werden, es gibt keine vorgegebene Kategorisierung, Stichwortverzeichnis oder Ähnliches, wie wir es von den Gelben Seiten eines Telefonbuches kennen. Webservice-Standards sprechen nur über technische, nicht über inhaltliche Aspekte.

Die Suche nach Diensten und Einrichtung der Kommunikation zwischen Client und Server (*Bindung* oder *Binden*; Tanenbaum und Steen 2007, S. 161) kann zur Definitionszeit geschehen, d. h. durch den Software-Entwickler (*statisches Binden*[9]). Aus meiner Sicht etwas zu plakativ wird das *dynamische Binden* oftmals in der Literatur dargestellt: Hier soll ein aufrufendes Programm dynamisch zur Laufzeit den geeigneten Dienst in einem Verzeichnis ermitteln. Wie Alonso et al. (2004, S. 188 f.) darlegen, wird dies nur in Einzelfällen möglich sein. Denn dem automatischen Finden stehen zwei Probleme entgegen: Zum einen muss verstanden werden, was der Dienst leistet und welche Parameter zu belegen sind. Bei beliebigen Diensten ist dies unrealistisch. Für einen eingeschränkten Fall bietet UDDI allerdings eine Möglichkeit: Beim Dienst wird in einem UDDI-Verzeichnis eine Referenz zu seiner Beschreibung (WSDL-Spezifikation) angegeben. Diese Referenz hat eine eindeutige Nummer[10]. Kennt man die Nummer, kann man alle Dienste suchen, welche zur Beschreibung passen, d. h. unterschiedliche Implementierungen desselben Dienstes. (Was wäre hierfür ein Anwendungsfall?) Aber selbst dann kann der zweite Grund bremsen: Bei der unternehmensübergreifenden Nutzung werden Unternehmen nicht spontan funktional passende Dienste aufrufen, dem Aufruf muss vielmehr eine vertragliche Vereinbarung vorausgehen. Weitere Hindernisse sind möglich, etwa dass Dienste dieselbe Schnittstelle haben, aber auf unterschiedliche Mengen von Daten zugreifen (z. B. unterschiedliche Lieferantengruppen). Verschiedene Probleme werden in Alonso et al. (2004, S. 300 ff.) angesprochen.

UDDI wurde anfangs stark für *öffentliche* Verzeichnisse propagiert. Jedoch hat sich dies nicht durchgesetzt, es entstanden keine öffentlichen Verzeichnisse mit hinreichend interessantem Inhalt. Heute wird es eher für *private,* unternehmensinterne Verzeichnisse verwendet.

11.5 Asynchroner Aufruf

Bei unserer bisherigen Betrachtung nahmen wir an, dass Webservices synchron über HTTP aufgerufen werden. Die Kommunikation ist *synchron* in dem Sinne, dass der Sender wartet, bis er die Antwortnachricht erhält, und erst dann sein Programm fortsetzt.

---

[9] Binden ist hier in einem anderen Sinne als das Transport-Binding eines Webservice verstanden.

[10] Formal ist die Beschreibung in einem sog. *tModel* (Technical Model) mit dieser Nummer abgelegt (Alonso et al. 2004, S. 177). Verschiedene Realisierungen eines Webservice können dasselbe tModel referenzieren.

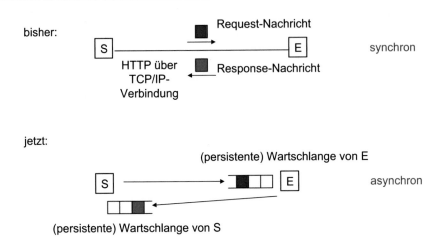

Abb. 11.12 Nachrichtenorientierte Kommunikation

Nun betrachten wir die asynchrone Abwicklung eines Webservice (s. Abb. 11.12). Hier kommen wieder Nachrichtenübertragungssysteme ins Spiel (Abschn. 10.5; die dort beschriebenen Möglichkeiten lassen sich auch hier nutzen). Der Sender kommuniziert die Anfragenachricht nun *asynchron* und übermittelt diese an eine *persistente* Warteschlange für den Empfänger. Ist die Nachricht in der Warteschlange abgelegt, ist die Arbeit für den Sender erst einmal erledigt. Der Empfänger nimmt irgendwann die Nachricht aus der Warteschlange und arbeitet sie ab, z. B. führt er den gewünschten Funktionsaufruf aus und erzeugt eine Antwortnachricht. In gleicher Weise wie bei der ersten Nachrichtenübermittlung geschieht in dem Fall eine zweite in der Rückrichtung. Da die beiden Nachrichtenübermittlungen entkoppelt sind, muss dafür gesorgt werden, dass die Antwortnachricht mit der Anfragenachricht korreliert wird, z. B. durch eine Sequenznummer, wie es bei der Datenkommunikation üblich ist. Außerdem muss der Empfänger die Adresse des Senders (bzw. dessen Sendewarteschlange; jede Anwendung hat eine Sende- und eine Empfangswarteschlange; Tanenbaum und Steen 2007, S. 174) kennen, damit die Antwortnachricht zurückgeschickt werden kann. Bei HTTP war diese Adresse während des Wartens auf die Antwortnachricht implizit bekannt. (Woher kann der Empfänger die Absenderadresse kennen?)

Die Kommunikation ist hier asynchron: Der Sender übermittelt seine Anfragenachricht und braucht nicht unmittelbar auf die Antwortnachricht zu warten. Irgendwann wird er sie natürlich in seiner Warteschlange empfangen und bearbeiten, aber es entsteht eine zeitliche Entkopplung. Dieser Vorteil zur Laufzeit kann sich in einer höheren Komplexität bei der Erstellung von Anwendungen zur Definitionszeit niederschlagen, da dieses Programmiermodell weniger vertraut ist.

Die Form Anfrage-Antwort ist wohl das häufigste Interaktionsmuster bei der nachrichtenorientierten Kommunikation im Allgemeinen und bei Webservices im Speziellen.

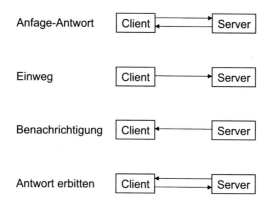

Abb. 11.13 Interaktionsmuster (1)

Konzentrieren wir uns nur auf den Nachrichtenaustausch, lässt sich auch die Integration mittels Datenaustausch in diesem Rahmen sehen. Abstrahierend von der Bedeutung können wir also die folgenden *Interaktionsmuster* des Nachrichtenaustauschs für Webservices ausmachen (Abb. 11.13). Insofern lassen sich Webservices auch aufbauend auf dem Konzept der Nachricht statt des Funktionsaufrufs (RPC) verstehen, und das Modell geht somit über übliche RPC-artige Modelle hinaus.

- *Anfrage-Antwort (Request-Response)*: Dieses Interaktionsmuster wird bei Webservices für einen Funktionsaufruf verwendet: Auf die Anfrage folgt die Antwort. Hier stellt sich die Frage, ob der Client blockiert und auf die Antwort wartet (*synchroner* Aufruf) oder ob die Antwort erst später zeitversetzt in einer getrennten Kommunikation erfolgt (*asynchron*)[11]. Letzteres lässt sich auch durch eine Einwegkommunikation kombiniert mit einer Benachrichtigung (s. unten) ausdrücken.
- *Einwegkommunikation (One Way)*: Es fließt nur eine Nachricht vom Client zum Server. Dies könnte ein Datenaustausch sein (das Anlegen von Daten, ohne Empfangsquittierung; Kap. 10) oder ein asynchroner Funktionsaufruf, bei dem es keinen Rückgabewert gibt. (Beispiel?)
- *Benachrichtigung (Notification)*: Dies ist vom Nachrichtenaustausch her gesehen der umgekehrte Weg zur Einwegkommunikation. Allerdings soll der Inhalt lediglich eine Information sein, nicht wie bei der Einwegkommunikation eine ändernde Operation.

---

[11] Tatsächlich gibt es im Detail wiederum verschiedene Möglichkeiten, wie man sie vom RPC kennt. Der Client kann warten, bis der Server den Aufruf angenommen hat („normaler" asynchroner RPC) oder sich sofort zurückmeldet *(Einweg-RPC)*. Ein Spezialfall ist der *verzögerte synchrone RPC*. Er besteht aus zwei asynchronen RPCs, der erste vom Client zum Server, der zweite vom Server zum Client, um die Ergebnisse zu übergeben. Eine Variante davon ist, dass der Client später selbst nach dem Ergebnis fragt (Tanenbaum und Steen 2007, S. 158).

Dieses Interaktionsmuster kann das Auslösen eines Ereignisses wiedergeben (Abschn. 3.4.3) oder das Ergebnis eines asynchronen Funktionsaufrufs, in Verbindung mit dem Interaktionsmuster Einwegkommunikation für den Aufruf.

- *Antwort erbitten (Solicit Response)*: In diesem eher selten verwendeten Interaktionsmuster kehren Client und Server ihre Rollen um: Der Server beginnt die Interaktion.

Diese Interaktionsmuster werden üblicherweise für Webervices aufgeführt. In einem WSDL-Dokument entscheidet die Reihenfolge der aufgeführten Nachrichten, um welchen Interaktionstyp es sich handelt (Lessen et al. 2011, S. 47). Das Interoperabilitätsprofil WS-I Basic Profile (Web Services Interoperability Organization 2011) erlaubt allerdings nur Anfrage-Antwort und Einwegkommunikation (Lessen et al. 2011, S. 84). Es lassen sich beliebig viele weitere Interaktionsmuster finden, wenn wir nicht von maximal einer Nachricht in Hin- und Rückrichtung ausgehen (Abb. 11.14):

- *Sitzung:* Mehrere zusammengehörige Nachrichten fließen vom Client zum Server. Sie werden im Rahmen einer *Sitzung (Session)* ausgetauscht. Die Dienstaufrufe, realisiert durch die Nachrichten, stehen in Abhängigkeit zueinander und können zu dem Zweck auf den Sitzungszustand, im Hauptspeicher gehaltene gemeinsame Daten, zugreifen.
- *Beliebig:* In diesem allgemeinsten Fall werden mehrere Nachrichten zwischen den Kommunikationspartnern in einer abgestimmten Reihenfolge ausgetauscht. Die Rollen „Client" und „Server" erscheinen bei dieser freien Interaktionsform nicht mehr passend.

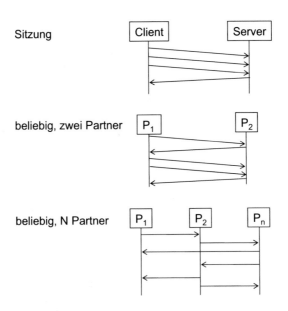

Abb. 11.14 Interaktionsmuster (2)

Und schließlich können wir die Kommunikation von zwei auf beliebig viele Kommunikationspartner ausweiten. Oft wird dies in eine Reihe von Zweier-kommunikationen zerlegt. Ein wichtiger Sonderfall ist die Kommunikation über einen Nachrichtenbroker (Abschn. 10.5.2).

Die Interaktionsmuster „Anfrage-Antwort" bis „Antwort erbitten" lassen sich als Modelle eines Methodenaufrufs eines Geschäftsobjektes bzw. einer Aktivität in einem Geschäftsprozess sehen. Das Interaktionsmuster „Beliebig" gibt dagegen einen kooperativen Geschäftsprozess bzw. eine Sicht darauf wieder. Hierbei kommunizieren zwei oder mehr Anwendungen inner- oder zwischenbetrieblich in mehreren Schritten miteinander. Das Interaktionsmuster „Sitzung" ist ein Grenzfall: Es könnte als Komposition einfacherer Methoden oder Aktivitäten zu komplexeren gesehen werden oder als ein Geschäftsprozess. Die Komposition und Koordination von Aktivitäten bzw. Diensten, insbesondere hinsichtlich Geschäftsprozesse, werden wir in Kap. 12 betrachten.

Die Integrationsformen „Datenaustausch", „Funktion" und „Geschäftsprozess" sind also eng miteinander verzahnt. In der Informatik kennen wir die Integrations-mittel „gemeinsamer Speicher" und „Nachrichtenaustausch" bei parallelen, verteilten Systemen. Den gemeinsamen Speicher (in unserem Fall persistent) haben wir in Form der Datenintegration bei operativen Systemen sowie bei analytischen Systemen kennen-gelernt. Nachrichtenaustausch findet in einer innerbetrieblichen Systemlandschaft sowie bei der zwischenbetrieblichen Integration statt. (Ein Beispiel für eine solche zwischen-betriebliche Integration?)

11.6 Diensteigenschaften

Das Senden einer Anfragenachricht und das Empfangen der Antwortnachricht (wenn sie nötig ist) können wir als *Dienst* bzw. genauer als *Dienstoperation* bezeichnen. Wir können dabei von der Art des Dienstes (Datenaustausch, Funktionsaufruf) abstrahieren. Festlegungen können zudem für mehrere Dienstaufrufe nacheinander (transaktional, in der korrekten Reihenfolge) getroffen werden. Betreiben wir den Dienstaufruf mit einer MOM-Infrastruktur, so können wir *Diensteigenschaften* festlegen, welche die Infra-struktur gewährleisten oder zumindest unterstützen kann. Sie geben die in den vorigen Abschnitten genannten Kriterien wieder. Wir orientieren uns bei der Darstellung an Huvar et al. (2008, S. 115 ff.):

- *Interaktionsmuster:* Diese haben wir uns in Abschn. 11.5 angesehen.
- *Blockierung:* Wartet der Sender auf die Antwortnachricht und blockiert daher *(blockierend* bzw. *synchron)* oder macht er unmittelbar weiter, üblicherweise mit anderen Aufgaben *(nicht blockierend* bzw. *asynchron)*?
- *Sitzung*: Finden mehrere Dienstaufrufe nacheinander statt, sind diese vollkommen unabhängig voneinander *(zustandslos)*? Oder wird eine Sitzung aufgebaut, in der

nacheinander mehrere Dienstoperationen geschehen und der Zustand zwischen den Aufrufen gehalten wird *(zustandsbehaftet)*?

- *Zuverlässigkeit:* Ist die Übertragung *unzuverlässig,* d. h. kann es sein, dass die Nachricht den Empfänger zum Beispiel aufgrund eines Kommunikationsfehlers nicht erreicht? Oder ist die Übertragung garantiert *(zuverlässig,* d. h. „genau einmal" oder gar „genau einmal in der richtigen Reihenfolge")?
- *Transaktionsverhalten:* Dies betrifft die Kapselung mehrerer aufeinanderfolgender Dienstaufrufe zu einer Transaktion. Wenn die Eigenschaft *„transaktional"* gesetzt ist, werden entweder alle oder keiner der Dienstaufrufe ausgeführt.
- *Commit-Handling:* Soll ein Commit zum Abschluss einer Transaktion automatisch von der Infrastruktur ausgelöst werden oder explizit vom Aufrufer *(mit Commit/ohne Commit)?* (Was könnte ein Grund für die Auslösung vom Aufrufer sein?)

Für jeden Dienst (eigentlich für jede Dienstoperation) können diese Eigenschaften angegeben werden. Dabei sind jedoch nicht alle Kombinationen möglich oder sinnvoll. Korrelationen bestehen zwischen:

- Interaktionsmuster und Blockierung: Für Anfrage-Antwort ist meist „synchron" sinnvoll, jedoch nicht zwingend.
- Blockierung und Zuverlässigkeit: „Nicht blockierend" und „zuverlässig" ist meist eine gute Kombination.

Als weitere Diensteigenschaften lassen sich sehen, auch wenn sich diese inhaltlich, nicht durch Konfiguration ergeben:

- *Dienstinhalt:* Ist der Dienstinhalt ein *Datum* oder ein *Funktionsaufruf*?
- *Adressierung:* Wird der Empfänger *direkt* adressiert oder *indirekt* (z. B. über einen Nachrichtenbroker identifiziert oder nach dem Prinzip „Veröffentlichen und Abonnieren")?

In Aufgabe 11.3 können Sie überlegen, welche Eigenschaften für verschiedene Dienste angemessen sind.

Die Eigenschaft „Zuverlässigkeit" wollen wir uns noch genauer ansehen. Anders als beim lokalen Funktionsaufruf können beim entfernten Funktionsaufruf Kommunikationsfehler beim Übermitteln der Anfrage- oder Antwortnachricht auftreten. Auch können Client oder Server zeitweise nicht verfügbar sein, nämlich der Server vor oder während des Aufrufs, der Client nachdem die Anfrage übermittelt wurde. Entsprechend gibt es verschiedene „Aufrufsemantiken":

- *„vielleicht" („maybe", Best Effort):* Keine Fehlerbehebungsmechanismen werden eingesetzt. Geht alles gut, verhält sich der entfernte Aufruf wie ein lokaler, bis auf die Leistung und eingeschränkte Möglichkeiten zur Parameterübergabe, z. B. wird kein

Call-by-Reference verwendet. Bei lesenden Zugriffen kann dies ausreichend sein; glückte der Aufruf nicht, führt ihn der Client bei Bedarf später noch einmal aus.

- *„mindestens einmal"* *(„at least once"):* Erhält der Client keine Antwort, wird der Aufruf wiederholt übertragen und ausgeführt, solange bis eine Antwort kommt oder eingeschätzt wird, dass keine Antwort in absehbarer Zeit zu erwarten ist. Für viele Funktionen ist eine wiederholte Ausführung nicht sinnvoll. Der „Lehrbuchklassiker" ist die Überweisung auf ein Konto, wenngleich dies ein eher unrealistisches Beispiel ist. Der Unterschied zu „vielleicht" ist, dass sich das Laufzeitsystem, nicht der Client, um die wiederholte Übertragung kümmert.

- *„höchstens einmal"* *(„at most once"):* Dies ist ähnlich wie „mindestens einmal". Allerdings werden hier Duplikate des Aufrufs entdeckt und herausgefiltert. Der Server speichert die Antwortnachricht ab und übermittelt diese bei Bedarf mehrmals, führt die Funktion allerdings nicht erneut aus.

- *„genau einmal"* *(„exactly once"):* Dies wird i. Allg. in Anwendungssystemen bei schreibenden Zugriffen gefordert. Die Aufrufsemantik „genau einmal" wird mithilfe von Transaktionsmechanismen auf Client- und Serverseite (getrennte Transaktionen) sowie mithilfe des Webservice-Standards Reliable Messaging erreicht. Durch die Transaktionen auf Client- und Serverseite wird die Übermittlung des Aufrufs persistiert. Das Nachrichtenübertragungssystem kann dadurch einen Aufruf wiederholen, auch wenn Client, Server oder das Nachrichtenübertragungssystem selbst zeitweilig nicht verfügbar sind (Systemabsturz). „Reliable Messaging" garantiert durch wiederholte Übertragung, dass die Nachricht tatsächlich vom Client- zum Serversystem gelangt. Eine detaillierte Behandlung davon, insbesondere Sequenzdiagramme, findet sich in Huvar et al. (2008, S. 119 ff.).

- *„genau einmal in der richtigen Reihenfolge"* *(„exactly once in order"):* Dies betrifft das Interaktionsmuster „Sitzung", wo die einzelnen Nachrichten in der korrekten Reihenfolge übermittelt und verarbeitet werden müssen.

11.7 Organisation

Die bisherigen Ausführungen betrafen die technische Möglichkeit, Funktionen aufzurufen. Vorteilhaft an Webservices ist die Plattformunabhängigkeit – sieht man von Interoperabilitätsproblemen bei WSDL ab. Allerdings sind typische Schwierigkeiten bei der funktionsorientierten Integration weniger technischer Natur als inhaltlicher: Es müssen geeignete Funktionen bereitstehen, welche aufrufbar sind. Zunächst klingt dies trivial. Aber die Frage der Wiederverwendbarkeit von Software hat in der Informatik eine lange Geschichte, und die Ergebnisse sind nicht immer zufriedenstellend. Gewandelt haben sich nur die technischen Mechanismen, wie Funktionen bereitgestellt werden. Sie reichen von Programmbibliotheken, über Vererbungsmechanismen bei der objektorientierten Programmierung bis zu Komponentenmodellen. Typische Aspekte sind (vgl. auch generelle Gesichtspunkte bei Schnittstellen in Abschn. 3.6):

- *Funktionsmenge:* Die Funktionsmenge muss gerade die geeigneten Funktionen enthalten, keine für eine Aufgabenstellung (Geschäftsprozess) benötigte darf fehlen. Im Sinne einer Aufwandsreduktion (Entwicklung, Wartung) sollte die Funktionsmenge jedoch auch nicht zu groß sein, d. h. nicht benötigte Funktionen „auf Halde" beinhalten.
- *Zusammenpassen:* Die Funktionen müssen gut zueinander passen. Zum Beispiel sollte es die üblichen CRUD-Funktionen („create-read-update-delete") geben, daneben spezialisiertere Funktionen (z. B. die Freigabe von Geschäftsbelegen), um den Lebenszyklus eines Geschäftsobjektes komplett abzudecken. Zudem sollte es Weiterverarbeitungsmöglichkeiten geben, z. B. Banfen in Bestellungen umzusetzen, d. h. Bezüge zwischen verschiedenen Klassen.
- *Granularität:* Die Funktionen sollen eine geeignete Granularität haben: nicht zu feingranular, wie es in der objektorientierten Programmierung üblich ist, da dann viele Aufrufe nötig sind, der Programmier- und Laufzeitaufwand (Netzlaufzeit) kann dadurch ansteigen; nicht zu grobgranular, weil dann eventuell die detaillierte Steuerbarkeit verlorengeht.
- *Funktionsschnittstelle:* Die Funktionen müssen die passenden Parameter haben. Fehlt ein wichtiger Parameter, ist die Einsetzbarkeit vielleicht verwirkt. (Woran kann sich ein Entwickler beim Entwurf der Schnittstelle orientieren?)
- *Einheitlichkeit:* Die Funktionen sollen nach einer einheitlichen Richtlinie entworfen sein, sodass sich das Verständnis eines Teilbereichs auf den Rest übertragen lässt.
- *Verständlichkeit:* Die Funktionen müssen verständlich sein. Hierbei ist auch die Verständlichkeit für verschiedene Personengruppen (Mitarbeiter aus IT- und Fachabteilung) zu bedenken, die oftmals eine unterschiedliche Sprache verwenden. Außerdem können sich durch schlecht verständliche Funktionen Fehler einschleichen. Zur Verständlichkeit zählt eine vernünftige Organisation der Parameter, ebenso eine gute Dokumentation.
- *Zugang:* Die Funktionen müssen gut auffindbar sein. Dafür hilft ein Verzeichnis, in dem die Funktionen sinnvoll in Teilbereiche und Klassen organisiert und dokumentiert sind.
- *Stabilität:* Die Funktionen sollten für eine längere Zeit freigegeben sein. Programmänderungen sollen die Schnittstelle unverändert lassen. (Wie würden Sie dies organisieren?)
- *Transaktionalität:* Dies ist insbesondere bei betrieblicher Anwendungssoftware wichtig. Bei einer transaktionalen Steuerung werden mehrere Funktionsaufrufe zusammen als eine Transaktion gekapselt – entweder alle oder keiner haben Wirkung.

11.8 REST-basierte Webservices

Eine andere Form von Webservices wurde in Fielding (2000) beschrieben, „Representational State Transfer" (REST). Die Technik ist zunehmend verbreitet, etwa für die Realisierung von Microservices (Abschn. 6.2). Ein Grund dafür wird sein, dass SOAP-basierte Webservices teilweise unhandlich wirken, was auch in unserer Beschreibung durchschien. So kann REST als leichtgewichtigere Alternative zu SOAP-basierten Webservices gesehen werden, in ähnlichem Verhältnis wie JSON zu XML.

Obwohl theoretisch unabhängig von HTTP wird es heute praktisch in Verbindung damit eingesetzt. Die Grundidee ist, als Funktionen lediglich die HTTP-Methoden GET (lesen), PUT (ändern und anlegen), POST (anlegen und spezielle Funktionen, jenseits von CRUD) und DELETE zu verwenden (daneben gibt es, für unsere Betrachtungen unwichtiger HEAD und OPTIONS), die auf Ressourcen wirken, welche per URI adressiert werden. Im Vergleich mit unserem Modell von Geschäftsobjekten stehen damit zwar die üblichen, allgegenwärtigen CRUD-Methoden bereit. Speziellere Methoden erfordern aber eine besondere Behandlung.

Bei Ressourcen könnte man an Geschäftsobjekte denken, und tatsächlich werden die Geschäftsobjekte auch Ressourcen sein. Das Ressourcenkonzept ist aber allgemeiner gehalten, auch andere „Dinge" lassen sich als Ressourcen sehen. In Tilkov et al. (2015, S. 36 ff.) werden u. a. genannt:

- Liste: In unserer Sprechweise wäre dies eine Klasse.
- Subressource: ein Teil einer anderen Ressource, z. B. eine Lieferantenadresse oder Bestellpositionen innerhalb einer Bestellung.
- Filter: eine Teilmenge einer Liste. In unserer Sprechweise wären es Objekte einer Klasse, die eine bestimmte Eigenschaft bzw. einen bestimmten Attributwert haben, z. B. freigegebene Banfen.

Da sich jede Methode an genau eine Ressource richtet, lässt sich durch dieses reichhaltigere Ressourcen-/Geschäftsobjektkonzept bei eingeschränkterem Methodenkonzept prinzipiell unser Geschäftsobjektmodell wiedergeben. Speziellere Änderungsmethoden lassen sich über die Methode POST abbilden, deren Semantik anders als die der anderen Methoden offener ist; zudem über die Einführung spezieller Ressourcen, z. B. die Methode „stornieren" (einer Bestellung) ließe sich als das Anlegen einer neuen Ressource „Stornierung" mit Bezug zur Bestellung abbilden.

Eine Ressource könnte prinzipiell unter mehreren Adressen (URIs) erreichbar sein, und sie kann mehrere Repräsentationen haben. Beim Abruf kann die Wunschrepräsentation genannt werden. Damit dies funktioniert, müssen bei der Realisierung des Service natürlich die Repräsentationen umgesetzt sein. Die übliche Repräsentation wird, entsprechend dem „leichtgewichtigen" Entwurf, JSON (Abschn. 10.4) sein, aber andere sind möglich, z. B. XML, HTML, JPEG. Während JSON und XML für die maschinelle Verarbeitung am besten geeignet erscheinen, kann HTML (in Verbindung mit der Methode GET) für einen Abruf zur Anzeige in einem Webbrowser verwendet werden. Neben der Kommunikation zwischen Systemen wird REST nämlich auch bei der Realisierung von Webanwendungen eingesetzt.

Unser Beispiel aus Abschn. 11.2 würde mit REST, bei Verwendung von JSON als Repräsentationsformat wie folgt aussehen. Es wäre ein POST zum Anlegen einer Bestellung:

```
POST http://www.mycompRW721.de/purchaseOrders
```

Die Anfragenachricht wäre

```
POST /purchaseOrders
Host: www.mycompRW721.de
Accept: application/json
{
  "number": 1400
}
```

In den Header-Feldern wird insbesondere das akzeptierte bzw. gewünschte Repräsentationsformat angegeben. Dies funktioniert natürlich nur dann, wenn der Dienst dieses Format unterstützt. Der Rumpf, in geschweiften Klammern, – eben das JSON-Format – ist für dieses sehr einfache Beispiel äußerst knapp. Wir haben in Abschn. 10.4 gesehen, dass mit JSON, ähnlich wie mit XML, wesentlich reichhaltigere Strukturen möglich sind.

Das Antwortdokument sähe wie folgt aus:

```
HTTP/1.1 201 created
Content-Type: application/json
Date: Mon, 13 Jul 2020 10:00:00 GMT
Location: http://www.mycompRW721.de/purchaseOrders/4711
Content-Length: 95
{
  "href":
  "http://www.mycompRW721.de/purchaseOrders/4711",
  "description": "Purchase order 4711"
}
```

Der Rückgabewert 201 zeigt an, dass eine neue Ressource (hier: eine Bestellung) angelegt wurde. Im Rumpf wird angegeben, welche dies ist.

Zwischen Ressourcen werden Beziehungen bzw. Verknüpfungen durch Links abgebildet, bestens vertraut aus HTML. JSON unterstützt vom Standard her eigentlich keine Links, einige Erweiterungen wurden daher definiert (Tilkov et al. 2015, S. 89 ff.). Die Beziehungen gleichen jenen, die wir zwischen Klassen von Geschäftsobjekten kennengelernt haben (Abschn. 3.3.2), oder in Datenbanksprechweise: Fremdschlüsseln.

Die in REST verwendeten Methoden sollen ihre in HTTP definierten Eigenschaften beibehalten. Dies betrifft die Semantik (sofern für HTTP festgelegt), die Sicherheit (Freiheit von Seiteneffekten) und Idempotenz: Die Methoden GET und PUT sind idempotent, d. h. führt man sie zweimal aus, ist die Wirkung wie das einmalige Ausführen (vorausgesetzt dazwischen wurden keine weiteren Methoden ausgeführt). Die Methode GET ist sicher, also seiteneffektfrei (ein Lesen sollte kein Schreiben nebenbei durchführen, von eventuellen Protokolleinträgen abgesehen). Das Anlegen einer Ressource kann mit der Methode POST an eine Listenressource geschehen (vergleichbar mit einer statischen Methode bei Klassen von Geschäftsobjekten) oder mit der Methode PUT an eine Ressource eines Geschäftsobjektes, in Tilkov et al. (2015, S. 37) Primärressource genannt. Im ersten Fall wäre die Ressource z. B. „Bestellungen", und im Laufe des Anlegens wird eine Bestellung als Primärressource mit einer intern vergebenen Nummer angelegt. Im zweiten Fall wäre die Ressource z. B. „Bestellung 1342", die Nummer wäre also schon vorher bestimmt worden. Die Methode POST ist die „offenste" Methode, da ihre Semantik nicht genau festgelegt ist und neben dem Anlegen auch für andere Zwecke eingesetzt werden kann. Entsprechend ist sie der natürliche Kandidat für speziellere Änderungsmethoden, wobei die Auswahl über die beim POST-Aufruf übergebenen Daten gesteuert wird.

HTTP bietet einen Erweiterungsmechanismus: Die Standardmethoden können um weitere ergänzt werden, mit Vor- und Nachteilen (Tilkov et al. 2015, S. 63). Als Nachteil wird insbesondere gesehen, dass Clients auch die zusätzlichen Methoden kennen und realisieren müssten.

Wir haben nun fast alle Grundprinzipien von REST kennengelernt (Tilkov et al. 2015, S. 11): Ressourcen mit eindeutigen IDs (URIs), Verknüpfungen zwischen Ressourcen durch Links, Standardmethoden (von HTTP, mit ihrer üblichen Bedeutung) und unterschiedliche Repräsentationen. Ein Prinzip fehlt noch: die zustandslose Kommunikation. Damit ist nicht gemeint, dass es zwischen verschiedenen Methodenaufrufen keinen Zustand geben soll – bei einer Dialoganwendung zum Beispiel ist ein Zustand durchaus gängig. Allerdings soll der Zustand nicht transient im Server sein, sondern entweder vom Client – in der Regel transient – verwaltet werden oder es soll der Ressourcenzustand dafür verwendet werden, in der Regel also in der Datenbank gespeichert werden. Als Vorteil ergibt sich daraus, dass zwei Anfragen nicht von derselben Serverinstanz behandelt werden müssen.

Für die sichere Übertragung von REST-Aufrufen kann einerseits die Kommunikation über HTTPS eingesetzt werden. Andererseits können Verschlüsselungs- und Signierverfahren der einzelnen Repräsentationsformate, z. B. XML oder PDF, verwendet werden. Eine generische, standardisierte Verschlüsselung oder Signierung von HTTP-Anfragen und -Antworten steht dagegen nicht zur Verfügung (Tilkov et al. 2015, S. 131).

Für die Beschreibung von RESTful APIs gibt es verschiedene Werkzeuge und Sprachen, teilweise mit der Möglichkeit, Client- und Servercode zu generieren, vergleichbar mit Techniken im Zusammenspiel mit WSDL, s. Abschn. 11.3.2 (Tilkov et al. 2015, S. 161 ff.).

11.9   Andere Techniken für den Funktionsaufruf

Im Laufe der Zeit haben sich verschiedene Techniken für entfernte Funktionsaufrufe gebildet, mit mehr oder weniger Verbreitung in der Praxis.

- *Remote Procedure Call (RPC):* Dieser „Klassiker" führte das Prinzip Anfang der 1980er-Jahre ein. Davor mussten das Einpacken und Versenden eines Funktionsaufrufs und das Auspacken der Ergebnisse „von Hand" über niedrigere Kommunikationsschnittstellen erledigt werden. Der Mechanismus ist programmiersprachenübergreifend.
- *Java Remote Method Invocation (RMI):* Während bei den ersten Techniken tatsächlich Funktionen in prozeduraler Weise aufgerufen werden, ist dies ein objektorientierter Mechanismus in Java, daher sinnvoll nur zwischen Java-Systemen einsetzbar.
- *CORBA-Methodenaufruf:* CORBA steht für *Common Object Request Broker Architecture,* ein Standard der *Object Management Group (OMG)* für den plattformübergreifenden Methodenaufruf. Mit „plattformübergreifend" hat er daher dasselbe Ziel wie Webservices. Allerdings sind die Aufrufe objektorientiert, während sie bei Webservices prozedural angelegt sind. Aus verschiedenen Gründen hat sich die Technologie nicht durchgesetzt (Lessen et al. 2011, S. 5).

Eine umfassendere Darstellung findet sich zum Beispiel in Tanenbaum und Steen (2007, Abschn. 4.2, Kap. 10 und 12).

Tab. 11.1 zeigt die Ähnlichkeiten und Unterschiede zwischen diesen Mechanismen des Funktionsaufrufs auf (Aufrufsemantik nach Coulouris et al. 2002, S. 215; zur Erklärung s. Abschn. 11.2).

11.10 Übungen und Lösungsvorschläge

a) Übungen

Aufgabe 11.1 (Verschiedene Integrationsarten, inklusive Nachrichtenbroker)
Diese Aufgabe betrifft alle bisher behandelten Integrationstechniken.

Ein Sachbearbeiter möchte sowohl Kundenstammdaten als auch -interaktionen erfassen, ansehen und suchen. Die Daten befinden sich in einem ERP- bzw. in einem CRM-System.

- Welche Integrationsmöglichkeiten (Benutzeroberfläche, Anwendungslogik, Daten) zwischen den beiden Systemen sind hierbei denkbar und wie sähen diese jeweils im konkreten Fall aus?
- Würden Sie hierbei einen Nachrichtenbroker verwenden? Was spricht in unserem Fall dafür, was dagegen?

Tab. 11.1 Vergleich zwischen Techniken des Funktionsaufrufs

	Webservice	REST-Service	RPC	Java RMI	CORBA
Schnittstelle	WSDL	Verschiedene Sprachen	Interface Definition Language (IDL)[11.1]	Java-Schnittstelle	CORBA-IDL
Laufzeitformat (Daten)	SOAP und für Webservices festgelegte Kodierungsregeln	URI, MIME	IDL	Java-Objektserialisierung	Common Data Representation (CDR)
Kommunikationskanal	HTTP, Nachrichtenbroker	HTTP	TCP/IP	TCP/IP, Java-Laufzeitumgebung	CORBA Object Request Broker
Entwicklungssprache	Viele (unabhängig)	Viele (unabhängig)	Viele (unabhängig)	Java	Viele (unabhängig)
Aufrufsemantik	Je nach Implementierung	Je nach Implementierung	„Mindestens einmal"[2]	„Höchstens einmal"	„Höchstens einmal" und „vielleicht" („Best Effort")

[1] Beim DCE RPC (*DCE* steht für *Distributed Computing Environment*, ein Standard der Open Software Foundation, heute Open Group) wird die Interface Definition Language (IDL) verwendet, welche auf der Programmiersprache ANSI C basiert (Illik 2007, S. 105). Bei einer anderen gängigen Implementierung des RPC, dem Sun RPC, ist die Schnittstellensprache XDR (eXternal Data Representation; Mandl 2009, S. 53). Bei RPC wird die IDL nicht nur zur Schnittstellenbeschreibung, sondern auch für die Abbildung von einer Programmiersprache auf das Laufzeitformat verwendet (Alonso et al. 2004, S. 41)

[2] Bei Sun RPC

Aufgabe 11.2 (Identifizieren von Diensten)

In einem Unternehmen werden drei Systeme eingesetzt: ERP, CRM und ein Data-Warehouse-System. Es soll eine neue Webanwendung erstellt werden, welche die folgenden Dienste verwendet. Die Dienste sollen durch Kapselung von Funktionen der Anwendungssysteme bereitgestellt werden. Überlegen Sie, welche Systeme bei den Diensten involviert sind und welche Laufzeiteigenschaften (bzgl. Interaktionsmuster, Blockierung, Zuverlässigkeit, Commit-Verhalten und Sitzung) die Dienste haben sollten.

a) Kundenstammdaten anlegen,

b) Abfrage von Kundendaten,

c) Auftrag erfassen,

d) Rechnung per EDI (Electronic Data Interchange) senden,

e) Umsatzstatistik der Kunden für kürzere Zeiträume (z. B. letzte Woche) und längere Zeiträume (z. B. die letzten 10 Jahre).

b) Lösungsvorschlag für die Übungen

Aufgabe 11.1 (Verschiedene Integrationsarten, inklusive Nachrichtenbroker)

a)

- Benutzeroberfläche: Die Sachbearbeiter pflegen Kundenstammdaten und Kundeninteraktionen im Portal, beide Anwendungen können nebeneinander erscheinen. Das Portal verwendet Single Sign-on, damit sich die Sachbearbeiter nicht zweimal anmelden müssen. Nach der Suche von Kundenstammdaten können die Sachbearbeiter die dazugehörigen Interaktionen sehen, wenn dies z. B. per ereignisorientierter Kommunikation so implementiert ist.
- Anwendungslogik: Z.B. im ERP-System wird eine neue Anwendung geschrieben, welche per Webservice die Interaktionen liest und in der neuen Anwendung darstellt.
- Daten: Kundenstammdaten werden von ERP nach CRM übermittelt, z. B. in Hintergrund-Jobs. Das technische Format kann XML oder eine CSV-Datei sein.

b)

- Dafür: Sichere Übertragung von Daten (hier: Kundendaten), inkl. Protokollierung, Offenheit für spätere Integrationen.
- Dagegen: Überdimensionierte Lösung, wenn es wirklich nur um diese eine Integrationsaufgabe geht. Dieses Argument wird hier überwiegen.

Aufgabe 11.2 (Identifizieren von Diensten)

	a)	b)	c)	d)	e)
Beteiligte Systeme	ERP, CRM	ERP, CRM	ERP	ERP	ERP, DWHS
Interaktionsmuster	Einweg-kommunikation	Anfrage-Antwort	Einweg-kommunikation	Einweg-kommunikation	Anfrage-Antwort
Blockierung	Nein	Ja	Nein	Nein	Ja
Zuverlässigkeit	Ja	Nein	Ja	Ja	Nein
Commit Handling	Ja	Nein	Ja	Ja	Nein
Sitzung	Nein	Nein	Nein	Nein	Nein/ja

Literatur

a) Weiterführende Literatur

Die Konzepte von SOAP/WSDL-basierten Webservices sind gut beschrieben in

Alonso, G., Casati, F., Kuno, H., Machiraju, V.: Web Services. Springer, Berlin Heidelberg New York (2004)

Ein Pluspunkt des folgenden Buchs ist die detaillierte Darstellung eines Web-Service-Beispiels:

Papazoglou, MP.: Webservices: Principles and technology, S. 154. Prentice-Hall, Upper Saddle River (2007)

Für REST-basierte Webservices:

Tilkov, S., Eigenbrodt, M., Schreier, S., Wolf O.: REST und HTTP, 3. Aufl. dpunkt, Heidelberg (2015)

Konzepte entfernter Prozedur- und Methodenaufrufe sind umfassend in einigen Büchern erläutert, z. B. in

Coulouris, G., Dollimore, J., Kindberg, T.: Verteilte Systeme, 3. Aufl. Pearson Studium, München (2002)

Tanenbaum, A., van Steen, M.: Verteilte Systeme, 2. Aufl. Pearson Studium, München (2007)

Mandl, P.: Master-Kurs Verteilte betriebliche Informationssysteme. Vieweg+Teubner, Wiesbaden (2009)

Illik, JA.: Verteilte Systeme. Expert, Renningen (2007)

Ein Vorteil des letzten Buchs liegt insbesondere in den vielen Programmierbeispielen zu Pipes und Sockets, RPC, Java RMI, CORBA.

b) Weitere zitierte Literatur

Fielding, RT.: Architectural styles and the design of network-based software architectures. Dissertation, University of California, Irvine (2000)

Huvar, M., Falter, T., Fiedler, T., Zubev, A.: Anwendungsentwicklung mit Enterprise SOA. Galileo Press, Bonn (2008)

van Lessen, T., Lübke, D., Nitzsche, J.: Geschäftsprozesse automatisieren mit BPEL. dpunkt, Heidelberg (2011)

Web Services Interoperability Organization (2011) WS-I Basic Profile http://www.ws-i.org/deliverables/workinggroup.aspx?wg=basicprofile. Zugegriffen: 10. Aug. 2011

Integration mittels Workflow-Systemen

12

HAMM Geht er überhaupt? *Pause. Ungeduldig:* Ob der Wecker geht?
CLOV Warum sollte er nicht gehen?
HAMM Weil er zuviel gegangen ist.
CLOV Er ist doch kaum gegangen.
HAMM *wütend:* Dann, weil er zu wenig gegangen ist!
Endspiel
Samuel Beckett

Zusammenfassung

Die Integration auf der Ebene der Geschäftsprozesse wird am Beispiel von Workflow- bzw. Prozessmanagementsystemen vorgestellt. Durch die Prozesssteuerung werden die Methoden von Geschäftsobjekten in einer im Prozess festgelegten Reihenfolge aufgerufen (Orchestrierung). Ein solcher Prozess kann in einem einzelnen Anwendungssystem stattfinden oder systemübergreifend sein. Auch die zwischenbetriebliche Integration ist möglich, üblicherweise mit einer gegenseitigen Abstimmung der Geschäftsprozesse (Choreografie) statt einer zentralen Steuerung.

Lernziel

Die Integration auf der Ebene der Geschäftsprozesse anhand von Workflow-Systemen kennenlernen.

Die Quelle zum Kapitelmotto lautet: Beckett S (1974) Endspiel. Suhrkamp Taschenbuch 171, 1. Auflage 1974, Frankfurt a. M., S. 69.

© Springer-Verlag GmbH Deutschland, ein Teil von Springer Nature 2021
R. Weber, *Betriebliche Anwendungssysteme,*
https://doi.org/10.1007/978-3-662-63185-0_12

12.1 Workflow-Systeme

In Kap. 3 hatten wir gesehen, dass Anwendungssysteme Geschäftsprozesse bieten, in Systemlandschaften gibt es auch systemübergreifende Geschäftsprozesse. Manche Geschäftsprozesse haben eine implizite Prozesssteuerung (teils in der Software festgelegt, teils organisatorisch), manche eine explizite (etwa durch ein Workflow-System). In diesem Abschnitt interessiert uns die explizite Prozesssteuerung. Die Integration von Anwendungsfunktionalität besteht hierbei darin, dass die Methoden von Geschäftsobjekten in einer bestimmten, zumindest in Maßen festgelegten Reihenfolge von Bearbeitern (Personen oder Programmen) ausgeführt werden. Finden alle Prozessschritte in nur einem Anwendungssystem statt, handelt es sich um eine systeminterne Steuerung und (Teil-)Automatisierung. Sind die Prozessschritte dagegen auf mehrere Anwendungssysteme verteilt, ist es eine Form der Integration von Anwendungssystemen, d. h. im engeren Fokus des Teil II des Buches. In letzterem Fall finden meist auch zusätzlich andere Integrationstechniken Anwendung. (Was wäre hier sinnvoll?)

Systeme zur Geschäftsprozesssteuerung haben eine lange Tradition. Während die Ideen und Konzepte beibehalten wurden und sich lediglich fortentwickelten, haben sich die Namen dieser Systeme im Laufe der Zeit gewandelt. Anfangs sprach man von Systemen der *Vorgangsbearbeitung, aktionsorientierter Datenverarbeitung* (Mertens und Hofmann 1986), seit den 1990er-Jahren von *Workflow-Management-Systemen* oder kürzer *Workflow-Systemen*, nun auch von *Business Process Management Systemen (BPM-Systemen),* also *Geschäftsprozessmanagementsystemen* oder kürzer *Prozessmanagementsystemen* (Dadam et al. 2011). Im Folgenden verwenden wir den handlicheren Begriff Workflow-Systeme.

In Abb. 12.1 sehen wir die Komponenten, aus denen typischerweise ein Workflow-System besteht. Zur Definitionszeit modellieren Workflow-Entwickler einen Prozess, üblicherweise mit einem grafischen Modellierungswerkzeug. Im Gegensatz zu anderen Werkzeugen der Prozessmodellierung ist das Ergebnis eine vollständig formal beschriebene ausführbare *Prozessdefinition* (auch *Prozessmodell* genannt), die als „Code" für das *Workflow-Laufzeitsystem* (auch Business Process Engine oder Workflow-Engine genannt) ablauffähig ist. Soll der Prozess starten, wird eine *Prozessinstanz* der Prozessdefinition gebildet. Das Workflow-Laufzeitsystem sorgt dafür, dass die Prozessinstanz genau gemäß der Prozessdefinition abläuft.

Zur Laufzeit werden die einzelnen Schritte *(Aktivitäten)* der Prozessdefinition entweder automatisch von Programmen ausgeführt[1], oder – häufiger – von Benutzern durch die Bedienung von Anwendungsprogrammen im Dialog. In Abb. 12.1 sehen wir vier

---

[1] Hier vereinfachen wir ein wenig. Es kann interne Schritte geben, die das Workflow-System eigenständig ausführt, ohne dass eine Aktivität bzw. ein Workitem im Spiel ist, z. B. Bedingungsauswertungen oder Warteschritte.

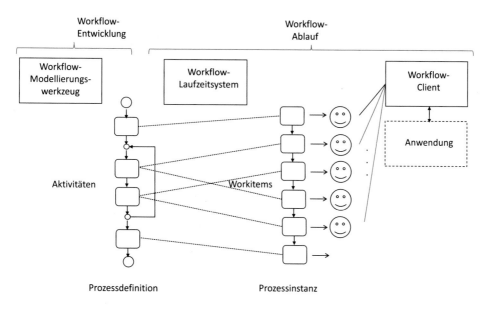

Abb. 12.1 Workflow-System

Aktivitäten eines Prozesses, wobei sich die mittleren beiden Aktivitäten in einer Schleife befinden. Bis auf die vierte Aktivität werden sie von Benutzern im Dialog bearbeitet. Das Workflow-System erzeugt für jeden Schritt dann ein *Workitem* (auch *Aktivitätsinstanz* genannt), wenn der vorherige Schritt beendet ist. Wir sehen, dass u.a. aufgrund von Schleifen eine 0:N-Beziehung zwischen Aktivitäten und Workitems besteht. Das Workflow-System stellt das Workitem einem Benutzer als *Bearbeiter* zu, wenn die Aktivität einen Benutzerdialog erfordert, z. B. die Freigabe einer Bestellanforderung. Der Bearbeiter sieht seine Workitems dann meist in einem Eingangskorb, in dem sich neben Workitems auch E-Mails oder andere Einträge befinden können. Von dort aus kann er das Workitem ausführen, wobei der *Workflow-Client,* ein funktionaler Teil des Eingangskorbs, ins Spiel kommt: Wählt der Bearbeiter die Funktion „Ausführen" des Workitems, ruft der Workflow-Client die entsprechende Anwendung (in unserem Modell: die Methode eines Geschäftsobjektes) auf, bei der Beendigung kann er deren Ergebnisse aufnehmen. Ist kein Dialog nötig (Hintergrundaktivität), veranlasst das Workflow-Laufzeitsystem die automatische Ausführung der Aktivität durch ein Anwendungsprogramm, z. B. das Versenden einer E-Mail an einen Geschäftspartner.

Prozessmanagement mit menschlicher Interaktion, meist für Entscheidungsschritte oder für die Dateneingabe, wird in Freund und Rücker (2019, S. 6) „Human Workflow Management", in Weske (2007, S. 53) „Human Interaction Workflow" genannt. Der Extremfall eines Prozesses ohne menschliche Interaktion heißt „System-Workflow" (Weske 2007, S. 51) oder „Service-Orchestrierung", wobei die Hintergrundschritte als Dienstoperationen (etwa von Webservices, Kap. 11) aufgefasst werden.

Das Workflow-System hat eine *Bring-Schuld (Push-Prinzip):* Die zu erledigende Arbeit wird den Benutzern übermittelt. Das Gegenteil wäre die *Hol-Schuld (Pull-Prinzip)* für die Benutzer. Sie ist ohne Workflow-Unterstützung üblich: Der Benutzer muss seine zu erledigenden Aufgaben – zu genehmigende Urlaubsanträge, Bestellanforderungen, zu prüfende Rechnungen, E-Mails – in verschiedenen Systemen und dort jeweils an verschiedenen Stellen zusammensuchen. In dem Sinne ist Workflow neben Portalen ein weiteres Mittel zur Integration von Menschen mit betrieblichen Anwendungssystemen.

Wie kommt ein Prozess in Gang? Zwar lassen sich Prozesse, etwa zu Testzwecken, explizit „von Hand" starten. Der komfortablere Weg ist jedoch, hierfür Ereignisse zu verwenden (Abschn. 3.4.3): Ein Starterereignis, z. B. „Banf angelegt", kann somit automatisch einen Prozess starten, hier jenen zur Banf-Freigabe.

Zu einer von einem Workflow-System ausführbaren Prozessdefinition gelangt man mit einer Methodik des Geschäftsprozessmanagements. Diese könnte z. B. die folgenden drei Formen von Prozessdefinitionen beinhalten:

- *Prozessskizze:* In Freund und Rücker (2019, S. 19) wird dies *strategisches Prozessmodell* genannt. Der Prozess wird dort aus der Vogelperspektive beschrieben, er soll auf ein DIN-A4-Blatt passen. Dabei werden Varianten und Fehlerbehandlung weggelassen, man beschränkt sich auf eine „Happy-Path-Betrachtung", d. h. der gewünschte, erfolgreiche Pfad durch den Prozess wird gewählt. In dieser Prozessdefinition, welcher vor allem zur grundsätzlichen Abstimmung in einem Unternehmen dient, werden pragmatisch bewusst semantische Inkonsistenzen und Lücken in Kauf genommen („Papier ist geduldig"). Kürze und Verständlichkeit gehen vor (Freund und Rücker 2019, S. 116). Sie erwähnen: „Jedes Prozessmodell ist unvollständig – aber manche sind brauchbar." (Freund und Rücker 2019, S. 118)
- *Fachlicher Detailprozess:* Dieser wird wie die Prozessskizze aus fachlicher Sicht modelliert, ist jedoch wesentlich ausführlicher. Zu einem „guten" fachlichen Detailprozess zu gelangen, ist eine anspruchsvolle und wichtige Aufgabe. Schließlich wird es sich wenig lohnen, einen ineffizienten Prozess durch Workflow-Management zu unterstützen. In Lessen et al. (2011, S. 9) heißen solche Prozesse *fachliche Prozesse,* im Gegensatz zu *ausführbaren Prozessen.* In Freund und Rücker (2019, S. 19) entsprechen sie dem *„menschlichen Prozessfluss"* in einem *operativen Prozessmodell.*
- *Ausführbarer Detailprozess:* Dieser soll in einem Workflow-System ablauffähig sein – der Fokus dieses Kapitels. Ausführbare Prozessdefinitionen werden i. Allg. nicht von der Fachabteilung selbst erstellt, sondern von Workflow-Entwicklern in Absprache mit der Fachabteilung und passend zum fachlichen Detailprozess realisiert. In Freund und Rücker (2019, S. 19) entspricht dies dem *„technischen Prozessfluss"* in einem *operativen Prozessmodell.* Sie betonen, es sei vorteilhaft, wenn wegen Wechselwirkungen menschlicher und technischer Prozessfluss gleichzeitig entworfen werden (Freund und Rücker 2019, S. 21).

12.2 Prozessdefinition

Damit die Prozesssteuerung so automatisiert wie oben beschrieben ablaufen kann, muss die Prozessdefinition maschinell ausführbar sein. In Abschn. 3.5 haben wir die Teile einer Prozessdefinition kennengelernt:

- Kontrollfluss,
- Datenfluss und
- Bearbeiterzuordnung.

Nun sehen wir uns an, wie diese Aspekte in Workflow-Systemen ausgeprägt sind.

12.2.1 Kontrollfluss

a) Sprachkonstrukte

Eine mit einem Workflow-Laufzeitsystem ausführbare Prozessdefinition kann man sich ähnlich wie ein Programm vorstellen. Man spricht auch von „Programmieren im Großen". Die Aktivitäten entsprechen den elementaren Anweisungen, welche in Prozessdefinitionen meist nicht Wertzuweisungen, sondern Aufrufe von Methoden von Geschäftsobjekten sind. Die Reihenfolge ist durch Sprachkonstrukte wie Sequenz, Verzweigung und Schleife festgelegt. Sprachkonstrukte, die in üblichen Programmiersprachen weniger eingesetzt werden, aber in Prozessdefinitionen eine bedeutende Rolle spielen, sind parallele Abschnitte und Ereignisse.

Parallele Abschnitte verkürzen die Prozessdurchlaufzeit. Die Anzahl der parallelen Zweige kann im Prozessmodell statisch vorgegeben sein oder erst zur Laufzeit bekannt werden. Der typische Anwendungsfall für Letzteres ist, dass ein Zweig für mehrere Instanzen gleichartiger Geschäftsobjekte durchgeführt werden soll, z. B. die Prüfung mehrerer Angebote, deren Anzahl sich erst im Prozessablauf ergibt. Bei parallelen Zweigen kann die Zusammenführung nach Beendigung aller Zweige geschehen. Es sind jedoch auch ausgefeiltere Formen möglich: Die Zusammenführung geschieht, wenn M von N Zweigen beendet sind – z. B. wenn nur die Mehrheit der Entscheider zustimmen muss. Oder es wird eine Bedingung formuliert, welche erfüllt sein muss, damit der Prozess fortgesetzt werden kann.

Ereignisse werden eingesetzt, um Datenänderungen mit dem Kontrollfluss zu synchronisieren: Ein Prozess kann auf Ereignisse warten oder sie können im Prozess erzeugt werden – explizit in eigenen Prozessschritten oder implizit, indem in einer Aktivität als „Seiteneffekt" ein Ereignis ausgelöst wird. Solche Datenänderungen schließen auch den Empfang übermittelter Nachrichten ein.

Die obigen Aussagen über Sprachkonstrukte beziehen sich weitgehend auf *blockbasierte* Sprachen. In blockbasierten Sprachen haben alle Sprachkonstrukte genau einen

Eingang und genau einen Ausgang, sie entsprechen damit dem Prinzip der strukturierten Programmierung. Der Gegenpol sind *graphbasierte* Sprachen (z. B. BPMN), wo Verbindungen (Kanten) zwischen Knoten verschiedener Typen gezogen werden. Ein beliebiger Sprung von einem Knoten zu einem anderen („goto") ist in einer blockbasierten Sprache nicht möglich.

Prozessdefinitionen werden in der Regel versioniert. Schließlich hat ein Prozess eine lange Laufzeit, meist in der Größenordnung von Tagen oder Wochen. Wird die Prozessdefinition während der Laufzeit geändert, muss sichergestellt werden, dass die „alten" Prozesse gemäß der alten Prozessdefinition zu Ende gebracht werden können. (Warum?)

b) Grafische Modellierung

Der Kontrollfluss wird üblicherweise mit einem grafischen Modellierungswerkzeug definiert, einer Komponente des Workflow-Systems. Die Motivation ist, dass Prozesse auch von Nichtprogrammierern verstanden werden sollen. Die grafische Form soll dies erleichtern. Da Prozessdefinitionen in der Praxis eine im Gegensatz zu Programmen niedrige Schrittzahl haben – Prozesse der Größenordnung 10 bis 100 Aktivitäten sind gängig – lässt sich dies gut mit grafischer Darstellung bewerkstelligen. Viele Workflow-Systeme verwenden ihre eigene Modellierungssprache, manche lehnen sich an Notationen wie ereignisgesteuerte Prozessketten, UML-Aktivitätsdiagramme oder BPMN an. In der akademischen Welt sind zudem Petrinetze und Varianten davon, wie Workflow-Netze, beliebt. Einen Überblick über Notationen bieten Havey (2005) und Weske (2007).

c) Orchestrierung und Choreografie

Prozesse können in genau einem System laufen (lokale Prozesse) oder systemübergreifend in einer Systemlandschaft. In letzterem Fall ist es möglich, dass ein zentraler Prozess die Kontrolle über die in den einzelnen Systemen laufenden Prozessteile übernimmt. Man nennt dies *Orchestrierung:* Das Workflow-System bestimmt den Ablauf, ähnlich wie ein Dirigent mit einem Orchester arbeitet. Der zentrale Prozess ist eine *Komposition* der in den Schritten verwendeten Methoden von Geschäftsobjekten (Abschn. 12.6). Alternativ können mehrere Prozesse in verschiedenen Systemen miteinander kommunizieren und sich synchronisieren. Man nennt dies Choreografie. Die Analogie ist das Ballett, wo sich einzelne Tänzerinnen und Tänzer aufeinander abstimmen (Abb. 7.6). Hier handelt es sich um eine *Koordination* zwischen Prozessteilen bzw. in den Schritten verwendeten Methoden von Geschäftsobjekten; vgl. Alonso et al. (2004, S. 250 ff., 276 ff.) für die Beziehung zwischen Komposition und Koordination.

Orchestrierung wird für die innerbetriebliche Prozesssteuerung eingesetzt, Choreografie vor allem für die zwischenbetriebliche Integration. Dort wird nur das Protokoll vereinbart, welches zwischen kooperierenden Geschäftsprozessen (Collaborative Business Processes) herrschen soll. Dabei beschränkt man sich auf den Nachrichtenaustausch. Denn die kooperierenden Prozesse werden immer auch interne Schritte beinhalten, welche aber unternehmensspezifisch sein werden und daher nicht nach außen dringen sollen. Die Nachrichten können physische sein, z. B. Briefe, die als eingescannte Dokumente Workflows starten, oder Nachrichten im Sinne von Kap. 10.

12.2.2 Datenfluss

Die in Abschn. 3.5.3 gemachten Aussagen gelten hier in voller Schärfe. Tatsächlich wird oftmals erst in Workflow-Systemen der Datenfluss systematisch und genau modelliert. In der Analyse und Konzeptionsphase für einen Prozess wird dagegen pragmatischerweise der Datenfluss oft erst einmal weggelassen, er ergibt sich meist allenfalls aus den Bezeichnungen der Aktivitäten und ist „dazuzudenken".

Bedingungen, z. B. zur Steuerung von Verzweigungen und Schleifen, können in Prozessen komplex sein. Ein Ansatz ist, solche Bedingungen durch eine eigene Sprache zu beschreiben und diese sog. *Geschäftsregeln* von der Prozessdefinition zu isolieren *(Business Rules Management)*. Dem liegt die Beobachtung zugrunde, dass die Prozesse durch komplexe Bedingungen unübersichtlich werden können und dass sich die Regeln häufiger ändern werden als die Prozessdefinition. Eine einfache Technik zur Formulierung von Bedingungen sind Entscheidungstabellen, aber es gibt auch spezielle Business Rules Engines oder Decision Engines (Freund und Rücker 2019, S. 201).

12.2.3 Bearbeiterzuordnung

Ein automatisiert ablaufender Hintergrundschritt wird vom Workflow-System wie bei der Integration mittels Funktionsaufruf ausgeführt. Dies kann durch einen lokalen oder entfernten Funktionsaufruf, z. B. per Webservice, geschehen. Spezifischer für Workflow ist die Zuordnung von Benutzern zu Dialogschritten. Workflow-Systeme unterstützen Formen der Bearbeiterzuordnung wie in Abschn. 3.5.3 skizziert. Welche Arten von abstrakten Bearbeitern möglich sind, hängt vom Workflow-System ab. Immer werden jedoch Benutzer und Arten von Benutzergruppen und Rollen vorhanden sein. Ebenso variieren die Formen der dynamischen Bearbeiterzuordnung. Eine übliche Methode, Bearbeiterzuordnungen wenigstens auf Ebene der Rollen oder abstrakten Bearbeiter festzulegen, sind *Schwimmbahnen (Swim Lanes)*. Die Prozessdefinition wird dabei so gezeichnet, dass die Aktivitäten, die vom selben Bearbeiter durchzuführen sind, auf einer Schwimmbahn liegen (Abb. 3.10).

12.3 Flexibilisierung

Nachdem wir die wesentlichen Sprachmittel für Workflow kennengelernt haben, kommen wir nun zu einigen spezielleren Aspekten, zunächst zur Flexibilisierung von Abläufen. Eigentlich läuft ein Workflow zur Laufzeit genau nach seiner Prozessdefinition ab. Jedoch sind meist, selbst bei stark standardisierten Prozessen, gewisse Flexibilisierungen zur Laufzeit sinnvoll und daher in Workflow-Systemen vorgesehen. Wir sehen uns derartige Möglichkeiten an, gegliedert nach den Teilen der Prozessdefinition.

a) Kontrollfluss

Bei stark standardisierten Prozessen wird man beim Kontrollfluss nicht abweichen. Jedoch gibt es auch Prozesse, bei denen die Reihenfolge nicht so streng vorgegeben ist bzw. bei denen im Einzelfall davon abgewichen werden kann. Man nennt diese Flexibilisierung *Ad-hoc-Workflow*. Hierbei können z. B. Schritte ausgelassen oder zusätzliche eingefügt werden, evtl. aus einem Vorrat von optionalen Schritten. Die Möglichkeiten müssen derart gestaltet sein, dass der Datenfluss nicht gefährdet ist. Zum Beispiel lässt sich natürlich kein Schritt entfernen, welcher ein Geschäftsobjekt anlegt, das im Folgeschritt bearbeitet wird. Aber es gibt auch weniger augenfällige Beispiele, z. B. dass ein Schritt erst ausgeführt werden kann, wenn in einem vorigen Schritt ein Geschäftsobjekt in einen bestimmten Status gesetzt wurde. Eine besondere Form der Flexibilisierung sind *Fallbearbeitungssysteme (Case-Management-Systeme;* Weske 2007, S. 333): Hierbei wird eine Menge von Aktivitäten festgelegt, und die Reihenfolge kann von den Bearbeitern frei gewählt werden, solange nur die definierten Datenabhängigkeiten eingehalten werden.

b) Datenfluss

Neben dem in der Prozessdefinition festgelegten Datenfluss können Benutzer bei der Workitem-Bearbeitung den Workitems zusätzlich Notizen (Bearbeitungsvermerke), Anlagen (z. B. Textdokumente) und Geschäftsobjekte (z. B. eine Objektreferenz auf einen bestimmten Lieferanten) hinzufügen. Auf diese wird in den Aktivitäts-implementierungen zwar üblicherweise nicht zugegriffen. Sie werden jedoch im Prozess durchgereicht und können von folgenden Bearbeitern angesehen und ergänzt werden.

c) Bearbeiterzuordnung

Eine gewisse Flexibilität bieten bereits die in Abschn. 3.5.3 aufgezeigten Möglichkeiten: Ein Workitem kann abstrakten Bearbeitern, z. B. der Art „Benutzergruppe", zugestellt werden. Hier ist kooperatives Verhalten unterstellt, d. h. die Bearbeiter teilen die Menge der anfallenden Workitems unter sich auf, gewissermaßen das Gegenteil der „heißen Kartoffel". Eine andere Flexibilität ist mit den erwähnten Mitteln ebenfalls möglich: Ein Benutzer könnte in einem Dialogschritt entscheiden, welcher Bearbeiter aus einer Bearbeitermenge den Folgeschritt ausführen soll. Voraussetzung ist eine Aktivität zur Bearbeiterauswahl in der Prozessdefinition. Eine dritte Möglichkeit ist, dass ein Workitem an eine statisch bestimmte Bearbeitermenge gerichtet wird, wenn die dynamische Bearbeiterzuordnung keinen Bearbeiter ermitteln kann. Denn hinter der dynamischen Bearbeiterzuordnung stehen Attribute oder Methoden von Geschäfts-objekten, welche als Ergebnis Bearbeiter liefern sollen. Bei der Methodenausführung könnte aber eine Ausnahme auftreten und kein Bearbeiter gefunden werden.

Unabhängig davon, wie die Prozessdefinition aussieht, kann als Standardfunktion eines Workflow-Systems ein Workitem an andere Benutzer *weitergeleitet* werden. Dies betrifft die Situation, in der ein Bearbeiter erkennt, dass er für die Bearbeitung eines bestimmten Workitems nicht geeignet ist, z. B. weil er neu ist und eine solche Aufgabe noch nicht bearbeitet hat. Auch die *Vertretung* wird in Workflow-Systemen geregelt. Die Anwendungsfälle hierzu sind Urlaub und Krankheit, die allerdings leicht unterschiedlich zu behandeln sind (geplante oder ungeplante Abwesenheit). Daher sollte ein Workflow-System zwei Formen der Vertretungsübernahme gestatten: Zum einen soll ein Mitarbeiter einen Kollegen als Vertreter aktivieren können (Fall Urlaub). Zum anderen soll der Kollege für den Mitarbeiter die Vertretung übernehmen können oder diese von einer dritten Person zugewiesen bekommen (Fall Krankheit). Die Prozessdefinitionen müssen dafür nicht ausgelegt sein, die Übernahme geschieht auf Personenebene. Ausgefeiltere Vertretungsformen sind ebenso denkbar, z. B. dass nur gewisse Aufgaben von einem Kollegen übernommen werden.

12.4 Fehlerbehandlung

Im Volksmund heißt es: Die Gesundheit lernt man oft erst schätzen, wenn man bei einer Krankheit merkt, was einem fehlt. In ähnlicher Weise wollen wir einen Blick auf „Krankheiten", also Fehler, in Workflows werfen, um die Technologie besser zu verstehen. Bevor uns systematisch mit Fehlern und Reaktionsmöglichkeiten beschäftigen, sehen wir uns zunächst Abb. 12.2 mit einigen typischen Fehlersituationen in Workflows an:

1. Ein Ereignis soll den Workflow starten, aber es wird nicht ausgelöst.
2. Während der Aktivitätsbearbeitung geschieht ein Fehler, z. B. ein Programmabsturz.
3. Ein Bearbeiter kann nicht ermittelt werden, z. B. weil eine Stelle nicht besetzt ist.
4. In einer Aktivität erzeugte Daten werden nicht weitergereicht.
5. An den Prozess weitergereichte Daten werden einer Folgeaktivität nicht verfügbar gemacht.
6. Eine Aktivität hat einen unerwarteten Ergebniswert, für welchen keine Folgeaktivität vorgesehen ist.

Fehler können also in allen Teilen der Prozessdefinition auftreten:

- Kontrollfluss, Makroebene: Ist der Kontrollfluss „falsch" (z. B. falsche Reihenfolge, ein Schritt zu viel oder zu wenig, ein Schritt, welcher durch einen anderen ersetzt werden sollte), wird es sich um einen Modellierungsfehler handeln: Es ist prinzipiell der „falsche Prozess", eine Korrektur der Prozessdefinition ist erforderlich. Solche Fehler sollten beim Testen eines neu entwickelten Prozesses entdeckt werden.

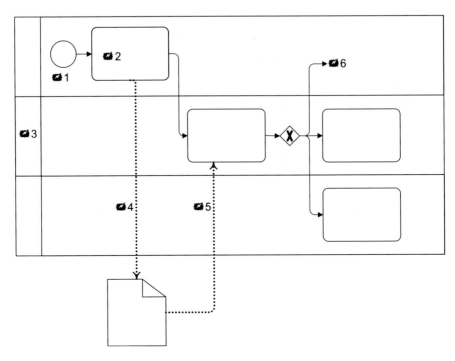

Abb. 12.2 Mögliche Fehler beim Prozessablauf

Oder das Problem betrifft nur eine gegebene Prozessinstanz; dann können die o. g. Maßnahmen zur Flexibilisierung helfen. (Wie?)

- Kontrollfluss, Mikroebene: Hierunter verstehen wir, dass bei der Ausführung eines Workitems ein Fehler auftritt. Zum einen könnte es ein Programmfehler in der Aktivitätsimplementierung (Methode eines Geschäftsobjektes) sein. In diesem Fall ist der Programmfehler zu beseitigen. Das Workitem wird mit einer Administrationsfunktion in einen korrekten Zustand gebracht und erneut ausgeführt. Ein anderer Fall liegt vor, wenn in der Prozessdefinition eine mögliche Ausnahme der Aktivitätsimplementierung nicht abgefangen wurde, etwa mit dem Motiv, dass diese Ausnahme nicht oder nur in Ausnahmefällen auftritt. Aus pragmatischen Gründen (Aufwand) werden in Prozessdefinitionen oftmals nicht alle Ausnahmen für eine automatisierte Behandlung vorgesehen. Vielmehr mag entschieden worden sein, dass die Behandlung der Ausnahme „außerhalb des Prozesses" erfolgt. Das Workitem wird dann mit einer Administrationsfunktion behandelt: Im Einzelfall wird entschieden, ob dies z. B. das manuelle Beenden sein soll und das manuelle Setzen gewisser Daten.
- Datenfluss: Dies deutet auf einen fehlerhaft definierten Prozess hin. Der Prozess sollte korrigiert werden und das Workitem mit einer Administrationsfunktion in einen korrekten Zustand versetzt werden.

- Bearbeiterzuordnung: In diesem Fall sind der Prozess und häufig ebenso die Methode zur dynamischen Bearbeiterermittlung fehlerhaft. Ein Problem könnte sein, dass ein abstrakter Bearbeiter zu keinem konkreten aufgelöst werden kann. Zum Beispiel wird eine leere Bearbeitergruppe ermittelt, oder eine Stelle ist derzeit nicht besetzt. Manche dieser Fehler beheben sich von selbst, z. B. wenn die Stelle nur kurzzeitig bei einer Umbesetzung vakant ist.

Eine andere Kategorie von „Fehlern" sind zeitliche Abweichungen von der „normalen", erwarteten Bearbeitung: Termine werden nicht eingehalten. In den Aktivitäten lassen sich Termine setzen, etwa „muss spätestens nach zwei Tagen erledigt sein". Für Verzögerungen lässt sich im Prozess ein Eskalationsmanagement definieren. Im einfachsten Fall wird eine bestimmte Person (oft der Vorgesetzte) über den Verzug informiert. Eine ausgefeiltere Form ist ein Eskalationsteilprozess, welcher mit den üblichen Mitteln der Prozessdefinition festgelegt wird. In diesem Fall sind der „normale" Prozess und zusätzlich der Eskalationsteilprozess aktiv. Im Eskalationsteilprozess kann Einfluss auf den „normalen" Prozess genommen werden, z. B. dass Schritte als obsolet erklärt werden.

12.5   Vor- und Nachteile des Workflow-Einsatzes

Um einzuschätzen, für welche Fälle sich der Einsatz von Workflow-Management lohnt, stellen wir die Vor- und Nachteile gegenüber:
Vorteile:

- Automatisierung: Geschäftsprozesse werden zumindest teilweise automatisiert. (Was heißt das genau?) Besteht ein Geschäftsprozess nur aus Hintergrundaktivitäten, ist sogar eine vollständige Automatisierung möglich.
- Qualität steigern: Dadurch, dass die Versorgung mit Daten automatisiert ist (Datenflüsse), werden Eingabefehler vermieden. Aktivitätsspezifische Anleitungen zur Workitem-Ausführung senken die Fehlerrate.
- Datenübergabe bei systemübergreifenden Prozessen: In diesem Sinne unterstützt Workflow-Management zudem die Integrationsformen mittels Datenaustausch und Funktionsaufruf.
- Durchlaufzeit verringern: Workflow-Management bietet dafür verschiedene Mechanismen. Betrachten wir die verschiedenen Zeitanteile: Durchlaufzeit = Übertragungszeit + Liegezeit + Bearbeitungszeit. Bearbeiter werden frühestmöglich mit Workitems versorgt, die benötigten Daten werden bereitgestellt. Dies hat Einfluss auf die Übertragungszeit. Die Liegezeit ist der längste und damit kritischste Teil. (Warum?) Die Terminüberwachung führt organisatorisch zu deren Verkürzung. Parallele Zweige in der Prozessdefinition beeinflussen alle Teile der Durchlaufzeit. Die Bereitstellung von Daten, inklusive Notizen und Anlagen, verringert die Bearbeitungszeit.

- Auswertungen: Eine Auswertung der Prozesse mit analytischen Systemen ist möglich. Das Ziel ist dabei die Prozessverbesserung. Die Voraussetzung dafür ist das Aufzeichnen bzw. Protokollieren von Laufzeitdaten. Es fällt in das Gebiet des *Business Activity Monitoring.*
- Garantiert korrekter Ablauf: Wird ein Prozess mit Workflow-Management unterstützt, so läuft er immer gemäß der Prozessdefinition ab. Ausnahmen wurden in Abschn. 12.3 genannt.
- Nachvollziehbarkeit: Durch das Workflow-Protokoll kann man sich von den Details des Ablaufs überzeugen. In einem Workflow-Protokoll wird festgehalten, welche Schritte des Workflows zu welchen Zeiten stattfanden, wer die Schritte bearbeitet hat, und vieles mehr. In einem System kann einstellbar sein, welche Information protokolliert wird. Gesetzliche Regelungen und Betriebsvereinbarungen können hierfür Grenzen setzen. (Warum?) Dies zielt insbesondere auf systematische Auswertungen ab (s. unten).

Nachteile:

- Aufwand: Ein hoher entsteht bei der Entwicklung von Workflows, ein gewisser auch beim Betrieb (Administration).
- Unflexibel: Zwar gibt es Maßnahmen zur Flexibilisierung, jedoch sollten diese eher die Ausnahme sein. Prozesse, die jedes Mal unterschiedlich ablaufen sollen, sind für Workflow-Management weniger geeignet.
- Abhängigkeit vom Workflow-System: Fällt das Workflow-System aus, dürfen kritische Geschäftsprozesse nicht stillstehen. Entsprechend sind eine hohe Verfügbarkeit und eine übergangsweise Steuerungsmöglichkeit durch Menschen wichtig.

Daraus ergibt sich, dass sich Workflow-Management für solche Prozesse lohnt, welche

- stark standardisiert sind, d. h. immer nach derselben Prozessdefinition ablaufen, mit wenig Anforderung zur Flexibilisierung („Transactional Workflow"),
- besonders gut nachvollziehbar sein sollen, z. B. in dem Sinne, dass die Einhaltung von Richtlinien, wie dem Vier-Augen-Prinzip bei bestimmten Genehmigungsschritten, nachgewiesen werden kann.

In der Praxis zeigt sich, dass sowohl „Mini-Workflows" für eng umrissene kleine Geschäftsprozesse bzw. Teile von größeren Geschäftsprozessen eingesetzt werden als auch Workflows mit einer Vielzahl von Schritten.

12.6   Prozesse als Komposition in unterschiedlichen Kontexten

Geschäftsprozesse können wir als eine Form der *Komposition* von Methoden von Geschäftsobjekten oder Diensten sehen. Über viele Anwendungsprogramme könnte man dasselbe sagen. Die Frage ist, wo die Grenze zwischen einem Geschäftsprozess und einem Anwendungsprogramm liegt. Im Folgenden sehen wir uns das Spektrum der Kompositionsmöglichkeiten an:

- *Bildwechsel:* Prinzipiell ließe sich ein Anwendungsprogramm mit mehreren Bildwechseln, evtl. Absprüngen zu anderen Anwendungsprogrammen, als ein Mikrogeschäftsprozess sehen bzw. abbilden (*Frontend-Prozess* im Gegensatz zu *Backend-Prozessen,* „Page-Flows"; Lessen et al. 2011, S. 53). Die Reihenfolge ließe sich ähnlich wie mit einem Prozesswerkzeug grafisch festlegen. In diese Richtung geht der Ansatz der zusammengesetzten Anwendungen (Composite Applications; Heilig und Karch 2008, S. 260) Somit gibt es zwar Ähnlichkeiten zu Workflow-Systemen, jedoch wird das Definitions- und Laufzeitsystem unterschiedlich ausfallen, z. B. keine Protokollierung von Prozessdaten und Bearbeitungszeiten enthalten. (Warum?)
- *Transaktion:* Mehrere Methoden werden nach dem ACID-Prinzip komponiert. Dies eignet sich für kurzlaufende Programme, evtl. über Systemgrenzen hinweg (Zwei-Phasen-Commit-Protokoll; Tanenbaum und Steen 2007, S. 388), obwohl dies in der Praxis seltener vorkommt.
- *Fachliche Transaktion (Business Transaction)*: Dauern Vorgänge lange, etwa Stunden oder Tage wie bei Geschäftsprozessen, ist die Abbildung als ACID-Transaktion nicht sinnvoll. Eine schwächere Stufe bietet die fachliche Transaktion, wo kein Roll-back beim Scheitern möglich ist, sondern als Ersatz Kompensationsoperationen zur Verfügung gestellt werden müssen. Dieses Thema ist in der Forschung umfangreich behandelt, in der Praxis jedoch nicht derart (Alonso et al. 2004, S. 272). Fachliche Transaktionen finden sich auch in BPMN und BPEL.
- *Orchestrierung von Methoden und Diensten:* Die Orchestrierung von Dienstoperationen in einem BPEL-Prozess lässt sich in vielen Fällen (wenn wenig mit Ereignissen bzw. Nachrichten gearbeitet wird) als Programm auffassen. In ähnlicher Weise haben wir in Kap. 4 die Orchestrierung von Methoden gesehen: die Transformationsprozesse bei Pentaho (Abschn. 4.2.6.3) und MapReduce-Pipelines und -Prozesse bei Big-Data-Anwendungen (Abschn. 4.4.3.1).
- *Innerbetrieblicher Prozess mit Bearbeiterwechseln:* Dieser Fall lässt sich nicht gut als ein Programm abbilden, da bei jenem Bearbeiterwechsel nicht vorgesehen sind.
- *Zwischenbetrieblicher Prozess mit Nachrichtenflüssen:* Über den vorigen Fall hinaus sind die Nachrichtenflüsse zu berücksichtigen.

12.7 Querbezüge von Workflow zu weiteren Konzepten

Wir sind am Ende des zweiten Teils angelangt. Workflow-Management kommt einem Wunsch der Wirtschaftsinformatik sehr nahe: einer möglichst weitgehenden Automatisierung von Geschäftsprozessen. (Was bedeutet hier „möglichst"? Wie ließe sich die Grenze überschreiten?) Bei diesem Thema laufen alle in den bisherigen Kapiteln behandelten Aspekte zusammen, einschließlich jene von Teil I. Wir lassen sie Revue passieren und stellen die Anknüpfungspunkte zu Workflow und Prozesssteuerung her:

- *Operative Systeme:* Dort haben wir die Konzepte Geschäftsdaten, -objekte und -prozesse kennengelernt, welche ebenso für analytische Systeme Bestand haben. Workflows sind unter Workflow-Steuerung betriebene Geschäftsprozesse. Sie verwenden in den Aktivitäten Methoden von Geschäftsobjekten; zur Steuerung des Kontrollflusses werden deren Attribute herangezogen. Es sind gerade die operativen, immer gleichartig ablaufenden Geschäftsprozesse, die besonders für Workflow-Management geeignet sind.
- *Analytische Systeme:* Auswertungen von Prozessdaten, etwa Durchlaufzeiten, sind möglich. Ein fortgeschrittener Ansatz ist die Erkennung impliziter Prozesse durch Data Mining, welche zur stärkeren Automatisierung und Kontrolle in explizite überführt werden könnten (Process Mining, s. van der Aalst 2011). Mit Planungsfunktionalität wäre eine optimierte Steuerung der Ressourcen theoretisch möglich:
  - *Menschliche Bearbeiter:* Zum Beispiel könnten von den für eine Aufgabe passenden die am wenigsten belasteten Bearbeiter zugeteilt werden. „Passen" bedeutet in dem Zusammenhang, dass sie zumindest grundsätzlich die Aufgabe ausführen können. Es kann aber auch der Kontext einfließen, z. B. dass ein Bearbeiter der übliche Ansprechpartner für einen bestimmten Kunden ist oder dass er Erfahrung in der Disposition einer bestimmten Warengruppe hat (Abhängigkeit von Laufzeitdaten, hier vom bearbeiteten Geschäftsobjekt).
  - *Rechner:* Die Verteilung von Hintergrundaktivitäten auf Rechenressourcen lässt sich optimieren, wie beim Cloud-Computing (Abschn. 6.1).
  - *Geschäftspartner:* Die geeigneten Geschäftspartner, z. B. ein Lieferant für eine Bestellung, können ermittelt werden. In die Auswahlentscheidung können die Konditionen, die Sicherheit oder der Gedanke der Diversifikation (Risikosenkung) einfließen.
- *Integration über die Benutzeroberfläche:* Hier ist ein umfassender Eingangskorb in einem Portal zu nennen, der Workitems, aber auch sonstige Aufgaben und Informationen wie E-Mails enthält. Die Ausführung der Workitems erscheint in der Weboberfläche des Portals; für den Bearbeiter kann somit verborgen bleiben, in welchem System sie tatsächlich stattfindet.

- *Integration mittels Datenaustausch:* Daten werden bei der zwischenbetrieblichen Geschäftsprozessintegration in Form von Nachrichten ausgetauscht. Die Reihenfolge der Nachrichten ist per Choreografie festgelegt, schon bei EDI, als der Name noch nicht gebräuchlich war.
- *Integration mittels Funktionsaufruf:* Der Prozess orchestriert eine Reihe von Funktionsaufrufen, z. B. Webservices.

Weiter oben haben wir eine etwas vereinfachte Beziehung zwischen Geschäftsobjekten und Geschäftsprozessen hergestellt. Im Detail ergibt sich ein vielgestaltigeres Bild. Beziehen wir dazu auch Daten ein:

a) Daten

Im Workflow sind die in erster Linie bearbeiteten Daten die Geschäftsdaten bzw. die entsprechenden Geschäftsobjekte. Sie werden üblicherweise über eine (Objekt-)Referenz angesprochen. Prinzipiell könnten sie allerdings auch als Kopie, d. h. als Abzug eines Geschäftsobjektes (Abschn. 3.4.1), als Teil der Workflow-Daten gespeichert sein. In dem Fall könnten sie nach ihrer Bearbeitung wieder als geändertes Geschäftsobjekt eingebucht werden, was aber eher selten angewendet wird, etwa bei Formulardaten als Vorstufe zu einem Geschäftsobjekt.

Neben den Geschäftsdaten gibt es in Workflows Daten, die nur für die Steuerung des Kontrollflusses eingesetzt werden, in Alonso et al. (2004, S. 264) „control flow data", im Gegensatz zu „application-specific data", genannt. Es sind zum Beispiel „Flags" oder Bearbeiter einzelner Schritte, die für Folgeschritte verfügbar gemacht werden. Sie speichern einen inhaltlichen Prozesszustand (im Gegensatz zum technischen Prozesszustand, wie „laufend" oder „wartend") und hängen daher von der Prozessdefinition ab.

b) Methoden

Methoden im weiteren Sinne kommen an verschiedenen Stellen unterhalb des Kontrollflusses des Prozesses vor. Mit „im weiteren Sinne" ist gemeint, dass die Methoden nicht wie die bisher betrachteten immer einem naheliegenden Geschäftsobjekt (wie Lieferant oder Bestellung) zugeordnet werden können, sondern manchmal höchstens einem technischen Objekt, z. B. einem Prozessobjekt. Die Methoden unterscheiden sich teilweise in der Art der Eingabe, mehr noch jedoch im Zweck und entsprechend in der Art der Ausgabe. Sehen wir uns die Arten an.

1. Aktivitätsimplementierung
   Diese Methodenart ist uns bereits vertraut. Die Eingabe ist meist ein Geschäftsobjekt, weitere Parameter, auch andere Objekte könnten im Einzelfall dazukommen. Die Ausgabe ist entweder nicht an der Schnittstelle sichtbar, wenn die Daten direkt in die Datenbank geschrieben werden, oder besteht aus Rückgabewerten, z. B. dem Entscheidungsergebnis bei einer Prüfmethode oder einem erzeugten Objekt bei einer „anlegen-Methode".

2. Nachricht senden

Dies lässt sich oft wie ein impliziter, asynchroner Aufruf einer Methode sehen (Kap. 11).

3. Bearbeiterfindung

Die Bearbeiterfindung hängt in manchen Fällen nur von einem Geschäftsobjekt ab, z. B. dem Verantwortlichen für ein bestimmtes Material, dem Personalsachbearbeiter für Mitarbeiter mit einem bestimmten Anfangsbuchstaben des Namens oder dem Vorgesetzten eines Mitarbeiters. Dann lässt sich ein Bearbeiter als Attribut des Geschäftsobjekts betrachten. Es können jedoch weitere Parameter nötig sein, sodass die Bearbeiterfindung als Methode realisiert wird. Oder die Parameter sind derart, dass eine Zuordnung zu einem bestimmten Geschäftsobjekt nicht naheliegend ist und die Bearbeiterfindung eher als Funktion abgebildet wird. Das Ergebnis ist in jedem Fall eine Menge (Liste) von Bearbeitern, evtl. die leere Menge, wenn kein Bearbeiter identifiziert werden kann. Die Ermittlung kann beliebig aufwendig sein, vom Nachsehen in einer Tabelle bis zum Traversieren des Organisationsmodells.

4. Bedingung

Formal gehen in eine Bedingung mehrere Daten ein, Geschäftsobjekte oder andere (s. oben), das Ergebnis ist einer der Werte „wahr" oder „falsch". In der Regel werden Bedingungen durch Ausdrücke formuliert, z. B. `Banf.Zustand='A'` („angenommen"). Bei komplexeren Bedingungen (Geschäftsregeln) lässt sich die Bedingungsauswertung tatsächlich als Methode bzw. Funktion sehen.

5. Prozessinterne Operation

Dies sind Operationen wie Wertzuweisungen zu Prozessdaten oder Prozesskontrolloperationen, z. B. Beenden einer Aktivität oder des gesamten Prozesses. Sie lassen sich als Methoden eines Prozessobjektes sehen, prozessabhängige wie im ersten Fall (z. B. ein Freigabeflag in den Prozessdaten speichern) oder generische (z. B. den Prozesszustand setzen) wie im zweiten.

c) Ereignisse

Neben den bekannten Ereignissen von Geschäftsobjekten kann auch das Eintreffen einer Nachricht oder das Erreichen eines Termins bzw. das Verstreichen einer gewissen Zeit als ein Ereignis betrachtet werden.

12.8   Beispiele

12.8.1 SAP Business Workflow

SAP Business Workflow ist das etablierte Workflow-System in SAP-Anwendungssystemen (Gatling et al. 2009). Es ist vor allem für systemlokale Geschäftsprozesse gedacht, wobei die Aktivitätsimplementierungen zumindest überwiegend SAP-Anwendungen sind. Prozessdefinitionen sind blockbasiert. SAP Business Workflow entspricht den vorgestellten Konzepten, einige Besonderheiten sind aber zu nennen.

- Integration mit dem Organisationsmanagement: Als abstrakte Bearbeiter dienen sog. *Organisationsobjekte*. Dies sind Objekte des Organisationsmanagements, nicht im objektorientierten Sinne, insbesondere Organisationseinheiten, die Abteilungen, Projektgruppen und Unternehmensbereiche abbilden, Planstellen, Stellen, Personen (Mitarbeiter) und Benutzer (Abb. 12.3). Eine Aufgabe, die der „Abteilung Entwicklung" zugeordnet ist, gelangt dort an die Benutzer Boss, Winzig, Wickel und Wellhof, eine Aufgabe an die Planstelle „Architekt" gelangt zu Winzig.
- Ereignisse aus Anwendungen: Eine Vielzahl von Anwendungen löst Ereignisse aus, welche z. B. für den Workflow-Start oder für die Synchronisation in Workflows eingesetzt werden können. Daneben lassen sich eigendefinierte Ereignisse über mehrere Mechanismen per Koppelung (und damit Customizing) erzeugen, ohne die Standardanwendungsprogramme zu modifizieren.

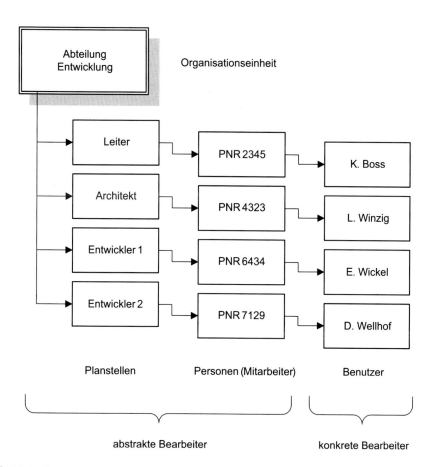

Abb. 12.3 Zuordnung über das Organisationsmanagement

- **Anpassungskonzept:** Es sind verschiedene Stellen für unternehmensspezifische Anpassungen vorgesehen, sodass der Standard nicht modifiziert werden muss (Kap. 14). Z. B. lassen sich Geschäftsobjekte mit dem Konzept der *Delegation* erweitern.

- **Aufgabenschicht:** Methoden von Geschäftsobjekten werden nicht direkt in Prozessen aufgerufen, vielmehr gibt es als Zwischenschicht sogenannte *Aufgaben.* Eine Aufgabe fasst als wiederverwendbare Einheit eine Geschäftsobjektmethode, Beschreibungstexte, statische Bearbeiterzuordnungen und Weiteres zusammen.

- Ausgelieferte *Workflow-Szenarien:* SAP Business Workflow ist Teil von mehreren SAP-Systemen. Damit können Unternehmen, die Anwendungssysteme wie SAP S/4HANA, SAP ERP oder SAP CRM einsetzen, eigene Workflows erstellen. Darüber hinaus beinhaltet jedes Anwendungssystem bereits Workflow-Szenarien, die wie die Anwendungsprogramme nach Customizing vom Unternehmen genutzt werden können. Ein Workflow-Szenario besteht aus einer oder mehreren Prozessdefinitionen (*Workflow-Muster* genannt), den in den Aktivitäten verwendeten Aufgaben sowie den dort referenzierten Klassen bzw. Objekttypen von Geschäftsobjekten. Die Workflow-Szenarien können 1:1 übernommen werden oder als Vorlage für eigene Workflows dienen, indem sie kopiert werden und in den Kopien z. B. weitere Schritte eingefügt oder für das Unternehmen überflüssige Schritte entfernt werden.

12.8.2 Workflow-Funktionalität in Vtiger CRM

Im System Vtiger CRM (Abschn. 3.7.3) sind einige vordefinierte Workflows enthalten (Saledif 2014, S. 345 ff.). Es lassen sich aber auch neue Workflows definieren. Workflows stehen in enger Beziehung zu den Datenbankfeldern der Geschäftsdaten (in Vtiger CRM „Module" genannt).

Ein Workflow wird durch ein „Ereignis" gestartet. Dies kann ein Zeitereignis sein, z. B. täglich oder an einem bestimmten Tag im Monat oder ein Ereignis aus der Anwendung, z. B. jedes Speichern eines Datensatzes des Moduls oder bei jeder Veränderung eines Datensatzes des Moduls. Es lässt sich über den Feldern des Datensatzes sowie den Feldern referenzierter Stammdaten wie „Person" oder „Organisation" eine Bedingung formulieren, ob der Workflow tatsächlich gestartet werden soll. In der Bedingung sind Vergleiche wie „ist gleich", „enthält", „wurde geändert zu ..." möglich. Und schließlich wird bestimmt, welche Funktion ausgeführt wird, etwa eine E-Mail zu senden oder einem bestimmten Mitarbeiter ein „Todo" zuzuordnen.

12.8.3 BPEL

Hierbei handelt es sich nicht um Beispiel für ein konkretes Workflow- bzw. Prozessmanagementsystem, sondern um eine Notation, welche in verschiedenen Systemen implementiert wurde. Also eine weitere Notation neben BPMN, die bereits in Abschn. 3.5 behandelt wurde, oder den *ereignisgesteuerten Prozessketten,* die insbesondere im Wirtschaftsinformatikstudium oftmals verwendet werden (Scheer 1997).

Die *Business Process Execution Language (BPEL)* ist ein Standard, welcher auf Webservices aufbaut und deren Komposition zum Ziel hat (van Lessen et al. 2011). BPEL definiert eine Programmiersprache, kodiert in XML, wo als elementare Anweisungen insbesondere Webservices aufgerufen werden können (Orchestrierung von Webservices). BPEL kann auch für die Choreografie derartiger Prozesse eingesetzt werden: Abstrakte Modelle werden formuliert, welche als Protokolle für zwischenbetriebliche Prozesse dienen, aber unternehmensinterne Prozessschritte aussparen (van Lessen et al. 2011, S. 54). Die Sprache ist hybrid, in dem Sinne, dass sie blockbasierte Sprachkonstrukte enthält, aber ebenso graphbasierte, die zudem gemischt werden können. BPEL ist für den Spezialfall von Geschäftsprozessen gedacht, welche

- nur aus Hintergrundschritten bestehen und
- die Hintergrundschritte durch Webservices implementiert sind.

Variablen sind in BPEL Bestandteil der Sprache. Die Aktivitäten können auf globale Variablen zugreifen (impliziter Datenfluss). Tab. 12.1 zeigt einige BPEL-Sprachkonstrukte.

Tab. 12.1 Einige BPEL-Sprachkonstrukte

Sprachkonstrukt	Bedeutung
Receive	Auf eine Nachricht warten
Pick	Auf eine von mehreren möglichen Nachrichten oder auf ein Zeitereignis warten
Reply	Nachricht senden
Invoke	Webservice aufrufen
Sequence	Sequenz
If	Verzweigung
Flow	Parallelität
While, repeatUntil, forEach	Schleife
FaultHandlers	Fehlerbehandlung
Compensate	Kompensation
Wait	Wartezeit
Exit	Prozessinstanz explizit beenden
Link	Für graphbasierte Modellierung

Ein BPEL-Programm besteht aus mehreren Dateien: BPEL für die Prozessdefinition, WSDL für die aufgerufenen und angebotenen Webservices (ein BPEL-Prozess bietet selbst eine Webservice-Schnittstelle), XSD (XML Schema) für Datentypen, welche in WSDL und BPEL verwendet wird. Üblicherweise werden diese Dateien jedoch nicht mit einem Texteditor erstellt, sondern in einer Entwicklungsumgebung (Modellierungswerkzeug), die den Aufwand der XML- und Webservice-Behandlung abnimmt.

Durch die alleinige Verwendung von Standards könnte ein BPEL-Prozess direkt auf verschiedenen BPEL-Laufzeitumgebungen laufen. Solche Laufzeit- aber auch Entwicklungsumgebungen sind z. B. jBPM5 (jBPM5 2011), IBM WebSphere BPM Suite oder Oracle BPEL Process Manager (Lessen et al. 2011, S. 199 ff.).

12.9   Übungen und Lösungsvorschläge

a) Übungen

Aufgabe 12.1 (Vergleich mit einer Programmiersprache)
Worin entdecken Sie Unterschiede zwischen einer Prozessdefinition für ein Workflow-System und einem Programm in einer üblichen Programmiersprache?

Aufgabe 12.2 (Prozessdefinition für ein Beispiel)
Was müssen Sie tun, um die Prozessdefinitionen der Aufgabe 3.4 in Kap. 3 in einem Workflow-System nutzen zu können?

Aufgabe 12.3 (Workflow-Definition in SAP Business Workflow)
Diese Aufgabe erfordert den Zugriff auf SAP S/HANA oder SAP ERP.

Ähnlich wie man Programmieren am besten lernt, indem man es praktisch in einer Programmiersprache tut, lernt man Workflow-Management am besten anhand eines Workflow-Systems kennen. Da der aktive Umgang mit einem Workflow-System wie SAP Business Workflow eine wesentlich größere Einarbeitungszeit erforderte als durch das Studium dieses Buches möglich, wollen wir wenigstens „passiv" einen existierenden Workflow ansehen.

Betrachten Sie also im Workflow-Builder (Transaktion SWDD) den Workflow WS20000001 („Lieferantendaten freigeben") an. Durch Doppelklick auf die Schritte können Sie sich die Details ansehen, z. B. für den Schritt „Allgemeine Lieferantendaten prüfen" sehen Sie den Verweis auf die entsprechende Standardaufgabe TS20000002. Mit einem Doppelklick auf diese Standardaufgabe sehen Sie die Details davon, u. a. die verwendete Objektmethode als Aktivitätsimplementierung.

b) Lösungsvorschläge für die Übungen

Aufgabe 12.1 (Vergleich mit einer Programmiersprache)

- Granularität: Auf tiefster Ebene nicht Wertzuweisungen an Variablen, sondern Methodenaufrufe, welche selbst nicht mehr Teil der „Sprache" sind („Zwei-Ebenen-Programmierung").
- Laufzeit: Beim Programm bis zu Millisekunden üblich, evtl. Sekunden oder Stunden für Hintergrundprozesse. Beim Prozess oft in der Größenordnung Tage bis Wochen.
- Persistenter Programmzustand: Ein Prozess „überlebt" auch einen Systemabsturz. Zudem ist der Prozess nicht fortwährend aktiv, oft entstehen vielmehr lange Wartephasen, bis Aktivitäten ausgeführt werden und der Prozess weitergeschaltet werden kann.
- Bislang wird meist keine standardisierte Notation verwendet. Das mag sich mit BPMN ändern.
- Häufig Verwendung von parallelen Abschnitten und Ereignissen.
- Grafische Notation bei Prozessen üblich, bei Programmiersprachen kaum.
- Umfang: Selbst umfangreiche Prozesse kommen nicht in die Größenordnung üblicher betriebswirtschaftlicher Programme (gemessen an der Anzahl der Programmzeilen).

Aufgabe 12.2 (Prozessdefinition für ein Beispiel)
Alle Teile – Kontrollfluss, Datenfluss, Bearbeiterzuordnung – müssen formal gefasst werden, in der „Sprache" des jeweiligen Workflow-Systems.

Aufgabe 12.3 (Workflow-Definition in SAP Business Workflow)
Die Aufgabenbeschreibung sollte bereits hinreichend ausführlich sein. Für weitere Details findet sich eine Beschreibung dieses Workflow-Szenarios in Rickayzen et al. (2002, S. 519 ff.).

Literatur

a) Weiterführende Literatur

Das folgende Buch behandelt BPMN und beschreibt auch gut die Einbettung von Prozessdefinitionen für Workflow-Systeme in einer Methodik des Geschäftsprozessmanagements- Es enthält viele Tipps und Einschätzungen aus Praxissicht. In dem Sinne bildet es eine Brücke zwischen einer betriebswirtschaftlichen, fachlichen Behandlung von Prozessmanagement, wie heute in der Wirtschaftsinformatik verbreitet, und unserem eher technischen Fokus.
Freund, J., Rücker, B.: Praxishandbuch BPMN 2.0, 6. Aufl. Hanser, München (2019)

b) Weitere zitierte Literatur

Alonso, G., Casati, F., Kuno, H., Machiraju, V.: Web services. Springer, Berlin (2004)

van der Aalst, W.: Process mining. Springer, Berlin (2011)

Dadam, P., Reichert, M., Rinderle-Ma, S.: Prozessmanagementsysteme: Nur ein wenig Flexibilität wird nicht reichen. Informatik-Spektrum **34**(4), 364–376 (2011)

Havey, M.: Essential business process modeling. O'Reilly Media, Sebastopol (2005)

Heilig, L., Karch, S.: SAP netweaver, 2. Aufl. Galileo Press, Bonn (2008)

jBPM5: http://www.jboss.org/jbpm (2011). Zugegriffen: 28. Sept. 2011

van Lessen, T., Lübke, D., Nitzsche, J. Geschäftsprozesse automatisieren mit BPEL. dpunkt, Heidelberg (2011)

Mertens, P., Hofmann, J.: Aktionsorientierte Datenverarbeitung. Informatik-Spektrum **9**(6), 323–333 (1986)

Rickayzen, A., Dart, J., Brennecke, C., Schneider, M.: Workflow-Management mit SAP, 1. Aufl. Galileo Press, Bonn (2002)

Saledif, T.: vtiger 6.0 kompakt. Brain Media (2014)

Scheer, A.-W.: Wirtschaftsinformatik – Referenzmodelle für industrielle Geschäftsprozesse, 7. Aufl. Springer, Berlin (1997)

Tanenbaum, A., van Steen, M.: Verteilte systeme, 2. Aufl. Pearson Studium, München (2007)

Weske, M.: Business process management. Springer, Berlin (2007)

Teil III

Betrieb

Überblick über Teil III

13

> Irgend etwas geht seinen Gang.
> *Endspiel*
> *Samuel Beckett*

Zusammenfassung

Wir sehen uns den Lebenszyklus eines Anwendungssystems im Unternehmen an. In den Folgekapiteln vertiefen wir zwei der enthaltenen Phasen: die Anpassung von Standardsoftware und die Administration eines Anwendungssystems. Gemäß der Perspektive des Buches, nämlich der eines Unternehmens, welches ein Anwendungssystem einsetzt, beginnt unser Lebenszyklus nach der „Geburt", d. h. der Entwicklung und Auslieferung des Anwendungssystems durch den Softwareanbieter. Die Entwicklung des Anwendungssystems ist somit nicht im Fokus, einige Aspekte finden sich jedoch im Teil „Eigenentwicklung" des Kapitels über Anpassung.

Lernziel

Einen Überblick über den Lebenszyklus von Anwendungssystemen gewinnen.

Nachdem heute Unternehmen nicht mehr wie früher überwiegend eigenentwickelte Programme einsetzen, sondern Standardsoftware, könnte man den hier vorgestellten Lebenszyklus eines Anwendungssystems als das Phasenmodell des „Software-Engineering der Wirtschaftsinformatik" ansehen: Statt auf Neuentwicklung liegt der Fokus auf

---

Die Quelle zum Kapitelmotto lautet: Beckett S (1974) Endspiel. Suhrkamp Taschenbuch 171, 1. Auflage 1974, Frankfurt a. M., S. 25.

Konfiguration und Anpassung der Software, wobei auch darin Softwareentwicklung im Rahmen von Zusatzentwicklung und Erweiterung ihren Platz hat. Software-Engineering im engeren Sinn spielt dagegen vor allem bei der Individualentwicklung eine Rolle. Hier sind insbesondere agile Methoden zu nennen, wie sie bei der Entwicklung von Microservices zur Anwendung kommen (Abschn. 6.2).

Aus der Sicht eines Unternehmens, welches die Software einsetzt, stellt sich der Lebenszyklus eines Anwendungssystems, allgemeiner einer Systemlandschaft, gemäß Abb. 13.1 dar. Hier berührt die Thematik dieses Buches das Informationsmanagement.

a) Planung

Zunächst sind die Systemlandschaft und die darin enthaltenen Anwendungssysteme zu planen. Typische Fragen sind hierbei:

- Welche Teile der bestehenden Systemlandschaft sollen durch ein oder mehrere neue Anwendungssysteme ersetzt werden? Im Folgenden nehmen wir an, dass es sich nur um eines handelt.
- Welche Anforderungen hinsichtlich Funktionalität und Integrierbarkeit mit der bestehenden Systemlandschaft hat das Anwendungssystem zu erfüllen?

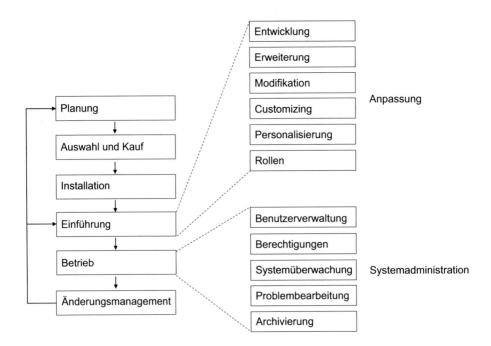

Abb. 13.1 Lebenszyklus

- Wird ein On-Premises-System bevorzugt, ein Cloud-Angebot, oder käme beides infrage?
- In welcher zeitlichen Abfolge sollen Teile der Systemlandschaft ersetzt werden?

b) Auswahl und Kauf

Nach der Planung nimmt das Unternehmen zu den Softwareanbietern Kontakt auf und prüft, welche Anwendungssysteme die Anforderungen am besten erfüllen. Dabei spielen auch finanzielle und strategische Fragen eine Rolle. Die Überlegungen gelten gleichermaßen für den Kauf (Softwarelizenzen, on-premises) wie das Mieten (Cloud).

- Es kann sein, dass ein teures Produkt die Anforderungen besser erfüllt, wegen des großen Preisunterschieds greift man aber lieber zum hinsichtlich der Funktionalität zweitbesten Produkt.
- Unter der berechtigten Erwartung, dass sich Produkte desselben Softwareanbieters leichter miteinander integrieren lassen, kann die Unternehmensstrategie sein, sich auf nur wenige Anbieter zu konzentrieren und möglichst diese zu wählen. Nach der Strategie *Best of Suite* wird der Anbieter ausgewählt, dessen Produkte insgesamt im Zusammenwirken für das Unternehmen am besten geeignet sind, selbst wenn andere Anbieter bei einzelnen Produkten vorteilhafter sind. Bei *Best of Breed* wird für jede Komponente das beste Produkt ausgesucht.
- Nicht nur die Kosten für den/die Softwarekauf/-miete sind zu berücksichtigen, sondern die für den ganzen Lebenszyklus. Dies sind insbesondere die Einführungskosten, bestimmt durch die Anpassung des Systems an die Unternehmensbedürfnisse. Daneben eine Vielzahl von Kosten, wie für Personal, Wartung, Energie und Kühlung der Hardware (im Fall von On-Premises-Systemen). Man nennt diese Gesamtkosten im Jargon *Total Cost of Ownership (TCO)*.
- Berücksichtigt werden sollte auch das Projektrisiko: Wird das System bei anderen hinsichtlich Größe und Branche ähnlichen Unternehmen bereits eingesetzt, und was sind Erfahrungswerte hinsichtlich der Kosten?

Mit einem Kauf der Software sind einmalige *Lizenzkosten* verbunden. Dafür gibt es verschiedene Preismodelle. Ein gängiges basiert auf der Anzahl der Benutzer, welche das System verwenden *(Named Users)*. Bei diesem Modell kommt es tatsächlich auf die Anzahl der Personen an, nicht auf die Anzahl der Benutzerkennungen. So könnte eine Person mehrere Benutzer für Testzwecke haben. Preisunterschiede kann es für verschiedene Benutzerkategorien geben (z. B. Entwickler oder Sachbearbeiter). Ein anderes Modell bezieht sich auf die Anzahl der Benutzer, welche gleichzeitig im System arbeiten können *(Concurrent Users)*. Schließlich sind auch lastabhängige Preise möglich, etwa nach der Anzahl der Personalstammsätze oder nach dem Bewegungsdatenaufkommen (Lehmann und Buxmann 2009). Ähnliche Ansätze gelten für Cloud-Produkte (Abschn. 6.1). Daneben fallen nach einem Kauf regelmäßige *Wartungskosten* an, die an den Softwareanbieter zu bezahlen sind. Sie liegen oftmals pro Jahr in der Größenordnung von 20 % der Lizenzkosten.

c) Installation

Die Installation eines großen Anwendungssystems ist oftmals nicht so problemlos wie die Installation eines kleinen PC-Programms. Insbesondere liegen Installationsmenge und -dauer Größenordnungen darüber.

d) Einführung

Es schließt sich der aufwendigste Teil an: die Einführung der Software im Unternehmen, organisiert in einem *Einführungsprojekt*. Wir konzentrieren uns auf drei Aktivitäten:

- Anpassung,
- Altdatenübernahme und
- Integration.

e) Anpassung

Wir gehen davon aus, dass es sich bei dem Anwendungssystem um Standardsoftware handelt. Entsprechend nimmt die Anpassung einen großen Raum ein. Sie kann Monate bis Jahre dauern, je nachdem, wie weit die Funktionalität der Standardsoftware und die Unternehmensanforderungen auseinanderliegen. Dies ist das Thema von Kap. 14. In Abschn. 6.1 haben wir gesehen, dass bei Cloud-Nutzung oftmals eingeschränktere Anpassungsmöglichkeiten existieren, selbst wenn es sich um die „gleiche" Software handelt.

f) Altdatenübernahme

Der Anlass für ein neues Anwendungssystem ist selten die Firmengründung, vielmehr wird es meist ein Vorgängersystem ablösen. Zumindest Teile der vorhandenen Daten müssen daher im neuen System übernommen werden. Zu überlegen ist, welche Stammdaten und insbesondere welche Bewegungsdaten zu migrieren sind, z. B. nur die Salden, die Einzelposten oder auch ausgeglichene Posten (Willinger und Gradl 2007, S. 26). Dabei wird klar, dass die Altdatenübernahme nicht eine rein technische Angelegenheit ist, sondern betriebswirtschaftliche Überlegungen einschließt, z. B. buchhalterische bei offenen Posten hinsichtlich der Gegenbuchung (Willinger und Gradl 2007, S. 29 ff.) oder die Frage der Reihenfolge der Datenübernahme, z. B. Stamm- vor Bewegungsdaten, Bestellungen vor Wareneingangsbuchungen (Willinger und Gradl 2007, S. 42).

Die Altdatenübernahme, auch *Datenmigration* genannt, ist ein spezieller Aspekt der Integration über Datenaustausch, die prinzipiellen Techniken kommen zum Einsatz (Kap. 10). Traditionell wird die Altdatenübernahme von Programmierern durchgeführt, was ein Engpass bei einem Einführungsprojekt sein kann, denn Programmierer werden übergreifend für verschiedene Aufgaben und Funktionsbereiche benötigt. Doch haben sich spezialisierte Werkzeuge gebildet, welche insbesondere Techniken aufgreifen, die

Programmierung vermeiden bzw. nur an wenigen Stellen erforderlich machen, sodass die Aufgabe teilweise auch von anderen Mitarbeitern übernommen werden kann.

g) Integration

Integration umfasst die vielfältigen Konfigurations- und Entwicklungstätigkeiten, die für die Einrichtung einer Systemlandschaft erforderlich sind und die wir in den Kapiteln über Integration kennengelernt haben. Kommt Standardsoftware aus der Hand eines Softwareanbieters zum Einsatz, sind viele Integrationsmöglichkeiten bereits im Customizing der zu integrierenden Systeme vorgesehen. In manchen Fällen ist jedoch Entwicklungsaufwand nötig.

h) In Betrieb nehmen

Nach Anpassung, Tests und Schulung der Anwender kann die Software in Betrieb genommen werden, man nennt dies *Go live*. Im laufenden Betrieb gibt es weitere administrative Tätigkeiten, insbesondere:

- *Benutzerverwaltung:* Im Anwendungssystem müssen Benutzer angelegt werden, welche die passenden Berechtigungen benötigen.
- *Systemüberwachung:* Das System muss überwacht werden, denn die Leistung kann nachlassen und Systemteile können ausfallen.
- *Problembearbeitung:* Im laufenden Betrieb können sich Probleme ergeben, welche sich nicht durch die Systemkonfiguration lösen lassen, sondern Softwarefehler als Ursache haben. Die Hauptaufgabe ist hierbei dafür zu sorgen, dass die Software-korrekturen ins System gelangen.

(Gibt es hier einen Unterschied zwischen Cloud- und On-Premises-Systemen?)

i) Änderungsmanagement

Im Laufe der Zeit können sich auf Unternehmensseite zusätzliche Anforderungen an die Software ergeben, die zu berücksichtigen sind. Im IT-Jargon wird dieses Änderungs-management auch *Change Management* genannt. Oft lässt es sich durch weitere Anpassungen, inklusive Erweiterungen, erledigen.

Auch der Übergang zu einer neuen Version der Software ist möglich, *Releasewechsel* oder *Upgrade* genannt – eine Rückkopplung zur Phase „Planung". Ein Releasewechsel ist besonders sinnvoll, wenn die neue Version benötigte Funktionalität bietet, vielleicht auch solche, die manche Eigenentwicklung nun überflüssig macht (Rückführung in den Standard). Ebenso kann ein Wechsel zu einer qualitativ besseren, stabileren Version hilf-reich sein. Gerade neu erstellte Software („First Customer Shipment") hat Kinderkrank-heiten, welche in späteren Versionen hoffentlich behoben sind. Der Aufwand für einen Releasewechsel ist nicht zu unterschätzen, gerade wenn das System Modifikationen ent-hält. (Gibt es hier einen Unterschied zwischen Cloud- und On-Premises-Systemen?)

Zum Leidwesen mancher Unternehmen ist ein Releasewechsel auch aus organisatorischen Gründen erforderlich, selbst wenn die neue Version für das Unternehmen keinen zusätzlichen größeren Nutzen bringt, nämlich dann, wenn die Wartungsphase für eine Softwareversion abläuft. Zumindest kann die Wartung durch den Softwareanbieter oder ein dafür spezialisiertes Unternehmen teurer werden. Ein weiterer Grund kann sein, dass der Softwareanbieter möglichst viele Unternehmen auf die neue Version bringen möchte, um seinen Wartungsaufwand zu verringern oder die Verkaufszahlen für die neue Version zu verbessern, und den Wechsel daher schmackhaft macht. (Was könnte das Motiv hierfür sein?)

Der Zeitraum der Aktualisierung von Anwendungssystemen kann unterschiedlich groß sein: Große Zeiträume, um nach einem „Big Bang" (Einführung eines neuen Systems oder ein Versionswechsel) einen großen Schritt zurückzulegen. Oder ein iteratives Vorgehen in kleineren Schritten, z. B. in Continuous-Integration-Szenarien, wobei auch agile Methoden der Softwareentwicklung eingesetzt werden. Hier können Interessen der Entwickler (neue Funktionalität frühmöglich bereitstellen) und des IT-Betriebs (stabiles System, niedriges Ausfallrisiko – auf die Spitze getrieben im Spruch „never change a running system") – entgegenstehen. Mit der Vorgehensweise *DevOps* („Development and Operations") soll Software kontinuierlich bereitgestellt werden (Continuous Delivery), indem Entwicklung und IT-Betrieb besonders abgestimmt zusammenarbeiten (Seubert 2018, S. 24). Auch Kombinationen können sinnvoll sein, etwa agile Methoden für einen innovativen Bereich, Stabilität dagegen bei Kernanwendungen (Seubert 2018, S. 27).

Eine ausführliche Schilderung des Releasewechsels am Beispiel Microsoft Dynamics NAV (Abschn. 3.7.2) findet sich in Hesseler und Görtz (2008, S. 365 ff.).

Literatur

Hesseler, M., Görtz, M.: Basiswissen ERP-Systeme, 1. korrigierter Nachdruck. W3 L, Herdecke, Witten (2008)
Lehmann, S., Buxmann, P.: Preisstrategien von Software-Anbietern. Wirtschaftsinformatik, 51(6), 519–529 (2009)
Seubert, H.: SAP® Cloud Platform. Rheinwerk, Bonn (2018)
Willinger, M., Gradl, J.: Datenmigration in SAP, 2. Aufl. Galileo Press, Bonn (2007)

Anpassung von Standardsoftware

14

> Zweimal abgeschnitten und immer noch zu kurz, sagte der
> Schneider.
> *Sprichwort*

Zusammenfassung

Wir sehen uns die verschiedenen Möglichkeiten an, Standardsoftware an ein Unternehmen oder auch nur an die Bedürfnisse einzelner Benutzer oder Benutzergruppen anzupassen. Dabei unterscheiden wir zwischen Anpassung durch Konfiguration, worunter das Customizing, die Personalisierung und die Verwendung von Rollen zählen, und Anpassung durch Entwicklung, nämlich Eigenentwicklung in einem Unternehmen, kundenspezifische Erweiterung und Modifikation der Standardsoftware.

Lernziel

Die verschiedenen Anpassungsmöglichkeiten betrieblicher Standardsoftware kennenlernen.

14.1 Einführung von Standardsoftware

Ist eine betriebliche Standardsoftware gekauft und installiert, steht sie noch nicht unmittelbar zur Nutzung bereit. Sie muss erst an die Unternehmensbedürfnisse angepasst werden. Dies ist Teil der *Einführung* bzw. *Implementierung* (englisch: *Implementation*) der Standardsoftware. Diese Verwendung des Begriffs „Implementierung" in der Wirtschaftsinformatik ist

© Springer-Verlag GmbH Deutschland, ein Teil von Springer Nature 2021
R. Weber, *Betriebliche Anwendungssysteme,*
https://doi.org/10.1007/978-3-662-63185-0_14

vom gleichlautenden Begriff in der Informatik zu unterscheiden, dort die Realisierung eines Konzeptes oder einer Spezifikation durch Softwareentwicklung. Der organisatorische Rahmen ist das *Einführungsprojekt*, von dem einige Aktivitäten in den Folgeabschnitten dargestellt sind. Manche der Aktivitäten, z. B. die Eigenentwicklung, werden nicht in jedem Einführungsprojekt auftreten. Immer erforderlich ist dagegen das Customizing (Parametrisierung), die unternehmensspezifische Anpassung im engeren Sinne durch Konfigurationseinstellungen. Ein Einführungsprojekt ist wegen seiner Größe im Allgemeinen in Teilprojekte untergliedert. Bei einem ERP-System könnte dies zum Beispiel nach Funktionsbereichen (Rechnungswesen, Lagerverwaltung, Produktion, Personalwesen) geschehen. Im Einführungsprojekt arbeiten verschiedene Personen:

- IT-Mitarbeiter des Unternehmens: Schließlich müssen diese dafür sorgen, dass das Anwendungssystem ordnungsgemäß läuft, und sie haben die IT-Expertise.
- Mitarbeiter aus den Fachabteilungen des Unternehmens: Sie bringen das Anwendungs-Know-how mit, insbesondere das unternehmensspezifische. Einige von ihnen werden nur zeitweise im Projekt eingesetzt sein, da sie zusätzlich ihrem „Tagesgeschäft" nachgehen müssen.
- Berater: Sie kommen entweder aus dem Beratungsbereich des Softwareanbieters oder – häufiger – von größeren oder kleineren Beratungsunternehmen, oftmals spezialisiert auf einen Teil der Produkte eines Softwareanbieters. Insofern handelt es sich dabei weniger um Unternehmensberater („Strategieberatung"), vielmehr sind solide Kenntnisse der Anwendungen und Technologie der einzuführenden Standardsoftware gefragt, wünschenswerterweise außerdem Erfahrung in der Einführung der Standardsoftware in anderen Unternehmen.

Für die Einführung gibt es verschiedene Strategien:

- *Big-Bang:* Die Einführung geschieht in einem großen Schritt.
- *Anwendungsweise Einführung:* Die Software wird in mehreren kleineren Schritten nach Anwendungsbereichen eingeführt, z. B. zuerst das Rechnungswesen, dann die Lagerverwaltung, Einkauf und Vertrieb, schließlich das Personalwesen. (Was passiert mit den noch nicht eingeführten Bereichen?)

Ein Konzern, der in mehreren Ländern tätig ist, kann die Einführung in beiden Fällen nach den Standorten bzw. Ländern organisieren *(länderweise Einführung)*. Auf diese Weise wird das Risiko auf jeweils eine Landesgesellschaft begrenzt, Erfahrung kann für folgende Länder verwendet werden.

Für unseren Zweck, die Darstellung von Anwendungssystemen, mögen diese einordnenden Worte zur Systemeinführung genügen. Eine detailliertere Darstellung findet sich z. B. in Gadatsch (2020).

14.2 Anpassungsarten

Hier gewinnen wir einen Überblick über die Anpassungsmöglichkeiten, in den Folge-abschnitten werden sie vertieft. Es gibt zwei Kategorien: Konfiguration und Ent-wicklung.

a) Konfiguration

Die Einstellungen werden in Benutzeroberflächen gepflegt. Tab. 14.1 zeigt die Konfigurationsmöglichkeiten:

System- und mandantenweite Einstellungen des Customizings betreffen die Weise, wie die Standardsoftware wirkt, z. B. welche Konten gebucht werden können. Bei den Einstellungen für Benutzer oder Benutzergruppen dagegen wird nur festgelegt, welche Funktionen ein Benutzer sieht und ausführen darf, zudem wie er sie sieht.

Das Rollenkonzept haben wir in Kap. 9 kennengelernt. Dadurch bekommen Gruppen von Benutzern Einstellungen zugewiesen, die nur für diese gelten. Benutzer können verschiedene Rollen einnehmen, damit implizit verschiedenen, sich nicht gegenseitig ausschließenden Benutzergruppen zugeordnet sein. Verwandt mit den Rollen sind Berechtigungsprofile.

b) Entwicklung

Dies ist Anpassung der Standardsoftware durch Programmierung. Sie wirkt stets auf das gesamte Anwendungssystem, d. h. auf alle Mandanten und alle Benutzer. Zur Ent-wicklung zählen:

- *Eigenentwicklung:* Entwicklung zusätzlicher Programme, neben der Standardsoft-ware,
- *Erweiterung:* Ergänzung des Quellcodes der Standardsoftware an dafür vorgesehenen Stellen und
- *Modifikation:* Ändern des Quellcodes der Standardsoftware an beliebigen Stellen. (In welchen Fällen ist dies möglich?)

Tab. 14.1 Konfigurationsmöglichkeiten

	Wirkung	Inhalt	Durchführung
Customizing	Mandant, System (selten); alle Benutzer	Betriebliche Funktionen	Fachkräfte (Berater, Organisatoren, …)
Rolle	Benutzergruppe	Benutzeroberfläche, Zugriffsberechtigungen	Administratoren, Organisatoren
Personalisierung	Benutzer	Benutzeroberfläche	Benutzer für sich selbst

Im Folgenden sehen wir uns die verschiedenen Anpassungsarten im Detail an. Wir starten bei den Anpassungsarten mittels Konfiguration und gehen dann zu jenen mittels Entwicklung.

14.3 Customizing

Das Customizing[1] ist auf jeden Fall bei der Einführung eines Anwendungssystems durchzuführen. Hierzu sind keine Programmierkenntnisse erforderlich, vielmehr werden die Einstellungen über die Benutzeroberfläche vorgenommen. Es ist verwandt mit den „Optionen", die wir z. B. von Textverarbeitungsprogrammen kennen. Von der Benutzeroberfläche her ist das Customizing ähnlich, nur liegen die Einstellungsmöglichkeiten bei betrieblicher Standardsoftware in einer anderen Größenordnung. Zudem erfordert das Customizing sowohl Kenntnisse über die Standardsoftware als auch über die Geschäftsprozesse des Unternehmens. Viele Einstellungen sind später nicht mehr oder nur noch schwer änderbar. Die Customizing-Einstellungen betreffen das Unternehmen als Ganzes, also nicht nur einzelne Benutzer wie bei der Personalisierung. Wie Stamm- und Bewegungsdaten sind die Customizing-Einstellungen in der Datenbank des Anwendungssystems abgelegt.

Einige Arten von Customizing-Einstellungen:

- Die Organisationsstruktur des Unternehmens und Einstellungen dafür, z. B. Einkaufs- organisationen und Werke.
- Steuernde Parameter, die Einfluss darauf haben, welche Funktionen auswählbar sind. Zum Beispiel legt die Materialart u. a. fest, ob ein Material im Unternehmen bestellt werden darf.
- Feldeinstellungen für die Benutzeroberfläche: Für einige Anwendungen lässt sich einstellen, welche Felder aus einer vorgegebenen Menge in einem Anwendungs- programm für Benutzer erscheinen sollen. Genauer gesagt lässt sich sogar einstellen, ob Feldinhalte nur angezeigt oder auch geändert werden können, ob sie überhaupt sichtbar sind, ob es sich im Unternehmen um eine Musseingabe handelt.

Einige Beispiele sehen wir uns in Aufgabe 14.1 an.

Die Grenze zwischen Customizing und Stammdatenpflege ist, bedingt durch die Natur von Customizing-Daten, teilweise fließend.

---

[1] Wir verwenden den Begriff „Customizing" hier in einem engen Sinne. Er wird teilweise auch weiter ausgelegt, nämlich als jegliche Anpassung an die Unternehmensbedürfnisse, auch durch Programmierung.

Wird eine Funktion erst zu einem späteren Zeitpunkt eingeführt, muss deren Customizing nachgeholt werden. Auch wenn auf eine neue Version der Standardsoftware umgestiegen wird, kann Customizing-Aufwand anfallen: Beim *Delta-Customizing* sind es neue Customizing-Aktivitäten für Zusatzfunktionalität der neuen Version. Beim *Upgrade-Customizing* sind es abgewandelte oder erweiterte Customizing-Aktivitäten, damit die alte Funktion nach dem Upgrade weiterhin problemlos läuft (Föse et al. 2008, S. 249).

14.4 Personalisierung

Bei der Personalisierung trifft der Benutzer meist „harmlose", aber nützliche Einstellungen, die seine Arbeitsweise unterstützen (Benutzeroberfläche) und nur für ihn gelten. Typische Fälle sind:

- Datendarstellung: Wir haben gesehen, dass betriebswirtschaftliche Daten durch einen eindeutigen Identifikator bestimmt werden, daneben gibt es eine sprachabhängige Bezeichnung. Ein Benutzer kann an manchen Stellen einstellen, ob nur die Bezeichnung, der Identifikator oder beide angezeigt werden. Ein anderes Beispiel ist das Datumsformat, das vom Kulturkreis abhängt. In diesem Sinne kann man es auch als einen Aspekt der Internationalisierung auffassen. Z. B. ist der erste April 2021 in Deutschland 01.04.2021, in den USA 04/01/2021.
- Vorschlagswerte für bestimmte Felder: Für einen Benutzer können Vorschlagswerte für bestimmte Felder automatisch in die Bildschirmmasken eingetragen werden. Bestellt ein Einkäufer z. B. immer für das Werk 1000, so kann diese 1000 in alle Felder „Werk" gesetzt werden. Bei Bedarf überschreibt es der Benutzer. Die Personalisierung dient hier als Datenerfassungshilfe.
- Layout-Eigenschaften: Dies betrifft zum Beispiel die Schriftgröße – einfachere Lesbarkeit gegenüber mehr Information pro Fläche.
- Benutzerspezifisches Menü und Favoriten: Neben dem Standardmenü, welches durch die Vielfalt der Funktionen manche Benutzer eher überfordert, lässt sich ein benutzerspezifisches Menü konfigurieren, welches nur die für den Benutzer wichtigen Funktionen enthält. Es wird vor allem auf der Ebene von Benutzergruppen bzw. Rollen eingesetzt (Kap. 15). In ähnlicher Weise sind vom Benutzer selbst definierte Favoriten möglich, d. h. ein kleines Menü mit vom Benutzer besonders häufig gewählten Funktionen.

14.5 Rollen

Rollen hatten wir bereits in Kap. 9 kennengelernt, dort in systemübergreifender Weise. Doch auch in einem einzelnen System sind Rollendefinitionen möglich. Das Konzept ist identisch. Wir kommen auf Rollen noch einmal im Zusammenhang mit Berechtigungen in Kap. 15 zu sprechen.

14.6   Drei-Systeme-Landschaft

Wir kommen nun zur Anpassung mittels Softwareentwicklung, wofür es wieder verschiedene Formen gibt. Für alle Formen ist die Drei-Systeme-Landschaft üblich.

Entwickelt ein Unternehmen betriebswirtschaftliche Software, auch für den Eigengebrauch, wird es das sinnvollerweise nicht in dem System tun, in dem das Tagesgeschäft abläuft. Die Gründe sehen wird uns in Aufgabe 14.3 an. Empfehlenswert ist und etabliert hat sich die *Drei-Systeme-Landschaft* (Abb. 14.1).

Die Entwicklung findet im *Entwicklungssystem*, auch *Integrationssystem* genannt (Föse et al. 2008, S. 184), statt.

Nach Entwicklertests werden in sich abgeschlossene Entwicklungen in ein *Testsystem*, auch *Qualitätssicherungssystem* oder *Konsolidierungssystem* genannt, übertragen und dort getestet. Die Tester sollten nicht mit den Entwicklern identisch sein. Entdeckte Fehler werden im Entwicklungssystem korrigiert, es wird erneut übertragen und nachgetestet. Für einen realistischen Test ist es wichtig, dass die Testdaten den Produktivdaten in Struktur, Qualität und Menge entsprechen. Da es meist aufwendig und nicht einfach ist, künstliche Testdaten zu generieren, werden oftmals Produktivdaten verwendet. Je nach Anwendung kann dies problematisch sein (z. B. Personalwesen, Gehaltsdaten), sodass auf anonymisierte Produktivdaten ausgewichen wird. In der Praxis gibt es hierbei oftmals Tücken im Detail.

Sind die Tests hinreichend erfolgreich gelaufen, werden die Entwicklungsobjekte ins *Produktivsystem*, auch *Belieferungssystem* genannt (Föse et al. 2008, S. 184), übertragen und laufen dort (hoffentlich) gut.

Setzt ein Unternehmen mehrere Anwendungssysteme ein (Systemlandschaft) und führt an ihnen womöglich gleichzeitig Entwicklungen durch, sieht die Drei-Systeme-Landschaft komplexer aus. Zu beachten ist, dass darin ein Testsystem auch dann zur Verfügung stehen muss, wenn für dieses System keine Eigenentwicklung ansteht, sondern nur die Integration getestet werden soll; schließlich soll im Test der Produktivbetrieb nicht gestört werden, insbesondere nicht auf Produktivdaten zugegriffen werden.

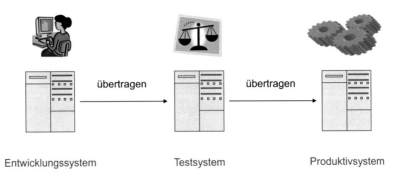

Entwicklungssystem   übertragen   Testsystem   übertragen   Produktivsystem

Abb. 14.1 Drei-Systeme-Landschaft

Neben den erwähnten Systemen kann es Schulungs- und Demosysteme geben.

14.7 Eigenentwicklung

Unter unternehmensspezifischer *Eigenentwicklung* verstehen wir, ergänzende, unternehmensindividuelle Software zu erstellen, welche für das Unternehmen nötig erscheint, aber die Standardsoftware nicht oder nicht in der gewünschten Form bietet. Die Anbieter von Standardsoftware bieten dafür oftmals Entwicklungswerkzeuge. Als „Software" ist nicht nur Programmquellcode gemeint. Sie umfasst allgemeiner *Entwicklungsobjekte,* hier nicht im objektorientierten Sinne zu verstehen. Einige Beispiele umreißen das Spektrum von Entwicklungsobjekten:

- Anwendungsprogramme mit Benutzeroberfläche,
- objektorientierte Klassen,
- Datenbanktabellen,
- Datentypen eines Data-Dictionary,
- Webservices oder
- Workflows.

In manchen Fällen wird eine Eigenentwicklung in einer späteren Version der Standardsoftware überflüssig, da jene die Funktion nunmehr ebenfalls bietet. Im Sinne der Senkung von Wartungskosten (jedes erstellte Stück Software verursacht Wartungsaufwand) mag es dann ratsam erscheinen, auf die neue Standardfunktion zu migrieren.

Selten wird eine Eigenentwicklung völlig unabhängig von der Standardsoftware sein. Vielmehr wird man einzelne Funktionen der Standardsoftware wiederverwenden, meist über den Aufruf einer Programmierschnittstelle. (Beispiel?) Für eine stabile Programmentwicklung sind vom Softwareanbieter freigegebene Schnittstellen wichtig.

Eine Zwischenstufe zwischen Standardsoftware und unternehmensspezifischer Eigenentwicklung sind *Add-ons* und *Projektlösungen.* Es sind Zusatzentwicklungen von Softwarehäusern und Beratungsunternehmen, welche auf der Standardsoftware aufbauen und bekannte Lücken der Standardsoftware füllen. Die Standardsoftware bietet in dem Fall die Funktion gar nicht oder nicht mit dem Komfort des Add-ons an.

14.8 Erweiterung

Hier haben wir den Fall, dass die Standardsoftware eine Funktion zwar anbietet, aber die Funktion soll ein wenig angepasst werden. Am einfachsten ist es für ein Unternehmen, wenn die Anpassung per Customizing erfolgen kann. Dafür muss die Anpassungsmöglichkeit schon inhaltlich vorgedacht und bereitgestellt sein, sodass nur noch eine Auswahl getroffen werden muss. Es gibt jedoch Anwendungen, für die unternehmensspezifische Anpassungswünsche äußerst unterschiedlich sein können, weswegen eine alles umfassende Vorschlagsliste nicht realistisch ist. Allerdings kann zumindest bekannt sein, an welchen Stellen der Anwendung die Anpassung sinnvoll ist, wenngleich deren Inhalt offen ist. Dann lässt sich das Konzept der unternehmensspezifischen *Erweiterung* einsetzen: Es werden *Erweiterungsstellen* angeboten, wo unternehmensspezifischer Programmcode „eingehängt" werden kann. Eine Erweiterungsstelle kann man sich wie ein Loch in der Standardsoftware vorstellen, welche durch eigenen Programmcode gefüllt werden kann. Eine Randbedingung muss allerdings eingehalten werden: Die Schnittstelle (Signatur) des Programms ist vordefiniert. (Warum?) Technisch läuft ein dynamischer Programmaufruf ab – dynamisch in dem Sinne, dass der aktuelle Inhalt der Erweiterungsstelle verwendet wird. Der Anbieter der Standardsoftware macht die Erweiterungsstellen bekannt, inklusive einer Beschreibung ihrer Schnittstellen.

Das Besondere an der Erweiterungsstelle ist, dass sie stabil gegen neue Versionen der Standardsoftware ist. D. h. wenn das Unternehmen auf eine neue Version wechselt, soll die Erweiterung ohne weiteres weiterhin funktionieren.

Eine andere häufig genutzte Erweiterungsmöglichkeit sind *(Datenbank-)Tabellenerweiterungen*. Der Anwendungsfall ist, dass neben den in der Standardsoftware vorhandenen Datenfeldern in einer Datenbanktabelle weitere, unternehmensspezifische genutzt werden sollen. Zu dem Zweck wird für die Datenbanktabelle eine unternehmensspezifische Tabellenerweiterung mit jenen Feldern definiert. Außerdem muss dafür gesorgt werden, dass die Felder gefüllt werden, was meist dadurch geschieht, dass Bildschirmmasken ebenfalls erweitert werden. Die zusätzlichen Felder gelangen zusammen mit den regulären in den erweiterten Datensatz. Dieser wird als Ganzes in die Datenbank geschrieben, d. h. die Verbuchung in der Datenbank wird miterledigt.

14.9 Modifikation

Von *Modifikation* spricht man, wenn das Unternehmen die Standardsoftware an nicht explizit dafür vorgesehenen Stellen ändert. Die unternehmensspezifische Erweiterung und das Customizing bestimmen zwar auch das Verhalten der Standardsoftware, ändern diese jedoch nicht. Modifikation ist in einem Unternehmen nur dann möglich, wenn die Entwicklungsobjekte der Standardsoftware für das Unternehmen verfügbar sind und Entwicklungs-Know-how im Unternehmen besteht. Üblicherweise wird bei einer Modifikation Quellcode geändert, oftmals damit einhergehend auch Bildschirmmasken und Datenbanktabellen. Denkbar sind ebenso Modifikationen ohne Quellcodeänderung, z. B. wenn ein Datenfeld verlängert wird, was Einfluss auf Datentypen, Datenbanktabellen und Bildschirmmasken haben kann, aber nicht notwendigerweise auf den Quellcode. Geschick ist nötig, die Stellen im Quellcode zu finden, die modifiziert werden sollen. Bei der Modifikation bestehen zwei Gefahren:

- Gewährleistung: Der Anbieter der Standardsoftware übernimmt keine Gewähr, dass die modifizierten Stellen korrekt laufen und – wichtiger – nicht als Seiteneffekt das korrekte Verhalten der Standardsoftware an anderer Stelle ändern.
- Stabilität gegen neue Versionen: Wird eine neue Version der Standardsoftware eingespielt, sind die Modifikationen bedroht. In dem Fall muss sorgfältig abgeglichen und getestet werden, ob die Modifikation in der neuen Version weiterhin Bestand hat.

Aus diesen Gründen wird vor Modifikation gewarnt. Man sollte sie höchstens dann einsetzen, wenn andere Anpassungsmethoden nicht angewendet werden können.

14.10 Beispiele

14.10.1 Customizing in SAP-Software

Der *Einführungsleitfaden,* englisch *Implementation Guide* oder kurz *IMG* genannt, beinhaltet den Zugang zu den Customizing-Einstellungen, die in *Customizing-Aktivitäten* durchgeführt werden. Der *SAP-Referenz-IMG* enthält alle Customizing-Aktivitäten, die im SAP-System möglich sind (Transaktion SPRO). Neben dem Zugang zu den Customizing-Aktivitäten bietet die Transaktion SPRO Möglichkeiten zur Projektverwaltung für Customizing-Projekte. Denn typischerweise werden Customizing-Aktivitäten an verschiedene Projektgruppen verteilt.

Die Customizing-Aktivitäten sind in einem Menü hierarchisch nach Anwendungsbereichen organisiert. Direkt neben jeder Customizing-Aktivität findet sich eine Beschreibung (Abb. 14.2). Customizing-Aktivitäten sind als „muss" (keine SAP-Voreinstellung möglich), „kann" (die SAP-Voreinstellung ist zu prüfen) oder „nicht erforderlich" (Standardsystem) klassifiziert. Zudem gibt es eine Festlegung als „kritisch" oder „nicht kritisch" (Föse et al. 2008, S. 248).

Die Eintragungen in die Customizing-Tabellen erfolgen mit weniger oder mehr Prüflogik, insbesondere hinsichtlich anderer Tabellen. Bei Eintragungen mit wenigen Prüfungen werden Customizing-Aktivitäten meist in Form von generierten Dialogprogrammen zur Tabellenpflege durchgeführt, welche teilweise durch manuell erstellte Prüflogik ergänzt sind. Hierbei kann bei Eingabe einer Tabelle oder mehrerer abhängiger (in der Art von Kopf-Positionsstrukturen etwa, technisch ausgedrückt durch Fremdschlüsselbeziehungen) automatisch ein Dialogprogramm erzeugt werden, mit welchem Tabelleneinträge angelegt, geändert, gelöscht oder lediglich angezeigt werden können. Abb. 14.3 zeigt eine Customizing-Aktivität in SAP S/4HANA.

Die Customizing-Tabellen haben unterschiedliche *Auslieferungsklassen,* die für unterschiedliche Kategorien von Customizing-Daten dienen:

- C: Pflege nur durch das Unternehmen (Kunde aus SAP-Sicht), kein SAP-Import; das bedeutet, dass SAP hierfür keine Vorschlagswerte ausliefert. Beispielsweise ist die

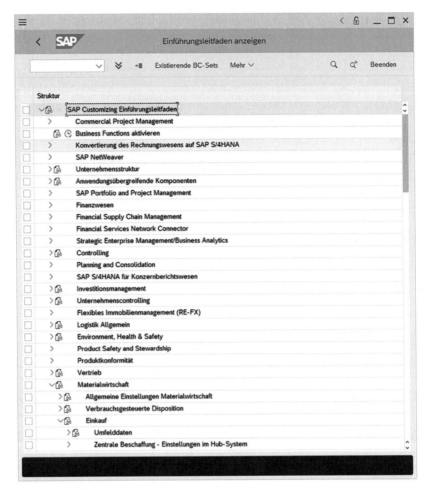

Abb. 14.2   SAP-Referenz-IMG. (© SAP SE)

Unternehmensstruktur unternehmensspezifisch, z. B. welche produzierenden Werke es gibt. Diese Kategorie ist damit eng verwandt mit Stammdaten (Abschn. 3.3.1).

- G: Pflege durch das Unternehmen und SAP, allerdings haben das Unternehmen und SAP getrennte Namensräume. SAP liefert also Vorschläge aus. In neuen Softwareversionen kann sich diese Vorschlagsliste ändern. Sinnvoll ist es meist nur, diese zu ergänzen, da das Unternehmen Vorschlagswerte in früheren Versionen genutzt haben kann. Das Unternehmen kann eigene Werte eintragen, welche wegen der getrennten Namensräume nicht durch neue SAP-Vorschlagswerte überschrieben werden. Dabei können technisch gleich behandelte, aber inhaltlich verschiedene Unterfälle auftreten:
  - Die Ergänzung ist die Ausnahme: Währungseinheiten, Länderschlüssel oder Maßeinheiten können in der Regel übernommen werden. Während bei Währungs-

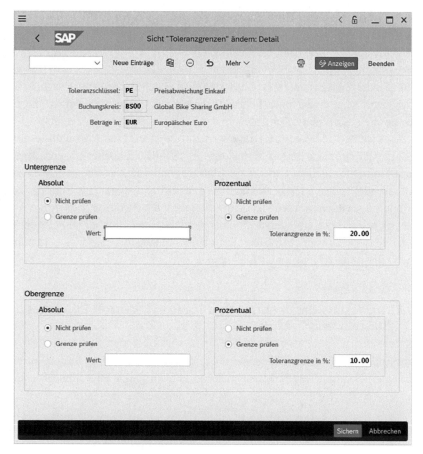

Abb. 14.3   Eine Customizing-Aktivität. (© SAP SE)

einheiten meist keine Ergänzung sinnvoll ist, könnten unternehmens- oder branchenspezifische Maßeinheiten vom Unternehmen ergänzt werden. Somit werden alle oder viele der in der Standardsoftware vordefinierten Werte vom Unternehmen übernommen, wenngleich nicht unbedingt genutzt.

– Die Ergänzung ist die Regel: Hier liefert die Standardsoftware einige Vorschlagwerte, sie können auch übernommen werden. Unternehmensspezifische Ergänzungen sind jedoch häufig. Oftmals basieren sie auf den Vorschlagswerten der Standardsoftware: Diese werden kopiert und an einigen Stellen abgeändert.

Für Datenbanktabellen gibt es neben diesen Auslieferungsklassen, welche für das Customizing gedacht sind, weitere für Stamm- und Bewegungsdaten sowie Systemtabellen, z. B. für Entwicklungsobjekte.

14.10.2 Anpassung der Benutzeroberfläche in Vtiger CRM

Mit der Software „Studio" kann die Benutzeroberfläche in Vtiger CRM (Abschn. 3.7.3) ohne Programmierung in Maßen angepasst werden (Saledif 2014, S. 290 ff.). Hierzu wird ein „Modul" ausgewählt, z. B. Lead, darin ein Block (Rubrik) ausgewählt oder ein neuer angelegt, welcher das neue Feld aufnehmen soll. Schließlich werden die Eigenschaften des Feldes definiert: Der Datentyp des Feldes (z. B. „Text", „Decimal", „Checkbox", „Auswahlliste") und dessen Länge werden festgelegt. Eine Auswahlliste dient als Eingabehilfe für ein Feld. Bereits vorhandene Auswahllisten können angepasst werden, also neue Werte hinzugefügt, vorhandene Einträge umbenannt (wenn nicht vom System selbst verwendet) oder gelöscht werden (Saledif 2014, S. 304). Die Einträge können einer Rolle zugewiesen werden. In dem Fall sehen nur Benutzer, denen diese Rolle zugewiesen wurde oder eine der Rolle übergeordnete, den Eintrag. (Es gibt in Vtiger CRM ein Hierarchiekonzept bei Rollen.) Mit einem Menüeditor lassen sich Menüpunkte abwählen oder weitere Menüpunkte hinzufügen.

14.10.3 Anpassung der Benutzeroberfläche in Microsoft Dynamics 365 Business Central

Ähnliches gilt für Microsoft Dynamics 365 Business Central. Das System verwendet rollenbasierte Clients. Die Benutzeroberflächen können durch Einstellungen angepasst werden, sowohl durch Personalisierung als auch durch „Konfiguration", was in diesem Kontext eine Änderung von Benutzerrollen bedeutet (Gayer et al. 2020, S. 11). Datenfelder, Spalten und Schaltflächen können angeordnet, ein- und ausgeblendet werden. Darüber Hinausgehendes ist nur mittels Programmierung möglich. Mit dem „Rollencenter" steht eine rollenspezifische Startseite zur Verfügung. Hierzu gibt es bereits eine Reihe vorkonfigurierter Rollencenter.

14.10.4 Eigenentwicklung mit ABAP in SAP-Software

Der weit überwiegende Teil der Anwendungssoftware in SAP-Systemen ist in der SAP-eigenen Programmiersprache *ABAP (Advanced Business Application Programming)* geschrieben (Keller und Krüger 2006). Für ABAP bietet SAP eine Entwicklungsumgebung, die *ABAP Workbench,* mittlerweile gibt es alternativ eine Eclipse-basierte, konventionellere Entwicklungsumgebung. ABAP-Programme werden interpretiert, also nicht in Maschinencode kompiliert, und laufen in der ABAP-Laufzeitumgebung, einer virtuellen Maschine. Der offene Quellcode ist Teil eines SAP-Systems (mit Ausnahmen bei einigen Produkten). Unternehmen können ihn also ansehen, sogar verändern (Abschn. 14.8 und 14.9).

ABAP ist eine sehr umfangreiche Sprache mit einer großen Menge von Anweisungen, welche verschiedene Varianten und Zusätze haben können. In anderen Programmiersprachen wird mehr Funktionalität in Softwarebibliotheken verlagert. In die Sprache integriert sind insbesondere SQL-Anweisungen und Funktionen der Transaktionssteuerung.

Die Programme liegen, wie fast alle „Daten" (im weiteren Sinne), in der Datenbank. Ein ABAP-Programmierer hat in der ABAP Workbench dadurch keinen Umgang mit Dateien. Entwicklungsobjekte sind in *Paketen* gruppiert, welche Entwicklungsobjekte aus Komponentensicht zusammenfassen. Z. B. gibt es in SAP ERP Pakete „Einkauf" und „Gemeinkosten-Controlling".

In der Anfangszeit war ABAP nicht objektorientiert (ABAP/4, wobei „4" für „Sprache der vierten Generation" steht). Zur Modularisierung dienten vor allem *Funktionsbausteine,* vergleichbar mit Funktionen in anderen Programmiersprachen. Sie werden auch heute noch für den entfernten Funktionsaufruf eingesetzt. Mittlerweile ist ABAP zur objektorientierten Sprache ausgebaut, daher *ABAP Objects* genannt. Bei den Sprachkonstrukten fällt insbesondere die Verwendung von *internen Tabellen* auf, d. h. im Programm bzw. im Hauptspeicher, nicht in der Datenbank, abgelegten Tabellen. Interne Tabellen werden gerne als Gegenstück und Arbeitsbereich für Datenbanktabellen verwendet: Einzelne Datensätze aus der Datenbank werden in eine interne Tabelle gelesen, dort modifiziert und das Ergebnis wieder in die Datenbanktabellen eingebracht. (Warum?) Datentypen werden häufig nicht lokal in einem Programm definiert, sondern im *ABAP Dictionary,* einer Sammlung von in vielen Programmen nutzbaren Datentypen.

Auch die Technologie zur Gestaltung von Benutzeroberflächen ist teilweise SAP-spezifisch. Die meisten Programme verwenden *Dynpros (dynamische Programme),* die ein seitenorientiertes Interaktionsverhalten bieten. Die neuesten Benutzeroberflächen sind dagegen webbasiert und verwenden die Skriptsprache JavaScript. Das Designprinzip wird SAP Fiori genannt, und zum Einsatz kommt das SAPUI5-Framework (Seubert 2018, S. 254).

Um unternehmensspezifische Eigenentwicklungen von der Standardsoftware zu unterscheiden, werden *Namensräume* verwendet. Hierbei gibt es die Festlegung, dass Entwicklungsobjekte des Unternehmens mit Y oder Z beginnen müssen. Außerdem können Unternehmen bei SAP eigene Namensräume reservieren lassen, der Form /krapp/, wo beispielsweise für das Unternehmen Krapp AG ein Namensraum reserviert wird, die Entwicklungsobjekte beginnen dann mit /krapp/ statt mit Y oder Z. Aufgabe 14.2 geht auf den Nutzen von Namensräumen für Entwicklungspartner und Beratungsunternehmen ein.

14.10.5 Erweiterung in SAP-Software

In SAP-Software sind im Zeitablauf verschiedene Erweiterungskonzepte entstanden: *User-Exit, klassisches BAdI, neues BAdI im Erweiterungsspot.* Sie existieren heute

nebeneinander. In Schwaninger (2010), von dem wir das folgende Beispiel aufgreifen, findet sich neben der umfassenden Behandlung, wie diese Erweiterungen in
der Materialwirtschaft verwendet werden können, auch eine Erklärung der Konzepte.
Welche Erweiterungsmöglichkeiten es gibt, lässt sich im SAP-Einführungsleitfaden, der
Dokumentation oder Fachliteratur über Anwendungen feststellen.

Wir sehen uns die Methodik anhand eines Beispiels an, dem BAdI `ME_POHIST_`
`DISP_CUST`. Es beeinflusst, wie die Bestellentwicklung in Bestellpositionen angezeigt
wird. Die Definition des BAdIs findet sich in SAP ERP in Transaktion `SE18`. Der
wichtigste Teil des BAdI ist eine ABAP-Schnittstelle, hier `if_ex_me_pohist_`
`disp_cust`. Eine ABAP-Schnittstelle beschreibt die Signatur von Klassenbestand-
teilen, insbesondere von Methoden. Sie zeigt also, welche Methoden es gibt, welche
Parameter sie haben und welche deren Typen sind. Daneben gibt es eine Dokumentation
sowie eine Beispielimplementierung, die als Vorlage zur unternehmensspezifischen
Implementierung dienen kann. Der Aufruf des BAdI im SAP-Quellcode geschieht nach
dem folgenden Schema:

```
DATA: l_badi TYPE REF TO ME_POHIST_DISP_CUST.

GET BADI l_badi.
CALL BADI l_badi->if_ex_me_pohist_disp_cust~fieldcat_change ...
```

In der ersten Zeile wird eine Variable für das BAdI deklariert. Sie ist für Methoden-
aufrufe ähnlich einer Objektreferenz verwendbar. In der zweiten Zeile wird die BAdI-
Implementierung ermittelt[2]. In der dritten wird die Methode `fieldcat_change`
(„Feldkatalog ändern") der Schnittstelle `if_ex_me_pohist_disp_cust` der BAdI-
Implementierung aufgerufen. Zur Vereinfachung sind die Parameter nur durch Punkte
angedeutet. Dies ist es, was SAP bereitstellt.

Bei der unternehmensspezifischen BAdI-Implementierung muss nun eine ABAP-
Klasse entwickelt werden, welche diese Schnittstelle implementiert. In Schwaninger
(2010, S. 31) wird für unsere Methode `fieldcat_change` die folgende einfache Beispielimplementierung angegeben:

```
METHOD if_ex_me_pohist_disp_cust~fieldcat_change.
    DELETE ct_fieldcat WHERE fieldname = 'DMBTR' OR
                             fieldname = 'HSWAE' OR
                             fieldname = 'WRBTR' OR
                             fieldname = 'WAERS'.
ENDMETHOD.
```

---

[2]Vereinfachend nehmen wir an, dass es genau eine Implementierung des BAdI gibt. Es sind aber
auch komplexere Fälle abbildbar.

Vom `changing`-Parameter (d. h. ein Parameter, welcher als Ein- und Ausgabe für die Methode dient) `ct_fieldcat`, einer Liste (genauer gesagt: interne Tabelle) von Feldnamen mit Zusatzinformationen („Feldkatalog"), werden einige Einträge gelöscht; diese Felder werden dann nicht in der Bestellentwicklung angezeigt.

Eine BAdI-Implementierung besteht darin, für alle in der Schnittstelle vorgesehenen Methoden eine Implementierung anzugeben. Ist eine der Methoden nicht erheblich, wird die Implementierung leer gelassen. Eine BAdI-Implementierung muss schließlich noch aktiviert, d. h. „scharfgeschaltet" werden, damit sie Wirkung zeigt. Umgekehrt kann sie deaktiviert werden, wenn sie zumindest zeitweise wirkungslos sein soll.

Organisatorisch sind die neuen BAdIs in *Erweiterungsspots* organisiert. Ein Erweiterungsspot gruppiert zusammengehörige BAdIs. Unser BAdI `ME_POHIST_DISP_CUST` befindet sich im Erweiterungsspot `ES_BADI_ME_POHIST`.

Neben diesen „klassischen" Erweiterungen empfiehlt SAP heute auch die „Side-by-Side-Erweiterung" in der SAP Cloud Platform. Die Idee ist hierbei, den „stabilen Kern" (wie das ERP-System) bei Anwendungssystemen unbeeinflusst zu lassen, und Erweiterungen in einem getrennten System, am einfachsten in der Cloud durchzuführen, wo Entwicklungswerkzeuge und Schnittstellen zur Verfügung stehen (Seubert 2018, S. 40). Nach unserer Systematik wäre die „Erweiterungsanwendung" tatsächlich technisch gesehen eine Eigenentwicklung, die nur inhaltlich eine Erweiterung darstellt (Abschn. 14.7).

14.10.6 Erweiterung in Microsoft Dynamics 365 Business Central

Bei Microsoft Dynamics 365 Business Central gibt es, anders als beim Vorgängerprodukt Microsoft Dynamics NAV, ebenfalls ein Erweiterungskonzept (vgl. Demiliani und Tacconi 2018, Kapitel „The new extension model" und „Developing an Extension with AL and Visual Studio Code" für die folgenden Ausführungen). War zuvor Modifikation möglich und üblich, mit den genannten Problemen, insbesondere dem Abgleichaufwand bei einem Versionswechsel, können nun u. a. Tabellen („table object") und Masken („page object") mit den Erweiterungsobjekten table extension object und page extension object angepasst werden, etwa um ein neues Feld in eine Tabelle aufzunehmen und dieses über eine Maske pflegbar zu machen. Eigenschaften von Standardfeldern können dagegen nur in sehr eingeschränkter Weise geändert werden.

Auch neue Entwicklungsobjekte können erstellt werden, neben den genannten natürlich auch Programmcode („code units"). Bei Erweiterungen wird Programmcode über von Microsoft definierte Ereignisse („events") angesprochen.

Es werden die Entwicklungsumgebung Microsoft Studio Code und die Programmiersprache AL verwendet, auch dies im Unterschied zu Vorgängerprodukten.

14.11 Übungen und Lösungsvorschläge

a) Übungen

Aufgabe 14.1 (Customizing)
Diese Übung ist in SAP ERP oder SAP S/4HANA durchzuführen.
Customizing der Materialwirtschaft: Wo wird gesteuert, welche Sichten bei welcher Materialart angelegt werden können? (Tipp: Materialart im Customizing – Transaktion SPRO – ansehen: Diese ist in „Logistik allgemein" bei den Grundeinstellungen des Material-stamms zu finden. Sehen Sie sich zum Beispiel die Einstellungen zu den Materialarten „Rohstoff" und „Fertigerzeugnis" an.)

Aufgabe 14.2 (Namensräume)
Weshalb ist es für Beratungsunternehmen, welche Projektlösungen vermarkten wollen, sinnvoll, sich Namensräume bei SAP zu reservieren?

Aufgabe 14.3 (Drei-Systeme-Landschaft)
Welche Probleme ergeben sich, wenn die unternehmensspezifische Eigenentwicklung im Produktivsystem stattfindet?

Aufgabe 14.4 (Modifikation)
Wir kennen ein Risiko der Modifikation: Als „Nebeneffekt" könnten auch Teile der Standardsoftware unbeabsichtigt beeinflusst werden, sodass eine Standardfunktion nicht mehr ordentlich funktioniert. Nehmen wir an, so ein Effekt tritt auf, und das Unternehmen erstellt eine Problemmeldung an den Softwareanbieter. Mit welchen Mechanismen könnte der Softwareanbieter schnell herausfinden, dass das Problem tatsächlich von einer Modifikation herrührt?

b) Lösungsvorschläge für die Übungen

Aufgabe 14.1 (Customizing)
Sichten zu einer Materialart: Im Customizing: `Logistik allgemein`→`Material-stamm`→`Grundeinstellungen`→`Materialarten`→`Eigenschaften der Materialarten festlegen`. Die „Fachbereiche" entsprechen den Sichten.

Aufgabe 14.2 (Namensräume)
Neue Entwicklungsobjekte können bei Unternehmen nur in den Namensräumen `Y*` und `Z*` oder einem bei SAP reservierten Namensraum angelegt werden. Entwickelt das Beratungsunternehmen eine Software und erstellt dafür einen Transportauftrag (das Mittel, um Software in ein SAP-System einzuspielen), so kann es in Namensräumen `Y*`

und `Z*` bei seinen Kunden zu Namenskollisionen kommen. Beim reservierten Namensraum wird das vermieden.

Aufgabe 14.3 (Drei-Systeme-Landschaft)
- Instabilität, wenn während des Laufs entwickelt wird. Im Extremfall könnten Programme sogar falsche Ergebnisse liefern.
- Leistungseinschränkungen.
- Entwickler haben Zugriff auf eventuell sensible Produktivdaten (z. B. Gehaltsdaten).

Aufgabe 14.4 (Modifikation)
Der Problembearbeiter muss schnell erkennen können, ob die Software modifiziert wurde. Ein theoretischer, aber langsamer Weg ist der Quellcodevergleich. Schneller geht es über die Protokollierung (Verwaltungsinformation der Programme), jedoch ist dazu in beiden Fällen ein Zugriff zur Software des Unternehmens nötig. Eine bessere Möglichkeit ist, die Modifikationen (d. h. die Tatsache, dass das Programm verändert wurde) beim Softwarehersteller zu protokollieren: Registrierte Entwickler des Unternehmens registrieren ihre Änderungen, was beim Softwarehersteller festgehalten wird. Der Problembearbeiter erkennt dann ohne direkten Zugriff auf die Software des Unternehmens, ob diese modifiziert wurde.

Literatur

a) Weiterführende Literatur

Organisatorische Aspekte eines Einführungsprojektes, jedoch weniger technische, werden angesprochen in
Gadatsch, A.: Grundkurs Geschäftsprozessmanagement, 9. Aufl. Springer Vieweg, Wiesbaden (2020)

b) Weitere zitierte Literatur

Demiliani, S., Tacconi, D.: Microsoft dynamics 365 business central development quick start guide. Packt Publishing, Birmingham (2018)
Föse, F., Hagemann, S., Will, L.: SAP NetWeaver AS ABAP – Systemadministration, 3. Aufl. Galileo Press, Bonn (2008)
Gayer, M., Hauptmann, C., Ebert, J.: Microsoft dynamics 365 business central. Hanser, München (2020)
Keller, H., Krüger, S.: ABAP objects, 3. Aufl. Galileo Press, Bonn (2006)
Saledif, T.: vtiger 6.0 kompakt. Brain media, 2014 (2014)
Schwaninger, J.: ABAP – Programmierung für die SAP-Materialwirtschaft – User-Exits und BAdIs. Galileo Press, Bonn (2010)
Seubert, H.: SAP® Cloud Platform. Rheinwerk Publishing, Bonn (2018)

Systemadministration

15

Ich liebe die Ordnung.
Sie ist mein Traum.
Eine Welt, in der alles still und starr wäre
und jedes Ding seinen letzten Platz hätte,
unterm letzten Staub.
Endspiel
Samuel Beckett

Zusammenfassung

In diesem Kapitel wenden wir uns verschiedenen Aufgaben der Administration von Anwendungssystemen zu: der Benutzerverwaltung, dabei insbesondere der Vergabe von Berechtigungen, der Überwachung des laufenden Systembetriebs, der Bearbeitung von Problemen, meist Softwarefehlern, welche sich beim Betrieb zeigen können, und der Datenarchivierung.

Lernziel

Typische Aufgaben der Administration von Anwendungssystemen kennenlernen.

Die Quelle zum Kapitelmotto lautet: Beckett S (1974) Endspiel. Suhrkamp Taschenbuch 171, 1. 1974, Frankfurt a. M., S. 83.

© Springer-Verlag GmbH Deutschland, ein Teil von Springer Nature 2021
R. Weber, *Betriebliche Anwendungssysteme,*
https://doi.org/10.1007/978-3-662-63185-0_15

15.1   Benutzer und Berechtigungen

15.1.1 Benutzerverwaltung

Benutzer sind Stammdaten, die von der Systemadministration verwaltet werden. Sie sind in der Regel Mitarbeiter des Unternehmens, es können aber auch Benutzer für Externe angelegt werden, z. B. für Berater in Entwicklungssystemen. Neben Daten wie Name, Büro- und E-Mail-Adresse sind die Benutzerkennung (oft nur kurz „Benutzer" genannt) und das Kennwort (Passwort) einzutragen. Die schwierigste Aufgabe ist jedoch die Vergabe von Berechtigungen für einen Benutzer, womit wir uns im folgenden Abschnitt beschäftigen werden. Benutzer und Berechtigungen werden zwar zur Laufzeit von Administratoren vergeben, die Ausgestaltung, welche Personen welche Benutzer (damit Systemzugriff) und welche Berechtigungen (Einschränkungen beim Systemzugriff) bekommen, ist jedoch ein Thema der Organisation. Der Einfachheit halber ist es hier in dieses Kapitel eingegliedert.

Hat ein Mitarbeiter Aufgaben in mehreren Systemen einer Systemlandschaft zu erfüllen, benötigt er in jedem einen Benutzer mit den jeweiligen Berechtigungen. Umständlich ist es für ihn, wenn er unterschiedliche Benutzerkennungen und unterschiedliche Kennwörter hat. Unterschiedliche Benutzerkennungen lassen sich organisatorisch vermeiden: In jedem System erhält der Mitarbeiter die gleiche Benutzerkennung und die Pflege kann (zumindest teilweise) an zentraler Stelle erfolgen, z. B. in einem LDAP-Verzeichnis. Mindestens ebenso lästig sind mehrere, parallel zu verwendende Kennwörter. Denn ein Mitarbeiter könnte verschiedene Kennwörter wählen; und selbst wenn er immer dasselbe wählt, könnte eine Richtlinie, die ein Ändern nach einer bestimmten Zeit erfordert, zu zumindest zeitweisen Inkonsistenzen führen: In einem System hat der Mitarbeiter noch ein altes Kennwort, in einem anderen hat er bereits ein neues gewählt. Dieses Problem lässt sich mit der Technik des Single Sign-on lösen, die wir in Kap. 9 kennengelernt haben.

15.1.2 Berechtigungen

Ein Benutzer sollte genau jene Berechtigungen haben, welche er benötigt – nicht zu viele, nicht zu wenige.

- Zu wenige: Er kann Aufgaben nicht ausführen, welche er erfüllen soll.
- Zu viele: Er hat Zugriff auf Aufgaben, welche er nicht ausführen dürfte.

Die Erfahrung zeigt, dass in der Praxis das erste Problem eher selten besteht, häufig dagegen das zweite. Die Gründe sind, dass es mit den in der Praxis üblichen Verfahren der Berechtigungsvergabe oftmals nicht einfach ist, die genau benötigte

Menge an Berechtigungen einzustellen; wir werden uns dies in Kürze genauer ansehen. Zudem sind die Grenzen der Berechtigungen für einen Benutzer teilweise organisatorisch nicht genau definiert.

Sinnvoll ist es, einen neuen Benutzer in zwei organisatorisch getrennten Schritten mit den nötigen Berechtigungen zu versorgen (Föse et al. 2008, S. 326):

1. Der Systemadministrator legt den Benutzer an.
2. Der Berechtigungsadministrator vergibt an diesen die Berechtigungen oder eine Rolle, welche die Berechtigungen beinhaltet (s. u.).

Anders als typischerweise in Büchern über Betriebssysteme geschilderte Berechtigungen, welche Create, Read, Update oder Delete (CRUD) auf eine Ressource gestatten, sind Berechtigungen in betrieblichen Anwendungssystemen in der Regel wesentlich feiner gestaltet. So darf ein Benutzer vielleicht eine Bestellanforderung ändern, d. h. bestimmte Attribute wie die Menge oder das Material, sie aber nicht selbst freigeben, d. h. das Attribut „Status" entsprechend setzen. Letzteres ist ebenfalls eine ändernde Operation, aber eben eine speziellere.

In erster Näherung könnte man eine Berechtigung also an der auszuführenden Methode an einem Geschäftsobjekt festmachen. Auch die Methodenparameter können dabei berücksichtigt werden. Zum Beispiel dürfte ein Benutzer die Methode `freigeben` für die Banf 4711 ausführen. Zur Definitionszeit ist die Banf 4711 natürlich nicht bekannt. Stattdessen wird man Attribute der Banfen zur Berechtigungsdefinition verwenden. Zum Beispiel, die Methode `freigeben` für Banfen bis zu einem Gesamtbetrag (ein Attribut der Banf) von 5000 €. Da ein Attribut eines Geschäftsobjektes A wiederum ein Geschäftsobjekt B sein kann (Abschn. 3.4), könnte auch auf Attribute von B Bezug genommen werden – und dies kann transitiv fortgesetzt werden. Beispielsweise könnte sich die Berechtigung auf Banfen zu Materialen bestimmter Materialgruppen beziehen, z. B. Gefahrgut. Die Materialgruppe wäre ein Attribut des Materials, das Material ist ein Attribut der Banf.

Über diese erste Näherung hinaus sind weitere Abhängigkeiten der Berechtigungen möglich. Zum Beispiel wenn eine Banf nach dem Vier-Augen-Prinzip freigegeben werden soll. Das bedeutet, dass zwei verschiedene Personen eine Banf freigeben müssen, ein Mechanismus, welcher bei heikleren Materialien angewendet werden könnte. Hierbei ist die Historie der Banf wichtig, die sich natürlich ebenfalls als ein Attribut der Banf modellieren ließe. Der Unterschied zum obigen Beispiel ist, dass zum Anlegezeitpunkt der Banf die später benötigte Berechtigung noch nicht vollständig bekannt ist, sondern sich erst im Zeitablauf konkretisiert. Ein anderes (in dem Fall etwas künstliches) Beispiel wäre, wenn ein Mitarbeiter eine Banf nur innerhalb einer Woche ändern können dürfte, danach wäre die Änderung nur noch seinem Vorgesetzten gestattet. In Anwendungssystemen werden solche Abhängigkeiten meist weniger durch Berechtigungen (im engeren Sinne) als durch Anwendungslogik, Geschäftsprozessdefinition oder Geschäftsregeln festgelegt.

15.1.3 Rollen

Eine Tücke bei der Zuordnung von Berechtigungen ist, dass der Administrator wissen muss, für welche Funktion welche Berechtigungen erforderlich sind. Dies sieht man aber der Funktion nicht unbedingt unmittelbar an, vielmehr finden sich Berechtigungsprüfungen insbesondere im Anwendungscode. Die Information, welche Berechtigungen eine Funktion erfordert, muss daher der Softwareanbieter hinterlegen. Sie wird bei der *rollenbasierten* Zuordnung ausgewertet, wo für einen Benutzer lediglich festgelegt wird, welche Funktionen er ausführen soll. Auf diese Weise kann die entsprechende Menge der Berechtigungen berechnet und dem Benutzer zugeordnet werden. Beispielrollen zur unmittelbaren Verwendung oder als Kopiervorlage sind oftmals Teil der Standardsoftware (Abschn. 6.3). Rollen können auch bei der Konfiguration eingesetzt werden (Abschn. 14.5).

15.1.4 Beispiele: Berechtigungen in SAP-Software, Vtiger CRM und Pentaho

15.1.4.1 Das Berechtigungskonzept in SAP-Software

In SAP-Software bekommen Benutzer *Berechtigungen* zugeteilt (Abb. 15.1). Eine Berechtigung bezieht sich auf ein sog. *Berechtigungsobjekt* (nicht im objektorientierten Sinne zu verstehen). Ein Berechtigungsobjekt lässt sich als der Typ einer Datenstruktur mit mehreren Feldern sehen. Eine Berechtigung wäre dann eine Instanz zum Berechtigungsobjekt, d. h. für jedes Feld wird ein Wert angegeben. Der Benutzer KRAPP habe unter anderen zum Berechtigungsobjekt M_BEST_BSA („Belegart in Bestellung") eine Berechtigung YM_BEST_NB mit den Feldwerten:

- BSART („Einkaufsbelegart") = NB („Normalbestellung")
- ACTVT („Aktivität") = *

Für das erste Feld des Berechtigungsobjektes, die Einkaufsbelegart, ist für den Benutzer nur der Wert NB eingetragen. Das zweite Feld, die Aktivität, enthält dagegen eine Wildcard (Platzhalter), „*" steht für alle möglichen Werte. Eine Berechtigung entspricht also meist nicht einer Instanz im Sinne einer Datenstruktur gemäß dem Typ des Berechtigungsobjektes, sondern einer Menge solcher Instanzen. Die Bedeutung der Berechtigung ist daher: Der Benutzer darf alle möglichen Aktivitäten mit Normalbestellungen ausführen. Tatsächlich haben viele Berechtigungsobjekte im SAP-System einen ähnlichen Aufbau: Zunächst einige Felder, welche bestimmte Customizing- (oft Organisationsobjekte) oder Stammdaten angeben, dann das Feld ACTVT, dessen Wertemenge abhängig vom Berechtigungsobjekt ist. Sie ist jeweils eine Teilmenge der Menge aller möglichen Aktivitäten, wie „Erzeugen", „Ändern", „Preisanzeige", bzw., genauer gesagt, eine numerische Repräsentation davon.

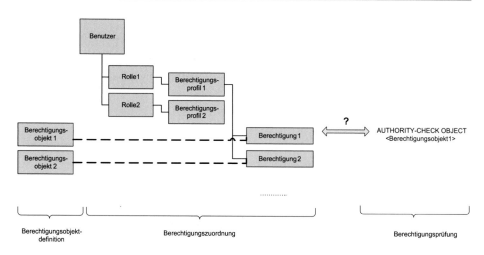

Abb. 15.1 Berechtigungen in SAP-Software

Ob der Benutzer eine passende Berechtigung hat, wird im ABAP-Anwendungsprogramm mit der Anweisung AUTHORITY-CHECK geprüft:

```
...
AUTHORITY-CHECK OBJECT 'M_BEST_BSA'
  ID 'BSART' FIELD lv_bsart
  ID 'ACTVT' FIELD '02'.

IF sy-subrc <> 0.
MESSAGE …
ENDIF.
...
```

Nehmen wir an, der Wert der Variable lv_bsart sei NB und der Benutzer habe die o. g. Berechtigung YM_BEST_NB. Im obigen Teilstück eines ABAP-Programms wird geprüft, ob der Benutzer eine Berechtigung zum Berechtigungsobjekt M_BEST_BSA hat, welche

- für das Feld BSART den in der Variable lv_bsart enthaltenen Wert abdeckt; mit „abdecken" ist gemeint, dass in der Berechtigung der Wert als Einzelwert vorkommt (z. B. NB) oder in einem Intervall enthalten ist, was eher bei Zahlen sinnvoll ist, oder durch eine Wildcard abgedeckt wird (z. B. *); die Berechtigung YM_BEST_NB erfüllt diese Anforderung;
- für das Feld ACTVT den Wert 02 abdeckt; auch dies tut die Berechtigung YM_BEST_NB.

Ist dies nicht der Fall, wird eine Fehlermeldung ausgegeben, sonst – wie mit unserer Berechtigung YM_BEST_NB – mit dem Programm fortgefahren. In der Regel erfolgt danach der Datenzugriff.

Nachdem wir gesehen haben, wie die Berechtigungsprüfung technisch funktioniert, stellt sich die Frage, wie man die Zuteilung von Berechtigungen an Benutzer am besten organisiert. Ein Benutzer benötigt eine Vielzahl von Berechtigungen. Jedem einzelnen jeweils all diese Berechtigungen zuzuordnen, erforderte einen hohen Verwaltungsaufwand, außerdem wäre es unübersichtlich.

Ein geeigneter Weg ist, Berechtigungen zu *Berechtigungsprofilen* zusammenzufassen, und dem Benutzer ein oder mehrere Berechtigungsprofile zuzuordnen. Berechtigungsprofile lassen sich wieder hierarchisch zusammenfassen, man spricht dann von *Sammelprofilen*. Ein *Einzelprofil* enthält dagegen nur Berechtigungen. Sowohl Berechtigungen als auch andere Berechtigungsprofile in ein Sammelprofil aufzunehmen, ist nicht gestattet. Die Zuordnung von Berechtigungsprofilen zu Benutzern geschieht heute üblicherweise indirekt über Rollen (s. unten).

Das beschriebene Berechtigungssystem verwendet eine *positive Berechtigungslogik:* Das bedeutet, dass der Benutzer genau jene Berechtigungen hat, welche in den zugeordneten Berechtigungsprofilen direkt oder indirekt (über die Schachtelung in Sammelprofile) enthalten sind[1]. Man kann nicht explizit ausdrücken, dass ein Benutzer eine bestimmte Berechtigung *nicht* hat. Es geht nur implizit, indem die Berechtigung in den Berechtigungsprofilen nicht auftaucht. Wir sehen in Aufgabe 15.1, dass solche Zuordnungen mühselig sein können.

Eine Rolle im SAP-System kann man sich vereinfacht als eine Menge von Transaktionen vorstellen, zusammen mit einem rollenspezifischen Menü. Für jede Transaktion ist dem Softwareanbieter bekannt, welche Berechtigungen mit welchen Werten geprüft werden – schließlich hat er die Software erstellt und kann dies eruieren. Aus dieser Information und der Menge der Transaktionen wird automatisch ein Berechtigungsprofil generiert, welches dem Benutzer verbunden mit der Rolle zugeordnet wird. In Einzelfällen können manuell gesondert Werte eingetragen werden.

Ein Problem ist dabei noch zu lösen: Berechtigungen können von Organisationsobjekten (auch *Organisationsebenen* genannt; Lehnert und Bonitz 2010, S. 160) abhängen, z. B. der Einkaufsorganisation oder dem Werk. Diese sind unternehmensspezifisch und können daher nur vom Unternehmen gesetzt werden. Solche Organisationsobjekte kann man sich wie „Parameter" einer Rolle vorstellen, die für alle darin enthaltenen Berechtigungen gelten, z. B. könnte die Einkaufsorganisation für alle Berechtigungen auf 1000 gesetzt werden, in denen das Feld „Einkaufsorganisation" erscheint. Man spricht von *Referenzrollen* (d. h. Vorlagerollen), worin die Organisationsobjekte offen sind, und *abgeleiteten Rollen,* die sich nur durch die gesetzten Organisationsobjekte unterscheiden (Lehnert und Bonitz 2010, S. 185).

Dies kann jedoch immer noch aufwendig sein, da die Zahl der möglichen Ableitungen von Rollen abhängig von den Organisationsobjekten exponentiell wächst (Lehnert und

---

[1]Tatsächlich ist dies nicht ohne Ausnahme: Im Personalwesen kann der eigene Benutzer vom Zugriff ausgeschlossen werden (Lehnert und Bonitz 2010, S. 145).

Bonitz 2010, S. 288). Als Mittel dagegen gibt es das Werkzeug *Rollenmanager* und das *Bereichsrollenkonzept.* Die Idee ist, einem Benutzer verschiedene *funktionale Rollen* zuzuordnen, worin die Organisationsobjekte nicht ausgeprägt sind, und dazu *Bereichsrollen* für die Festlegung der Organisationsobjekte. Aus funktionalen und Bereichsrollen ergeben sich *Zuständigkeitsrollen,* welche vom Rollenmanager umgesetzt werden, und diese sind letztlich für den Benutzer erheblich. Auch mehrere funktionale Rollen und Bereichsrollen können zugeordnet werden, um zwischen lesendem und schreibendem Zugriff je nach den Ausprägungen der Organisationsobjekte zu unterscheiden (Lehnert und Bonitz 2010, S. 290 ff.).

Eine Besonderheit in Bezug auf Berechtigungen und Rollen ist das Personalwesen. Zum einen, weil es als Mittel der indirekten Rollen- bzw. Berechtigungszuordnung verwendet werden kann, zum anderen, weil es weitere, spezielle Berechtigungskonzepte gibt.

Zunächst zur indirekten Rollenzuordnung: Statt eine Rolle direkt einem Benutzer zuzuordnen, kann sie z. B. einer Stelle zugeordnet werden. Alle Benutzer, die eine Planstelle haben, die zu jener Stelle korrespondiert, „erben" die Rolle und die Berechtigungen.

Nun zu den speziellen Berechtigungen im Personalwesen (Lehnert und Bonitz 2010, S. 413 ff.): Zusätzlich zum dargestellten Berechtigungskonzept gibt es *strukturelle Berechtigungen.* Sie sind dynamisch in dem Sinne, dass sie zur Laufzeit über das Organisationsmodell ermittelt werden. Genauer gesagt kann ein Startobjekt des Personalwesens (z. B. eine Planstelle) und ein sog. Auswertungsweg angegeben werden, woraus sich zur Laufzeit die Berechtigungen ergeben. Über den Berechtigungshauptschalter kann die strukturelle Berechtigungsprüfung aktiviert werden. Darüber hinaus gibt es *kontextsensitive Berechtigungen,* welche Aspekte des rollenbasierten Konzeptes und der strukturellen Berechtigungen kombinieren.

Wie an vielen Stellen gibt es in Software wie SAP ERP für Rollen Vorschläge, die *Template-Rollen* (Lehnert und Bonitz 2010, S. 626).

15.1.4.2 Das Berechtigungskonzept in Vtiger CRM

Im Berechtigungskonzept (vgl. Saledif 2014, S. 257 ff. für diese Ausführungen) von Vtiger CRM; vgl. Abschn. 3.7.3) kann einem Benutzer genau eine *Rolle* zugeordnet werden, welcher wiederum ein oder mehrere *Profile* zugeordnet werden. Das Profil enthält schließlich *Privilegien,* was dem entspricht, was wir bisher Berechtigungen nannten. Es gibt mehrere Typen von Privilegien, und in ihrem Verbund wird das Zugriffsverhalten geregelt. Es gibt *Modulprivilegien* (ein „Modul" entspricht dem, was hier im Buch „Geschäftsdatum" genannt wird); sie regeln, ob die Daten des Moduls angesehen, angelegt, bearbeitet oder gelöscht werden dürfen. Mit *Feldprivilegien* wird festgelegt, ob ein Feld gelesen, geschrieben (inkl. gelesen) werden darf, oder ob es für den Benutzer unsichtbar sein soll. Und schließlich gibt es *Funktionsprivilegien,* etwa ob die Funktion „Lead konvertieren" gestattet ist. Eine interessante Eigenschaft des Konzeptes, anders als beim Berechtigungskonzept von SAP (Abschn. 15.1.4.1), ist, dass eine hinzugenommene Berechtigung auch bereits gewährte Möglichkeiten einschränken kann (also kein „positives" Berechtigungskonzept (Saledif 2014, S. 278)): Bei einem Profil kann pauschal in einem Kontrollkästchen „View All" oder „Edit All" ausgewählt werden, was sich auf alle Module bezieht. Zusätzlich lässt sich aber mittels der Einstellung „Copy privileges from" ein anderes Profil angegeben, welches z. B. das Ansehen von Verkaufs-potenzialen ausschließt. Die vorherige Einstellung „View All" wird also dadurch ein-geschränkt.

Im Berechtigungskonzept von Vtiger CRM sind noch einige andere Möglichkeiten vorgesehen. Erwähnt seien lediglich noch „benutzerdefinierte Regeln" (Saledif 2014, S. 288 f.). Damit lässt sich festlegen, wie andere Benutzer auf Daten eines Eigentümers zugreifen können. Z. B. ließe sich eine benutzerdefinierte Regel für Leads angeben: Bei „Leads von" wird der Eigentümer der Leads eingetragen, bei „kann zugegriffen werden von" lässt sich z. B. eine Benutzergruppe eintragen, und in einem weiteren Feld wird festgelegt, dass diese Gruppe lesen und bearbeiten darf.

15.1.4.3 Das Berechtigungskonzept in Pentaho

Das analytische System Pentaho wurde in Abschn. 4.2.6.3 angesprochen. Ergänzend sei Information über den Zugriffschutz auf Datenwürfel genannt. Pentaho-Benutzer verwenden Rollen, in denen der Zugriffschutz auf unterschiedlichen Stufen gestaltet ist. So kann der Zugriff auf bestimmte Datenwürfel gestattet werden. Dieser muss allerdings nicht vollständig sein, sondern kann auf gewisse Dimensionen eingeschränkt werden und innerhalb einer Dimension bei einer Dimensionshierarchie auf bestimmte Merkmale. Ähnlich wie bei Vtiger CRM können Ausnahmen definiert werden: Gewährt man zunächst den Zugriff auf ein Merkmal einer Hierarchiestufe und schließt dann ein bestimmtes auf der darunter liegenden Hierarchiestufe aus, so sind alle anderen der darunter liegenden Hierarchiestufe weiterhin zugreifbar (Müller und Keller 2015, S. 212).

15.2 Systemüberwachung

Der laufende Betrieb eines Anwendungssystems muss hinsichtlich Leistung und Fehlern überwacht werden. Hierfür gibt es Werkzeuge, welche auch einen Durchgriff auf die Administrationsdaten der Systeminfrastruktur gewährt. Prinzipielle Anzeigemöglich-keiten sind:

- gegenwärtiger Zustand von Systemkomponenten, z. B. Prozesse, Speicherverbrauch,
- Aktionen oder Zustände in der Vergangenheit, aufgezeichnet in Protokollen (Logs) und
- Reaktion auf bewertete Systemzustände „kritisch", „bedenklich" und „in Ordnung" (Ampelmechanismus).

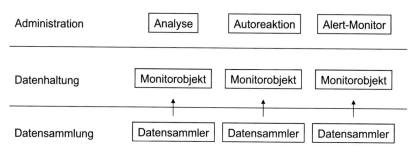

Abb. 15.2 Monitoring

15.2.1 Beispiel: Systemüberwachung in SAP-Software

Neben einer Server- und Prozesssicht sowie einer Benutzersicht gibt es diverse Protokolle: Systemlog, Laufzeitfehler, Trace-Dateien, Sperreinträge (Föse et al. 2008, S. 365 ff.). Im Folgenden sehen wir uns beispielhaft zwei Überwachungsfunktionen an, nämlich das Monitoring (Abb. 15.2) und das Datenbankmanagement in ABAP-basierten Systemen.

Beim *Monitoring und Alert-Management* (Föse et al. 2008, S. 442 ff.) stellt der Systemadministrator Schwellwerte für gewisse Systemteilzustände ein, die Über- oder Unterschreitung und Normalfälle werden dann in Form einer Ampel angezeigt. Es lassen sich außerdem Analyse- und Autoreaktionsmethoden definieren, z. B. eine E-Mail versenden. Zusätzlich zu von SAP ausgelieferten Alert-Monitoren können Unternehmen eigene definieren. Neben Über- oder Unterschreitung gibt es andere Arten von Monitorattributen, wie „Herzschlag" (Alarm bei Ausfall) oder Protokollattribut (Durchsuchen einer Protokolldatei nach einem Muster). Monitorattribute werden zu Monitorobjekten zusammengefasst. Um eine schnelle Übersicht zu gewinnen, werden die Ergebnisse des Monitoring hierarchisch in einem Baum von Monitoring Tree Elements (MTE) angezeigt. Auf der untersten Ebene finden sich die Attribute von Monitor-Objekten. Die schwerwiegendste Ampelfarbe eines untergeordneten MTE bestimmt die des übergeordneten. Das Monitoring einer Systemlandschaft sollte in einem eigenen, zentralen System erfolgen (Föse et al. 2008, S. 466).

Beim *Datenbankmanagement* (Föse et al. 2008, S. 389 ff.) fallen verschiedene Teilaufgaben an, die nicht alle zur Systemüberwachung im engeren Sinne gehören. Neben Datenbanksicherungen, die täglich stattfinden sollten, ist die zumindest kurzzeitige Aufbewahrung der Protokolldaten der Datenänderungen wichtig, damit der aktuelle Datenbankzustand aufbauend auf der letzten Datensicherung nachgestellt werden kann. Insbesondere nach Hardwareausfällen (korrupte Blöcke) sind zumindest die betroffenen Bereiche zu analysieren. Eine zweite Teilaufgabe ist es, den Datenbankfüllungsgrad zu überwachen, bei Bedarf ist die Datenbank zu vergrößern. Eine dritte, die Statistiken für den kostenbasierten Optimierer des Datenbanksystems zur effizienten Ausführung von Datenbankoperationen regelmäßig, z. B. wöchentlich, zu aktualisieren.

Zur Unterstützung der Systemadministration dient das Werkzeug *System-administrations-Assistent* (Föse et al. 2008, S. 403 ff.), worin die wichtigsten oder häufigsten regelmäßig oder sporadisch durchzuführenden Aufgaben erscheinen. Sie lassen sich von dort aufrufen, nach der Ausführung werden sie als erledigt gekennzeichnet, wobei die Aktionen und Zeitstempel sowie die ausführenden Benutzer protokolliert werden.

15.3 Problembearbeitung

Während des laufenden Betriebs werden Probleme auftreten, welche auf Softwarefehler zurückzuführen sind. Sie müssen erkannt werden, Korrekturen sind zu suchen und diese müssen eingespielt werden. Eine übliche Organisation des Problemmanagements („Incident-Bearbeitung") ist wie folgt:

- Im Unternehmen gibt es eine Benutzerbetreuung („Help-Desk"). Entdeckt ein Mitarbeiter ein Problem, wendet er sich in der Regel erst an diese. Es kann sein, dass unerfahrene Mitarbeiter Probleme erleben, die nicht Softwarefehler sondern Bedienungsfehler sind. Die Grenze lässt sich nicht streng ziehen: Ist eine Software schwer zu bedienen, kann ein Mitarbeiter leicht von der vorgesehenen Bedienung abweichen. Liegt der Fehler in der nicht optimalen Ergonomie der Software oder am fehlenden Geschick des Benutzers? Für eine pragmatische Hilfe muss die Benutzerbetreuung entscheiden, ob das Problem durch Beratung (z. B. andere Bedienung oder ein „Work-around") zu lösen ist oder ob einem Softwarefehler nachgegangen werden muss.
- Liegt ein Softwarefehler vor, eruiert die Benutzerbetreuung oder ein anderer Mitarbeiter der IT-Abteilung des Unternehmens, wie er beseitigt werden kann. Typischerweise sucht er nach Lösungsvorschlägen für bereits bekannte Probleme. Der Softwareanbieter bietet dafür Informationsmöglichkeiten.
- Ist keine Lösung bekannt, wird eine Problemmeldung an den Softwareanbieter erfasst. Hierfür gibt es spezielle Systeme, welche die bidirektionale Kommunikation zwischen Unternehmen und Softwareanbieter unterstützen. Unter anderem sieht man darin die gesamte Historie der Problemmeldung, d. h. die Kommunikation zwischen Unternehmen und Softwareanbieter, und das Umsetzen des Bearbeitungsstatus.
- Beim Softwareanbieter wird in einem mehrstufigen Prozess nach einer Lösung gesucht:
  1. Stufe: Hier suchen, ähnlich wie bei der Benutzerbetreuung, Mitarbeiter des Softwareanbieters nach bekannten Lösungen für Probleme.
  2. Stufe: Bei hartnäckigen Problemen kann ein Mitarbeiter der zweiten Stufe eingeschaltet werden. Dieser ist oft für einen Funktionsbereich spezialisiert und

technisch versierter. In vielen Fällen kann er das Problem orten und einen Lösungsvorschlag machen.

3. Stufe: Wird die zweite Stufe nicht fündig, kann ein noch spezialisierterer Mitarbeiter, oftmals der Entwickler der Software, kontaktiert werden.

Wird ein neues Problem gelöst, muss überprüft werden, ob es auch in anderen Softwareversionen auftritt. Für alle betroffenen Softwareversionen werden Lösungsvorschläge erarbeitet. Ein Lösungsvorschlag kann eine Softwarekorrektur („Patch", englisch für „Flicken" oder „Pflaster") sein, eine Beschreibung für eine manuelle Vorgehensweise (z. B. in der Softwarekonfiguration) oder eine Kombination aus beiden.

15.4 Archivierung

Läuft ein System einige Jahre, häufen sich vor allem viele Bewegungsdaten an. Dabei ergibt sich das Problem, dass eine größere Datenbanktabelle eine schlechtere Leistung hat (die Suche dauert länger), zudem fällt mehr Speicheraufwand an (Festplatte, Hauptspeicher, Datensicherung). Viele Daten sind höchstens bei Bedarf noch für eine spätere Nachvollziehbarkeit von Bedeutung, etwa aus gesetzlichen Gründen. Gerade deswegen werden betriebswirtschaftliche Daten üblicherweise nicht gelöscht, sondern archiviert, d. h. aus der Datenbank ausgegliedert und auf ein externes Medium geschrieben. Früher waren dies oft optische Speichersysteme, vor allem weil Magnetplatten teuer waren. Mit den heutigen günstigeren Preisen dieser Speichermedien können auch diese verwendet werden. Rechtlich kann teilweise die Unveränderbarkeit von Daten gefordert sein, in welchen Fällen die Ablage in den Speichermedien WORM (Write Once, Read Multiple), DVD oder CD-ROM erfolgt (Föse et al. 2008, S. 482). Bei der Archivierung ist es wichtig, dass die Daten lange Zeit danach noch gelesen werden können. In diesem Sinne sind dauerhaft verwendbare Formate wichtig.

Der Ablauf der Archivierung ist grundsätzlich: Zu archivierende Daten identifizieren, extrahieren, komprimieren, auf einem externen Speichermedium ablegen, nach erfolgreicher Ablage (d. h. dem Test, ob die Daten lesbar sind) aus der Datenbank löschen.

Standardsoftware ist darauf ausgelegt, dass Archivierung durchgeführt werden kann. Unterschiedliche Anwendungen gehen damit unterschiedlich um. Es kann sein, dass archivierte Daten nur mit einem speziellen Archiv-Viewer angesehen werden können. Bei anderen archivierten Daten kann es sein, dass diese im Anwendungssystem wie operative Daten angezeigt werden können, nur durch den etwas größeren Zeitverzug mag der Anwender merken, dass es sich um archivierte Daten handelt.

Der Begriff Archivierung wird auch für eine zweite Funktion verwendet: das Ablegen von gescannten Papierdokumenten in einem Speichersystem (Archivsystem, Dokumentenverwaltungssystem, Content-Management-System). Dabei werden die Dokumente mit Geschäftsdaten über Verweise in Beziehung gesetzt. Die Methodik für diese Art der Archivierung unterscheidet sich somit von der Archivierung von Altdaten.

15.5   Übung und Lösungsvorschlag

a) Übung

Aufgabe 15.1 (Berechtigungen im SAP-System):
Die Übung zielt auf das Verständnis von Berechtigungen ab, in der Praxis würde man bei der methodischen Vorgehensweise von Rollen ausgehen.

Nehmen Sie an, die Benutzer u_1, u_2 und u_3 haben das Sammelprofil s zugeordnet bekommen. s enthalte unter anderem das Einzelprofil p. p enthalte wiederum eine Berechtigung b. Nun ergibt sich die Situation, dass das Sammelprofil für u_1 und u_2 bestens geeignet ist. u_3 soll jedoch statt der Berechtigung b eine leicht abgewandelte Berechtigung b′ erhalten. Wie nehmen Sie diese Änderung vor?

b) Lösungsvorschlag für die Übung

Aufgabe 15.1 (Berechtigungen im SAP-System):
p ist nach p′ zu kopieren, darin ist b durch b′ zu ersetzen. s ist nach s′ zu kopieren, darin ist p durch p′ zu ersetzen. Eventuell lässt sich durch Umgestaltung der Profile eine bessere Modularisierung erreichen.

Literatur

Föse, F., Hagemann, S., Will, L.: SAP NetWeaver AS ABAP – Systemadministration, 3. Aufl. Galileo Press, Bonn (2008)
Lehnert, V., Bonitz, K.: SAP-Berechtigungswesen. Galileo Press, Bonn (2010)
Müller, S., Keller, C.: Pentaho und Jedox. Hanser, München (2015)
Saledif, T.: vtiger 6.0 kompakt. Brain Media (2014)

Zusammenfassung und Ausblick 16

Ich liebe die alten Fragen.
Schwungvoll:
Ah, die alten Fragen, die alten Antworten,
da geht nichts drüber!
Endspiel
Samuel Beckett

Zusammenfassung

Nach einer knappen Zusammenfassung des Buchinhaltes stellen wir Erwartungen von Unternehmen an Standardsoftware dem aktuellen Stand gegenüber. Zum Schluss folgt eine Liste abstrakter Konzepte, die in betrieblichen Anwendungssystemen konkrete Ausprägungen haben.

Lernziel

Reflexion über betriebliche Anwendungssysteme, so wie sie heute sind, wie sie sein könnten, und was wir aus der Beschäftigung damit lernen können.

Die Quelle zum Kapitelmotto lautet: Beckett S (1974) Endspiel. Suhrkamp Taschenbuch 171, 1. Auflage 1974, Frankfurt a. M., S. 57.

© Springer-Verlag GmbH Deutschland, ein Teil von Springer Nature 2021
R. Weber, *Betriebliche Anwendungssysteme,*
https://doi.org/10.1007/978-3-662-63185-0_16

16.1   Sein und Wunsch

Wir haben gesehen, dass sich die Geschäftsprozesse eines Unternehmens auf Geschäftsobjekte stützen, vor allem zur Implementierung der Aktivitäten der Geschäftsprozesse.
Die Geschäftsobjekte kapseln Geschäftsdaten. Die Geschäftsprozesse umspannen
heute meist mehrere Anwendungssysteme, welche wir in die Kategorien operative
Systeme und analytische Systeme einteilen können. Sie ergeben zusammen die Systemlandschaft eines Unternehmens und müssen miteinander integriert werden. Auch
zwischenbetriebliche Integration ist für Unternehmen wichtig. Integration ist auf den
Ebenen der Geschäftsprozesse, -objekte und -daten möglich. Sie werden unterstützt
von den Geschäftsschnittstellen, welche die Anwendungssysteme anbieten. Bei den
Anwendungssystemen handelt es sich überwiegend um Standardsoftware, die an die
Unternehmensbedürfnisse angepasst werden muss. In all diesen Bereichen haben sich
spezifische Techniken herausgebildet.

Somit haben wir uns in diesem Buch vor allem den gegenwärtigen Stand von
Anwendungssystemen angesehen, also das „Sein". Wir könnten uns nun fragen, wie
wir uns Anwendungssysteme wünschten und dies mit dem Sein abgleichen. Aus meiner
Sicht sieht es wie folgt aus:

a) Preisgünstig

Ein Anwenderunternehmen hätte gerne eine preisgünstige Software, was für Standardsoftware spricht, möglicherweise gar ein Cloud-Angebot. Zum Tragen kommen die
Gesamtkosten (Total Cost of Ownership, TCO), insbesondere die Einführungskosten,
aber auch die Wartungskosten, welche bei Individualsoftware als höher eingeschätzt
werden. Die Einführungskosten können hoch sein, ebenso das Projektrisiko. Beides lässt
sich durch ein fachmännisches Einführungsprojekt möglichst gering halten. Auch die
Kosten des Wechsels zu einem anderen Anbieter (s. unten, f) wären einzubeziehen.

b) Änderungen berücksichtigen

Anwendungssysteme sollen die aktuellen Geschäftsprozesse gut unterstützen und bei
Bedarf verbessern lassen, z. B. wenn ein Produkt durch wirtschaftlichen Druck schneller
auf den Markt gebracht werden muss (s. unten, d: unternehmensspezifische Prozesse).
Zwangsläufige Anpassungen, z. B. aufgrund gesetzlicher Änderungen, sollen automatisch integriert werden, was wiederum für Standardsoftware spricht. Umgestaltungen,
z. B. die Fusion von Unternehmen, sollte sich schnell im Anwendungssystem berücksichtigen lassen. Dies ist bei heutigen heterogenen Systemen nicht so einfach möglich
(s. unten, f: Wechselmöglichkeit).

c) Standardprozesse ohne Aufwand

Standardprozesse, welche für viele Unternehmen, zumindest einer Branche, gleich ablaufen, sollen unmittelbar in der Standardsoftware verwendbar sein. Anpassungsaufwand sollte nur anfallen, wenn das Unternehmen von der Regel abweicht.

d) Unternehmensspezifische Prozesse

Das Unternehmen soll darüber hinaus die Möglichkeit haben, unternehmensspezifische Prozesse dort individuell zu gestalten, wo ein Unterschied zu den Konkurrenten besteht. Darin soll aber möglichst viel vorhandene Funktionalität integrierbar sein – also keine Individualentwicklung, sondern eher eine Individualkonfiguration. Das Problem erscheint mir heute noch nicht gut gelöst. Workflow-Systeme und Microservices versprechen hier zu helfen, aber zumindest ist der Aufwand heute noch höher als gewünscht.

e) Verschiedene Anwendungssysteme und damit Integration

Dass die Geschäftsobjekte, -daten und -prozesse verschiedene Anwendungssysteme involvieren und damit Integrationsaufwand entsteht, ist in erster Linie kein Interesse des Anwenderunternehmens. Das Unternehmen interessiert, dass die Funktionalität erbracht wird, wie die Aufteilung funktional geschieht, kann ihm egal sein. Oder weniger als egal, wenn man Aufwand und Reibungsverluste durch Integration berücksichtigt. In ähnlicher Weise ist die Aufteilung in operative und analytische Systeme zu sehen, welche organisatorisch (es gibt im „Sein" viele Datenquellen) und technisch (Leistung) motiviert ist. Der Kauf verschiedener Systeme kann aber sehr wohl durch Kosten gerechtfertigt sein – wenn zwei kleine Systeme günstiger als ein größeres sind. Der heutige Stand sind allerdings mehrere Systeme in einer Systemlandschaft, mit entsprechendem Integrationsaufwand. Verbunden damit ist, dass meist konzeptuelle Geschäftsobjekte zerstückelt sind, z. B. Teile der Kundendaten im ERP-System, andere im CRM-System. Wünscht man einheitliche, systemübergreifende Methoden, wären diese mit Aufwand zu erstellen. (Bringt Cloud-Computing hierfür eine Verbesserung? Und welche Auswirkung haben andere Systeme auf die betrieblichen: mobile Endgeräte, soziale Medien, das Internet der Dinge?)

f) Wechselmöglichkeit

Für ein Unternehmen wäre es vorteilhaft, wenn es den Wechsel auf ein anderes Produkt ohne großen Aufwand vollziehen könnte. Ähnlich wie man den Telefonanbieter dauerhaft oder sogar von Anruf zu Anruf wechseln kann, was bei einem dermaßen standardisierten Dienst natürlich einfacher ist. Hierfür sind „Standards" erforderlich. Der Begriff „Standardsoftware" erklärt sich dagegen als Unterschied zur Individualsoftware. Standardisiert sind nur kleinere Teilmengen der Funktionalität, z. B. gewisse

Schnittstellenformate. Für den Umzug wäre also zumindest ein Standardformat für den Abzug von Geschäftsdaten erforderlich, und die Geschäftsobjekte in Quell- und Zielsystem dürften sich auf Typebene nicht unterscheiden. Zudem müssten implizite und explizite Geschäftsprozesse kompatibel sein. Vom Wunschzustand sind wir hier also weit entfernt. Auch Cloud-Software löst das Problem nicht – der Umzug zwischen Eigentumswohnungen ist vergleichbar teuer wie der Umzug zwischen Mietwohnungen.

g) Qualität

Selten in der Literatur oder in Produktbroschüren angesprochen, wo hauptsächlich über die Funktionalität geschrieben wird: Die Software sollte eine gute Qualität haben. Nicht die Reichhaltigkeit der Funktionalität sollte alleinbestimmend sein, sondern die Güte, mit der sie erbracht wird. Dies betrifft nicht nur die Software, sondern auch die damit verbundenen Dienstleistungen. Bei vielen Gütern, insbesondere Konsumgütern, erleben wir, dass die Qualität im Zeitablauf nachlässt. Software erreicht große Technologie- und Funktionalitätssprünge, aber die Qualität hält nach meiner Einschätzung nicht mit. Bessere Qualität wäre durch sorgfältigere Entwicklung, insbesondere umfangreichere Tests möglich, aber mit höherem Aufwand und damit Kosten verbunden. Die Beobachtung zeigt, dass sich die vorhandene Preis-Qualität-Kombination am Markt behauptet. Aus meiner Sicht könnte eine Gesamtkostenbetrachtung hier ein anderes Bild ergeben, beim Softwareanbieter wie beim Anwenderunternehmen. Beim Softwareanbieter entsteht durch geringere Qualität Aufwand beim Service (Abschn. 15.3). Aus dem Software-Engineering ist bekannt, dass spät entdeckte Fehler besonders teuer sind. Bei Standardsoftware betrifft dies Korrekturen in verschiedenen Softwareversionen. Beim Anwenderunternehmen fällt Problembearbeitungsaufwand natürlich ebenso an. Eine besondere Dimension bekommen Qualitätsmängel, wenn zwei Produkte interagieren sollen, die Produkte natürlich wenig für die vielfältigen Kombinationsmöglichkeiten integrationsgetestet sind, und die Verantwortlichkeit für das Problem nicht klar dem einen oder anderen Produkt zuordbar ist. Oder wenn durch die Integration ein drittes Produkt betroffen ist, was sich aber erst aus einer langen Analyse ergibt. Mit anderen Worten: Gerade bei der sowieso schon aufwendigen Integration sind Qualitätsmängel noch erschwerend.

h) Verlässliche Beziehung zum Softwareanbieter

Gerade weil ein Wechsel zu einem anderen Softwareanbieter eben doch nicht so einfach ist, ist eine verlässliche Beziehung wünschenswert. Dies beinhaltet, dass die Preise, z. B. für Wartung oder Folgeversionen, im Rahmen bleiben, dass sich die Qualität der Software nicht verschlechtert, dass die Software langfristigen Bestand hat.
Die Wünsche und Ziele von Softwareanbietern und Beratungsunternehmen dagegen decken sich natürlich nur zum Teil mit den Anwenderwünschen. Softwareanbietern liegt an einem großen Marktanteil. Bei Großunternehmen teilen sich die großen Anbieter

SAP und Oracle den Markt weitgehend, bei mittelgroßen und kleineren Unternehmen gibt es eine viel größere Anzahl von Softwareanbietern. Da das Wachstum für die großen Anbieter bei Großunternehmen beschränkt ist, werden Wachstumsmöglichkeiten im Mittelstand gesehen. Und wie in allen Branchen besteht das Interesse, Kunden zu halten. (Wie schätzen Sie die zu diesem Punkt genannten Gedanken bei Cloud-Software ein?)

16.2 Konzepte

Es geht die Rede, dass die Beschäftigung mit abstrakten Dingen das Denken schule, unabhängig vom konkreten Untersuchungsgegenstand. In diesem Buch ist es eher der gegenläufige Ansatz: Es spricht über konkrete Dinge, und uns interessieren daraus abgeleitete abstrakte Konzepte. In der Informatik, genauer in der Softwaretechnik, wird das Thema unter dem Begriff *Muster (Pattern)* behandelt: Entwurfsmuster, Architekturmuster. Mein Ziel ist nicht eine Formalisierung der Konzepte/Muster. Ich denke, es ist bereits hilfreich, die Muster am Beispiel zu verdeutlichen. In diesem Sinne werden im Buch angesprochene Konzepte aufgelistet, mit einem Verweis, bei welchem Thema und Kapitel sie angesprochen wurden. Die Hoffnung ist, dass das beispielhafte Lernen eines Konzepts einen bleibenden Effekt hat.

Konzept	Inhalt/Zweck	Thema	Kapitel
Asynchrone vs. synchrone Kommunikation	Engere oder losere Kopplung zwischen Kommunikationspartnern	Nachrichtenbroker	10, 11
Bring-Schuld (Push) vs. Hol-Schuld (Pull)	Steuerung der Informationsübermittlung	Workflow-Management, SCM-Datenaustausch	12, 4, 10
Datentransformation	Abbildung von einem Quell- auf ein Zielformat	XML, XSLT, ETL, Nachrichtenbroker, Altdatenübernahme	10, 4, 13
Datenübertragung zum Datenabgleich	Trennung in Initialübertragung und Änderungsübertragung zur Aufwandsreduktion	ETL, Planungssysteme	4
Datenverdichtung	Konzentration auf das Wesentliche	DWHS	4
Definitions- vs. Laufzeit	Auswirkung der Festlegungen zur Definitionszeit auf die Laufzeit kennen; Abwägung, welche Schritte zu welcher Zeit stattfinden sollen	Webservices, Integration mittels Workflow-Systemen	11, 12

Konzept	Inhalt/Zweck	Thema	Kapitel
Dynamischer Funktions-aufruf	Generisch Funktionen bereitstellen	BAdI, Webservice	14, 11
Flaschenhals	Leistungsengpass	Client-Server-Systeme	5
Hierarchiebildung	Strukturierung, zur Über-sichtlichkeit und einfachen Verarbeitung	XML, DWHS	10, 4
Indirektion	Änderungsfreundlichkeit	Systemlandschaft, abstrakter Bearbeiter	8, 3
Kapselung	Zusammenfassung zu einem „Ding"	Geschäftsobjekte	3
Kopieren vs. Referenzieren	Änderungsfreundlichkeit	ID eines Geschäftsobjekts	3
Namensraum	Namen eindeutig machen	Namensraum in XML, Eigenentwicklung	10, 14
Parallelisierung	Leistungssteigerung durch kürzere Durchlaufzeit	Geschäftsprozesse, DWHS (Partitionierung, Domänen), Client/Server	5, 4, 3
Replikation	Ausfallsicherheit	Client-Server-Systeme	5
Schichtenbildung	Beherrschung der Komplexität	Dreistufige Client-Server-Architektur	5
Schnittstellenbildung	Funktionale Dekomposition, Flexibilität, Änderungsfreundlichkeit	Geschäftsobjekte, WSDL	3, 11
Single Point of Failure	Kritische Stelle bzgl. Ausfallsicherheit	Client-Server-Systeme	5
Skalierung	Leistungssteigerung	Client-Server-Systeme	5
Speicherhierarchie	Kosten und Zugriffs-geschwindigkeit verbessern	DWHS, persistente Objekte, Hauptspeicherdatenbank, Tabellenpufferung, Archi-vierung	4, 5, 15
Speicher- vs. Rechen-leistung	Abgeleitete Information speichern oder jedes Mal neu berechnen	DWHS	4
Standardisierung	Vereinfachung des Zusammenwirkens von Komponenten	XML, Webservice	10, 11
Typ vs. Instanz	Schematische Beschreibung und Syntaxprüfung (Fehler-vermeidung zur Laufzeit)	XML Schema, Geschäfts-objekte	10, 3
Veröffentlichen und Abonnieren	Flexibles Koppeln von Sendern und Empfängern	Nachrichtenbroker	10

Konzept	Inhalt/Zweck	Thema	Kapitel
Virtualisierung	U. a. leichtere Handhabung, ähnlich Schnittstellen-bildung	Client-Server-Systeme, Geschäftsobjekte, Cloud-Computing, DWHS	5, 3, 6, 4
Vor die Klammer ziehen	In Analogie zum Distributiv-gesetz in der Mathematik: $(a * b) + (a * c) = a * (b + c)$. Zur Redundanzfreiheit und Übersichtlichkeit	Client-Server-Systeme, Kopf- und Positionen	5, 3

Ausleitung

Die Digitalisierung, die alles kann, was Menschen auch können,
nur eben ohne Menschen.
Grm
Sybille Berg

„Ich trage es Ihnen nicht nach, das Unverständnis der Menschen
bin ich gewohnt.
Gehaben Sie sich wohl, meine Herren!"
Tante Julia und der Schreibkünstler
Mario Vargas Llosa

Zusammenfassung

Etwas Besinnliches zum Ende – eine Geschichte in sechs Versuchen.

Versuch 1

Das Unternehmen will ein Vendor Managed Inventory einrichten und so einem Lieferanten im Lieferantenportal den Lagerbestand einiger Materialien anzeigen. Vereinbart ist: Wenn eine festgelegte Grenze unterschritten wird, bitte automatisch liefern! Ein Unternehmensmitarbeiter aus der IT-Abteilung programmiert eine Webanwendung, worin er im ERP-System eine Methode zur Selektion der Materialien für den Lieferanten aufruft, danach für jedes Material den aktuellen Lagerbestand in einer zweiten Methode

---

Die Quellen zum Kapitelmotto lauten: Berg S (2019) Grm. Kiepenheuer & Witsch, Köln, S. 397 und Vargas Llosa M (2012) Tante Julia und der Schreibkünstler. Suhrkamp, Berlin, S. 25. Originalausgabe 1977.

© Springer-Verlag GmbH Deutschland, ein Teil von Springer Nature 2021
R. Weber, *Betriebliche Anwendungssysteme*,
https://doi.org/10.1007/978-3-662-63185-0_17

ermittelt. Die Methoden gehören zum API des ERP-Systems. Das Ergebnis wird auf dem HTML-Formular der Webanwendung visualisiert. Der Lieferant bekommt die Anmeldedaten für das Portal, einen Benutzer samt Kennwort und einige Berechtigungen werden dem Benutzer zugeordnet. Der Lieferant gibt die mitgeteilte Adresse in seinen Webbrowser ein und sieht: nichts! Leere Liste! Was ist los? Möge das Unternehmen den Defekt beheben!

Versuch 2

Wer weiß, wie es um das Verständnis des Unternehmensmitarbeiters für das API steht und dessen Programmierkünste im Allgemeinen. Der Berater, sowieso im Haus und dann für die Aufgabe hinzugezogen, weiß: Für den Fall gibt es einen besseren Weg, das machen wir mit einem Data Warehouse. Die anzuzeigenden Daten werden per ETL-Prozess an das Data Warehouse des Portals gesendet. Ein Datenwürfel wird aufgebaut, Lieferant und Zeit (stundengenau!) sollen die Dimensionen sein. Mittels Methoden der Schnittstellen werden die Lieferanten und die Materialbestände ihrer abzurufenden Materialien übermittelt. Zur Visualisierung wird eine grafische Oberfläche des Auswertungswerkzeugs, Teil des Data-Warehouse-Systems, verwendet. Sie ist webbasiert und kann daher im Portal angezeigt werden. Der Lieferant ruft unter der ihm mitgeteilten Adresse die Anwendung auf und sieht: nichts!

Versuch 3

Unzuverlässiger ETL-Prozess! Wer weiß, was beim Transport verloren ging? Die Daten werden lieber über einen Nachrichtenbroker übermittelt. Und nicht mehr wie vorher CSV-Dateien übermitteln, sondern schön mit XML ein- und auspacken. Noch besser: Das machen wir mit einem Webservice, der über den Nachrichtenbroker läuft. Da lässt sich vieles generieren und muss nicht mehr umständlich programmiert werden. Dann ab ins Data Warehouse, auswerten und ans Portal übergeben. Der Lieferant ruft auf und sieht: nichts!

Versuch 4

Data Warehouses sind altmodisch, das machen wir besser mit In-Memory-Computing. Dann geht das auch besser als stundengenau: Der Lieferant hat Echtzeitzugriff. Im In-Memory-Computing selektieren wir direkt die Lieferanten- und Materialtabellen und ermitteln den Bestand. Die Lagerbestände werden nicht im System eingegeben, die Materialien melden sich selbst – im Internet der Dinge. Portal, Webanwendung, Benutzer, Berechtigung. Der Lieferant sieht: nichts! Das Anwendungssystem denkt, künstlich, und überlegt, den Lieferanten anzurufen, wenn es brenzlig wird, also der Bestand wirklich bald zur Neige geht und kein Nachschub auf dem Weg scheint. Das System lernt, maschinell, wann es welchen Lieferanten anrufen sollte. Es gibt ja schnellere und langsamere, zuverlässigere und unzuverlässigere. Und: Schaden macht noch klüger! Wir lernen, maschinell, unzuverlässige Lieferanten auszusortieren. Mit der Spracherzeugung künstlicher Intelligenz klappt auch der Telefonanruf. Der Lieferant: hört! Und … aber …

Versuch 5

Immer diese teuren Berater! Und was kommt dabei oft nur heraus? Das System denkt, künstlich, da lassen sich Kosten sparen, das kriege ich selbst hin, und schlechter als zuvor wird es auch nicht sein. Sind nur noch wenige Materialen eines Typs im Lager, erkennen sie eine innere Einsamkeit – sie chatten über das Internet der Dinge miteinander und fürchten um ihr Aussterben. Gemeinschaftlich einigen sie sich, die Beschaffungsintelligenz im System anzurufen. Diese müsste doch herausfinden können, wie Nachschub organisiert werden kann. Ist sie doch schon lange im Geschäft und hat eine Lernkurve (maschinell) hinter sich. Hilfe ist auf dem Weg. Information ins Portal schicken, mit einer E-Mail erinnern, dringend hineinzuschauen, ultimativ anrufen: Jetzt aber liefern, sonst! Intelligenz und Hartnäckigkeit muss zum Erfolg führen!

Versuch 6

Erfolg, Erfolg? Aber für wen? Und wie steht es mit dem Kunden? Der war früher König und heute werden die Beziehungen zu ihm gemanagt und nicht mehr gemenscht. Auch die Kunden haben digital aufgerüstet, mit ihren mobilen Geräten, ja, die „Smart Phones" … Und dort gibt es die vielen Anwendungen, „Apps", geladen aus dem Internet von unterschiedlichen Quellen, Programmierer mit unterschiedlichen Absichten. Und da hat sich doch eine Anwendung aufs mobile Gerät verirrt, wohl erstellt von einem konsumkritischen Programmierer. Ausgestattet mit künstlicher Intelligenz. Sie erkennt, immer dieser Konsum, den ganzen Mist kaufen – hat das seinen Herren glücklicher gemacht? Nach Analyse der Hormonwerte seines Herren, seinem Kontostand, seinem Freizeitverhalten. – oft in „sozialen Medien" … Und empfiehlt: Kauf das Ding nicht! Ein Renner, diese „App" – immer mehr mögen sie. „Deine App empfiehlt: weniger!" Weniger kaufen, weniger produzieren, nicht wachsen, schrumpfen. Wo das nur hinführen soll …

Ende, es ist zu Ende,
es geht zu Ende,
es geht vielleicht zu Ende.
Pause
Ein Körnchen kommt zum anderen,
eins nach dem anderen,
und eines Tages, plötzlich, ist es ein Haufen,
ein kleiner Haufen,
der unmögliche Haufen.
Endspiel
Samuel Beckett[1]

---

[1]Beckett S (1974) Endspiel. Suhrkamp Taschenbuch 171, erste Auflage 1974, Frankfurt a. M., S. 11.

Glossar[1]

ACID-Prinzip Eigenschaften einer Datenbanktransaktion: Atomarität, Konsistenz (Consistency), Isolation, Dauerhaftigkeit

Advanced Business Application Programming (ABAP) Programmiersprache von SAP für betriebswirtschaftliche Standardsoftware. Der größte Teil der Anwendungsprogramme von SAP ist in ABAP geschrieben.

Analytisches System Anwendungssystem zur Auswertung bzw. Analyse von Daten

Anwendung Unterschiedlich verwendet: 1.) ein zusammengehöriger Teil eines Anwendungssystems („die Anwendung Einkauf"), 2.) ein ganzes System („die Anwendung SAP ERP"), 3.) ein Anwendungsprogramm („die Anwendung ‚Bestellung anlegen'"), 4.) als Gegenpol zu „Technologie"

Anwendungsplattform Einem Anwendungssystem zugrunde liegende anwendungsunabhängige Software, welche zwischen der Systeminfrastruktur (Betriebssystem, Datenbanksystem) und den Anwendungsprogrammen vermittelt. Ein wichtiger Bestandteil: die Client-Server-Struktur, insbesondere die Applikationsserver.

Anwendungssystem Betriebliche Software, üblicherweise mit einer eigenen Datenbank. Beispiele: ein ERP-System, ein Data-Warehouse-System, ein Supply-Chain-Management-System

API Application Programming Interface, d. h. eine Programmierschnittstelle einer Software, im Gegensatz zur Benutzerschnittstelle (grafische Benutzeroberfläche).

Applikationsserver Rechner, auf welchem betriebswirtschaftliche Anwendungsprogramme laufen

Asynchrone Kommunikation Die Kommunikationspartner sind nicht gleichzeitig tätig. Beispiele: E-Mail, Brief

---

[1] Die Begriffserklärungen verstehen sich als kurze Beschreibungen, Verdeutlichungen und Gedächtnishilfen, weniger als Definitionen. Ich denke, dass sich die vollständige Bedeutung besser aus dem Text erschließt als aus mehrzeiligen Definitionsversuchen.

© Springer-Verlag GmbH Deutschland, ein Teil von Springer Nature 2021
R. Weber, *Betriebliche Anwendungssysteme*,
https://doi.org/10.1007/978-3-662-63185-0

Berechtigung Zugriffsschutzmechanismus für betriebliche Daten und Funktionen. Berechtigungen werden Mitarbeitern zugeordnet, damit sie ihre Aufgaben erfüllen können. Beispiel: die Berechtigung, eine Bestellung eines bestimmten Typs anlegen zu dürfen.

Bewegungsdaten Geben Geschäftsvorfälle wieder. Beispiele: Bestellung, Rechnung, Wareneingang

Big Data Verarbeitung umfangreicher, unterschiedlich gut strukturierter Datenmengen, die aus einer Vielzahl von Datenquellen kommen

Cache Pufferspeicher für den schnellen Datenzugriff

Cloud-Computing Unternehmen mieten IT-Dienste, etwa ein betriebliches Anwendungssystem, welches beim Betreiber läuft und worauf Unternehmen mittels Internet zugreifen.

Comma Separated Values (CSV) Datenaustauschformat, bei dem die Daten in einer Datei durch Kommas oder ähnliche Trennzeichen getrennt sind

Content-Management-System Softwaresystem zum Speichern von unstrukturierten Daten, insbesondere Dokumenten und Bildern

Customizing Anpassung von Standardsoftware an ein Unternehmen durch Setzen von Parametern, mit Auswirkung auf alle Benutzer. Beispiele: den Aufbau der Bildschirmmasken zum Anlegen einer Bestellung einstellen, mögliche Zahlungsbedingungen an Lieferanten festlegen

Dialog Bearbeitung über eine Benutzeroberfläche. Gegenteil: Hintergrundverarbeitung. Beispiel: Anlegen einer Bestellung über eine Bildschirmmaske

Dienst (Service) Bei Anwendungssystemen eine Zusammenfassung von ähnlichen Funktionen, erbracht von einem Dienstanbieter, nutzbar von Dienstverbrauchern

Dreistufige Client-Server-Architektur In Anwendungssystemen in der Regel verwendete technische Architektur, bestehend aus Datenbankserver, Applikationsservern und Präsentationsservern (Clients)

Dynamic Link Library (DLL) Softwarebibliothek, welche dynamisch erst beim Ablauf des Programms gebunden wird, nicht bereits zur Entwicklungszeit

Dynamisches Binden Zur Laufzeit Dienst suchen und Verbindung dazu aufbauen, im Gegensatz zur Entwicklungszeit

Einführungsprojekt Projekt zur Einführung von Standardsoftware in einem Unternehmen. Umfasst alle Aktivitäten nach dem Kauf bis zum Betrieb der Software, insbesondere die Anpassung der Software an die Unternehmensbedürfnisse

Electronic Data Interchange (EDI) Verfahren zum zwischenbetrieblichen Datenaustausch, wobei Geschäftsdaten in einem Datenaustauschformat kodiert über einen Kommunikationskanal fließen. Beispiel: EDIFACT

Enterprise Resource Planning (ERP) System Operatives, integriertes Anwendungssystem, welches weitgehend die innerbetriebliche Datenverarbeitung abdeckt. Typische Beispiele: SAP R/3, SAP ERP und SAP S/4HANA, Microsoft Dynamics 365 Business Central

Ereignis Gibt Zustandsänderung eines Geschäftsobjekts wieder. Beispiele: Bestellanforderung angelegt, Bestellanforderung geändert, Bestellanforderung freigegeben

Extraktion, Transformation, Laden (ETL) Prozess, gemäß dem Daten von Datenquellen (Extraktion) in ein analytisches System gelangen (Laden). Zur Bereinigung und Vereinheitlichung der Daten werden sie transformiert

Geschäftsdatum Komplexe Datenstruktur, welche Daten eines Unternehmens zusammenfasst, gespeichert in einer Datenbank. Beispiele: ein Lieferant, eine Bestellung

Geschäftsobjekt Konzeptuell objektorientiertes Modell für ein Geschäftsdatum. Neben den Attributen kommen also Methoden und eventuell Ereignisse hinzu. Beispiel: eine Rechnung, mit Methoden wie „anlegen" und „ändern"

Hintergrundverarbeitung Ausführung einer Funktion ohne Benutzeroberfläche. Beispiel: Gehaltsabrechnung

Historisierung Daten mit Zeitbezug ablegen, statt nur den aktuellen Wert speichern

HTTP-POST Methode (Funktion) des Protokolls HTTP. Damit können Daten in einer Anfragenachricht an einen URI gesendet werden und das Ergebnis in einer Antwortnachricht zurückerhalten werden. Eine synchrone Kommunikationsform

In-Memory-Computing Eine umfangreiche Datenmenge, etwa eine ganze Unternehmensdatenbank, wird im Hauptspeicher gehalten, um für die Verarbeitung eine im Vergleich zu persistenten Speicher kurze Zugriffszeit zu erzielen

Internet of Things (IOT) „Dinge" wie Geräte oder Behälter erfassen mittels Sensoren ihre Zustandsdaten und kommunizieren diese über das Internet

JSON Eine leichtgewichtige Notation zur textuellen Darstellung strukturierten Daten; die Alternative zu XML

LDAP Das Lightweight Directory Access Protocol dient zum Zugriff auf ein Verzeichnis. Jenes enthält insbesondere Daten über Benutzer, wie E-Mail-Adressen oder öffentliche Schlüssel zur Datenverschlüsselung, und Rechner (wie Serveradressen)

Maschinelles Lernen Parametrisierte Modelle, vor allem künstliche neuronale Netze, werden mit einer Auswahl von vorliegenden Daten trainiert, um die Parameter einzustellen und später mit neuen Daten ähnlich gute Ergebnisse wie mit den Trainingsdaten zu erzielen

Microservice Leichtgewichtige, eigenständige Softwarerealisierung eines Dienstes, mit eigener Datenhaltung

Middleware Anwendungsunabhängige Software, die Kommunikations-, Vermittlungsund Integrationsdienste bietet. Nicht scharf umrissener Begriff

Modifikation Änderung des Programmcodes von Standardsoftware durch ein Unternehmen, ohne dass diese Änderung vom Softwareanbieter vorgesehen ist

Operatives System Anwendungssystem für das Tagesgeschäft. Typisches Beispiel: ein ERP-System

Persistentes Datum Dauerhaft, meist in der Datenbank gespeichertes Datum

Publish-and-Subscribe-Prinzip Kommunikationsprinzip, bei dem der Sender ein Datum ohne Empfängerbezug sendet, empfangen wird es von allen Abonnenten

Remote Procedure Call (RPC) Entfernter, programmiersprachen- und rechnerübergreifender Prozedur- bzw. Funktionsaufruf

REST Leichtgewichtiger Webservice; die Alternative zum SOAP/WSDL-basierten Webservice

Rollback „Rückrollen" einer (gescheiterten) Datenbanktransaktion, womit begonnene Änderungen rückgängig gemacht werden

Rolle Menge von Funktionen und Berechtigungen zur Zuordnung an Benutzer. Beispiele: die Rolle „Einkäufer", die Rolle „Mitarbeiter", die Rolle „Manager"

Serviceorientierte Architektur (SOA) Organisatorisches und Softwarearchitekturprinzip, wonach Software als eine zusammengeschaltete Menge wiederverwendbarer Dienste (Services, Funktionen) gestaltet wird

Signatur In der Softwaretechnik die syntaktische Schnittstelle einer Funktion oder Methode, d. h. die Namen, Typen und Arten (Ein-, Ausgabe, Übergabemechanismus) der Parameter

Single Sign-on Technisches Verfahren, womit ein Benutzer mit nur einer Anmeldung in einer Systemlandschaft auskommt

Skalierbarkeit Steigerung der Leistung durch Hinzufügen weiterer, gleichartiger Komponenten. Beispiel: Hinzufügen eines weiteren Applikationsservers in einer dreistufigen Client-Server-Architektur

Spaltenorientierte Datenbank Daten relationaler Tabellen werden spaltenweise, nicht wie üblich zeilenweise gespeichert. Angewendet werden sie in analytischen Systemen, um bei Datenverdichtungen Leistungsvorteile zu erhalten.

SQL Structured Query Language, die Standardsprache für Datenzugriffe in relationalen Datenbanksystemen

Stammdaten Daten, die eine lange Relevanz für Geschäftsvorfälle haben und dort referenziert werden, selbst aber keine Geschäftsvorfälle wiedergeben. Beispiele: Lieferant, Material

Supply Chain Management (SCM) Methoden und Techniken zur Unterstützung der Logistikkette, idealerweise über mehrere Stufen (Lieferant, Produzent, Kunde)

Synchrone Kommunikation Die Kommunikationspartner sind gleichzeitig tätig. Beispiel: Telefon

Systemlandschaft Anwendungssysteme eines Unternehmens und ihre Verbindungen untereinander

Thread Leichtgewichtiger Prozess bei Betriebssystemen

Transaktion Bei Datenbanksystemen: Datenbanktransaktion. Bei Anwendungssystemen: ein Anwendungsprogramm, meist mit Benutzerdialog, zum Ausführen eines Geschäftsvorfalls oder zur Datenpflege. Beispiele: Lieferant anlegen, Bestellung ändern

Unified Modeling Language (UML) Grafische Notation zur Softwaremodellierung von der OMG, enthält z. B. Klassendiagramme

Webservice Funktion ohne Dialog, welche über Webprotokolle aufgerufen werden kann

Workflow Durch ein Workflow-System unterstützter, teilautomatisierter Geschäftsprozess

XML eXtensible Markup Language. Sprache, welche heute für den Datenaustausch populär ist

XML Schema Sprache zur Beschreibung von Datentypen in XML

Literatur

Weiterführende Literatur

Alonso, G., Casati, F., Kuno, H., Machiraju, V.: Web Services. Springer, Berlin (2004)

Bauer, A., Günzel, H. (Hrsg.): Data-Warehouse-Systeme, 3. Aufl. dpunkt, Heidelberg (2009)

Baun, C., Kunze, M., Nimis, J.: Tai: Cloud Computing, 2. Aufl. Springer, Berlin (2011)

Burke, B., Monson-Haefel, R.: Enterprise JavaBeans 3.0. O'Reilly Media, Sebastopol (2006)

Chellammal, S., Pethuru Raj, C.: Essentials of Cloud Computing. Springer Nature Switzerland (2019)

Coulouris, G., Dollimore, J., Kindberg, T.: Verteilte Systeme, 3. Aufl. Pearson Studium, München (2002)

Ferreira, D.R.: Enterprise Systems Integration. Springer, Berlin (2013)

Freund, J., Rücker, B.: Praxishandbuch BPMN 2.0, 6. Auflage. Hanser, München (2019)

Gadatsch, A.: Grundkurs Geschäftsprozessmanagement, 9. Aufl. Springer Vieweg, Wiesbaden (2020)

Gronau, N.: Enterprise Resource Planning: Architektur, Funktionen und Management von ERP-Systemen, 3. Aufl. De Gruyter, Oldenbourg (2014)

Harold, E.R., Means, W.S.: XML in a Nutshell, 3. Aufl. O'Reilly, Sebastopol (2005)

Illik, J.A.: Verteilte Systeme. Expert, Renningen (2007)

Kemper, H.G., Baars, H., Mehanna, W.: Business Intelligence, 3. Aufl. Vieweg+Teubner, Wiesbaden (2010)

Mandl, P.: Master-Kurs Verteilte betriebliche Informationssysteme. Vieweg+Teubner, Wiesbaden (2009)

Mertens, P.: Integrierte Informationsverarbeitung 1: Operative Systeme in der Industrie, 18. Aufl. Springer Gabler, Wiesbaden (2013)

Mertens, P., Meier, M.: Integrierte Informationsverarbeitung 2. Planungs- und Kontrollsysteme in der Industrie, 10. Aufl. Gabler, Wiesbaden (2008)

Papazoglou, M.P.: Web Services: Principles and Technology. Prentice-Hall, Upper Saddle River (2007)

Tanenbaum, A., van Steen, M.: Verteilte Systeme, 2. Aufl. Pearson Studium, München (2007)

Tilkov, S., Eigenbrodt, M., Schreier, S., Wolf, O.: REST und HTTP, 3. Auflage, dpunkt, Heidelberg (2015)

W3C: XML Schema Part 0: Primer, second edition. http://www.w3.org/TR/2004/REC-xmlschema-0-20041028/primer.html (2004). Abgerufen am 10.10.2011

© Springer-Verlag GmbH Deutschland, ein Teil von Springer Nature 2021
R. Weber, *Betriebliche Anwendungssysteme,*
https://doi.org/10.1007/978-3-662-63185-0

Weitere zitierte Literatur und Quellen

Balla, J., Layer, F.: Produktionsplanung mit SAP APO, 2. Aufl. Galileo Press, Bonn (2010)

Bartsch, H., Teufel, T.: Supply Chain Management mit SAP APO. Galileo Press, Bonn (2000)

Bretzke, W.R.: „SCM Collaboration" und „4PL's": Bemerkungen über die Grenzen eines Paradigmas. Logistikmanagement **4**(1), 41–44 (2002)

Dadam, P., Reichert, M., Rinderle-Ma, S.: Prozessmanagementsysteme: Nur ein wenig Flexibilität wird nicht reichen. Informatik-Spektrum **34**(4), 364–376 (2011)

Davidenkoff, A., Werner, D.: Globale SAP-Systeme – Konzeption und Architektur. Galileo Press, Bonn (2008)

Demiliani, S., Tacconi, D.: Microsoft Dynamics 365 Business Central Development Quick Start Guide. Packt Publishing, Birmingham (2018)

Egger, N., Fiechter, J.M., Rohlf, J.: SAP BW Datenmodellierung. Galileo Press, Bonn (2004)

Elsner, M., González G., Raben, M.: SAP® Leonardo. Konzepte, Technologien, Best Practices. Rheinwerk, Bonn (2018)

Esswein, W., Weller, J.: Unternehmensarchitekturen – Grundlagen, Verwendung und Frameworks. HMD – Praxis der Wirtschaftsinformatik 2008 (262), 6–18 (2008)

Fielding, R.T.: Architectural Styles and the Design of Network-based Software Architectures. Dissertation, University of California, Irvine (2000)

Fischer, O.: Private Kommunikation. 17. Okt. 2011 (2011)

Föse, F., Hagemann, S., Will, L.: SAP NetWeaver AS ABAP – Systemadministration, 3. Aufl. Galileo Press, Bonn (2008)

Freiknecht, J., Papp, S.: Big Data in der Praxis, 2. Aufl. Hanser, München (2018)

Friesen, J.: Java XML and JSON. Apress, Berkeley (2019)

Gamma, E., Helm, R., Johnson, R.: Entwurfsmuster. Elemente wiederverwendbarer objektorientierter Software, 2. Aufl., Addison-Wesley, Boston (2001)

Gayer, M., Hauptmann, C., Ebert, J.: Microsoft Dynamics 365 Business Central. Hanser, München (2020)

Grammer, P.A.: Der ERP-Kompass. Erfolgreiche Projekte im Mittelstand, 2. Auflage, mitp, Frechen (2018)

Großmann, M., Koschek, H.: Unternehmensportale – Grundlagen, Architekturen, Technologien. Springer, Berlin (2005)

Gulyássy, F., Hoppe, M., Isermann, M., Köhler, O.: Disposition mit SAP. Galileo Press, Bonn (2009)

Hammer, M., Champy, J.: Reengineering the Corporation. Addison-Wesley, Reading, MH (1994)

Haneke, U., Trahasch, S., Zimmer, M., Felden, C. (Hrsg.): Data Science. Grundlagen, Architekturen und Anwendungen. dpunkt, Heidelberg (2019)

Havey, M.: Essential Business Process Modeling. O'Reilly Media, Sebastopol (2005)

Hecker, D., Renner, T. (Hrsg.), Jacobs, B., Sylla, K.-H., Wohlfrom, A., Kötter, F.: Marktübersicht In-Memory-Systeme. Fraunhofer-Verlag, Stuttgart (2016)

Heilig, L., Karch, S., Böttcher, O., Hofmann, C.: SAP NetWeaver Master Data Management. Galileo Press, Bonn (2006)

Hesseler, M., Görtz, M.: Basiswissen ERP-Systeme, W3 L, Herdecke, Witten (2008). 1. korrigierter Nachdruck

Hibernate: https://hibernate.org/. Zugegriffen: 22. Dez. 2020

Hoppe, M.: Absatz- und Bestandsplanung mit SAP APO. Galileo Press, Bonn (2007)

Huber, M.: Predictive Maintenance. In: Haneke U., Trahasch S., Zimmer M., Felden C. (Hrsg.) Data Science. Grundlagen, Architekturen und Anwendungen. dpunkt, Heidelberg, S. 225–244 (2019)

Huvar, M., Falter, T., Fiedler, T., Zubev, A.: Anwendungsentwicklung mit Enterprise SOA. Galileo Press, Bonn (2008)

Inmon, W.H.: Building the Data Warehouse, 1. Aufl. John Wiley, New York, Chichester et al (1993)

Java Community Process: JSR-000168 Portlet Specification. http://www.jcp.org/ja/jsr/detail?id=168 (2003). Zugegriffen: 24. Mai 2011

Java Community Process: JSR-000286 Portlet Specification 2.0 http://www.jcp.org/en/jsr/detail?id=286 (2008). Zugegriffen: 31. Mai 2011

jBPM5 http://www.jboss.org/jbpm (2011). Zugegriffen: 28. Sept. 2011

JSON http://www.json.org/ (2020). Zugegriffen: 30. Sept. 2020

JSON Schema http://json-schema.org (2020). Zugegriffen: 25. Mai 2020

Jupyter: jupyter.org/. Zugegriffen: 3. Nov. 2020

Kauermann, G.: Data Science – Einige Gedanken aus Sicht eines Statistikers. Informatik Spektrum **42**(6), 387–393 (2019)

Kayser, V., Zubovic, D.: Data Privacy. In: Haneke, U., Trahasch, S., Zimmer, M., Felden, C. (Hrsg.): Data Science. Grundlagen, Architekturen und Anwendungen. dpunkt, Heidelberg, S. 147–160 (2019)

Kees, A., Markowski. D.A.: Open Source Enterprise Software, 2. Auflage. Springer Vieweg, Wiesbaden (2019)

Keller, H., Krüger, S.: ABAP Objects, 3. Aufl. Galileo Press, Bonn (2006)

Keller, W.: IT-Unternehmensarchitektur. dpunkt, Heidelberg (2007)

Kemper, A., Eickler, A.: Datenbanksysteme, 10. Auflage, De Gruyter Oldenbourg, Berlin, Boston (2015)

Klein, D., Tran-Gia, P., Hartmann, M.: Big Data. Aktuelles Schlagwort. Informatik-Spektrum **36**(3), 319–323 (2013)

Kleppmann, M.: Designing Data-Intensive Applications. O'Reilly, Sebastopol (2017)

Koglin, U.: SAP® S/4HANA. Rheinwerk, Bonn (2016)

Lamport, L.: „Sometime" is sometimes „not never": on the temporal logic of programs. Proceedings of the 7th ACM SIGPLAN-SIGACT symposium on Prinicples of programming languages. Januar 1980, S. 174–180 (1980)

Lehmann, S., Buxmann, P.: Preisstrategien von Software-Anbietern. Wirtschaftsinformatik **51**(6), 519–529 (2009)

Lehnert, V., Bonitz, K.: SAP-Berechtigungswesen. Galileo Press, Bonn (2010)

Marz, N., Warren, J.: Big Data: Principles and best practices of scalable realtime data. Manning Publications, Shelter Island (2015)

Marx Gomez, J., Rautenstrauch, C., Cissek, P., Grahlher, B.: Einführung in SAP Business Information Warehouse. Springer, Berlin (2006)

Mehrwald, C.: Datawarehousing mit SAP BW 7, dpunkt, Heidelberg (2010), 5. korrigierte Aufl.

Mertens, P., Hofmann, J.: Aktionsorientierte Datenverarbeitung. Informatik-Spektrum **9**(6), 323–333 (1986)

Müller, S., Keller, C.: Pentaho und Jedox. Hanser, München (2015)

Nicolescu, V., Klappert, K., Krcmar, H.: SAP NetWeaver Portal. Galileo Press, Bonn (2007)

OASIS: http://www.oasis-open.org/specs/index.php#wssv1.0 (2002). Zugegriffen: 27. Sept. 2011

OASIS Technical Committee Web Service Business Execution Language, Version 2.0, April 2007. http://docs.oasis-open.org/wsbpel/2.0/OS/webpel-v2.0.html (2007)

OASIS: Web Services for Remote Portlets. Specification v2.0 http://docs.oasis-open.org/wsrp/v2/wsrp-2.0-spec-os-01.html (2008). Zugegriffen: 31. Mai 2011

Penny, S., Frye, R., Berg, B.: SAP HANA – die neue Einführung, 3. Auflage, Rheinwerk, Bonn (2017)

Plattner, H., Zeier, A.: In-Memory Data Management. Springer, Berlin Heidelberg New York (2011)

PyTorch: https://pytorch.org/. Zugegriffen: 3. Nov. 2020

Rechenberg, P.: Was ist Informatik, 4. Aufl. Hanser, München (2006)

Repschläger, J., Pannicke, D., Zarnekow, R.: Cloud Computing: Definitionen, Geschäftsmodelle und Entwicklungspotentiale. HMD – Praxis der Wirtschaftsinformatik **2010** (275), 6–15 (2010)

Rickayzen, A., Dart, J., Brennecke, C., Schneider, M.: Workflow-Management mit SAP, 1. Aufl. Galileo Press, Bonn (2002)

Riedhammer, K.: Private Kommunikation. 22.12.2020 (2020)

Saledif, T.: vtiger 6.0 kompakt. Brain Media (2014)

Scheer, A.W.: Wirtschaftsinformatik – Referenzmodelle für industrielle Geschäftsprozesse, 7. Aufl. Springer, Berlin (1997)

Schmitt, T.: SAP / .Net Prozessintegration. entwickler.press, Unterhaching (2007)

Schneider, T.: SAP-Performanceoptimierung, 6. Aufl. Galileo Press, Bonn (2010)

Schroeder, N., Spinola, U., Becker, J.: SAP Records Management, 2. Aufl. Galileo Press, Bonn (2009)

Schwaninger, J.: ABAP – Programmierung für die SAP-Materialwirtschaft – User-Exits und BAdIs. Galileo Press, Bonn (2010)

Sebestyen, T.J.: XML. Pearson, München (2010)

Seubert, H.: SAP® Cloud Platform. Rheinwerk Publishing, Bonn (2018)

Snapp, S.: Discover SAP SCM. Galileo Press, Bonn (2010)

Software AG: webMethods Tamino http://www.softwareag.com/Corporate/products/wm/tamino/default.asp (2011). Zugegriffen: 4. Juni 2011

TensorFlow: tensorflow.org. Zugegriffen: 3. Aug. 2020

Trahasch, S., Felden, C.: Grundlegende Methoden der Data Science. In: Haneke, U., Trahasch, S., Zimmer, M., Felden, C. (Hrsg.): Data Science. Grundlagen, Architekturen und Anwendungen. dpunkt, Heidelberg, S. 65–100 (2019)

van der Aalst, W.: Process Mining. Springer, Berlin (2011)

van Lessen, T., Lübke, D., Nitzsche, J.: Geschäftsprozesse automatisieren mit BPEL. dpunkt, Heidelberg (2011)

Walmsley, P.: Definitive XML Schema. Prentice Hall PTR, Upper Saddle River, NJ (2002)

Weber, R.: Technologie von Unternehmenssoftware. Springer Vieweg, Berlin (2012)

Web Services Interoperability Organization: WS-I Basic Profile http://www.ws-i.org/deliverables/workinggroup.aspx?wg=basicprofile (2011). Zugegriffen: 10. Aug. 2011

Weinhardt, C., Anandasivam, A., Blau, B., Borissov, N., Meinl, T., Michalk, W., Stößer, J.: Cloud-Computing – Eine Abgrenzung, Geschäftsmodelle und Forschungsgebiete. Wirtschaftsinformatik **51**(5), 453–462 (2009)

Weske, M.: Business Process Management. Springer, Berlin Heidelberg New York (2007)

Willinger, M., Gradl, J.: Datenmigration in SAP, 2. Aufl. Galileo Press, Bonn (2007)

Wolf, F.K., Yamada, S.: Datenmodellierung in SAP NetWeaver BW. Galileo Press, Bonn (2010)

workflowpatterns: http://www.workflowpatterns.com/. Zugegriffen: 22. Dez. 2020

Zitzelsberger, A.: Private Kommunikation. 20.10.2011 (2011)

Stichwortverzeichnis

Printed in the United States
Baker & Taylor Publisher Services